"総点検" スプレッドバンキング

日本リスク・データ・バンク株式会社
大久保 豊
［著］

"Overhaul"
Spread Banking

一般社団法人 **金融財政事情研究会**

はじめに

　日本経済は、アベノミクスの発動、日銀の異次元緩和を起爆剤として、粘着的な底なし沼から脱却すべく奮闘しています。その努力が実った暁には、銀行・地域金融機関の経営はいかなる状況に置かれ、いかなるパフォーマンスを示すのでしょうか？　本書は『ポスト・アベノミクス』を俯瞰して、銀行・地域金融機関の収益構造メカニズムを解析し、「収益リスク管理会計」の具体的な方法に関して解説することを目的としています。

　物価上昇率２％という「新局面」あるいは"普通環境"においては、市場金利は、常識的には、１％から２％に向けて胎動を開始するはずです。この金利上昇が、長らく続いた預金者の"合理的な意思決定の中断"に終わりを告げる号砲となります。ITリテラシーのきわめて高い全国津々浦々の個々人が、厳しい商品選択・金融機関選別を開始するのです。預金は勝手に集まり、安定しているものと慢心してはいないでしょうか？　預金の増加は、もっぱら流動性預金の増大によるものです。この15年でなんと＋200兆円、一方で定期預金は▲50兆円のマイナス。そして、流動性預金200兆円の増加のうち110兆円が残高300万以上の個人預金です。そのゼロ金利調達に対し、国債長期運用をあてがう危ういALM構造——それによって銀行・地域金融機関の屋台骨が形成されている現実を理解しなければなりません。

　消費者は愚かではありません。ネット取引により価格を常時比較し、１円でも安い買い物をするのに長けています。この15年、消費者のITリテラシーは革命的に高まりました。現在、ゼロ金利である流動性預金に資金を滞留させるのにはわけがあります。それは預金運用に目配せしても、そもそもゼロ金利なのだから考えても無駄、いや、考えることこそが無駄であるという"合理的な無知"の状態にあるのです。しかし、金利水準が上昇し、絶対水準として"考えたほうが得"になる局面が必ずやってきます。その時の消費者行動は、まずは流動性から定期性預金へと"預替え行動"を確実にするでしょう。その際の収益インパクトはいかなるものでしょうか？

ネットバンキングに代表される新興事業者による積極的なプライシングが、金利イールドカーブの上昇と勾配化により、"発動領域"が各段に広がることも予想されます。実店舗で高コスト体質の一般金融機関からの大量の預金流出が生じ、急激な規模の縮小が生じる可能性があります。金利の胎動上昇は、"攻めるほう""守るほう"の双方にとって、100兆円の預金流動化をはらんだ、千載一遇のチャンスであり、最大のピンチでもあるのです。銀行・地域金融機関の業界構成図が画期的に変わる、新しいTOP BANKが誕生する大戦国時代の幕開けでもあるのです。誰が織田信長、豊臣秀吉、徳川家康となるのでしょうか？

　物価上昇が実現した「新局面」においては、市場金利は上昇し、国債保有に伴う巨額の価格変動リスクを銀行・地域金融機関が被ることも予期されます。巨額の預超構造が常態化し、その見合いを長期国債にてミスマッチ運用し、経営を維持している現行の収益メカニズムが大逆転する危険性があります。超異次元レベルの"0.1％台"に突入した長期国債の急激な価格下落や変動に対し、ALM部門はリスク管理のみならず、収益計上部門としてもしっかりと対応しなければなりません。もはや預貸金のスプレッド収益のみでは、自行・自機関の必要収益を十分に維持できない体質へとこの15年間で変貌を遂げているからです。「新局面」がもたらす"新次元の競争""市場金利の上昇と勾配化"に対して、いかに収益メカニズムをつくり変えながら"経営を創造転換する"か、銀行・地域金融機関は大きな変革の"潮目"にいます。そのような時代認識から、20年前に執筆しました『スプレッドバンキング』を全面改訂することとし、本書を書き上げました。

　銀行・地域金融機関経営の未来を『科学的』に"想像"し"創造"する──。
　そして、この30年、銀行・地域金融機関が経験した、ありとあらゆる艱難辛苦を"二度と起こさない"、起きても、的確・タイムリーに合理的な対応ができるよう、銀行・地域金融機関の【収益⇔リスク管理会計】を柔軟かつ頑健なものへと"新創造"する──。

想えば、ありとあらゆることを経験してきました。
　1980年代後半の長短金利の逆転、金利の完全自由化、BIS規制の導入、そして大バブルの発生と崩壊。住専問題、未曾有の不良債権危機。銀行・金融機関の相次ぐ破綻と都市銀行の大再編。米国同時多発テロ、ITバブル発生と破綻。「自己査定制度」とバーゼルⅡの施行。リーマンショックによる世界同時危機、南欧経済危機、そして甚大なる東日本大震災。1980年代の"金利上昇リスク"、90年代の未曾有の"信用リスク"、そしてリーマンショック、大震災などの"ストレス・リスク"の顕在化……。私たちはすべてを経験してきたのです。
　この30年間の苦難を二度と起こさない、起きても必ず巧みに乗り越える『科学経営』を経営財産とし、それらを現行の【収益⇔リスク管理】のメカニズムに組み込み、体現させる――そのために本書を執筆しました。
　長引くゼロ金利は、あたかも"規制金利"が発動しているような"錯覚"を経営者に抱かせています。しかしながら、金利はすでに完全自由化されています。金利の胎動が始まれば、否応なく、銀行・地域金融機関の資産・負債は鋭敏に反応し、残高も大きく変動することになります。古くても、新しい『スプレッドバンキング』が必要なのです。
　現経営陣、現ALMセクションにおいては、金利上昇局面の"経験者"がきわめて少ないのが実状でしょう。そして、15年前に経営導入した『スプレッドバンキング』も、埃をかぶって、油切れで、歯車がうまく回らない可能性もあります。ゼロ金利でメカが精密に動く必要がなかったのですから、それは不可避のことだったと思います。しかし、これからは違います。
　"総点検"『スプレッドバンキング』なのです。

　本書は、この30年間に顕在化したさまざまな"リスク"を科学構造的に理解し、それと対をなす"収益"を、トランスファー・プライシングにより結び付け、〔金利リスク〕のみならず、〔信用リスク〕にも適用し、リスクを"科学消化"するよう組み上げた【新改訂】の『スプレッドバンキング』です。

『スプレッドバンキング』の"経営技法"に関する詳細考察はもちろんのこと、これからの「新局面」に向けた"経営想像"に着火できるよう、地方銀行の財務データをベースに、【1999年⇒2013年】における収益メカニズムの変容分析をケーススタディする章も設けました。これからの未来を"経営想像"するために、まず"いままで来た道"をスプレッドバンキングの適用により振り返ります。

「はたしてこの15年、いかに収益計上のメカニズムが変容しているか？」
「預金、貸金、どちらが儲かるのか？　はたして儲かっているのか？」
「信用コストを勘案したら貸出スプレッドはどうなるのか？」
「現在の収益性は今後も期待できるものなのか？」
「やはり収益の拠り所はALM（国債運用）部門収益なのか？」
「現在の収益貢献構造はどのようなものなのか？」
「金利胎動局面の『短プラ運営』の具体的な方法はどうしたらよいのか？」
「預金ボリュームは維持できるものなのか？」
「信用リスクはいかに構造消化すべきか？」
「100兆円の預金争奪戦のための科学経営の方法はいかなるものか？」
「預貸プライシングにおける科学経営の方法はいかなるものか？」
そして、「『新局面』の未来は明るいものなのか？」

　以上の"問い"を『スプレッドバンキング』の方法により"総点検"し、そこから〔未来経営〕を創造する【思考の種草】となるよう執筆しました。
　また、新たに【管理会計】の改革導入を計画されている銀行・地域金融機関のため、そして現在運行中のスプレッドバンキングの"部品掃除""部品交換"を計画されている方々のため、詳細な実務設計に資するよう、1996年の著作『スプレッドバンキング』より一段と細かい部分の表記や具体的な計表事例を提示することにも努めました。

さらに、現行の"異次元緩和"が"常態化"するという異例の「新局面」に関し、ケーススタディによる数値検証を行いました。10年物国債利回りが0.1％台をつける未曾有の金融事態が進行しています。5年債はなんとマイナス金利をつけ、短期国債に至ってはマイナス金利が日常化する想像を超えた異常事態が進行しています。

　異次元緩和の長期化は、銀行・地域金融機関の収益メカニズムを根底から破壊するものとなります。このまま異次元緩和が続けば、金融機関の収益力は"半減"することになります。異次元緩和にもかかわらず、デフレから脱却できず、円安倒産等による信用リスクの上昇が生じれば、多くの金融機関は一気に赤字決算となり、黒字への転換がもはや不可能となる個別金融機関が続出することとなるでしょう。これまで綱渡り的に維持してきた国債長期運用による収益下支えは、この利回りではなんら収益を生まなくなるからです。日銀の総資産は歴史上初めて300兆を超えました。GDPの70％に迫る巨大な金融資産がマグマのように日銀に蓄積されているのです。もちろんその大宗が長期国債です。異次元緩和の出口でいかにこのマグマエネルギーを爆発させず、放出できるか？　綱渡りの金融政策となるでしょう。異次元緩和が長引き、さらに日銀の資産がふくらみ、それに伴う流動性不足から、国債価格の乱高下も予想されます。低収益構造に追い打ちをかける価格変動リスク、多くの金融機関が破綻に向かう金融システム・リスクも危惧されます。

　また異次元緩和の長期化は、貸出金利のさらなる低下への刺激となり、いっそうの薄利となることが危惧されます。すでに1割の銀行において総資金利鞘が逆鞘となっています。そこにデフォルト率が上昇したら、もはや赤字決算は構造的なものとなります。このように、異次元緩和は日々刻々と銀行・地域金融機関の収益メカニズムを"溶かしながら"崩壊へと向かわせていることを経営認識する必要があります。この問題が深刻なのは、いったん溶けたものは元に戻ることはできないことです。本書ではその事態を、ケーススタディを通して詳らかにしていきます。何が何でも、アベノミクスを成功させ、日銀の異次元緩和を早期に終了させなければならないのです。

そのためには銀行・地域金融機関の従来にない"革新行動"が必要です。

マネタリーベースの潤沢な資金供給が将来の物価上昇や金利の上昇に直結するとは限りません。やはり実体経済における投資意欲や資金需要が高まらなければ長続きしないでしょう。従来の客先からの申出やヒアリングでの案件発掘や審査態勢では、デフレ脱却のための十分な投資意欲と資金需要が積み上がらないものと考えます。銀行・地域金融機関は自らイノベーションを起こし、従来にないやり方で、デフレ脱却に必要な投資意欲と資金需要を"喚起"、それもバブルとならないよう"安全喚起"させる必要があるのです。そこで最終章では、現行の【収益⇔リスク】管理会計の"静態性"に関する弱点を指摘、「新局面」の勝者となるため、そして日本経済を刺激し創生するためには、【動態モニタリング】というイノベーションが必要であることを論述し、その具体的な提案を行います。

アベノミクス、異次元緩和が成功した暁には、スプレッドバンキングによる収益メカニズムを構造駆動させれば、多くの銀行・地域金融機関において、収益は"倍増"します。いま私たちは、異次元緩和の長期化により"半減"するか、デフレ脱却に成功し"倍増"するかのキワに立っているのです。

さまざまな「新局面」、それ自体を皆さんが"想像"し、自行・自機関の【収益⇔リスク】のメカニズムを科学理解し、そのメカニズムを新たに"発展創造"するための網羅的な管理会計の実務書に仕上げました。

『しなやかな経営』を"想像"し、"創造"する——皆さんにとって、刺激的で、問題発見的で、実務有用なる本であることを心より願っています。

2015年3月

大久保　豊

【著者略歴】

大久保　豊（おおくぼ　ゆたか）

1984年慶應義塾大学経済学部卒業。89年ケンブリッジ大学政治経済学部大学院修了（Master of Philosophy）。

住友銀行（現・三井住友銀行）、マッキンゼー＆カンパニー、鎌倉を経て、96年データ・フォアビジョン社を創設、2000年日本リスク・データ・バンク社を創設し、代表取締役社長に就任、現在に至る。

《著書等一覧》

■『スプレッドバンキング』（1996年6月）
　　大久保豊［著］
■『アーニング・アット・リスク―バンキング勘定のALM―』（1997年5月）
　　大久保豊［編著］／市川智・片岡徹也・小山靖寛［著］
■『信用リスク・マネジメント革命―創造的与信判定システムの未来―』（1998年7月）
　　安田隆二・大久保豊［編著］
■『銀行経営の理論と実務』（2003年5月）
　　大久保豊［編著］／岸本義之・根本直子・本島康史・山本真司［著］
■『【実践】銀行ALM』（2006年2月）
　　大久保豊［編著］／山野久雄・小山靖寛・栗谷修輔・岡村進［著］
■『不完全なVaR―「バンキング勘定」への適用問題とその解決法―』（2008年1月）
　　大久保豊［著］
■『中小企業「格付け」取得の時代―中小企業専用「日本SME格付け」の効用とその実際―』（〔初版〕2007年4月、〔第2版〕2008年6月）
　　大久保豊・稲葉大明［編著］
■『プライムレート革命―脱「貸し渋り」の金融システム―』（2009年4月）
　　大久保豊・尾藤剛［著］
■『【全体最適】の銀行ALM』（2010年7月）
　　大久保豊［監修］／森本祐司・栗谷修輔・野口雅之・松本崇［著］
■『ゼロからはじめる信用リスク管理』（2011年10月）
　　大久保豊［監修］／尾藤剛［著］
■『【実践】オペレーショナル・リスク管理』（2011年11月）
　　大久保豊［監修］／瀧本和彦・稲葉大明［著］

目　次

第Ⅰ部　【理論編】

第1章　"総点検"による「自己評価」が必要とされる【現行収益管理】

第1節　【ゼロ金利】【ゼロ信用リスク】の砂上の楼閣の銀行・金融機関経営 …………………………………………………………… 4
第2節　"総点検"の「目的」と「構造視点」 ……………………………… 12
第3節　早急な「改革」が必要な規制金利時代の遺物〔本支店レート管理〕 ……………………………………………………………… 20
　(1)　〔本支店レート管理〕による収益管理の限界と矛盾 ………… 21
　(2)　〔本支店レート管理〕におけるALM運営の限界と矛盾 …… 31

第2章　"総点検"「金利リスク収益管理会計」
　　　　　―〔金利スプレッドバンキング〕の技法―

第1節　金利自由化に適合する『スプレッドバンキング』 …………… 36
第2節　"ベスト・フィット"のための金利リスクTP体系 …………… 39
　(1)　機械的な市場主義の適用ではなく、むしろ真逆なスプレッドバンキング ……………………………………………………… 39
　(2)　金利リスク消化酵素としてのTP体系 ……………………… 40
第3節　「市場金利手法」
　　　　　―『長短（期間）ミスマッチ金利リスク』消化酵素― ……… 44
第4節　「ベーシススプレッド手法」
　　　　　―『ベーシス金利リスク』の消化酵素― …………………… 48

(1)　「ベーシススプレッド手法（短プラ）」……………………………… 48
　(2)　「ベーシススプレッド手法（定期性預金）」…………………………… 52
　(3)　「ベーシススプレッド手法（流動性預金）」…………………………… 57
第5節　「インセンティブ手法」
　　　　─『能動プライシング・リスク』の消化酵素─ ……………………… 66
　(1)　「能動プライシング・リスク」の運営態勢と経営重要性 …………… 66
　(2)　「ALM運営」におけるインセンティブ運営 ………………………… 68
　(3)　「インセンティブ手法」のメカニズム ………………………………… 70
　(4)　「営業部門」におけるインセンティブ運営 …………………………… 72

第3章　"総点検"「信用リスク収益管理会計」
　　　　─〔信用スプレッドバンキング〕の技法─

第1節　「信用リスク収益管理」の基本構造 …………………………………… 80
　(1)　「デフォルト基準」の定義とその実測 ………………………………… 81
　(2)　「信用リスク計量」の基本構造 ………………………………………… 87
　(3)　「信用リスク管理態勢」の基本構造 …………………………………… 100
第2節　「信用スプレッドバンキング」─信用TPの展開─ ………………… 111
　(1)　「信用コスト」を組み込んだ貸出プライシング ……………………… 112
　(2)　「信用トランスファー・プライシング」 ……………………………… 116
第3節　「信用TP」のためのパラメータ設定 ………………………………… 125
　(1)　「信用TP」用の【PD】に関するパラメータ補整 …………………… 125
　(2)　「信用TP」用の【LGD】に関するパラメータ補整 ………………… 131
　(3)　第三のパラメータ─【信用リスク・プレミアム】─ ……………… 132
　(4)　"貸出期間"の長短に応じたパラメータ設定 ………………………… 135
　(5)　"信用原価"の更改ルール ……………………………………………… 137

第4章 "総点検"「経費管理会計」

第1節 経費実測の方法 …………………………………………………… 145
　(1) 経費実測の構造プロセス ………………………………………… 146
　(2) 単純配賦手法 ……………………………………………………… 147
　(3) ABC適用配賦手法 ………………………………………………… 150
第2節 「新局面」において点検すべき経費管理 ……………………… 156
　(1) 「ALMセクション」の経費差引後収益に対する評価 ………… 156
　(2) 「流動性預金」に対する経費評価 ……………………………… 158
　(3) 「店舗運営経費」と「ネットバンキング経費」の経営評価 … 160
　(4) "原価"として機能する経費管理 ………………………………… 162

第Ⅱ部 【実践編】

第5章 "詳細設計"「収益リスク管理会計制度」
—ベスト・フィット・スプレッドバンキング—

第1節 「収益リスク管理会計制度」の基本機能と設計コンポーネント ……………………………………………………………………… 168
　(1) 管理会計搭載の基本機能 ………………………………………… 168
　(2) 設計コンポーネント ……………………………………………… 172
第2節 「収益帰属ユニット」の全規程 ………………………………… 174
　(1) 「営業部門」および「本部間接部門」の収益帰属ユニット … 174
　(2) 「ALM部門」の収益帰属ユニット ……………………………… 176
　(3) 「審査部門」の収益帰属ユニット ……………………………… 179
第3節 「顧客ユニット」の全規程 ……………………………………… 183
第4節 「管理商品ユニット」の全規程 ………………………………… 187
第5節 「TPレート運用」の全規程 ……………………………………… 196

第6節　設計上のポイント …………………………………………… 204
 (1) 【総点検】ともれのない責任会計 ……………………………… 204
 (2) 「マトリックス経営」の新たな創造 …………………………… 207
 (3) 「ALM部門収益」と「ALM収益帰属ユニット」の新規創設 …… 209
 (4) 「新局面」を想定した戦略的な「インセンティブ運営」 ……… 212
 (5) 「信用原価表」としての信用TPの実行 ………………………… 213
第7節　詳細組立て …………………………………………………… 216
 (1) 定期性預金 ……………………………………………………… 216
 (2) 流動性預金 ……………………………………………………… 223
 (3) 短プラ連動金利貸金 …………………………………………… 224
 (4) 市場金利連動貸金等 …………………………………………… 227
 (5) 固定金利貸金 …………………………………………………… 230
 (6) その他貸金等 …………………………………………………… 232
 (7) 預貸金以外の運調勘定 ………………………………………… 235
第8節　【実践】スプレッドバンキング …………………………… 249
 (1) 「スプレッドバンキング組上げ管理帳票」 …………………… 249
 (2) 「全体収益構造総括表」 ………………………………………… 256
 (3) 「（営業部門）収益構造分析表」 ………………………………… 258
 (4) 「（営業部門）収益構造メッシュ分析表」 ……………………… 262
 (5) 「（ALM部門）期間ポジション構造表」 ……………………… 270

第6章　"総点検"「スプレッドバンキング」
　　　　―ケーススタディによる現状認識（1999年⇒2013年）と将来展望―

第1節　大変容している資産・負債構造 …………………………… 277
第2節　スプレッドバンキングによる「地銀業態」の収益構造分析 …… 284
第3節　"総点検"スプレッドバンキング …………………………… 298
 (1) はたして預貸金取引は"儲かっているのか？" ……………… 298

- (2) 預貸金取引の"長期間の本来的収益性は？" ················· 317
- (3) 預金は「新局面」においても"過去の法則"を呈するか？ ······· 331
- (4) 「流動性預金の大移動」と将来経営見通し ················ 335
- (5) 「新局面」において、やはり重要なALM運営は万全か？ ········ 344
- (6) "最悪"のシナリオは「異次元緩和の長期化」である ·········· 352

第7章　"イノベーションシップ・バンキング"
―【動態】収益⇔リスク運営―

第1節　【動態モニタリング】 ································· 360
- (1) 【動態モニタリング】の目的と革新性 ··················· 360
- (2) 【動態モニタリング】による"動態信用リスク管理" ·········· 367
- (3) 【動態モニタリング】による「預金者行動動態モニタリング」 ····· 381

第2節　【動態プライシング】
　　　　―「信用プライム（スタンダード）レート」― ············ 388

おわりに―「科学経営」と"社会的情熱"― ····················· 401

第 I 部
【理論編】

第1章

"総点検"による「自己評価」が必要とされる【現行収益管理】

第1節

【ゼロ金利】【ゼロ信用リスク】の砂上の楼閣の銀行・金融機関経営

　この30年、日本の銀行・金融機関はありとあらゆる経験をしてきました。
　1980年代の「Japan as No.1」の無敵時代、アメリカ圧力による金利自由化の開始、新短プラの導入、BIS規制の施行、10％にも及ぶ金利の急上昇と長短金利の逆転、そして大バブルの発生。90年代に入るや否や、バブル崩壊と住専問題、未曽有の不良債権危機、銀行・証券・地域金融機関の相次ぐ経営破綻と都市銀行の大再編。2000年代のアメリカ同時多発テロ、ITバブルの発生と破綻、リーマンショックによる世界同時危機、南欧経済危機、甚大な東日本大震災被害。この30年、日本の銀行・地域金融機関はありとあらゆる経験をしてきました。80年代の激しい"金利上昇リスク"、90年代の甚大な"信用リスク"、そしてリーマンショック、大震災などの"ストレス・リスク"の顕在化……。
　私たちはすべてを経験してきたのです。

　翻って、私たちの"いま"の「経営心情」はいかなるものでしょうか？
　思い起こせば大変な"経営戦争"を経験してきた私たちの「経営心情」は、いかなるものでしょうか？　いつの間にか過去の激烈な戦争体験を忘れ、予定調和の安心に浸っていないでしょうか？
　というのも、長らく続く【ゼロ金利】状態という"異常事態の定常化"、金融円滑化政策による不良債権の潜在化、信用リスクの担い手としての公的金融機関の台頭と民間金融機関の"リスクオフ化"――。"あたかも"規制行政、護送船団時代であるという錯覚を、民間金融機関の経営者は知らず知らずのうちに抱いていないでしょうか？

【ゼロ金利】の状態は長らく続いていますが、いつかは終わりを迎えます。

ゼロ金利を"規制金利行政"の発動と誤った認識をしていないでしょうか？　初めて預超となった1999年から15年の間、銀行・地域金融機関の資産・負債構造は様変わりしています。銀行の預貸ギャップは大きく悪化し、それを国債運用等の有価証券勘定にて埋合せしているのが現状です。量的な伸張がみられる住宅ローンは、皆さんご存じのとおり、過当競争にて大変な低金利です。

このような資産・負債構造のもとで、金利が上昇局面を迎えたら、はたして経営の健全性を維持することができるのでしょうか？　預貸金の金利運営においては、"すでに完全自由化"がなされています。本来不確実性をもつ経営が、あたかも「安定している」かのようにみえることに慣れきっているのではないでしょうか？　また、そこから思考脱却することを回避する"事なかれ主義"に陥っているのではないでしょうか？

今後"金利リスク"が顕在化しても、地域の資金を安定かつ円滑に循環させる機能を、銀行・地域金融機関は発揮できるのでしょうか？　日本経済・地域経済のために、金融機関はいつも安定し頑健な経営を維持しなければならないのです。

預金は勝手に集まり、安定しているものと慢心していないでしょうか？

図表1-1が示すとおり、預金の増加はもっぱら流動性預金の、なんと200兆円もの増加によるものです。このほぼゼロ金利調達に対し、国債の長期運用を主体とした有価証券160兆円をあてがう、きわめて危ういALM構造となっています。

消費者は愚かではありません。インターネット取引により価格を常時比較し、1円でも安い買い物をするのに長けています。この30年間、消費者のITリテラシーは飛躍的に向上しました。流動性預金に資金を滞留させるにはわけがあります。それは預金に目配せしても、そもそもゼロ金利なのだから考えても無駄、いや考えることこそが無駄という"合理的な無知"の状態にあります。

図表1－1　気がつけば深刻な構造劣化を呈する銀行の資産・負債構造

【全国銀行ベース】　　　　　　（単位：億円）【同年総資産比率】　　　【1999年総資産比率】

	1999年3月	2013年3月	（増減）	1999年3月	2013年3月	（増減）	1999年3月	2013年3月	（増減）
貸出金	4,896,000	4,787,000	▲ 109,000	91%	70%	▲ 21%	91%	89%	▲ 2%
手貸・当貸等	1,772,000	795,000	▲ 977,000	33%	12%	▲ 21%	33%	15%	▲ 18%
証書貸付	3,124,000	3,992,000	＋ 868,000	58%	58%	＋ 0%	58%	75%	＋ 16%
有価証券	1,220,000	2,790,000	＋ 1,570,000	23%	41%	＋ 18%	23%	52%	＋ 29%
国　債	316,000	1,631,000	＋ 1,315,000	6%	24%	＋ 18%	6%	30%	＋ 25%
地方債	96,000	131,000	＋ 35,000	2%	2%	＋ 0%	2%	2%	＋ 1%
社　債	178,000	297,000	＋ 119,000	3%	4%	＋ 1%	3%	6%	＋ 2%
株　式	427,000	205,000	▲ 222,000	8%	3%	▲ 5%	8%	4%	▲ 4%
その他証券	203,000	526,000	＋ 323,000	4%	8%	＋ 4%	4%	10%	＋ 6%
短期市場運用(△ 調達)等	△ 957,000	△ 883,000	＋ 74,000	▲18%	▲13%	＋ 5%	▲18%	▲16%	＋ 1%
動不動等	197,000	150,000	▲ 47,000	4%	2%	▲ 1%	4%	3%	▲ 1%
預　金	4,916,000	6,409,000	＋ 1,493,000	92%	94%	＋ 2%	92%	120%	＋ 28%
流動性預金	1,518,000	3,479,000	＋ 1,961,000	28%	51%	＋ 22%	28%	65%	＋ 37%
当座預金	206,000	376,000	＋ 170,000	4%	5%	＋ 2%	4%	7%	＋ 3%
普通預金等	1,312,000	3,103,000	＋ 1,791,000	24%	45%	＋ 21%	24%	58%	＋ 33%
定期性預金	3,398,000	2,930,000	▲ 468,000	63%	43%	▲ 21%	63%	55%	▲ 9%
自己資本等	440,000	435,000	▲ 5,000	8%	6%	▲ 2%	8%	8%	▲ 0%
総資産合計	5,356,000	6,844,000	＋ 1,488,000	100%	100%	＋ 0%	100%	128%	＋ 28%

（資料）　筆者が全国銀行協会各種統計資料、日本銀行統計等を用いて試算。

　しかし今後、金利が上昇し絶対水準として"考えたほうが得"になる局面が必ずやってきます。その時の消費者行動はまずは流動性から定期預金へと"預替え行動"を確実にするでしょう。収益エンジンの内燃機関が変わるのです。またネットバンキングに代表される新興銀行との激しい金利競争により、実店舗をもつ高コスト体質の通常金融機関からの大量の預金流出が生じ、急激な規模の縮小が起きる可能性もあります。金利の胎動は、不安定な

経営への"号砲"となるのです。いまは安定していると思われる預金基盤の流動化と高コスト化が静かにマグマだまりのようにエネルギーを蓄積しているのです。

　一方、今後の"信用リスク"の動向にも安心はできません。

　図表1－2が示すとおり、企業のデフォルト率は継続的に大きな波を形成し、変動しています。近年の銀行・地域金融機関の収益を大きくボラタイルさせているのは、まさに"信用リスク"のサイクリカルな顕在化にほかありません。足元は史上最低のデフォルト状況を更新していることから、いつの間にか"信用リスク"はコントロールできているという錯覚を抱いていないでしょうか？

【図表1－2】　銀行収益のボラティリティを高める"信用リスク"

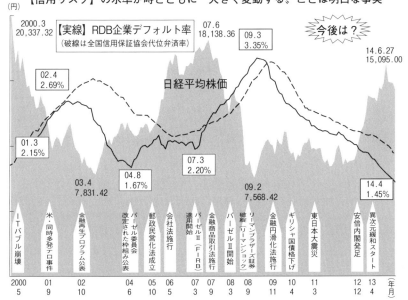

（注）〔RDB企業デフォルト率〕は、全国の銀行におけるデフォルト事象の発生状況を集計した、毎月末日更新の経済指標。
　　http://www.riskdatabank.co.jp/rdb/top/

第1章　"総点検"による「自己評価」が必要とされる【現行収益管理】　7

時系列で数値を追えば、デフォルト率は間違いなく上昇に転じるはずです。金融円滑化法によるデフォルト予備軍のマグマは静かに堆積しています。異常な低金利により積み上げられた住宅ローン、金利上昇による利払い増に伴うデフォルト増加も懸念されます。経常収支赤字の恒常化は、日本経済・地域経済に対してボディーブローのように効いてくるでしょう。そして、中国経済をはじめとした新興国の経済危機不安──"信用リスク"は将来必ず発生します。

　銀行・地域金融機関の"信用リスク"に対する統御錯覚は、自らの"リスクオフ"行動により形成されている部分もあります。図表1－3が示すとおり、1990年代以降、信用保証協会の公的保証残高は急増しています。10兆円程度の保証残高だったのが、この20年で40兆円を超える増勢となっています。これは度重なる経済危機と信用収縮から、国が財政出動をし、社会のセーフティネットとして公的保証制度のスキームを強化したことが大きな要因ですが、そのことが信用リスクの担い手に関し、"民"から"公"への強烈なシフトを生じさせました。

　特にリーマンショックと東日本大震災におけるいわゆる大規模な「セーフティネット保証」の実行は、国が100％保証するものであり、民間金融機関の信用リスクを"ゼロ"とするものでした。結果、プロパー貸出を保証協会付貸出へと貸し換える行動を誘発させました。銀行・地域金融機関は、"ゼロ金利"による安定的な長短ミスマッチ利益の計上のみならず、"ゼロ信用リスク"による貸倒れ損失回避の恩恵も受けているのがいまの経営実態です。

　信用保険制度の収支赤字は、2009年のピーク時には5,679億円にも及び、03～13年度予算までの信用保証制度の財政負担累計では6兆円を超えるものとなっています。"信用リスク"の担い手の主役が"公的金融機関"へと様変わりし、その辛苦は国家財政へと負担させる構造となっている昨今の状況は、もちろん将来まで"保証"されるはずはありません。

図表1-3 "民"から"公"への信用リスクシフト

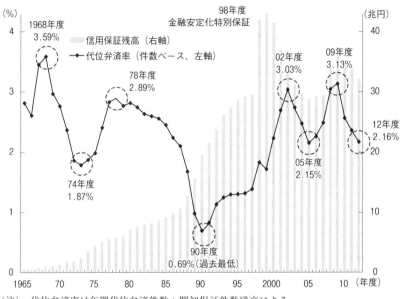

(注) 代位弁済率は年間代位弁済件数÷期初保証件数残高による。
(資料) 全国信用保証協会連合会「全国信用保証協会連合会60年史」ほか。

　こうした金融機関の行動に対し、2014年3月より、国が100％保証する対象業種の大幅な縮小がなされ、東日本大震災復興緊急保証の申請受付も終了し、信用保証制度は"平時モード"に転換されました。これにより公的信用保証制度は民間機関との「責任共有」が基本となります。07年から導入された責任共有制度は、民間金融機関に20％のリスク負担を求めるものです。13年度の大手行の業務純益は3兆1,861億円、地域金融機関は2兆2,956億円(信組を除く)に及びます。

　現状、すでに巨額の国債残高を抱え、将来の社会保障費の増大が確実な国家財政において、"ゼロ金利"による恩恵——それも国債運用による収益計上、そして公的保証による"信用リスクゼロ"により過去最高益を更新する銀行・地域金融機関に対し、応分の負担を迫るのは確実なものと思います。

事実、財務省の財政制度等審議会において、「信用補完制度全体の負荷を軽減するための対策が必要である」とされており、応分負担とは"50％"へと向かう将来を予期すべきと考えます。なぜなら、信用リスクをとることが銀行・地域金融機関の"本業"であるからです。それに応えるためには、"リスクに対する適正な金利形成"が真っ当な正しい経営方法なのです。

　日本経済は、アベノミクスの発動、日銀の異次元緩和を起爆剤として、粘着的なデフレから脱却すべく奮闘しています。その努力が実った暁には、物価上昇率の2％が達成され、常識的にはそれに呼応し、市場金利は1％から2％に向けて胎動を開始するはずです。【ゼロ金利】【ゼロ信用リスク】という特殊な恩恵環境での現在の業績に対し、今後見込まれる金利上昇、それにより誘発される顧客行動の変容、生産年齢層の減少、企業デフォルト率の反転上昇、少子高齢化、企業廃業率の増大、といった社会構造上の変化も十分

図表1－4　"いまだからこそ間に合う"【現行収益管理】の"総点検"

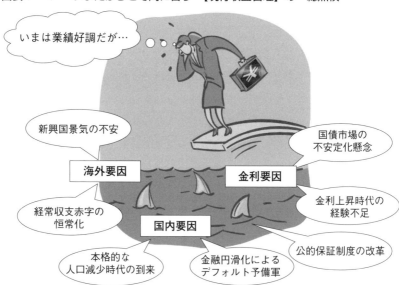

に視野に入れ、【現行収益管理】の"総点検"をし、それに対する「自己評価」と「行動改善」が必要と考えます。

そして、それは"いまだからこそ間に合う"果実ある経営行動なのです（図表1－4参照）。監督当局による中長期視点での持続可能性に関する問いかけ――それは民間金融機関がもはや国家に守られる立場にないことの実直なメッセージであり、またアベノミクス、日銀の異次元金融緩和を次の再生段階へとつなげるために、銀行・地域金融機関の経営強化と行動革新が必要であり、それを期待するものでもあると私は考えます。

第 2 節

"総点検"の「目的」と「構造視点」

　では、いかなる「目的」から、【現行収益管理】の"総点検"を行うべきなのでしょうか？　そして、その際の「構造視点」はいかなるものなのでしょうか？

　まずは"総点検"の「目的」ですが、やはり、『この30年間で経験したさまざまな経営危機を二度と起こさない』、ということに尽きます。
　銀行・地域金融機関は、経済の心臓であり大動脈です。したがって、その動揺は、日本経済・地域経済へ大きな"負のスパイラル"を惹起し、最後の救い手として国の登場が必要になります。このことはこの30年間に幾度も経験しました。しかしながら、私たち民間はやはりどのような事態においても"自立"を維持し、一行・一機関がしなやかに危機に対応しつつ、事業を安定継続することを使命とすべきです。"民が一身独立してこそ一国独立する"を肝に銘じ、経済危機が起きても、自行・自機関の経営維持を国や外部に頼らず、地域経済・日本経済の主役たる法人・個人に対し、危機だからこそ信用供与をしなやかに維持する経営が最も大事なことであると考えます。
　幸いと申しましょうか、この30年間、ありとあらゆる危機やリスクの顕在化を経験してきました。"その経験を経営の財産とする"——それを【収益管理】に経営実装することが"総点検"の第一の「目的」です。
　"総点検"の自己評価を受け、改善強化される【収益管理】は、もちろん今後予期される経営環境の変化をも視野に入れ、入念に設計する必要があります。

では、"危機"や"リスク"はどうして生じるのでしょうか？
　それは、銀行・地域金融機関が営む"間接金融"という「事業命題」そのものにより、"宿命"として生じるものです。
　貸出業務においては、現時点ではその収益性を確定しえません。
　それは「信用リスク」があるからです。貸出期間の満了をもってはじめて収益の確定ができるのです。一方、預金は元本保証が義務づけられた確定負債です。仕入れは確定費用、売上げは不確定収入という非対称の事業命題だからこそ、危機とリスクの"種"が宿命として常に生じるのです。ALMにおいても、すべての運調期間は同一・同時点スタートではないので、"間接金融"を営む限り、構造的に「金利リスク」を抱えることになります。
　預金者は普通預金から10年といった超長期の預金まで自由に選択可能です。他方、借入れするほうも、在庫仕入れや設備投資等の資金ニーズに応じて借入期間を自由に選択することができます。また変動・固定金利の選択も可能なうえ、預貸金の金利プライシングにおいては、競合機関との激しい競争も社会制度として"ウェルカム"な金利の完全自由化がなされています。
　間接金融の「事業命題」──すなわち商売の"生業(なりわい)"とは、"資金供給者"と"資金需要者"の"相いれない"資金ニーズを、「社会金融システム」として"科学消化"しつつ、元本保証・確定負債である預貯金を原資として資金循環が"全体最適"となるよう、各行・各地域金融機関の独自多様な経営方針に基づき活発化させることです。1980年代半ばから始まった金利の完全自由化は"資金供給者"と"資金需要者"の"ニーズ調停"に関し、いっそう高度なものを金融機関に要求しています。
　預金者は"なるべく高い金利"を希望し、それも長期をよしとする一方、借入人は"なるべく低い金利"を希望し、それも必要な時に随時をよしとします。間接金融機関は、そもそも相反するニーズをもつバランスシートの左右を代表する預金と貸金に関し、完全自由化による厳しい金利競争のもと、双方が満足するように"資金仲介"をする事業命題を社会的に負っているのです。

金利の完全自由化により、預金者は資金ニーズに関し、わがままを充足する社会的な権利を得ました。高度成長期のような、単線的に経済成長を支える資金循環上の"物量優先"の時代は終焉したのです。個人預金者の運用ニーズの充足が、成熟経済の持続的な成長に必要不可欠であることから、彼らのニーズを充足するよう銀行業に対して変革が求められ、それが社会合意されたのが"金利の完全自由化"なのです（図表1－5参照）。

図表1－5　銀行・地域金融機関の【事業命題】
—"相いれない"さまざまな資金ニーズを、「社会金融システム」として"科学消化"すること—

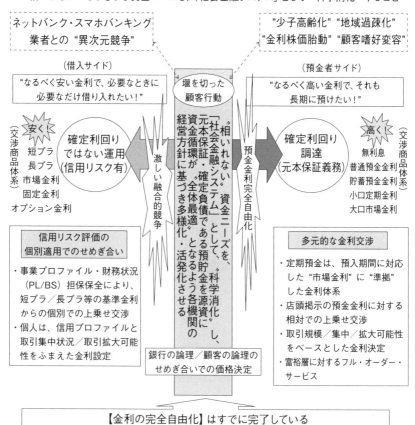

長らく続いた【ゼロ金利】により、この経営認識が希薄となっているのではないでしょうか？
　預金者は運用期間に応じた"よりよい金利"を要求できる権利を得ているのです。【ゼロ金利】に伴うイールドカーブの極端なゼロフラット化により、預金者は現在、金利選好に関して考えること自体が採算割れとなる"意思決定の中断状態"にあります。その結果が普通預金での待機状態です。この15年間での流動性預金200兆円の異常増加は、【ゼロ金利】が生んだ一時的な"砂上の楼閣"であると理解すべきです。スマートフォンを情報端末とした高度なITリテラシーと複合取引の各種ポイント制度を熟知した国民が、全国津々浦々どこでもネットバンキングを利用できる環境、それがいまの経営環境です。そのような"合理的な個人"が、金利上昇の合図を受けて積極行動を開始する――。
　いまは安定していると思われる預金基盤の流動化と高コスト化という将来環境の変化をも視野に入れた【収益管理】を経営実装する必要があります。
　一方、貸出に目を向けると、大企業はすでに直接市場での資金調達に移行しており、残存する大企業向け貸出は、市場金利に信用リスク度合いを上乗せした『市場連動貸出』が大宗です。そのような大企業取引が主たるメガバンクの"短プラ"運営に、地方銀行・地域金融機関がプライステイカーとして従うことで、本当に経営の安定が実現できるのでしょうか？　知らず知らずのうちに"予定調和"の甘えに浸っていないでしょうか？
　そもそも、メガバンクの"プライム先"と地方銀行・地域金融機関の"プライム先"とはまったく相違するはずです。"水準"自体が誤っているのではないでしょうか？　大手行の経営スキームをフリーライドすることが地域金融機関の経営適正と整合する時代はすでに終焉しています。【ゼロ金利】により、その矛盾と経営リスクが凍結されていますが、今後の「新局面」によって解凍されることになるのです。
　金利の完全自由化環境のもと、初めて経験する本格的な金利上昇局面において、"資金供給者（預金者）"と"資金需要者（借入人）"の"相いれない"

資金ニーズを、「社会金融システム」として"科学消化"し、元本保証である預貯金を原資に、資金循環が"全体最適"となるよう、各行・各金融機関の独自多様な経営方針を【収益管理】に経営実装することが、"総点検"『スプレッドバンキング』の第二の目的です（図表1－6参照）。

次に、この"総点検"の「目的」をふまえ、点検の際の「視点」を"構造的"に組み上げていきます。それが次章以降の章立てとなります。

第一の視点は、やはり"金利リスク"に対する"消化メカニズム"の構築状況です。銀行・地域金融機関のバランス構造は様変わりしました。全国銀行ベースで1999年に初めて預超となった預貸ギャップは、この15年間で160兆円も拡大し、その預超の出口は国債での長期運用130兆円です。常識では、店舗・システム物件費など多大なコストのかかる預金調達で、金融機関より"信用格付が高い国債運用"にて利益が計上できることは考えられません。その"マジック"を成り立たせているもの、それは【ゼロ金利】政策による金利イールドカーブの"低位形状凍結"です。長短イールド差は縮小しましたが安定的に推移し、長短ミスマッチのALM収益を計上できたのです。

しかし異次元緩和後の金利環境を想像しますと、もちろん担保される収益メカニズムではありません。加えて、国債投資の原資は流動性預金であり、それは"待機資金"に間違いありません。高度なITリテラシーを得た国民が、金利上昇の合図を受け、積極的な行動を開始するでしょう。いまは安定

図表1－6　【現行収益管理】"総点検"の「目的」

- この30年間で経験したさまざまな経営危機を二度と起こさず、今後予期される経営環境の変化をも視野に入れた【収益管理】を経営実装すること。
- 金利の完全自由化環境のもと、初めて経験する本格的な金利胎動上昇局面において、"資金供給者（預金者）"と"資金需要者（借入人）"の〝相いれない〟資金ニーズを、「社会金融システム」として〝科学消化〟し、元本保証・確定負債である預金を源資に、資金循環が〝全体最適〟となるよう各行・各地域金融機関の独自多様な経営方針を【収益管理】に経営実装すること。

していると思われる預金基盤の流動化と高コスト化という将来環境の変化も視野に入れ、またすでに"収益の柱"として知らず知らず重要コア収益となっている『ALM収益』の管理維持能力を担保する"金利リスク収益管理"の実装状況の確認が、第一の"総点検"の「視点」です。この点については、「第2章 "総点検"「金利リスク収益管理会計」―〔金利スプレッドバンキング〕の技法―」にて詳述します。

この30年間で経験したさまざまな経営危機を俯瞰すると、やはり"信用リスク"がきわめて大きなものでした。銀行・地域金融機関の能動与信行動が、実体経済と共鳴し、巨大なバブルと信用リスクの顕在化を引き起こしました。また、東日本大震災やグローバル経済危機といった単体金融機関ではコントロール不能の"外部ショック"による信用リスクは、この30年間に幾度も金融界を襲いました。現時点の【ゼロ信用リスク】という一時環境に安住せず、将来を見越して、しっかりと"信用戦争経験"を生かした経営メカニズムを実装すべきです。

その際、〔信用リスクとリターン（貸出利鞘）〕の"適正バランス"を確保する経営メカニズムの実装が重要です。というのも、貸倒れのない銀行・地域金融機関は、"よい金融機関"といえるでしょうか？ もちろん、そうとはいえません。失敗がない先にしか貸さない金融機関だからです。では、たくさん貸倒れがあるのが"よい金融機関"かといえば、それも違います。答えはその中間にあります。それをどの辺りに定めるか、それが各行・各金融機関の多様で柔軟なリスクテイク方針により定められるべきものなのです。

となりますと、〔信用リスクとリターン〕の適正バランスをいかに考えるか、の科学的なフレームワークが必須となります。さもなければ、"精神論"にて間接金融を営むことになります。精神は大事ですが、やはり融資取組みの現状を科学的に解析し、現状の貸出ポートフォリオと企図している信用リスクテイク方針を照合のうえ、不断の自己評価・自己反省をし、しなやかで柔軟な与信活動の発展を図るべきです。

また、過去30年間の信用戦争経験で忘れてならないのは、信用リスク顕在時の"スパイラル影響"です。信用リスクの増大がクレジットクランチを生み、さらなる信用収縮を引き起こす――これは絶対に避けなければなりません。不必要な信用収縮はその後の長い低迷の岩窟基盤を形成するばかりか、生存できる企業をも倒産に追い込みます。危機が発生しても、いや危機時だからこそ、いま、どのような信用リスクが発生し、今後いかなる状態になるかの"客観理解"と、"この金利なら貸せる"という間接金融機関の科学的な事業心により、しなやかで安定した信用循環を銀行・地域金融機関は維持する能力を形成しなければなりません。

　バブルを二度と起こさない、仮に起きてもその後の不必要な信用収縮は決して起こさない"信用リスク収益管理"の実装状況の確認が、第二の"総点検"の「視点」です。これについては、「第3章 "総点検"「信用リスク収益管理会計」―〔信用スプレッドバンキング〕の技法―」にて詳述します。

　第三の"総点検"の視点は、"経費管理"です。

　今後の「新局面」において予期される経営環境の変化として、無店舗展開のネットバンクやコンビニ／スーパー等の異業種との新次元の融合競争です。重装備の実店舗を展開する銀行・地域金融機関において、店舗や地域戦略に関して大きな変革を余儀なくされる場面が想定されます。現在の店舗利用者はいったいどのようなお客様であり、その採算はいかなるものか？　これからの「新局面」におけるネットバンクや異業種銀行との厳しい競争に対抗するうえで、長年積み重ねてきた店舗や経費構造での〔経費差引後〕の収益状況を経営確認することは必須です。

　現金から電子マネーでの決済主流化は止めることができないでしょう。そうなれば顧客にとって、口座は電子空間上でよく、各種の複合ショッピングポイントも期待されます。実店舗が主体である銀行・地域金融機関にとって、経費勘案後でいかなる収益構造となっているかを的確に認識し、いくらまでならネットバンクとの金利競争に耐えうるのか、どの顧客層に対しネッ

図表1-7 【現行収益管理】"総点検"の「構造視点」

金利リスク収益管理	・預金基盤の流動化と高コスト化(金利上昇+定期預金への預替え)という将来環境の変化も視野に入れ、またすでに"収益の柱"として重要コア収益となっているALM収益の維持管理能力を担保する"金利リスク収益管理"の実装状況に関する視点。
信用リスク収益管理	・バブルを二度と起こさない、仮に起きてもその後の不必要な信用収縮は決して起こさないようにする、"信用リスク収益管理"の実装状況に関する視点。
経費勘案後収益管理	・無店舗展開や異業態店舗の重複利用ができる新種の競争者との厳しい競争を想定し、長年積み重ねてきた店舗や経費構造により形成されている収益構造を的確に把握できる"経費勘案後の収益管理"の実装状況に関する視点。

トバンクに対抗しながらその顧客基盤を維持するのか、"経費勘案後の収益管理"の実装状況が"総点検"の第三の視点です。これは「第4章 "総点検"「経費管理会計」」にて詳述します[1]。

---

1 その他の"総点検"の視点として"オペレーショナル・リスク"(以下「オペリスク」)があります。
　"オペリスク"は、"信用リスク"・"金利リスク"とともに金融機関三大リスクといわれ、事故や災害、内部不正等により、予期せぬ損失を被るリスク、換言すれば"市場リスク・信用リスクのいずれにも該当しない損失の可能性"が"オペリスク"です。信用リスクと金利リスクはリスクを減らすとリターンも減るのが基本特性ですが、"オペリスク"は純粋な損失事象ですから、事務改善活動等と結びつけることで、リターンにほとんど影響することなくリスクを減らすことが可能となります。
　バーゼルⅡにおいて、オペリスクが計測対象となり、その管理手法のフレームワークも示されました。発生事象の再発防止策を講じる従来の"顕在化リスク事象"の管理に加え、業務の脆弱性を洗い出し、新しいリスク認識(CSA)をしたうえで対策を講じる"潜在リスク事象"の管理、【実績ベース】から【リスクベース】へとオペリスク管理の高度化方法が示されました。振り返ると、この30年間、業務の多様化、取り扱う商品の多岐化が進む一方、IT処理の進展により一瞬にして莫大なオペリスクが顕在化する環境となっています。以上のとおり、"オペリスク"はとても重要なリスクでありますが、「管理会計」の枠組みにて"総点検"する本書の目的とはスコープが違うことから、本書では"総点検"の視点とはしません。
　"オペリスク"に関しては、大久保豊[監修]/瀧本和彦・稲葉大明[著]『【実践】オペレーショナル・リスク管理』(金融財政事情研究会、2011年11月)をご参照ください。なお、日本リスク・データ・バンク社(以下「RDB」)では、オペリスクの共同データベースを組成しており、格納データも23万件を超えています。

第 3 節

早急な「改革」が必要な規制金利時代の遺物〔本支店レート管理〕

　金利が完全自由化している現環境下では、『ボリューム増＝収益増』という単線的な関係はもはや成立しません。取組み時点では儲かっていた取引も、その後の金利変動によって収益性が大きく変動し、どの業務、どの商品、どの顧客から収益を得ているかが不鮮明となり、業務戦略・投資計画の策定、あるいは業績・人事評価を行う際、混迷を深めるものとなります。"総点検"を行ううえで、まずは金利の完全自由化に適合した"経営羅針盤"が形成できているかについて、現行収益管理に対し、しっかりと「自己評価」すべきです。

　その状況は各金融機関において相違するでしょう。しかしながら、長らく続いている【ゼロ金利】により、"あたかも"規制行政が発動され、経営を守ってもらっているという"錯覚"に陥っている金融機関が多いのではないかと感じています。あまりにも長い【ゼロ金利】時代。それにより、〔本支店レート管理〕という前時代の遺物が制度として生き長らえている、あるいは復活しています。自己評価と「改革」が早急に必要です。

　また、【ゼロ金利】の弊害はALMの機能不全としても現れています。単なるリスク報告と確認の場としてのALM会議、そして預貸ポートフォリオと有価証券ポートフォリオを分断した〔部分最適のALM〕という欠陥が、依然として銀行・地域金融機関の経営にはびこっています。

　次章以下、望まれる【収益管理会計】に関し、前節で述べた 3 つの「構造視点」から論述していきますが、本章を締めくくるにあたり、すぐに改革を要する〔本支店レート管理〕に関して詳らかにし、もし自行・自機関がそれに当てはまるようでしたら、早急なる"改革"が必要であるとの「自己評

価」をし、第2章以降に詳述する『スプレッドバンキング』の新建築を行うことを強く勧めます。また、15年前にはたしかにスプレッドバンキングへと移行した銀行・地域金融機関においても、原点に立ち返り現状を細かく評価し、〔本支店レート管理〕へと後戻りしていないかをよく確認することを勧めます。

(1) 〔本支店レート管理〕による収益管理の限界と矛盾

　旧態依然、規制行政時代の遺物である〔本支店レート管理〕は、完全自由化のいまの経営環境にはまったく適合しないものです。
　〔本支店レート管理〕とは、各営業店における預金調達・貸金運用の総額が必ずしもバランスしないことから、その差額に対して本部が間をとり、"過不足分に対して一括して"、「本支店レート」を適用し、営業店の収益評価を行う管理会計の手法です。すなわち、預超店舗であればその「余剰資金」に対して、貸超店舗であればその「不足資金」に対し、単一の本支店レートを一括適用し、本部との間での貸し借りをするものです。このような〔本支店レート管理〕の手法は【差額法】と呼ばれています（図表1－8参照）。
　〔本支店レート管理〕の発展型として【総額法】があります。これは、"運調尻"に単一の本支店レートを適用することを是正し、預金・貸金それぞれに〔本支店レート〕を設定するものです。営業店は預金として調達した資金を"本支店貸レート"で本部へ預託する一方、本部から"本支店借レート"で資金調達（帳簿上）し貸出に充てるものとし、収益評価する方法です。
　さらに【総額法】を発展させ、新規取引に適用する"本支店フローレート"と既存取引に適用する"本支店ストックレート"に区分し適用する【フロー・ストック法】という〔本支店レート管理〕があります（図表1－9参照）。

図表１−８　本支店レート管理会計【差額法】

- 【差額法】とは、各営業店における預金調達、貸金運用が必ずしもバランスしないことから、その資金の過不足分に対して、本部が間をとり、"過不足分に対して一括して"、「本支店レート」を適用し、営業店の収益管理をする方法
- すなわち、預超店舗（預金残高＞貸金残高）であれば、預金残高－貸金残高＝「余剰資金」に対して、貸超店舗（預金残高＜貸金残高）であれば同様に、預金残高－貸金残高＝「不足資金」に対して単一の本支店レートを適用し、本部との間での貸し借りをするもの

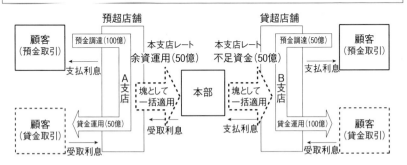

　しかし、どの〔本支店レート管理〕の手法においても、その本支店レートが、いかなる経営理由や根拠により設定されるか、そもそも何の何カ月物の市場金利を基準に決定しているのか、いかなるタイミングで変更するのか、という質問に対し、明確な回答を得られない"政策恣意的な仕切りレート"であることにその特徴があります。

　そして、この〔本支店レート〕の"政策恣意性"は仕方のないものです。

　なぜならば、さまざまな預入期間・預入種別の預金に対し、またさまざまな貸出期間・貸出種別の貸金に対し、【差額法】であればその差額部分である運調尻という"ブロック"に対して、【総額法】においては貸出・預金というそれぞれの"ブロック"に対して、【フロー・ストック法】では新規・既存という"ブロック"に対して、"一括適用する仕切りレート"であるがゆえ、その性向を表現すること自体無理なことなのです。

図表1-9 [前時代の遺物] 本支店レート管理会計の類型

〔本支店レート管理〕	特　徴
差額法 1本の本支店レートを適用 （営業店：貸出／預金、運調尻）	・営業店における預貸ボリュームの"運調尻"に対して〝本支店レート〟を設定し、本部と貸借するもの（最も古典的手法）。
総額法 本支店借レートの適用（発展型で複数設定あり） 本支店貸レートの適用（発展型で複数設定あり） （営業店：貸出／預金）	・営業店は預金として調達した資金を〝本支店貸レート〟で本部へ預託する（帳簿上）。一方、本部から〝本支店借レート〟で資金調達（帳簿上）、顧客へ貸し出す。 ・「本支店〝貸〟と〝借〟レート」を複数設定する運営もある。ただしそれらは資金の「経済価値」を反映していない、政策恣意的な仕切りレートである。
フロー・ストック法 前期末既存取引 → 本支店ストックレート 今期新規取引 → 本支店フローレート （本支店レート管理会計は上記の「総額法」と同型）	・本支店レートの適用方法は総額法と同じであるが、新規取引に適用される〝本支店フローレート〟と既存取引に適用される〝本支店ストックレート〟に大別される。

重要！　これらの本支店レートは資金の「経済価値」を反映していない、政策恣意的な仕切りレート　←これが問題

　これらは規制金利時代の遺物です。政府が決める預貸金利の変更がない限り、対顧金利は変動しない——そのような経営環境において、つまり〝金利リスク〟がない経営環境においては、何かしらの〝決め〟によって預貸金の収益性を評価すればよいだけでした。政府の金融政策によってのみ預貸金利が変動し、その際も〔利鞘〕は〝純鞘〟で確保される。したがって〝政策金利変更時〟に本支店レートを見直せばよいのです。

　【ゼロ金利】が長く続いている現在、いまだに規制行政が発動していると〝錯覚〟したり、知らず知らずのうちにこの〔本支店レート管理〕を継続し

ていたり、復活させている金融機関があります。もはや金利は完全自由化されています[2]。【ゼロ金利】は必ず終了します。金利は経済の胎動に呼応し脈動を開始します。その時にいまの〔本支店レート管理〕では預貸金の収益性を適正に評価できないうえ、そもそもの経営運行において大きな支障をきたします[3]（図表1－10参照）。

　〔本支店レート〕の問題——それは、ある"ブロック"に対して、"一括して"本支店レートを適用することから生じます。"ブロック"のなかは、さまざまな期間・種別の預貸金にて構成され、金利変動時にはそれぞれの預貸金がそれぞれの金利連動と更改インターバルを呈します。したがって〔本支店レート〕の決定に関して、事前にルール化することは不可能なのです。その結果、金利が変動し、ある程度大きく動いた時点で、恣意的に判断し、〔本支店レート〕の水準も変更することになります。

　「事前にルール化しなくとも、毎月あるルール、たとえば〔総預金平残利回り＋0.5％〕と決めて運用すればよいのでは？」という意見がありますが、これも問題です。なぜなら、本支店レートが変更されるということは、既存取組分の収益評価も変更になるということです。営業店収益も個社別採算もすべて変更になります。一貫した適正な営業店評価・顧客採算評価ができないのです。

　〔本支店レート管理〕においては、"金利リスク"が営業店・顧客に転嫁されるものであり、まさに規制行政時代を錯覚した"甘え"（採算が合うよう預貸金利が設定できる）にほかなりません。完全自由化の現在、だれもその"甘え"は許されません。

---

[2] 預金金利に関しては、1985年より定期性預金の自由化が段階的に進められ、現在ではすべての定期性預金の金利設定は完全自由化されています。また流動性預金についても、実に20年前の94年に当座預金を除き自由化されました。

[3] 実際に、1990年代初頭において、〔本支店レート管理〕を採用している銀行は混迷を深めました。金利が毎週変動し、定期預金の店頭掲示レートも預入期間ごとに変更する。しかし、いったいいかにして〔本支店レート〕を決定し適用するか。預金全体一本の〔本支店レート〕では順イールド下、期間の長い預金ほど採算が低くなってしまうのです。

図表１－10 〔本支店レート管理〕の構造限界

○【差額法】にしろ、【総額法】にしろ、【フロー・ストック法】にしろ、結局はある"ブロック"に対し、"一括して"本支店レートを適用するもの。本支店レートにおいては、その"ブロック適用"のため、具体的な〔資金属性（期間・連動ルール）〕が想定不可能であり、結果、〝政策恣意的な仕切りレート〟とならざるをえない。

○いくら多く本支店レートを設定しても、適用単位が"ブロック"である限り、完全自由化における預貸金の繊細性・変動性には対処できない。

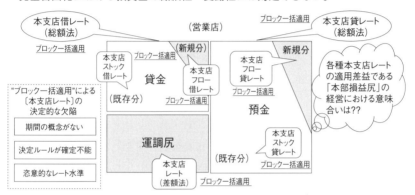

・また〔本支店レート管理〕は、【営業店のみ】に対する収益管理法であり、間に入る"本部"の収益管理を対象としていない。

・仮に〔本支店レート管理〕を"本部収益管理"にも適用拡大すると、「各本支店（貸）⇔（借）レート」に関する損益尻管理となるが、本部はその損益尻に到底責任を負えない。その損益を最大化する本支店レートは本部にとってよいが、営業店採算評価、顧客別採算評価において大きなゆがみが生じる。何よりもその"本部損益尻"の経営上の意味合いや運営方針が立たない。

〔本支店レート管理〕における収益評価上のゆがみを理解するため、以下、非常に簡単なバランスシートを想定し、営業店における預貸ボリュームの"運調尻"に対して、本部と貸借する最も古典的な【差額法】の事例で確認していきます。

預金は１年定期100億と３年定期100億、貸金は１年・短プラ貸金300億、結果、預貸尻を市場借入100億で調達しているシンプルな銀行、そして当該預貸金は１つの営業店にて取り組まれていると想定します。

対顧金利が預金１年物2.0％、３年物2.2％、短プラ１年貸金は基準短プラ3.0％から１％上乗せして4.0％、貸超分を資金証券セクションが2.3％で市場調達していると想定します。

　今後１年間、金利の変動がないとして、運用側の受取利息と調達側の支払利息を単純に計算し、当行収益を算出すると（300億×４％－100億×２％－100億×2.2％－100億×2.3％）＝5.5億円が粗利益に計上されることになります。

　〔本支店レート〕を３％とすると、収益利鞘は、１年預金で＋１％、３年物で＋0.8％、短プラ貸金で＋１％、市場調達で＋0.7％となり、預貸金収益が4.8億円、本部調達部門収益が0.7億円となります。

　これを、第２章で詳しく考察する「預貸金スプレッド評価」にて収益性を捕捉すると、次のとおりとなります。市場金利、すなわち市場での運用・調達の金利を、１年物が2.2％、３年物が３％と想定します。当然ながら、財務会計上の収益5.5億円は変わりません。しかし、各業務の収益評価は大きく変貌します。

　まず、預金についてみてみます。預金を資金として吸収する意義は営業部隊と店舗資源を活用し、市場からの取入れより安く調達することにあります。金融の自由化により、金融機関は必要な時に必要な資金を、要望する期間や変動ルールにより、市場より自由に調達できるのですから、預金という調達活動の経済価値上の評価は、論理的にも現実可能性の観点からも"市場金利"を基準とすべきです。

　「営業努力見合いの収益」を"市場金利－対顧預金金利"で計測するのが、いわゆるスプレッド評価です。１年物預金のスプレッド収益は＋0.2％、３年物預金は＋0.8％となり、本支店レートでの収益評価と逆転します。すなわちスプレッド評価においては、長い預金がより収益性が高いものとなっています。金利は期間が長くなれば高くなる"順イールド"の場合、定期預金の金利設定も期間の長さに応じて高くなり、結果、単一の仕切り

レートである本支店レートでは、長い預金ほど収益性が低く評価されるゆがみが生じます。一方、"逆イールド"の場合は逆に長い預金ほど収益性が高くなってしまいます。よって、このケースでは短い預金の獲得に収益インセンティブを付与する収益評価となり、期日案内コストもふまえれば、この潜在的なインセンティブ運営の妥当性については疑問を呈せざるをえません。

　一方、貸金のほうはスプレッド評価で＋1.8％と本支店レート管理対比＋0.8％も改善します。よって、この本支店レート管理のもとでは"貸金の収益性を低めにゆがめる"収益評価となります。スプレッドバンキングへの移行に伴い、営業店の預貸収益は＋6.4億円と本支店レート管理比＋1.6億円の増加となり、さらに今後金利が変動しても次回の金利満期時までこの収益は確定されます。営業店の預貸収益は＋6.4億円、当行収益は変わらず＋5.5億円であることから、本店部門の損益は▲0.9億円の損が新たに経営認識されます。第2章において詳しく解説しますが、これが『ALM収益』であり、『長短ミスマッチ・リスク見合いの収益』です。いずれにしても、この〔本支店レート管理〕のもとでは、営業店の本来預貸収益の25％相当に当たる1.6億円の収益が本店へ移転してしまいます。さて、このような、本部による営業店収益の"召上げ"に経営上の意味合いがあるのでしょうか？　あるはずはありません。恣意的な〔本支店レート〕による不作為のゆがみであり、それ以上の意味をもたないのです。

　以上は預貸の"取組み時点"で発生する収益評価上のゆがみですが、さらにゆがめるのが、取組み後の〔本支店レート〕の変更です。取組み後、金利が上昇に転じた場合を想定します。なんらかのルールや会議決定に基づき、〔本支店レート〕を仮に1％引き上げたとします。注意すべき点は、スプレッド評価においては、満期まで営業店の収益が確定されますので、預貸の収益性評価はまったく変わりません。変わってしまうのは、〔本支店レート管理〕の場合です。本支店レート1％の上昇により、預金の収益性は一段と高まる一方、貸出は収益"0"となり、本部収益としてさらに＋1億が計上されることとなります。

「昨日のヒーロー、今日は悪役」の事態が商品別のみならず、顧客別・営業店別にも生じます。これでは、何から収益を得て、どの顧客セグメントが収益貢献をしているかがまったくわからなくなり、商品・顧客戦略の軸が定まりません。このようなことは【ゼロ金利】が定着する前の1990年代、事実、銀行経営者が経験してきたことなのです。

　さて、この【差額法】の欠陥を是正するため、【総額法】や【フロー・ストック法】の開発がなされました。しかし、これらもまったく機能せず、むしろ混迷を深めるだけとなりました。【総額法】は、預金・貸金"それぞれに"〔本支店レート〕を設定し、収益評価する方法です。"預貸尻一括"の【差額法】より、細かい設定が可能となりました。しかしながら、預金と貸金のそれぞれの〔本支店レート〕をいかに決定するか、両者の差額（そうでなければ差額法と同じですから）の"経営上の意味合い"とは何であろうか、と呻吟することになりました。さらに金利は継続して変動します。過去に取り組んだ預金は金利の上昇に比例して収益性が高まります。一方、貸出は逆に収益性が悪化していきます。過去に取り組んだ取引がいまの取引と同じ優遇幅、上乗せ幅でも収益性が大きく相違する事態が生じたのです。これに対処すべく、最後に【フロー・ストック法】が開発されました。

　これは、新規取引に適用される"本支店フローレート"と既存取引に適用される"本支店ストックレート"というカテゴリーを新たに設けるものでした。しかしながら、"既存の"といっても、"新規の"といっても、それぞれのなかでさまざまな預貸金が存在します。それらのなかでの収益性評価において構造的なゆがみが生じることは避けられないうえ、そもそも〔本支店レート〕の"種類"があまりに多岐にわたり、決定運営において混迷が混迷を呼ぶ事態になってしまったのです。

　これらは1990年代にすでに経験したことです。
　現在の【ゼロ金利】の環境下では、以上のような苦労は発生していません。しかし今後、金利が胎動を始め、変動が普通に生じる（それがそもそも

普通の状態）ようになると、同じ問題が生じるのです。なぜなら、現在はもはや規制金利時代ではなく、すでに金利は完全に自由化されているのですから……。このような〔本支店レート管理〕の運営を現在行っている銀行・地域金融機関は早急に【収益管理】を抜本改革しなければなりません。また、『スプレッドバンキング』を構築ずみの銀行・地域金融機関においても、次章以降で詳述する視点から、埃をかぶっている可能性が高い現行の【収益管理】を"総点検"する必要があります。

　金利上昇に伴う水準の切上げ、長短イールドの形成により、差別的な金利設定のできる余地を得たネットバンキング業者は精緻なコスト管理のもと、取り扱うさまざまな種別の預貸金に対して、ギリギリの預貸金利を顧客に提示してくるでしょう。"待機資金100兆円"の争奪戦です。

　曖昧模糊とした旧時代の遺物である〔本支店レート管理〕、もう存在しない規制行政を前提とする〔本支店レート管理〕を収益管理として採用する銀行・地域金融機関の経営は早晩行き詰まることになります。

　〔本支店レート管理〕による収益評価では、業績評価、商品・店舗戦略の策定において誤った経営判断をもたらします。これは経営レベルの混乱のみならず、もっと重要な弊害をもたらします。それは、現場営業において行動のゆがみを生じさせることです。異業種を交えいっそう激しい多面的な競争が確実な金利上昇局面において、適正な原価を反映しない対顧プライシングでは、現場営業の"間違った行動"を生起させます。そこまで金利を下げて融資したら、あるいはそこまで金利を優遇し預金を受け入れたら、そもそも採算割れになるという基本中の基本が営業としてできなくなります。もはや金利は完全自由化されているのです。長らく続いた【ゼロ金利】により、社会が、そして監督当局が、あたかも"順鞘"を保証してくれているかのような錯覚を抱いていないでしょうか？

　対顧取引の収益性評価のゆがみは当然ながら、"営業努力に対する評価上のゆがみ"も生じさせます。たとえば、今後の金利上昇局面における短プラ引上げ交渉という収益改善努力に関して考察してみましょう。A支店長は、

市場金利の高まりを受けた自店預金調達金利の上昇に対し、甲法人の短プラ上乗せ幅を＋0.3％引き上げる交渉を何度も重ね、次回の金利更改日より新金利適用の合意を得ました。しかしながら、本部より来期からの〔本支店レート〕を＋0.5％引き上げるとの通達を受けました。支店長の行動として、0.2％の引上げ努力が足りなかったという事態です。さて、この支店長は支店経営を失敗したのでしょうか？

　答えは、"失敗したか、しなかったもわからない経営である"ということで、"構造的に失敗"しているということです。

　本支店レートの＋0.5％の引上げ自体、正しい経営数値なのか？　そもそも、市場金利が上がったのだから、"短プラ基準金利"自体を引き上げるべきではないか？　また、そもそも金利はさらに変動しているが、今後もこのような事態は繰り返されるのでは？　それも今後いつ起きるのかわからない？

　この問題の本質は、【短プラ】vs.【市場金利】という関係をどう維持するか、という金利ALMの問題です。次章にて詳しく述べますが、『短プラベーシスリスク見合いのALM収益』をいかに統御するかの問題です。"短プラ基準金利での粗利益率を継続維持できるように短プラを改定する"——それがこの問題の本質です。ですから、この努力は"本部"によらなければなりません。なぜなら、"本部のみが短プラを決定できる"からです。支店長にその権限はありません。支店長の権限は、その基準金利に対して、"信用リスク"と"目標利益"を考慮して、いかにスプレッドを上乗せするかにあります。本部により決定された短プラという基準金利に対し、上乗せする努力、その"営業努力"の成果に対して、適正な評価がなされるべきなのです。

⑵ 〔本支店レート管理〕におけるALM運営の限界と矛盾

　ALM会議での一コマ。
　ALM会議において、ALM担当部長は以下のとおり、プレゼンテーションを締めくくった。
　「われわれが1年前から実施してきた、金利上昇を見込んだ国債残高抑制と残存期間短期化のポジション運営は計画どおり進み、金利リスク指標値であるVaRを10％圧縮しました。また足元の金利上昇を受けて、〔本支店レート〕を貸レートで＋0.2％、借レート＋0.1％に引き上げました」
　担当専務はそれに応え、困惑した面持ちでALM会議資料をみながら、以下の質問を投げかけた。
　「われわれが金利リスクをうまく管理できている、という報告を聞いて満足している。しかしながら、結果として、余資は日銀当座でのブタ積み運用となっている。リスクが減っても、国債運用収入というリターンが大幅に減っている。いったい、このことはどう経営として理解したらよいのか？　それに、金利は思ったより上がっていないではないか？　そもそも国債ポジション圧縮のALM判断が間違っていたのではないか？　また、〔本支店レート〕の貸と借でどうして上げ幅の差が生じるのか？　また、貸出に比べ預金の期間が長いということだが、貸と借レートの差額スプレッドはどの部門の収益となるのか？　そもそも営業店収益の合計が財務会計と一致しないが？」

　この担当専務の疑問はきわめて的を射ており、〔本支店レート管理〕によるALM運営の限界と矛盾を的確に表しています。いままでは、このような問題は大きくは顕在化してきませんでした。なぜなら、【ゼロ金利】により、市場金利があたかも規制金利下のように固定されていたからです。しか

し、今後の「新局面」は違います。物価上昇に呼応して金利の胎動が始まるからです。金利活動の解凍は、"金利リスク"の常態化を意味します。

〔本支店レート〕は、"金利変動リスクを営業店に残存賦課させる"ことを意味しています。結果的に、営業店にとっては『金利変動後の結果としての収益』が生じ、金利変動リスクが営業店全体に"散布・遍在"することになります。金利リスクの営業店への散布賦課はそもそも経営管理上"悪い"ことであるとは短絡的にはいえません。特に"規制金利下で自由金利市場が規模的にも質的にも十分成長していない"という経営環境のもとでは、以下の観点から有効なALMの枠組みを呈していたといえます。

・機動的なヘッジ・オペレーションを行うためのSWAPや先物市場が十分な規模に達しておらず、金利リスクを本部へ"一元集中"したとしても、なんら有効なALM行動を生起できない。また、そもそも規制行政により預貸利鞘の"順鞘"は保証されており、規制金利が変更になった時、預貸金利の更改に関し、営業店において顧客と折衝させれば、金利リスクは除去できる。
・リスク管理上のノウハウが十分行内で構築されておらず、方向感なきままの"一元集中"ではあらぬ方向へと経営を誘う危険があり、"対顧折衝上"強い交渉能力をもつ経営状況のもとでは、金利変動リスクを【営業店へ転嫁】→【顧客へ転嫁】することが得策である。

『金利変動リスクを営業店へ散布偏在させるALMアプローチ』は、1990年代までは経営管理上、最も有効でした。しかしながら、85年の日米円ドル委員会の合意を受けた金利自由化は、95年の流動性預金の自由化で完結し、かつヘッジ・オペレーションのための各種マーケットも質量ともに十分に成長した現在において、"過去の経営常識"はもはや"非常識"です。

もっと重要な変化は、"対顧折衝力"の変貌です。

貸出需資低迷に伴う顧客争奪戦の激化、ネットバンク等の新興競争者の台頭により、厳しい金利競争にさらされており、さらにこれからの「新局面」においては、多面的な全面競争となることは必至です。そもそも相いれない資金ニーズをもつ預金者と借入人の"資金消化"を、金融のプロとして実行することが社会制度として要求され、それを受け入れたのが「金利の完全自由化」です。もはや、"金利リスク"を〔営業店へ転嫁⇒顧客へ転嫁〕することは許されず、そもそもの自由化の政策思想と真逆なものなのです。このことをしっかりと"自己認識"しなければなりません。今後の金利競争・顧客獲得競争のいっそうの激化、ヘッジ市場の高度化・有効化をふまえれば、"金利リスク"を営業店⇒顧客へと転嫁する経営枠組みを改革し、相いれずわがままな"顧客ニーズを原点"とし、その預貸取引にかかわる金利リスクを自行内で効果的に"消化"するという『間接金融力』を増強する必要があるのです。

　"顧客ニーズを原点"とする動きは、各金融機関でみられるようになりました。たとえば住宅ローンにおいて、当初は固定金利で、その後、固定か変動かの選択権を顧客に付与する商品も開発されました。しかしここで重要なことは、"顧客ニーズを原点"とする行為がきちんとALM機能として"形成"されているかにあります。プライシングが各種リスクをふまえ適切であるか、不採算レートになっていないか？　仮に不採算であるならば、収益実額としていくら持出しとなっており、その負担部署はどこで、その行為の経営上の意味合いは何か？　仮に取組み時点で適切なプライシングを行っているとして、その後の管理セクションはだれで、また十分なリスク・収益管理を実施しうる態勢となっているか？

　リスク消化態勢が未整備のままでの、"銀行論理"から"顧客ニーズを原点とする顧客取引"への移行は、換言すれば「封建主義」から「社会主義」への移行を意味し、経営として実りあるものでは決してありません。顧客ニーズを掘り起こし、適切なプライシングとリスク管理で顧客のみならず、銀行・地域金融機関自身も幸せとなる経営上の枠組みが必要なのです。

金利の完全自由化が実現され、顧客折衝が大きく変化している現在の経営環境のもとでALMを有効に機能させるためには、『遍在している金利リスクを一元管理する』ことが最も重要な方策となります。そのためには、"金利リスク見合いの収益"を定義し、その収益を『ALM収益』として本部へ集中移管し、その変動をいかに管理するかをALMの枠組みとして樹立することに尽きます。ALM会議の資料では、金利リスクが計量化され経営管理をされていますが、ではいったい『そのような金利リスクをとることにより、現在いくらの収益を"計上"しているのか？』が議論されているケースはきわめてまれです。この『金利変動リスク見合いの収益』が明確に経営定義されていなければ、ALMの根幹である"守るべき収益"と"その変動リスク"の関係管理が不可能なのです。ALMの形骸化を回避するためには、何よりもまず、ALMセクションの"金利リスク見合いの収益"を明確に定義・把握することが必要なのです。

　『期間・資金属性の概念のない単一な本支店レート』による収益管理では、単に預貸金の収益性を"仕切る"もので、"金利リスク"を営業店⇒顧客に転嫁させる規制金利下の"経営パラダイム"なのです。この規制金利を前提とした〔本支店レート管理〕では、『遍在している金利変動リスクを一元管理する』ことができず、まして"金利リスク見合いの収益"も計測することはできないのです。

　以上、旧態依然の経営パラダイムに依拠する〔本支店レート管理〕の構造限界と矛盾に関して述べてきました。自由化という大海原において、経営の"羅針盤"がないまま船出をしていることに加え、船員一人ひとりが環境変化に即し、"自律対応"する枠組みが構築されていないこと——そこが問題なのです。次章から、本章で述べた"総点検"の「目的」と「構造視点」に基づき、望まれる【収益管理】に関して、詳しく述べることにします。

第2章

"総点検"「金利リスク収益管理会計」
―〔金利スプレッドバンキング〕の技法―

第 1 節

金利自由化に適合する『スプレッドバンキング』

　経営として、正しいこと、よりよいことが、組織の全人・全層にて自然発露するような経営基盤となることが『管理会計』の目的であると考えます。
　現場の各部門や活動者が、自分たちの行動の"経済的な意味"を的確に理解できるよう、"経営として"『収益⇔リスクの統一基準』を会計のなかにビルトインさせるのが『管理会計』の本質です。そして、だれが何の収益とリスクに対し"責任"と"成果"の権利を受け持つのかの効果的な"組織仕置き"を行うことも重要です。
　本章においては、『金利リスク収益管理』に関し、ミクロ的で全人・全層からの経営改善を招来する自由化に適合する経営管理の枠組みとして『スプレッドバンキング』を提唱し、考察を深めていきます。

　当然ながら、前章で批判棄却した〔本支店レート管理〕では、このような『管理会計』の本質を体現することができません。一方、"〔本支店レート管理〕はもはや採用しておらず、私たちは〔スプレッド収益管理〕に移行している"という見解に関しても、本書が提唱する『スプレッドバンキング』と同じものであるかの確認を要します。すでに移行している〔スプレッド収益管理〕のなかには、『スプレッドバンキング』の"一部機能"しか搭載されず、"経営管理の枠組み"にまで昇華していない事例がみられます。また、スプレッドバンキングの構築当初はしっかりとした"経営管理の枠組み"として機能していたものの、イールドカーブの超フラット化と【ゼロ金利】により、"預貸金の収益性を市場金利で仕切るだけ"という「スプレッド管理」に経年劣化している事例が結構多いものと思われます。

「スプレッド管理」という言葉自体は"日本人の造語"です。欧米金融機関に「スプレッド管理」といっても、何のことかはわからず困惑します。それは、"預貸スプレッド収益という孤島収益管理"では、経営全体としての枠組みとして機能しないからです。欧米では、どこの部署に"何の収益とリスクを統合管理"させるかの"責任と成果"の帰属を明確に経営定義する、『Transfer Pricing』すなわち『行内移転価格制度』の構築として位置づけています。本書では、これらを『スプレッドバンキング』と総称します。

　『スプレッドバンキング』とは、営業部門の対顧折衝とALM部門のリスク管理に対する経営評価が、全体経営という統合視点から実行でき、リスクとリスク見合いの収益およびその担当部署を、もれなくかつ重なりなく（一部重なってよいが、経営としての意味づけがなければならない）定義・関係づける管理会計＝『行内移転価格制度』の構築とその実践です。預貸取引の一つひとつに内在する各種金利リスク・信用リスクに対して、"金融因数分解"を施し、その分解されたリスクとそのリスクをとることで生じる収益を責任もって管理し、その収益パフォーマンスの成果を享受する部門・部署をもれなく定義する管理会計の技法が『スプレッドバンキング』なのです（図表2－1参照）。

図表2－1　『スプレッドバンキング』

- 〔営業店の対顧折衝努力〕と〔ALMのリスク管理・運営努力〕に対する経営評価が、全体経営という統合的な観点から実行でき、各種リスクとそのリスク見合いの収益およびその担当部署を、もれなくかつ重なりなく（一部重なってもよいが、経営としての意味づけがそこになければならない）定義・関係づける収益リスク管理会計＝『Transfer Pricing』＝"行内移転価格制度"。
- 間接金融機関の「事業命題」、"資金供給者（預金者）"と"資金需要者（借入人）"の〝相いれない〟資金ニーズを、「社会金融システム」として〝科学消化〟し、元本保証・確定負債である預貯金を源資に、資金循環が〝全体最適〟となるよう、各行・各地域金融機関の独自で多様な経営方針に基づき活発化させる、それを"科学経営"として担保する仕組み。

間接金融機関の「事業命題」である、"資金供給者"と"資金需要者"の相いれない資金ニーズを、社会金融システムとして"科学消化"し、元本保証・確定負債である預貯金を原資に、資金循環が"全体最適"となるよう各金融機関の独自で多様な経営方針に基づき活発化させる、それを"科学経営"として担保する仕組みが『スプレッドバンキング』です。1980年代前半、レーガン政権下での急速な金利上昇を起因とした1,000を超える銀行・地域金融機関の倒産は、金利完全自由化でのこの「事業命題」の遂行のむずかしさを端的に示しています。もはや"精神論"、"予定調和"の経営では立ち行かないのです。

第 2 節

"ベスト・フィット"のための金利リスクTP体系

(1) 機械的な市場主義の適用ではなく、むしろ真逆なスプレッドバンキング

　行内移転価格制度（トランスファー・プライシング、以下「TP」）の定義は、『各種預貸取引等に内在するさまざまなリスクとそのリスク見合いの収益を"金融因数分解"のうえ、関係づけ、各部門・各部署の管理対象の【収益⇔リスク】として定義し、責任移転する収益リスク管理会計』です。いわば、"経営管理・評価ルールの体現"にほかなりません。このルールが経営目的に合致するようきちんと定義されていれば、預貸取引の強化も、ALMの高度化も、自然発露的にかつ草の根的に生じるのです。アダム・スミスのいう"みえざる手"が発動するような"経営管理の枠組み"をつくる、ということです。

　そして、この"経営管理の枠組み"をつくるにあたり非常に重要なのは、戦略遂行インフラとして"ベスト・フィット"させることです。スプレッドバンキングは決して機械的な市場主義の適用ではありません。むしろ"真逆"なものです。間接金融を"生業"とする銀行・地域金融機関にとって、経営の中心は市場取引ではありません。金利の完全自由化により、"市場が間接金融機関の経営に影響を与える"ことを経営環境として認識しつつ、市場から発せられるさまざまな悪影響やリスクをなるべくうまく回避し、ヘッジ取引など利用できるところは積極的に利用しながら、柔軟でしなやかな経営を実現する科学技法がスプレッドバンキングなのです。重ねて述べます

が、スプレッドバンキングは決して機械的な市場主義の適用ではなく、むしろ"真逆"なものです。自由化の進展により、いっそう"相いれない"預金者と借入人の資金ニーズ、そしてその値建てである金利がインターバンク市場に連動して形成される経営環境において、それぞれの預貸金取引に内在する"プライシング・ルール"を推考し、その金利リスク[4]をいかに"科学消化"するかの技法が『スプレッドバンキング』なのです。

(2) 金利リスク消化酵素としてのTP体系

さまざまな市場取引や競争環境により、受動あるいは能動にて形成される対顧適用金利。そして、その対顧金利の運営において、もはや【貸出金利＞預金金利】は保証されない——。厳しい自由競争の対顧金利運営において、いかにうまく「金利リスク」を"消化"するか？　そのための科学技法が金利スプレッドバンキングの本質です。"消化酵素"は単様なものではなく、預貸金に内包されているさまざまな「金利リスク」、いうなれば炭水化物、タンパク質、脂質のようなさまざまな食材を消化するよう、以下の種類のTPが設計されています。

　第一の消化酵素は、『長短（期間）ミスマッチ金利リスク』の消化酵素です。
　預金の預入期間は1カ月、3カ月、1年、3年などさまざまです。一方、貸金も手形貸付3カ月、運転資金1年、設備投資10年、住宅ローン20年などさまざまです。今後、金利イールドカーブが上方にシフトしながら勾配も変わることにより、運調期間構造のミスマッチから生じる「金利リスク」が多様化のうえ、拡大します。さまざまな預貸金を取り組むことにより自然と保有することになる『期間構造のミスマッチ』を消化するためのTP手法として「市場金利手法」があります。次項にて詳述します。

---

4 「信用リスク」に対する科学消化のTP手法に関しては、次章の「信用リスク収益管理会計」で解説します。

第二の消化酵素は、『ベーシス金利リスク』の消化酵素です。
　『ベーシス金利リスク』とは、銀行・地域金融機関が間接金融を"生業"としていることから形成される"基準金利プライシング"によって発生する「金利リスク」です。具体的には、短プラ、普通預金金利、各種定期預金の期間別店頭掲示レートの設定から生じる「金利リスク」です。
　銀行・地域金融機関は完全自由化の環境下、基本的には市場金利を"基軸"に預貸のプライシングを行っています。ただし、その際の顧客との"交渉基準金利"は市場連動貸・市場性大口定期という一部の例外を除き、市場金利そのものではありません。貸出商品の大宗は"短プラ"を基準としたもので、預金は市場金利に準拠した"店頭掲示レート"であり、流動性預金に至っては特別な金利として設定されます。"ベーシス金利リスク"とは、間接金融という業務特性から発生する、市場金利に準拠するも完全に連動しないことから発生する金利リスクです。銀行は、銀行という"擬似仲介市場"を通し、預金⇔貸金の資金ニーズをつなげます。その際の値建ては、「市場金利」そのものではなく、"短プラ"や"預金店頭掲示レート"等の銀行独自の"交渉基準金利"を設置してつなげるのです。
　なぜ、このような"交渉基準金利"を設置するかというと、多種多様でかつ大量の預貸金取引一本一本に対し、その時点時点の市場金利をベースに相対で金利設定することは、営業上も運営上も困難であるからです。そこで、市場金利に準拠するも、そのものではない"交渉基準金利"を設置し、銀行という"擬似仲介市場"を通し、預貸金の資金ニーズをつなげていきます。
　以降、考察を深めていきますが、この『ベーシス金利リスク』は、リスクというよりは、間接金融機関であるからこそ生み出せた"特別な消化酵素"です。ただし、もはや運調構造が大きく異なるメガバンクの"短プラ"や"預金店頭掲示レート"に"盲従"するようでは、"特別な消化酵素"としての機能は保証されません。"盲従"はまさにリスクそのものとなります。
　『ベーシス金利リスク』を消化する、そしてその効能を数値として客観評価するTP手法として「ベーシススプレッド手法」があります。

第三の消化酵素は、『能動プライシング・リスク』の消化酵素です。
　『能動プライシング・リスク』とは、営業防衛上あるいは攻略上、営業現場に弾みをつけるために"収益インセンティブ"を与えることから発生するリスクです。またALM運営セクションの金利観から、あるマチュリティの預金に関して、"インセンティブ"や"ディスインセンティブ"を与えることから発生するリスクです。現時点の適正な値建てを"経営調整"し、何かしらのインセンティブやディスインセンティブを現場部門に与える行動に対する経営管理の技法です。この『能動プライシング・リスク』を消化するためのTP手法として「インセンティブ手法」があります。

　以上を要約すると、図表２－２のとおりになります。
　以下、順次、それぞれのTP手法に関して理解を深めていきます。
　なお数値事例は、現在の金利より２％程度上昇したもので示しています。これは日銀によるインフレターゲット２％という目標が中期的には達成され、経済活況を表すバロメータである金利が長らく続いたデフレを克服し、ようやく"普通"の経済に復帰したことを示す状況を視野に入れたものです。
　現在の【ゼロ金利】は、日本の長い経済史においては、まったくもって一時的なものです。今後の経済の再生胎動において、金利は勾配脈動をもって上昇していきます。そこでは、預金金利の設定の幅が〔期間×金額水準〕で広がりをみせます。これは同時にネットバンクとの激しい金利競争とITリテラシーの高い顧客行動による堰を切った選別活動を生起させるものとなります。お客様は賢い、ただいまの【ゼロ金利】という異常環境が"合理的な無知"を装わせているだけなのです。以下、「新局面」を想定しながら、各種のTP手法に関して理解を深めていきます。

図表2-2　"ベスト・フィット"のための金利リスク消化酵素の体系

【スプレッドバンキング】

・金利の完全自由化により、"市場が間接金融機関の経営に影響を与える"ことを経営環境として認識し、市場から発せられるさまざまな悪影響やリスクをなるべくうまく回避し、ヘッジ取引など利用できるところは積極的に利用、柔軟でしなやかな経営を実現する科学技法がスプレッドバンキング。スプレッドバンキングは決して機械的な市場主義の適用ではなく、むしろ"真逆"なもの。

| 長短（期間）ミスマッチ金利リスク | ベーシス金利リスク | 能動プライシング・リスク |

☆「市場金利手法」☆「ベーシススプレッド手法」☆「インセンティブ手法」
さまざまなTP手法の科学生成と柔軟かつ構造適用

第 3 節

「市場金利手法」
―『長短(期間)ミスマッチ金利リスク』消化酵素 ―

　いま簡略化のために、同額の5年物固定金利貸金3.5%と1年定期預金2.0%しかない銀行を想定します。財務会計においては、貸金受取利息3.5%、預金支払利息2.0%が収支計上され、その差額である+1.5%が銀行収益となります。本支店レート管理においては、"期間属性のない単一レート"である本支店レートで仕切って、預金および貸金の収益性を評価するものです。この期間属性のない単一仕切りレートにおいては、預貸金の取組み時点において収益評価上のゆがみが生じるだけではなく、その後の金利変動により、さらにゆがみの矛盾が拡大する問題に関して、前章で詳述しました。

　本項では、「市場金利手法」が、いかに『長短(期間)ミスマッチ金利リスク』に対して消化酵素として働くかに関して理解を深めます。

　スプレッドバンキングの「市場金利手法」においては、貸金に対し、その期間属性と同じ5年物の市場資金、すなわち、イールドカーブ上の5年物の金利である3.0%をトランスファー・プライシング（TP）の基準値とします。これは、本部の【ALM部門】が、営業店に対し、貸金の期間属性と同じ5年の市場調達コスト（市場5年物金利）にて、管理会計上（帳簿上）、貸し付けることを意味します。これにより、営業店の固定金利貸金の収益は3.5%-3.0%の+0.5%で、その後金利がいくら変動しようと、満期まで5年間確定することになります（図表2-3参照）。

　一方、預金は1年物ですから、1年物の市場金利2.5%で評価され、2.5%-2.0%の+0.5%で満期まで収益が確定されます。これは店舗網と営業スタッフの活動により得た、市場より安い（安くあるべき）資金である預金を、市場調達対比で収益を満期まで確定するものです。本部の【ALM部

門】は、この預金に対して、TP2.5％（市場１年物金利）で引き受け、管理会計上（帳簿上）、営業店より借り受けることを意味します。

　『スプレッドバンキング』の収益管理においては、本部の【ALM部門】が、預貸それぞれの資金属性に応じたTP金利にて"因数分解"のうえ、資金を引き受ける、"収益勘定"の責任を引き受けることを意味します。すなわち、預貸という取引が市場金利という"卸値"で"洗い替え"られ、資金（責任）移転されることを意味します。この点が『行内移転価格』といわれるゆえんです。

　営業努力という"お肉"の部分を【営業店スプレッド収益】として満期まで固定還元する一方、預貸の資金属性に応じた市場の卸値TPでALM部門へ資金移転される管理会計です。この"管理移転"により、この銀行が抱える『長短（期間）ミスマッチ構造』の"骨格"が、ALM部門のバランスシート上に投射投影されることとなります。

　ALM部門のバランスシートの運用側には、貸金見合いの資金として3.0％の運用が立ち、負債側には預金見合い資金の2.5％の調達が立ち、ネット

図表２－３　「市場金利手法」―『長短（期間）ミスマッチ金利リスク』消化酵素―
　　　　　　　　　　　　　　　　　　　　　　　　　　　『スプレッドバンキング』

市場金利と預貸対顧金利

・営業店部門（預貸スプレッド収益）管理会計
・ALM部門（金利リスク⇔リターン）管理会計
・責任会計・財務会計との一致

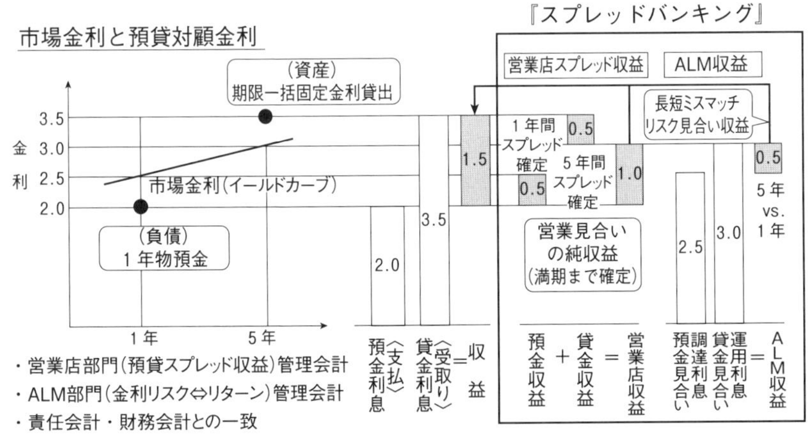

利鞘＋0.5％の収益を計上することになります。この収益がまさに『長短ミスマッチ・リスク』、【5年物運用】対【1年物調達】という期間のミスマッチポジションをとることによる、純粋な『金利リスク見合いの収益』なのです。

　ALM部門の責務は、この"守るべき収益"を合目的に管理することにあります。上記の事例では、取組み時点ではたしかにALM収益は＋0.5％計上されますが、仮にその後、金利が上昇すれば運用サイドの5年固定に対し、調達は1年のみの固定ですから、1年後には収益が悪化することになります。

　この長短のミスマッチ・リスクを回避したいのであれば、預貸取組み時点で、【5年固定払い】vs.【1年物変動受け】のSWAP取引をマーケットにて締結すればよいのです。こうすれば、ALM収益は"ゼロ"となる一方、リスクは完全にヘッジされます。これらの判断を将来の金利予測とリスク許容量をふまえ、合目的に実行することがALM部門の責務となります。

　また重要なこと、"ALM収益と預貸スプレッド収益を合算したものが財務会計収益と一致する"ということです。すなわち、この『スプレッドバンキング』の樹立により、各リスクの源泉あるいは努力源泉という"軸"で、自行・自機関の経営パフォーマンスを評価でき、その合算が全体収益と一致するということです。

　要は、預貸取引にベースレートを設定するのなら、必ずどこかのセクションにその"持ち値"で預貸資金をALM管理させる"資金移転"の仕組みを構築することが重要であり、資金移転をきちんと実施している限り、各部門収益の合計は財務会計上の全体収益と一致し、経営者は全体収益と各部門収益を整合的に管理・運営することができるのです。間接金融を生業として行うことにより、多種多様な預貸取引を受け入れるわけですが、その資金を"いかに消化"するかの"経営ルール"の表明が『行内移転価格制度』なのです。

　なお、この「市場金利手法」においては、TPレートおよび店頭掲示レー

トを一日の始まりに決定し、顧客に対して一括適用する"一般型"と、超大口定期や大口市場連動貸金のようなホットマネーに対し、資金証券セクションが市場とのリアルタイムのやりとりにて確認し、指値を出す"個別型"があります。TP構造は同じものであり、TPの運営方法が違うものです[5]。

---

5 メガバンクにおいては、この"個別型"のTP運営は欠かせない営業方法となっています。大企業を中心に日中のどのタイミングで運用あるいは調達するかを、金融機関と同じ情報をもとに判断する顧客に対し、高度な顧客対応は欠かせないものとなっているからです。なお、日中に金利が急激に変動する場合は、当然ながら"一般型"においても、店頭掲示レートやTPを日中変更することが必要となります。金利の急激な動きで顧客に"裁定取引"されては、プロとして覚束ないものとなります。

第 4 節

「ベーシススプレッド手法」
― 『ベーシス金利リスク』の消化酵素 ―

　前節の【期間ミスマッチ】の金利リスクは、"骨格構造的な金利リスク"ですが、間接金融を営む銀行・地域金融機関が抱える金利リスクはそれだけではありません。間接金融は、"間接"ゆえに、市場金利そのものではなく、自行・自機関が設定する"交渉基準金利"、たとえば貸出商品の大宗は"短プラ"を基準とし、預金は市場金利に準拠した"店頭掲示レート"を基準とした運営となっています。

　"ベーシスリスク"とは、間接金融という業務特性から発生する、市場金利に準拠するも完全に連動しないことから発生する金利リスクです。しかしこのリスクは、リスクというよりは、間接金融機関だからこそもちうる"特別な消化酵素"なのです。なぜならば、短プラや預金店頭掲示レートを各種市場金利と一定の関係を保つように"能動変更"させることにより、あたかも車のサスペンションのように市場金利の変動影響を吸収することができるからです。

(1) 「ベーシススプレッド手法(短プラ)」

　図表2－4のとおり、いま、ある銀行のプライム連動貸金は1カ月物と3カ月物の手形貸付しかなく、それぞれ同額であり短プラ対比＋1.0％の上乗せで対顧金利を3.4％にて設定していると想定します。また、この銀行は「短プラの基本運営ルール」として、"短プラ・ストレート先の信用リスクの動向"、"審査・営業等経費"そして"目標利鞘等"の戦略思考から、短プラ・ストレートにおいて、『市場金利対比＋0.8％の安定スプレッド』を確保

図表2-4 [ベーシススプレッド手法（短プラ）]－[ベーシス金利リスク]の消化酵素 －

- 営業店から短プラ変動リスクを除去するため、短プラ・ストレート水準に対し、一定のスプレッド（αスプレッド）。
- ALMセクションは資金属性に応じた市場金利で引き受け、収益管理する「長短ミスマッチ収益」と短プラのベーシススプレッド（αスプレッド）の変動を収益管理する「短プラベーシスリスク収益」の複層構造にてスプレッドバンキングを実行する。

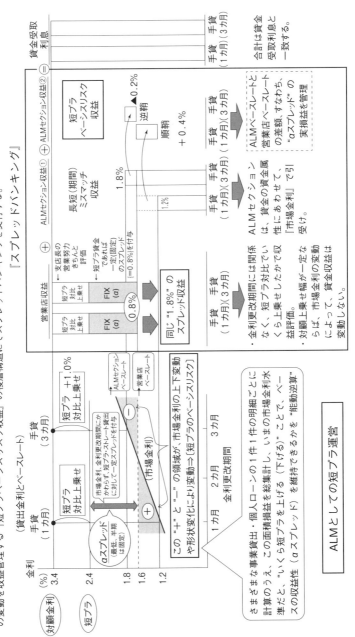

第2章 "総点検"「金利リスク収益管理会計」 49

したいと考え、短プラを現在2.4％に設定している、という事例で以下考察します。

ALM部門（図表2－4のALMセクション収益①）は、前項の「市場金利手法」により、貸出期間に応じた市場金利、手貸1カ月1.2％、手貸3カ月1.8％、にてTPされた長短ポジションの収益リスク管理を担います。

一方、短プラのALM運営方針である『市場金利対比＋0.8％の安定スプレッド』が確保されているかですが、手形貸付1カ月では＋1.2％（短プラ2.4％－市場1カ月1.2％）で運営方針対比"＋0.4％の順鞘"となり、手形貸付3カ月では＋0.6％（短プラ2.4％－市場3カ月1.8％）で方針対比"▲0.2％の逆鞘"となっていることがわかります。合計平均では運営目標対比＋0.1％（(0.4％－0.2％)/2）となります。これをALM収益として表現しているのが図表の「ALMセクション収益②」であり、まさにこれが『短プラベーシスリスク見合いの収益』です。

一方、営業店のスプレッド収益においては、前項の「市場金利手法」をそのまま適用すると混乱を招く可能性があります。なぜならば、顧客と交渉する基準金利は短プラであり、2つの貸金とも"同じ上乗せ幅"（＝1.0％）を実現しており、"営業努力見合い"を適正に評価するのであれば、同等の評価でなければなりません。

ところが、「市場金利手法」を適用すると、手形貸付1カ月では＋2.2％（3.4％－1.2％）、手形貸付3カ月では＋1.6％（3.4％－1.8％）となり、スプレッド水準で1.4倍の収益差異が生じます。これはもちろん短期金利ゾーンのイールドが立っていることから生じる"事実"なのですが、顧客交渉を"短プラ"という「期間設定のない一括金利」を適用していることから生じる、プライシングと収益評価上のゆがみでもあるのです。

営業店にわかりやすく、営業成果が適正に評価されるスプレッド収益管理が望まれます。したがって営業店には、『経営として考え設定した短プラ水準での目標スプレッド（短プラαスプレッド）』である＋0.8％を"固定スプ

レッド"として還元し、それに個別上乗せ努力――ここでは+1.0%を足し上げ、それぞれ満期まで+1.8%でスプレッド評価します。これを表しているのが、図表2－4の「営業店収益」です。

このようにTP化すると、『短プラベーシスリスク見合いの収益』を表す「ALMセクション収益②」は、以下の式で表現されます。

《短プラベーシスリスク見合いの収益》
= （短プラ金利の実際のスプレッド）－（短プラ・ストレートの目標スプレッド（a））
= 「営業店ベースレート（横軸に平行）」－「市場金利手法」のTP

図表2－4の左図における横軸に平行な「営業店ベースレート」と市場金利である「ALMセクション・ベースレート」の"交点"より左サイドは順鞘（+）となり、右サイドは逆鞘（▲）となります。

この事例では平均で+0.1%、経営目標である短プラスプレッド（"a"=0.8%）対比順鞘となっています。ということは、目標の"短プラaスプレッド=0.8%"をちょうど維持するには、短プラを0.1%下げて2.9%にすればよい、ということが"逆算"されるようになります。一方、金利が今後上昇すれば、「営業店ベースレート」は不変で、「市場金利手法」のTPが上昇し、《短プラベーシスリスク見合い収益》の領域がドンドン赤字となっていきます。市場金利の上昇、イールドカーブの変動に対し、"逆算"して、いくら短プラを具体的に引き上げないと目標のaスプレッドが達成できないかが、科学経営として明確になります。

実際の貸出ポートフォリオは、図表2－4のようなシンプルな構成や種類のものではなく、多種多様な満期と大小さまざまな明細により組成されています。しかしながら、計算上の仕組みはまったく変わりません。それぞれの貸出に対して、「ベーシススプレッド手法（短プラ）」を適用し、その損益額を総合計すればよいのです。

短プラ貸出に対し、この「ベーシススプレッド手法（短プラ）」を適用することにより、以下の経営果実を得ることになります。

> ・現行短プラに対する"経営上の意味合い"が定義できるようになる
> ・また、短プラの"実績収益性"を客観的に認知しうる
> ・"短プラベーシスリスク見合いの収益勘定"を設置することにより、"短プラ変更"に関し、合理的な経営運行が可能となり、市場金利変動時に短プラを何％変更させるべきかの客観的な数値を得ることができ、短プラのベーシスリスクの消化メカニズムが駆動する
> ・そして、「営業店収益」から、"短プラベーシスリスク"を除去でき、短プラ対比の"上乗せ幅"という営業成果に対し、きちんと業績評価ができるようになる

　メガバンク、地方銀行、地域金融機関の運調構造はもはや同質ではなく、メガバンクや上位地方銀行のプライム運営を鵜呑みにしプライステイカーとして追随することが、自行・自機関の経営安定をもたらすことはまったくもって保証されていません。自行・自機関が"顧客約定"として自らが能動決定できる短プラに対し、自律プライシングする能力を醸成することは、完全自由化の環境下、経営として必須のことなのです。

(2) 「ベーシススプレッド手法（定期性預金）」

　「市場金利手法」によるスプレッド評価を定期性預金へ導入しても、営業店から完全には金利リスクを取り除くことはできません。もちろん、定期性預金の満期までは収益スプレッドは確定されますが、その定期が継続される際、「市場金利手法」では前回のスプレッドが保証されないのです。
　事例で考えてみましょう。いま、1ヵ月物の定期預入れがあったと想定します。市場金利は2.0％、店頭掲示レートが1.5％。顧客とは店頭掲示対比

＋0.2％の内容で合意し、1.7％の約定金利で〔自動継続定期〕として預入れされたものとします。このときの定期預金スプレッドは、市場金利手法では2.0％－1.7％の"＋0.3％"となります。その後、金利が変動し、定期預金継続時には市場金利2.2％、店頭掲示レートが1.8％になったとします。約定金利は顧客と合意した〔店頭掲示＋0.2％〕の2.0％となり、市場金利手法では継続時のスプレッドは2.2％－2.0％の"＋0.2％"となってしまいます。

顧客との契約内容、すなわち店頭掲示対比の上乗せ幅はまったく同じでも、定期預金のスプレッド収益は変動（＋0.3％⇒＋0.2％）することになります。これは、『定期預金店頭掲示レート』と『市場金利』との間の"ベーシス金利リスク"が顕在化したものです。

短プラ貸金とは違って、定期預金には"期間の概念"が存在し、その期間対応の市場金利をベースに店頭掲示レートが決定されますが、その関係は一定不変のものではありません。『定期預金店頭掲示レート』と『市場金利』との動向不一致から"ベーシス金利リスク"が生じるのであり、定期性預金にも"ベーシス金利リスク"が存在する点には注意が必要です。

ただし、この"定期預金店頭掲示ベーシスリスク"は、市場金利の水準がある程度の大きさであり、下にスプレッドが抜ける状態にあるのであれば、経営として重要な問題ではありません。スプレッドが"下に抜ける環境"であれば、店頭掲示レートの運営、すなわち市場金利との乖離幅が安定するからです。この安定環境下で、【市場金利－定期預金店頭掲示レート】の変動が意味するものは、競争環境や顧客折衝環境の変化を意味し、むしろその状況を現場営業が感知すべきものであり、やはり「市場金利手法」の適用が的確であると考えます。

預金取引においては、〔期間〕と〔金額階層〕により、プライシングされる商慣習が確立しています。その際、参照基準となる卸値は市場金利です。預金という"生鮮食品"が需給により価格変動するのは当たり前であり、キュウリやトマトなど種別もはっきりと区分されている商品の"リテール販売"を銀行業は担っているのです。預金金利はすでに完全自由化されてい

ます。市場での卸値をベンチマークとしないスーパーは当然倒産することになります。短プラ取引と違い、ベンチマークの卸売市場が存在し、その商品規格も統一化されている商品、それが定期性預金です。やはり「市場金利手法」の適用が適切です。

　しかしながら、現下の【ゼロ金利】という異常事態ですと、この「市場金利手法」ではうまく対応できません。預金は市場金利の下へスプレッドを抜くので、現在の金利水準では大赤字となるからです。預金スプレッド収益には"市場金利に対して下方縮減性"という"金利リスク"が内在しているのです。【ゼロ金利】という状態は、一時的な異常事態であり、いつかは終わります。「新局面」を想定して、"中長期視野"に立って預金営業をする必要があります。そうでなければ、いまの低採算性にて顧客営業を疎かにすると、金利が通常状態に復帰したときの収益基盤を大きく損なうおそれがあるからです。

　その点をふまえたTP手法が次項で詳述する「インセンティブ手法」です。"中長期視野"に立ち、現在の収益性評価を戦略的にゆがめるインセンティブ（あるいはディスインセンティブ）を付与するものです。【ゼロ金利】という異常事態に対して、中長期視野での収益性評価をするのであれば、インセンティブを与える土台として、「市場金利手法」をとらず、「ベーシススプレッド手法」をとればよい、そのほうがわかりやすいという経営判断もあるでしょう。異常から普通の環境に移行する間の"一時的な措置"として、定期性預金に対して「ベーシススプレッド手法」を適用する考えもありうるのです。本書では、それを「ベーシススプレッド手法（定期性預金）」と呼称します（図表2-5参照）。

　この「ベーシススプレッド手法（定期性預金）」のTP構造は、短プラのそれと基本は同じです。各預入期間別の「店頭掲示レート」にて預入れされた場合、一定スプレッドaを付与し、店頭掲示に対して上乗せしての預入れの場合は、その上乗せ分をaから差し引き、スプレッド収益とするものです。

　一方、「ALM（長短リスク）セクション」においては、預入期間別の市場

図表2-5 「ベーシススプレッド手法(定期性預金)」
　　　　―【ゼロ金利】から普通への一時的な措置 ―

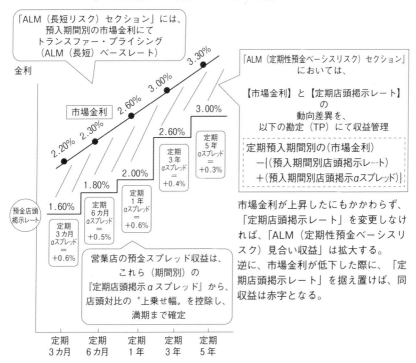

金利にてTPされた持ち値でALM収益勘定を形成します。

したがって、「ALM(定期性預金ベーシスリスク)セクション」においては、この(市場金利)と(定期店頭掲示レート)の動向差異を、以下の『定期性預金ベーシスリスク見合い収益』の勘定にて収益管理を行います。

《定期性預金ベーシスリスク見合い収益》
＝定期預入期間別の【市場金利】－｛(預入機関別店頭掲示レート)
　＋(預入機関別店頭掲示 α スプレッド)｝

"中長期視野"から定期性預金の収益水準を想像し、それを"定期性預金αスプレッド"として経営設定し、営業現場においては、その中長期の預金利鞘で顧客営業に当たらせるスプレッドバンキングの手法です。

現在の定期性預金を「市場金利手法」でスプレッド評価すると、ほぼゼロの収益水準となります。この低収益性は"現時点"では正しい評価なのですが、"中長期視点"では【最悪時点】での収益性評価を意味するものです。預金スプレッドは市場金利に対して"下方縮減性"があり、現在の【ゼロ金利】という環境は、預金ビジネスにおいて最悪の環境なのです。この最悪な一時点をもって、預金収益性を営業現場に認識させると、預金ビジネスへの取組み方に弊害が出て、将来の収益基盤の構造劣化を招く可能性があります。そこで、『定期性預金"αスプレッド"』を、中長期視点から、たとえば+0.3%と設定する運営が、この「ベーシススプレッド手法(定期性預金)」なのです。

足元の預金スプレッドはほぼゼロですから、この『定期性預金ベーシスリスク見合い収益』は▲0.3%の逆鞘勘定となります。この逆鞘・赤字幅が意味するものは、【ゼロ金利】が終わり「新局面」を迎えれば、それがあたかも"含み益"のように現実化できることを"経営として予期"しているということです。この勘定を設営することは、"預金ビジネス"の(将来)を見据え、中長期視点から現時点経営を行うことの戦略計数化を意味します。現状の【ゼロ金利】において、このαスプレッド勘定は大きな赤字を計上し、その赤字部分を"投資"として考え、経営として耐え忍ぶ科学経営の手法です。金利が上昇すれば、預金スプレッドは通常の収益性を発揮すると期待されるからです。

ただし、今後の「新局面」において、過去の預金スプレッドが実現されるかは確かなものではありません。完全自由化環境下、ネットバンクや異業種バンクとの融合的な厳しい金利競争が予期されるからです。しかし、いずれにしても、将来の不確実性を十分斟酌し、いまの"通常ではない預金利鞘"に対し、打ち手を実行できるのは"経営"にしかありえないのです。した

がって、「ベーシススプレッド手法(定期性預金)」を適用する場合は、『定期性預金ベーシスリスク見合い収益』に関しては、「経営管理セクション」の管轄とすることが基本です。

(3) 「ベーシススプレッド手法(流動性預金)」

　ベーシス金利リスクは、短プラ・定期性預金にかかわるものだけではなく、銀行の資産・負債の大宗にわたり存在しています。なかでもこの15年間で急増し、調達の主力勘定の地位を占めるに至った普通預金・当座預金・貯蓄預金などの流動性預金にかかわるベーシスリスクはきわめて大きなものとなっています。流動性預金のベーシスリスクは短プラのそれと基本的に逆相関となり、相殺し合う関係にあります。

　このベーシスリスクにおいては後で詳述しますが、"理論的"にも、"経営判断"を要する点においても、大変むずかしい性質が多々あります。しかしながら、流動性預金+200兆円をテコとした有価証券+160兆円の積上げという"砂上の楼閣"に対して、しっかりとした理解と消化方法の案出はもはや欠かせない経営事項です。以下、『ベーシススプレッド手法(流動性預金)』に関して、詳しく考察していきます。

　「普通預金」や「当座預金」に代表される"流動性預金"は、要求払いのため、『即時引出可能』という資金特性があります。この資金特性を"保守的"に評価すれば、翌日物か1カ月物でALM部門にTPされることになります。そのような「市場金利手法」の適用では、日々あるいは毎月、流動性預金のスプレッド収益が変わるようになります。営業店においては、流動性預金の動向に変化がなくとも収益目標が達成されたり、あるいは営業努力でボリュームを積み上げても目標未達となったりするケースが出てきます。"営業努力見合いの収益"と"金利リスク見合いの収益"が混然となり、その責任と評価があいまいになってしまいます。

そこで、「ベーシススプレッド手法」の適用となります[6]。予算運営上、6カ月あるいは1年間は、流動性預金に対し『一定スプレッドa』を固定還元するものです。

前掲の短プラにおける「ベーシススプレッド手法」との相違は、流動性預金には店頭掲示レートからの上乗せ幅がないことです。それ以外は短プラにおける「ベーシススプレッド手法」とメカニズムは同じです。

通常の運営では、期初にこの『一定スプレッドa』を経営決定のうえ、固定します。したがって、半期固定なら市場6カ月物と流動性金利の差額スプレッドを、1年固定なら市場1年物との差額スプレッドを算定のうえ、『一定スプレッドa』を決定します。これにより営業部門は残高の増減のみが目標達成のカギとなり、彼らの営業努力と成果が安定的に評価されるようになります。

一方、「ALM（長短リスク）セクション」においては、TP設定された資金期間の市場金利にてALM管理します。この事例では6カ月物あるいは1年物の市場金利にてTPされ、『長短ミスマッチ収益』の勘定に損益計上されます。

流動性預金は要求払いであることから、残高維持に確証がないというALM運営上の問題があります。6カ月物あるいは1年物として認知しても、残高はその後一定ではないリスクを「ALM（長短リスク）セクション」が負うことになります。もし、その残高不確定リスクが嫌であるのなら、確実な滞留部分（コア預金）に関して、6カ月物あるいは1年物でTPし、残りを1カ月物あるいは翌日物でTPする複層構造のTPが有効です。

このような「ALM（長短リスク）セクション」に対し、キメの細かいTP

---

[6] 拙著『スプレッドバンキング』（金融財政事情研究会、1996年6月）では、「ベーシススプレッド手法」とは表記せず、短プラ用のTP手法を「プライム手法」、流動性預金用のTP手法を「一定スプレッド手法」と呼びましたが、本書では今後の金利上昇局面でのベーシスリスク運営の重要性にかんがみ、「ベーシススプレッド手法」としてカテゴライズし、詳述しました。

運営としても、営業部門はなんら影響を受けません。"流動性預金αスプレッド"が固定還元されるからです。影響を受けるのは、「営業部門」と「ALM（長短リスク）セクション」の間に入りTPされる「ALM（流動性預金ベーシスリスク）セクション」です。このセクションは営業部門より、｛流動性預金対顧金利＋"流動性預金αスプレッド"｝にて当該資金をTP調達し、それを6カ月物あるいは1年物の市場金利や複層構造TPにて「ALM（長短リスク）セクション」へとTP運用するものです。したがって、以下が「ベーシススプレッド手法（流動性預金）」による『流動性預金ベーシスリスク見合いの収益』となります。

《流動性預金ベーシスリスク見合いの収益》
＝「ALM（長短リスク）セクションの流動性TP（市場金利）
－｛流動性預金対顧金利＋"流動性預金αスプレッド"｝

この"流動性預金αスプレッド"は今期固定だけであり、翌期以降は保証されていません。翌年の3月時点の【市場金利6カ月物あるいは1年物】と【流動性預金金利】の関係は、金利が変動すれば当然変わるからです。仮に市場金利が＋0.5％上昇する一方、流動性預金金利が0.1％しか追随しなければ、流動性預金αスプレッドは＋0.4％拡大することになります。この変動が、まさに『流動性預金に関するベーシスリスク』です。

"経営が想定する流動性預金の収益性＝αスプレッド"の動向を実績数値としてフォローし、その収益貢献額を管理会計として確認することができるようになります。今後の金利上昇局面において、過去と同じベーシス動向ならば、当然ながら追随率は低く、流動性預金の収益性は大幅に改善します。流動性預金は、その契約約定において『要求払い』であるのに対し、資金としては『安定滞留』する性向をもちます。

この｛契約と実態｝の掛け算が流動性預金の特徴であり、銀行・地域金融機関の強みの源泉です。商取引・家計において欠かすことのできない金融機

図表2-6 ベーシススプレッド手法(流動性預金)

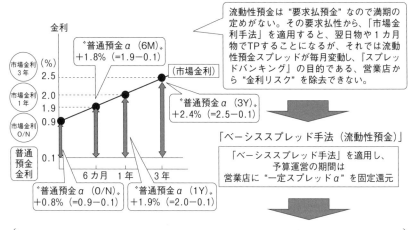

- 「ベーシススプレッド手法」を適用しても、ALM部門に対して、いかなる期間の資金としてTPするかは、恣意的なものとならざるをえない。上記の例では、翌日物TPでαスプレッド+0.8、6カ月TPで+1.8、1年TPで+1.9、3年TPでは+2.4となり、どの期間でTPするかで収益性が大きく相違する。
- "約定上は超短期"となるが、"安定的な預金であるのは事実"。コア預金としていかに自行・自機関の流動性預金を評価するかが、バンキングALMの本質。
- 3年でTPすることは、ALM部門に長期資金としてポジション認識させ、運営させる中長期視点のALM方針の決定を意味する。とても重要なバンキングALMの意思決定となる。
- コア預金部分に対しては3年TP、残りを1年と6カ月等の複層TPとすることも有効。

関の決済口座——その決済インフラ性から一定量が流動性預金として滞留します。これこそリテール銀行・商業銀行の強みであり、収益の源泉を形成するのは当然のことです。このとても大事な流動性預金の収益性に対し"数値"をもってフォローし、その金利リスクを"収益勘定"の動向でチェックする経営が「ベーシススプレッド手法（流動性預金）」によるスプレッドバンキングなのです（図表2－6参照）。

　さて、ここまでは、スッキリする話で、なんらむずかしいところがないようにみえますが、経営としては意味深い問題が存在します。

　営業部門に1年間、流動性預金の$α$スプレッドを固定還元しても、翌年には変動する可能性があると先に述べました。それでは、「翌年以降の変動も回避したいのであれば、市場金利2年物あるいは3年物でTPし、向こう2年あるいは3年間、流動性預金の$α$スプレッドを固定すればよいのでは？」「むしろ5年固定でもよいのでは？」という"考え"が生じます。『流動性預金の正しいTP期間の設定問題』です。

　実は、この問いの"正しい答え"は存在しません。

　なぜならば、流動性預金は『要求払い』であるが『安定滞留』という調達商品であり、"合理的な一定のマチュリティ"は存在しないからです。要求払いながらも、短期のマチュリティではない。むしろ当該金融機関の信用が揺らがない限り、無期限滞留の趣が強い調達勘定です。さらにここ15年間、ボリュームは大幅な継続拡大を示しています。

　このような特異な資金特性である流動性預金に対して"いかなるTP期間"を設定するかは、きわめて重要なALM問題、つまり経営の意思決定の問題なのです。そしてそれは、各行・各金融機関の【流動性預金の残高動向】と【中長期ALMの運営方針】により決定されるべきものなのです（図表2－7参照）。その点を以下で考察します。

図表2-7 流動性預金に関するTP期間の設定問題

> 流動性預金は {『要求払い』であるが『安定滞留』} という調達商品
> そもそも、"合理的な一定のマチュリティは存在しない"

しかしながら、いかんせん短期マチュリティではない、むしろ当該
金融機関の信用が揺らがない限り、無期限滞留の趣が強い調達勘定

> このような資金特性の調達商品をいかなる経営意思でALMするか、
> の問題。したがって、"正しい答え"は存在しない

ただし、対応フレームワークはある

| 各行・各金融機関の
（流動性預金の残高動向） | | 各行・各金融機関の
（中長期ALMの運営方針） |

の〝二段構え〟により決定されるべきもの

　資金特性上、客観的なマチュリティが設定しえない流動性預金のTP期間を決定するには、まず"これから"どのような残高動向を呈するかの"残高推計"が必要です。わからないのですから、"推計"でしか考えようがないということです。そして重要なことは、"過去の振る舞い"での推計値では意味をなさない、ということです。金利上昇が見込まれるこれからの【流動性預金の残高動向】は、"過去の振る舞い"とはまったく違ったものとなるでしょう。【ゼロ金利】という預金者にとって考えてもなんら果実のない状況が、イールドカーブの上昇勾配化に伴い一変し、①定期性預金へのシフト、②株式等リスク商品へのシフト、③近隣競合他行商品へのシフト、④メガバンクやネットバンク等の広域無店舗業態のチェリーピッキング商品へのシフト、といった大規模な移動・流出が起こる可能性があります。

　スマートフォンを情報端末としたITリテラシーの高い預金者の堰を切った行動、景況見極めによる内部留保を取り崩す法人行動など、ここ15年間で急増した流動性預金の大規模な逆回転は避けられないものと見立てます。そしてこの資金シフトの動向は、それぞれの金融機関の顧客特性や競争環境によって相違するでしょう。

したがって金利胎動の「新局面」においては、流動性預金の動向に関して、従来以上の十分な分析とモニタリング能力の形成がとても重要となります。市場金利の上昇に伴う、流動性預金の自行内定期性預金への振替動向、他行への資金流出動向を"実測"できるよう、【動態モニタリング】することが重要となります。いかなる商品へ資金シフトしているかは、完全電子化された現在の決済システムにおいては簡単に追うことができます。この【動態モニタリング】の手法に関しては、第7章で論述します。

　この"事実現象の動態モニタリング・データ"から、『流動性預金の金利弾力性残高モデル』を組成し、自行・自機関の置かれている競争環境や顧客動向を考慮した今後の流動性預金の動向を"推計"します。設定される"金利シナリオ"において、向こう10年、5年、3年のスパンでいかなる残高を最低限期待できるか、【コア預金】――長期に歩留まることが期待される流動性預金を"推計"し、ALM委員会にて"経営認識"します。【ゼロ金利】時代の過去データではなく、いま現在起きている預金者行動を【動態モニタリング】する。そして、自行内定期性預金へのシフト、他行への資金シフトを総合的にふまえた"一般均衡アプローチ"で、今後の流動性預金の残高動向を"推計"することが肝要です（図表2－8参照）。

　そうして得られた流動性預金の将来残高動向に対し、【中長期ALMの運営方針】を適用し、「流動性預金のTP期間」を決定する"二段構え"の意思決定を行います。スプレッドバンキングをすでに実現している銀行・地域金融機関においても、流動性預金のTP期間設定に関しては、おそらく市場金利の1カ月か6カ月物を適用していると思われます。それは単年度予算運営における"a固定スプレッド"の営業部門還元としては有効機能しますが、ALMとしては一考を要します。

　市場金利1カ月か6カ月物にてTP適用すると、ALMポジション上、邪魔にならない、ニュートラルな短期ポジションとなります。したがって、「ALM（長短リスク）セクション」においては、流動性預金を長期ALM資金としてはとらえず、長期の運用ポジションを形成しないものとなります。

図表2-8　各行・各金融機関の【流動性預金動向】の構造把握

流動性預金の今後の残高動向(安定性とボリューム)が想定しえなければ、ALMとして、流動性預金がいかなる"資金特性"かが認識できず、結果、流動性預金の"金利リスク"を消化することができない。

- 【ゼロ金利】という、預金者にとって金利選好に関し考えても果実のない状況が、イールドカーブの上昇や勾配化に伴い、事態は一変、流動性預金の"流動化"が起こることを想定すべき。
- 大事なことは、その状況を"モニタリング"できるALM能力であり、決済口座の動向(他商品振替え・他行流出)を科学構造的に【動態モニタリング】することで実現する。
- 『流動性預金の金利弾力性残高モデル』を部分均衡ではなく、"一般均衡"のアプローチにて構築することが重要。

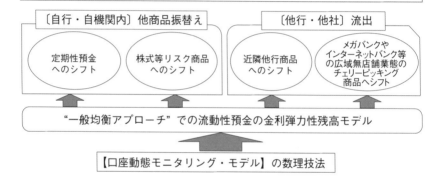

　預金収益は、市場金利より"下へ"スプレッドを抜くことにより創出されます。よって金利低下局面においては、預金の収益性は縮小していきます。

　"預金スプレッドに内在する金利リスク"をどうALM運営するかは重要なALMイシューであり、その問題は"流動性預金のTP期間設定問題"にて具現化するのです。金利がいっそう低下するという金利観から、"流動性預金αスプレッド"を現水準にて5年確定する、というALM意思決定は"選択"としてありうるのです。その際は、5年物にて期間TPすれば、「ALM(長短リスク)セクション」は長期の資金調達としてトランスファーされ、ポジション運営上、長期資産の積上げを企画するようになります。

あるいは、イールドカーブが長期タームで立ってきたとして、そこまで将来金利は上昇しないという金利観をもてば、一時的に上昇した長期金利にて"流動性αスプレッド"を固定するALM意思決定もありうるのです。要は、"流動性預金αスプレッド"を、どの水準で、いつまで確定するか、というALMイシューが"流動性預金のTP期間設定"に内在しているのです。

　市場1カ月か6カ月物でのTP適用は、実は無意識の"ALM意思決定"、すなわち"流動性預金αスプレッド"の短期インターバルでの追認更改を行っている、ということを理解しましょう。"毎年毎年、流動性預金のαスプレッドが変動することを容認する"という不作為の作為による"意思決定"を行っているのです。今後の金利動向や流動性預金の残高動向をにらみ、αスプレッドの経年見直しとするか？　それとも"現時点"で3年間あるいは5年間のスパンで流動性預金のαを"中長期固定"するか？――重要なALM決定事項が"流動性預金のTP期間設定"に内在しているのです。

　流動性預金の収益性は金利の変動を受けて、そもそも変動するものであり、どれが正しい収益性かについて、合理的な答えは存在しないということです。"マチュリティがあいまいだが長期に安定して残存する"という特異な資金特性を有する、そしてもはや銀行・地域金融機関の収益基盤の根幹である流動性預金に対して、いかに金利観をふまえALM運営するか、ということなのです。

　現在のきわめて高水準の流動性預金をいかにつなぎ留めるか、というALM施策も重要となるでしょう。金利の胎動を受け、他行・他機関に先駆け、定期性預金に関し魅力的な優遇金利を提示し、流動性シフトを能動的に起こし、自行・自機関内に"ロックイン"させるマーケティング戦略や、そもそも流動性預金金利を魅力ある水準に改定する大胆な行動もありうるでしょう。要は"一般均衡のアプローチ"にて、最適な結果となるよう預金をロックインするALM戦略の樹立が大変重要となるのです。

第 5 節

「インセンティブ手法」
── 『能動プライシング・リスク』の消化酵素 ──

(1) 「能動プライシング・リスク」の運営態勢と経営重要性

　第三の消化酵素は、『能動プライシング・リスク』の消化酵素です。

　『能動プライシング・リスク』とは、ALMセクションの"金利観"から特定マチュリティの預貸金に対し、【インセンティブ】や【ディスインセンティブ】を与えたり、営業戦略上の注力商品の販売促進のためインセンティブを付与したり、また営業基盤の防衛上、赤字でも預貸金取引を実行する際、現場にてその行動を承諾あるいは生起させるよう一定の考えで"収益補填"のインセンティブを与えたりする等の"能動的なプライシング"がもたらすリスクです。

　この"能動性"は"恣意性"を意味し、そこには当然ながら運営上のリスクが存在します。一方、この"能動性"はとても重要な「経営行為」です。この"能動性"が必要なければ、金融機関の経営は"数理コンピュータ"で足りることになります。能動経営により、「市場のゆがみ」を喝破した戦略的なALM運営、顧客の動向を透徹した中長期的な対顧プライシング等、各金融機関独自のしなやかで多様性ある間接金融が生まれるのです。

　ただし、十分に注意しなければならないのは、「その能動行為の裏側には当然ながら"リスク"が存在する」ということです。"経営も間違う"ということを念頭に、リスク管理を実行しうる態勢整備を図る必要があるのです。その能動経営がいかなる結果を招き、企図した目標は達成されているのか？　これらを経営管理する技法が「インセンティブ手法」です。

「インセンティブ手法」を適用するにあたっては、図表2－9が示す「能動プライシング・リスクの運営態勢」の確立が重要です。"何の理由からインセンティブを付与"し、"どのような成果"を期待するのか、それらの『インセンティブ・ロジック』に関して明文化しALM会議へ付議のうえ、決議がなされなければなりません。

　インセンティブ付与する経営行為は、いずれにしても"恣意性"から自由になれませんが、その恣意性が"属人恣意性"になることはなんとしても避けなければなりません。一部の経営者の思いつきや思い入れで経営がなされ、それが検証できない経営態勢では、〔能動プライシング〕のリスクを管理することはできず、またそのような銀行・地域金融機関では能動プライシングを実行できる環境にはないことを肝に銘じなければなりません。

　一方、一部ではなく経営全体としてコンセンサスを得ている場合でも、この『インセンティブ・ロジック』に関して明文化しなければなりません。なぜなら、責任の所在があいまいとなるからです。

　インセンティブ運営に関する明文化とその決議は、「ロジック（理由と期待成果）」部分だけでは不十分です。いったい、いかなるスキームにてインセンティブあるいはディスインセンティブを付与するのか、その「対象顧客」「対象商品」「対象期間」、そして「インセンティブ付与の方法」などの『インセンティブ・スキーム』に関して明文化し、合意決議する必要があります。

図表2－9　「能動プライシング・リスク」の運営態勢

さらに、インセンティブ運営の経過報告をする「運営責任の部署」を定義し、その後のフォローアップの運営スキームも事前決定する『インセンティブ運営責任』の明文化も必要となります。「インセンティブ・ロジック」「インセンティブ・スキーム」「インセンティブ運営責任」を明文化したものを科学的に経営実装するTP手法が「インセンティブ手法」なのです。

(2)　「ALM運営」におけるインセンティブ運営

　「インセンティブ手法」の具体的な考察に関し、まずは「ALM」における"能動プライシング運営"から始めます。

　ALMにおいて"金利観"に基づくポジション運営を行う際、今後の金利上昇局面において、ある預貸金に関し【インセンティブ】あるいは【ディスインセンティブ】を付与するケースが想定されます。たとえば現在の金利水準であれば、市場金利より"高め"の預金ベースレート（TP）を設定し、長期資金の取入れを拡大したい――。これは、現在形成されている市場のイールドカーブ（インプライド・フォワード・レート）に対して、もっと将来金利が上昇するという"ALMの戦略的金利観"によるものです。逆も然りです。この預金金利ではなるべく長期預入れを抑えたい――。そのためにディスインセンティブを与えるTP設定とするのです。貸金においては、固定貸金をなるべく抑えたい、変動貸出へと誘導したい等のALM上の「インセンティブ・ロジック」があります。

　この能動ALMにおける「インセンティブ・スキーム」ですが、現場営業において大きな弊害がなく、一時的な運営であるならば、「市場金利手法」におけるTPをALM部門の"金利観"に基づいて設定すればよいのです。銀行・地域金融機関は"間接金融機関"であり、決して直接金融機関ではありません。市場動向を鏡のように反映させる必要も義務もありません。預金者⇔借入人の相いれない資金ニーズを"完全自由化"の環境下、うまく調整し資金循環を活発化させることが事業命題であり、"直接金融市場への従属

義務"はありません。各行・各金融機関の"金利観"に基づき、預貸金の金利設定をする自由と権利があるのです。

ただ問題は、それが資金ニーズの調整としてあまりに顧客ニーズから逸脱してはならない、ということです。この市場金利と対顧金利のうまい運営が"間接金融機関の事業命題"なのです。したがって、ALM金利観による「市場金利手法」のベースレートの能動運営は、営業部門の理解が得られる範囲内であれば許諾される行為なのです。

一方、ALM部門の"金利観"による能動TP設定が、営業部門の了解を得られない場合があります。その場合は、経営として、その"金利観"に基づくポジション運営の必要性を吟味する手続となります。

図表2-10 【能動プライシングALM】における「インセンティブ手法」

ALMポジション運営

インセンティブロジック(理由): "金利観"に基づくALMポジション運営上、預貸金取引の取組みにおいて、【インセンティブ】あるいは【ディスインセンティブ】を付与するケース

たとえば、今後の金利相場観から、中長期預金の取組みを積極化したい(インセンティブ運営)、固定金利貸出を抑制したい(ディスインセンティブ運営)

インセンティブスキーム(方法):
1. 現場の顧客営業・折衝において、大きな弊害がなく、一時的な【インセンティブ】【ディスインセンティブ】運営であるならば、「市場金利手法」におけるTPをALM部門の"金利観"にて設定。
2. ALM部門の"金利観"によるTP設定が、営業部門の了解を得られない場合で、経営として、そのポジション運営の重要性を承認する場合は、営業部門に機会損失が生じる場合において、『インセンティブ手法』にて、その機会損失分を収益補填。

インセンティブ運営責任:
1. ALM部門の"金利観"に基づく(インセンティブ)の具体的な内容とねらいに関して、ALM委員会等で議論のうえ、決議する。
2. 営業部門の機会損失を、『インセンティブ手法』にて補填する場合、それに関する「勘定」の"責任主体"を明確化する。

ALM能動TP運営が行き過ぎと経営判断されたら、TP設定は不認可となります。一方、そのポジション方針は経営として賛成するが、営業部門においてそのインセンティブ方針には納得できない場合が生じます。その際は、"経営勘定"として両者の間に入り、営業部門が被るALM能動プライシングからのマイナス影響を収益補填することが必要となります。この具体的なTP手法が「インセンティブ手法」です。

　能動ALMを実行する際、どのような"金利観"に基づき、どのようなインセンティブTPとするのか、その具体的な内容に関して、ALM委員会で議論のうえ決議し、営業部門の機会損失を「インセンティブ手法」にて補填する場合、その「補填勘定」の"責任主体"を明確化する「インセンティブ運営責任」の設定が必要となります（図表2-10参照）。

(3) 「インセンティブ手法」のメカニズム

　次に、「インセンティブ手法」のメカニズムに関して考察します。

　図表2-11は、先述した「市場金利手法」の図表2-3をもとに、「インセンティブ手法」を解説したものです。"なんらかの理由"に基づき、預貸金それぞれにインセンティブを与えるものです。ここでは、預金に関して+0.35%、貸出に関しては+0.30%のプラスのインセンティブを営業部門に付与するスキームとなっています。「市場金利手法」では、預貸金のスプレッド収益を評価するTPベースレートは"1つ"だけでした。一方、この「インセンティブ手法」には複数のTPベースレートが存在することになります。

　貸金に対してインセンティブを与えるのが『貸金インセンティブ・ベースレート』であり、預金に与えるそれが『預金インセンティブ・ベースレート』です。

　ディスインセンティブを与えるのなら、それぞれのベースレートが「市場金利手法のベースレート」を挟みロケーションが反対になります。また、一

図表2-11 インセンティブ手法

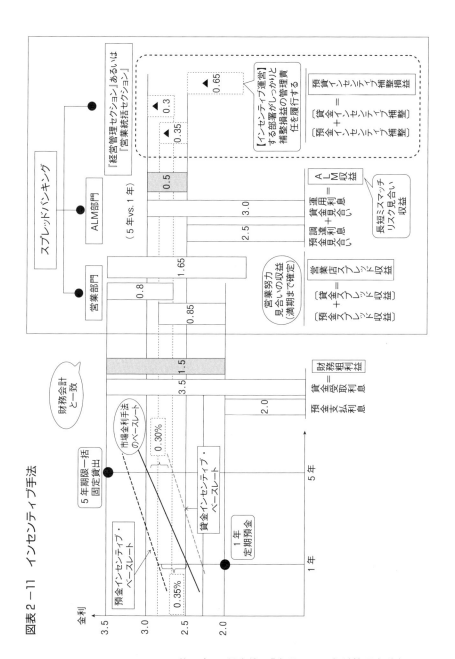

第2章 "総点検"「金利リスク収益管理会計」 71

部の期間はインセンティブ、一部の期間にはディスインセンティブの場合は、「市場金利手法のベースレート」を挟み、ジグザグなベースレートの形状となります。

〔預金スプレッド収益〕は、「市場金利手法」の＋0.5％とインセンティブの＋0.35％を加算した＋0.85％となり、〔貸金スプレッド収益〕は、「市場金利手法」の＋0.5％とインセンティブの＋0.30％を加算した＋0.8％となり、〔営業店スプレッド収益〕は合計で＋1.65％となります。

一方、ALM部門の〔ALM収益〕は「市場金利手法」によるTPがそのまま維持され、現時点では、"5年固定運用vs.1年調達"による"長短ミスマッチ・リスク見合い収益"として＋0.5％の利益が計上されます。

一方、架空のインセンティブを付与したので、〔営業店スプレッド収益（＋1.65％）〕と〔ALM収益（＋0.5％）〕の合算は"財務会計"（＋1.5％）と一致しません。この差額である"架空の損益"を管理する勘定が『経営管理セクション』あるいは『営業統括セクション』です。預金で▲0.35％、貸金で▲0.30％であり、これらを足し上げると"財務会計"と一致します。

「インセンティブ（市場金利）手法」は、「市場金利手法」のTPにインセンティブ・スプレッドを設定し、その補整損益を管理するセクションへトランスファーするTP手法です。一方、インセンティブを与えるTP土台を「市場金利手法」とはせず、「ベーシススプレッド手法」の上に組み上げる「インセンティブ（ベーシススプレッド）手法」があり、その具体的な仕組みに関しては、前節（図表2－5）で説明しました。

(4) 「営業部門」におけるインセンティブ運営

次に、「営業部門」におけるインセンティブ運営に関して考察します。

【ゼロ金利】という異常環境から金利が緩やかに上昇する局面では、『通常プライシング』を行う態勢へとしっかりと"軟着陸"する必要があります。その際に有用な経営手法が「インセンティブ手法」の戦略適用です。

預金の収益性は、現下の【ゼロ金利】状態では、"マイナス預金金利"でも設定しない限り、そもそも市場金利より低く預金を受け入れるのには限界があります。預金の収益性は、金利が下がるとゼロ化する"金利変動リスク"を内包しています。図表2－12の左側は、その現状を表しています。

　市場金利は短期から長期金利まで超フラットであり、水準も0.3％にしかすぎません。店舗コスト、システムコスト、人件費をふまえれば、預金の収益性は大赤字の状態でしょう。しかも"超フラット"であるため、"預入期間別の金利設定"も不可能な異常状態にあります。足元の【ゼロ金利】で預金のスプレッド評価を行うと、大変厳しい収益性となるのは"事実"です。

　しかし、この"事実"は事実であって、〔真実〕ではありません。預金の収益性には、金利が下がる、特にゼロに近づけば近づくほど不採算化する"金利変動リスク"が存在します。現在の赤字収益性は"一時の事実"でしかなく、預金ビジネスの"本来的な収益性"を表象するものではありません。図表2－12の右側は、いまから20年前の市場金利と店頭掲示レートの関係を示したものです。斜線の領域が預金の収益性を表しています。各期間に潤沢なスプレッドが抜けており、また対顧金利の期間別の水準もバラエティに富むものです。

　金利が上昇すれば、預金の収益性は大幅に改善します。特に流動性預金の高収益化は顕著なものとなります。したがって、預金の"本来的な収益性"はもっと「有望な姿」であると思慮されます。そして、流動性預金はこの15年で2倍以上に急増しています。将来の有望性にかんがみると、いかにこの流動性預金の残高を維持するかが今後の収益戦略の中心軸となるべきです。

　無意識と意識とを問わず、〔本支店レート管理〕を依然採用していたり、預金のスプレッド収益評価において通常の「市場金利手法」から大きく乖離したりした運営となっている銀行・地域金融機関においては、「いまの収益性では異常な低採算になるが、本当はそうではない。それをそのまま営業現場や顧客戦略に適用すると経営として誤った行動になる」ことを"直感的

図表 2-12 "底潰れした"金利環境から、金利上昇下での「通常プライシング」へ

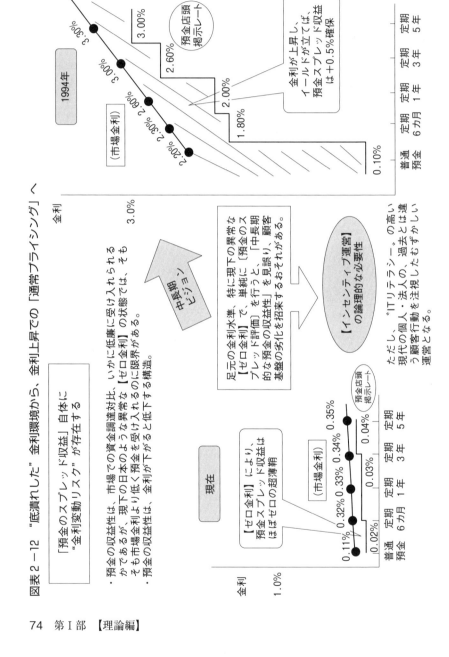

74 第Ⅰ部【理論編】

に"理解した行動の結果であると考えます。

　しかしそれは、直感的な現状追認の対応にすぎず、"経営としての客観的な攻め手"とはなりえません。"直感"ですむのは、金利があたかも規制金利が発動したかのように【ゼロ金利】で硬直しているからです。今後、金利の胎動が始まり、預金の収益性が回復局面に入った時に、ITリテラシーの高まった個人・法人の厳しい選好が始まるのです。"普通状態"を想定し、その際の収益性展望を行い、"守るべき顧客"を明確定義のうえ、その"普通への過渡期"においていかなるインセンティブ運営を実行するか——それが今後の重要課題であり、それを担保する経営技法が「インセンティブ手法」なのです。

　「営業部門」におけるインセンティブ運営は、将来を見据えた"顧客基盤"の防衛・維持のため、「短期」「中長期」の観点から、インセンティブあるいはディスインセンティブを付与するものです。たとえば前述のとおり、「中長期的な預金の収益性」を見通し、異常な【ゼロ金利】から通常状態に至る道程において、顧客対応を誤らないよう、そして顧客基盤の構造劣化を招かないように、"現時点の預金スプレッド"に対し、中長期予想による『預金インセンティブ・スプレッド』を付与する場合が想定されます。

　また他行・他社との競争上、顧客基盤維持のために対抗しなければならないと"経営判断"した場合、たとえば、ボーナス時期の預金獲得競争、大口貸出先・大口預金先での案件獲得競争のような短期視点でのインセンティブ運営もあるでしょう。

　あるいは"地域社会"への貢献上、不採算でも取り組む必要がある預貸金取引や、今後の取引成長が見込まれる「将来有望顧客」「有望業種」への"投資"として、現時点が不採算でも取り組むべきと"経営判断"したものでインセンティブ補填するケースなどがあります。また、与信ポートフォリオの健全性のために、"経営のマクロビジョン"から、積極的に取り組むべき顧客層、あるいは抑制すべきと判断した与信先に対して、インセンティブやディスインセンティブを与える場合などがあります。

その際、「インセンティブ・スキーム」の実効的な設計と明文化が重要です。インセンティブ、ディスインセンティブを与える「対象顧客」「対象商品」「実行期間」「制限事項」を明確化のうえ、「インセンティブ手法」によるTP処理を実行します。そして、そのインセンティブを責任運営する本部セクションの明確化とその補整金額をトランスファーする"逆勘定"の設置が重要となります。「"預金収益性の中長期見通し"によるインセンティブ補填が現状いくらに及んでいるか？」「それは許容範囲内で銀行として耐えうるものか？」「また、そのインセンティブ金額に見合う成果、たとえば顧客基盤維持に成功しているのか？」「中長期の収益性見通しは当初のままで変更ないか」等を、責任をもって管理・運営する本部セクションの設置がとても重要になります。

　"預金収益性の中長期見通し"によるインセンティブ運営は重要な経営戦略なので、「経営管理セクション」とするのが一般的です。一方、他行・他社との一時的な競争上、対抗措置にて発動するインセンティブ運営の場合は、「営業統括セクション」にてインセンティブの"逆勘定"を設定することが一般的です（【営業部門】におけるインセンティブ運営と「インセンティブ手法」については、図表2－13参照）。

　インセンティブを付与する実行主体において、その"逆勘定"をしっかりとつくり、インセンティブ運営の効能とコストに関して"責任運営"することがとても大事です。そして、これらを"経営メカニズム"として体現する技法が「インセンティブ手法」なのです。

　「インセンティブ手法」において"制限事項"の設定は有効であり、必要なものです。"制限事項"とは、インセンティブを与えた際に、対顧金利の"緩み"を制御するため、"上限（下限）金利"を適用し、その制限を超えた場合はインセンティブ付与をゼロとしたり、減額調整したりするものです。有効なインセンティブ運営においては、"ボリューム増大に尽力するも、対顧プライシングは極力抑制する"といった構造性が、当然必要となります。"制限事項"をうまく構造的に組み上げ、キメの細かいインセンティブ運営

図表2−13 【営業部門】におけるインセンティブ運営と「インセンティブ手法」

営業部門インセンティブ運営

インセンティブロジック(理由)：　"顧客基盤"の防衛・維持あるいは統御抑制のため、「短期」「中長期」の経営観点から、【インセンティブ】あるいは【ディスインセンティブ】を付与するもの

たとえば、

① 現下の【ゼロ金利】という異常環境下において、単純に〔預金のスプレッド評価〕を行うと、「中長期的な預金の収益性」を見誤り、顧客基盤の構造劣化を招来するおそれがあることへの対応。 ── 中長期ビジョン

② 競合他行との競争上、顧客基盤の維持のために対抗しなければならないと"経営判断"した場合。ボーナス時期の預金獲得競争、大口貸出先・預金先での案件獲得競争。 ── 短期ビジョン

③ "地域社会"への貢献上、不採算でも取り組む必要がある預貸金取引。 ── 中長期ビジョン

④ 取引成長の"将来展望"から、"投資"として現時点が不採算でも取り組むべきと"経営判断"したもの。 ── 中長期ビジョン

⑤ "経営のマクロビジョン"から、積極的に取り組むべき、あるいは抑制すべきと判断し、現場にそのインセンティブを与え実行する場合。 ── 中長期ビジョン

インセンティブスキーム(方法)

1 【インセンティブ】【ディスインセンティブ】の「対象顧客」「対象商品」「実行期間」「制限事項」を明確化のうえ、『インセンティブ手法』によるTP処理を実行。
2 「制限事項」とは、インセンティブを与えた際に、対顧適用金利の"緩み"を制御するために、"上限(下限)金利"を適用し、その制限を超えた場合はインセンティブ付与を【ゼロ】とするなどの措置事項。
3 【インセンティブ】【ディスインセンティブ】の"補正スプレッド"の具体的なスキームを明確化。

インセンティブ運営責任

1 営業部門の"経営観"による【インセンティブ】【ディスインセンティブ】運営の妥当性・効果性に関して、経営レベルでよく議論を重ね、その「目的」「インセンティブ方法」「効果に関する事後検証スキーム」に関して明文化のうえ、その"責任主体"を明確化。
2 『インセンティブ損益勘定』の動向に関し、その"責任主体"が定例報告する態勢を整備。

を行う、それにより、統御された「顧客戦略」が実現できるのです。その細かさがなければ、ネットバンキング業者らとの狩猟的な金利競争に立ち行かないものとなるからです。

第3章

"総点検"「信用リスク収益管理会計」
―〔信用スプレッドバンキング〕の技法―

第 1 節

「信用リスク収益管理」の基本構造

　貸金には預金とは異なり、『信用リスク』が存在します。

　『信用リスク』とは、「貸金が回収できなくなる不確実性」であり、銀行・地域金融機関において間接金融業を営む限り、"宿命"として存在するリスクです。また、第6章の「"総点検"スプレッドバンキング」にて確認しますが、"最大の収益事業"であり、間接金融業のリターンの源泉でもあるリスクです。金利リスクに比べ、時にはもっと重要視されるものです。

　貸金とは、貸し付けた資金が、将来にわたりきちんと元利金の返済がなされることによりはじめて完結する商品です。債務者の【将来の約束】に対し、金融機関が「信用」するからこそ成立するものです。したがって、不幸にして約束が果たされないこともままあり、このような債務不履行の事態が「デフォルト（default）」と呼ばれ、その際の"損失可能性"が「信用リスク」なのです。

　「信用リスク」は"可能性"の考え方により、"期待値"である"予想損失"と、その期待値から一定の信頼区間のなかで発生しうる最大損失までの変動部分としての"非予想損失"に概念整理されます。

　本節ではまず、"デフォルトとは何か？"から考察を開始し、信用リスク収益管理の基本構造を整理し、次節以降の『信用リスクに関するTransfer Pricing』の議論に進むための基礎知識を醸成します[7]。

7　「信用リスク」、また本章の内容詳細に関しては、大久保豊［監修］／尾藤剛［著］『ゼロからはじめる信用リスク管理』（金融財政事情研究会、2011年10月）、大久保豊［編著］／岸本義文ほか［著］『銀行経営の理論と実務』（金融財政事情研究会、2003年5月）第4章をご参照ください。

(1) 「デフォルト基準」の定義とその実測

　債務者が債務を履行できず、銀行・金融機関が被る"損失額の可能性"は、債務者単位でみた場合、その債務者の信用力が変化し"デフォルトする確率"すなわち『想定デフォルト率（【PD】: probability of default）』と、"デフォルトが発生した場合に非回収となる確率"である『デフォルト時損失率（【LGD】: loss given default）＝（1－回収率）』、そしてデフォルト時点での債務者への"貸出金額"である『デフォルト時貸出残高、（【EAD】: exposure at default）』に因数分解できます。

　それでは、"デフォルト"とは、具体的にどのように定義されるのでしょうか？　この定義は、いわば信用リスク管理の【始点】であり【終点】をも司るものです。

　バブル崩壊までの金融行政においては、不良債権の認定やそれに伴う会計処理（直接償却や引当金繰入れ）に関しては、"事前に"監督当局に申請を行い、証明を受けた金額のみが処理される仕組みでした。換言すれば、デフォルトは監督当局とのコミュニケーションにより"認定"されるものでした。そのような仕組みの構築は、日本経済の成長時代の所産であったことに加え、企業整理に関する産業政策との整合性確保、安易な節税への牽制、そして何よりも不良債権の発生が残高・件数ともに小さく、その動態振りも安定していたことによるものと理解されます。

　このような監督当局とのコミュニケーションによるデフォルト認定方式は、1990年代のバブル崩壊にて大きな転機を迎えることになります。未曽有の不良債権危機は銀行・金融機関の単体危機にとどまらず、日本の"金融システム"全体に大きな動揺を与えました。危機と不安を増大させた後手後手の対応の根因は、"不良債権の正確な状況を、銀行をしても捕捉しきれていない"信用リスク管理態勢の脆弱性・前時代性にありました。

　決算到来時期に大蔵省と折衝するなかで生起するアナログ的で離散的な信

用リスク管理態勢では、もはや広汎多岐にわたり不断に変化しながら発生する信用リスクという"暴れ竜"を総合的かつタイムリーに掌握することが、銀行・金融機関自身をもってしても実行不可能な状態だったのです。

そこで、新たに導入されたのが「自己査定制度」です。

銀行・地域金融機関は、客観的で事後検証可能な方法にて、自らが能動的に常時貸出債権を査定する信用リスク管理態勢の構築が義務づけられました。"償却事前証明制度"から"自己査定制度"へと、信用リスクに対する管理態勢が社会刷新されたのです。これにより、「デフォルト」と認定される諸要件に関してはこの15年、一連の法令整備と相まって、客観綿密で実務頑健なものへと大きく進展し、その後の一連の信用リスク管理態勢の高度化の礎を形成するに至っています。

具体的なデフォルト基準としては、①「自己査定に基づく債務者区分」、②「金融再生法の開示区分」、③「リスク管理債権の開示区分」[8]の3つに構造定義されています。

①の「自己査定に基づく債務者区分」においては、債務者先が【正常先】【要注意先】【破綻懸念先】【実質破綻先】【破綻先】の5区分に自己査定され、デフォルトの認定においては、|破綻懸念先、実質破綻先、破綻先|が基礎基盤を明確に形成します。

一方、②の「金融再生法の開示区分」においては、【正常債権】【要管理債権】【危険債権】【破産更生債権及びこれらに準ずる債権】の4区分があり、【正常債権】は自己査定の【正常先】と、【危険債権】は自己査定の【破綻懸念先】と、また【破産更生債権及びこれらに準ずる債権】は自己査定の【破綻先】+【実質破綻先】と同義であり、②の基準においては、自己査定の

---

[8] 1998年10月制定の「金融機能の再生のための緊急措置に関する法律」により、翌年3月から「自己査定」の結果開示が義務づけられました。一方、リスク管理債権は銀行法21条等によりその開示が求められています。詳細は各種法令を参照してください。また、銀行経理問題研究会［編］『銀行経理の実務〔第8版〕』（金融財政事情研究会、2012年4月）をご参照ください。

【要注意先】を、|要管理債権|と|それ以外|に分別するのが特徴です。|要管理債権|とは、金融再生法に基づき、要注意債権のなかで、元金または利息の支払が約定支払日の翌日から起算して3カ月以上延滞している貸出債権、および経済的困難に陥った債務者の再建・支援を図り、当該債権の回収促進を目的とした債務者に有利な一定の譲歩を実施した債権のことです。

③の「リスク管理債権の開示区分」では、【破綻先債権】【延滞債権】【3カ月以上延滞債権】【貸出条件緩和債権】に区分されており、貸出金のみを対象とする適用範囲の相違があるものの、デフォルトの基準においては①と②の構造定義にて表現されるものです。

以上より、デフォルト基準の定義としては、|破綻懸念先、実質破綻先、破綻先|であるか、あるいは|要管理先、破綻懸念先、実質破綻先、破綻先|であることが理解されます。

デフォルト基準の考察において、加えて考慮すべきなのが〔自己資本比率規制〕です。1998年に施行された「早期是正措置」は、法令に従い計測される〔自己資本比率〕の状況に応じ、監督当局が適時経営介入し、経営改善計画や業務停止等を命令する行政措置です。自己資本比率の算出においては、「自己査定」により算出される貸倒引当金繰入れや直接償却を反映させた財務諸表に基づくことから、「自己査定」は銀行・金融機関経営においていっそう重要な経営業務となりました。

さて、経営のあり方を大きく左右する〔自己資本比率規制〕ですが、現在までの成り立ちには特徴があり、それは国内規制の観点だけではなく、国際的合意、いわゆるBIS規制が出発点となっていることです。2007年、従来のBIS規制の内容を飛躍的に改良したBISⅡ（バーゼルⅡ）が適用され、信用リスクアセットの計算において、従来のBIS規制における各行一律から、【内部格付手法】を採用すれば、自行の内部管理態勢とリスク実情に整合する自己資本比率を計算することが可能となるかたちとなりました。

大手行の大半と先進地銀において、【内部格付手法】について当局の承認

を得るべく、バーゼルⅡの国際合意をふまえ制定された平成18年金融庁告示第19号の要件に従い、信用リスク管理の態勢整備が図られました[9]。【内部格付手法】の各種要件は、もともとは国際合意の産物ですが、各国金融当局が十分に時間をかけて練り上げていくなかで、信用リスク——なかでも予想損失の計測プロセスに関しては、最先端の手法や概念が盛り込まれ、信用リスク管理業務の1つの「デファクト・スタンダード」となっているといっても過言ではありません。

　【内部格付手法】の承認のためには、格付レイヤー別に推計した【PD】を自己資本比率計算におけるリスクパラメータとして使用できるためのさまざまな要件をクリアする必要があり、告示第19号205条1項にて"デフォルト定義"に関する要件が定められています。これを要約するとおおむね次の3つの条件に集約できます。
① 　要管理債権以下の区分に該当する開示債権の発生
② 　重大な経済的損失を伴う債権譲渡の実施
③ 　当座貸越における3カ月以上の延滞発生

　したがって、バーゼルⅡの観点を総合すると、"デフォルト基準の定義"としては、「要管理先以下」の ｛要管理先、破綻懸念先、実質破綻先、破綻先｝ であることが基本であると考えます。

　以上、「信用リスク収益管理」の基本構造を述べるにあたり、まずは"デフォルト基準"の定義に関して縷々説明してきました。これにはわけがあります。本章の主題である『信用スプレッドバンキング』を展開するにあたり、その本質基盤となっているのは『管理会計』です。実はこ銀行・金融機関

---

[9] バーゼルⅡにて新たに定められた計測手法は3つあり、簡易なものから順に、標準的手法（standard approach：SA）、基礎的内部格付手法（fundamental internal rating based approach：FIRB）、先進的内部格付手法（advansed internal rating based approach：AIRB）となっています。内部格付手法を採用するには監督当局による承認手続が必要であり、銀行側に認められる裁量範囲の大きさによって、「基礎的」か「先進的」かの違いがあります。

の管理会計において、「信用コスト」の組込みは大手行を例外にして、ほとんどといってよいほどできていません。

その問題背景に関しては順次理解を深めていきますが、その実践のために必要となる【管理会計の部品】に関しては、その実測値のみならず、その科学的計測手法に関しても"すでに十分すぎるほど確立"している──そのことを確認したいがため、冒頭から冗長的な説明となっています。信用リスク管理の始点でもあり終点でもある"デフォルト定義"においては、監督当局によりすでに練り上げられた基準として各種の"法令化"がなされ、それも財務会計・決算業務の一部となっており、さらには国際的合意にまで錬成されている"確固たる部品"として現に存在しているのです。そして、その"錬成された部品"が、「自己査定制度」や「自己資本比率規制」などへと駆動展開していることを理解してもらいたいがために、あえて冗長的に述べてきました。

さて、以上のとおり定義されたデフォルトの実績動向はいかなるものでしょうか？　それを表したものが図表3-1の〔RDB企業デフォルト率〕の推移です。

これは、日本リスク・データ・バンク株式会社（以下「RDB」）が毎月発表している、期間1年間に発生した企業デフォルト率の【実績推移】です。2000年代に入り、すでにピーク3回、谷を4回記録しています。最大ピークはリーマンショック後の09年3月で3.35％、実に30社に1社が1年以内にデフォルトしていく、きわめて異常で厳しい信用リスクの顕在化でした。ITバブル崩壊、アメリカ同時多発テロを受け、02年4月も2.69％のピークを記録しました。

一方、足元のデフォルト率は過去最低を更新しており、2014年4月には1.45％とピーク時の半分以下の水準まで改善しています。この期間、金利は若干の変動はあったものの【ゼロ金利】の状態で硬直していたのはご存じのとおりです。信用リスクのコア指標であるデフォルト率はこの15年間、激し

図表3-1 〔RDB企業デフォルト率〕の推移

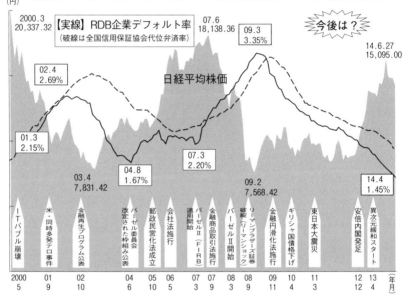

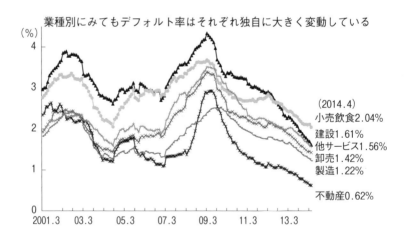

く変動しており、またそれは一定のサイクルを示しています。「信用リスク」の水準は、時とともに"大きく変動する"こと、これは明白な事実なので

す。そして、この変動はすべての業種・規模・地域において生じています。「信用リスク」はたしかに存在するリスクとして休みなく胎動しているのです[10]。

(2) 「信用リスク計量」の基本構造

"デフォルト基準"に関し、確固たる定義基盤があることがわかりました。後は、そのデフォルトにより発生する「信用リスク」に関し、いかなるメカニズムにより計量把握するかです。これに関してもバーゼルⅡにおいて、その理論構造や具体的な手法、パラメータ計測法等が網羅的に示されています。詳しくはバーゼルⅡの関連資料を参照してください[11]。ここでは、その理論構造に関して、俯瞰します。

『信用リスク』とは、「貸金が回収できなくなる不確実性」により、金融機関が被る"損失額の可能性"を意味します。それを債務者単位でみた場合、将来、その債務者の信用力が変化しデフォルトに至る確率、すなわち「想定デフォルト率（PD：probability of default）」と、デフォルトが発生した時点で回収できない可能性である「デフォルト時損失率（LGD：loss given default＝1－回収率）」、そしてその債務者への「デフォルト時貸出残高（EAD：exposure at default）」[12]により構造算出されます。信用リスクの"期

---

10 〔RDB企業デフォルト率〕は全国の銀行におけるデフォルト事象の発生状況を集計し、毎月末日更新の経済指標です。http://www.riskdatabank.co.jp/rdb/top/から、基本データをダウンロードできますので、ご参照ください。
11 2004年、従来のBIS規制の大幅な内容改定に伴う合意（バーゼルⅡ）がなされ、これが現行規制に相当する基盤を形成しています。現在進行しているのは、金融危機を受けた合意内容の一部変更の議論であり、これがバーゼルⅢと呼ばれていますが、自己資本として計上できる資本の内容に関する定義の見直しや、オフバランス取引の影響を考慮した新たな健全性指標としての「レバレッジ比率」の導入等、改定範囲は多岐にわたっています。なお、本章の説明の中心をなす信用リスクの計測に関連する部分に関しては、一部のパラメータを除いて、おおむねバーゼルⅡの規定が踏襲されています。したがって、バーゼルⅡの04年合意、およびその最終版である06年合意のドキュメント参照が有用です。

待値"は上記の3要素の掛け算にて構成され、『信用コスト（EL：expected loss)』と呼ばれ、平均的な貸出環境での、平均的な損失見込額であると解されます。決算における償却・引当金繰入れ・開示債権額の算定や自己資本比率の計測においては、いずれも、この「信用コスト（EL）」の論理を基本として実施されています[13]。

『信用リスク』は、この「信用コスト（EL）」のみで構造把握されるものではありません。なぜなら、〔EL〕は平時の平均的な信用リスクの発露に対する"予想損失"を算定するものであり、"平時ではない"信用リスクの計量とはなっていないからです。"平時ではない"という"非予想損失"の信用リスク計量として、「UL（unexpected loss)」と呼ばれるリスク計量の概念があり、これを狭義の意味で「信用リスク」といいます。本書は論述する内容により、広義の信用リスクと狭義の信用リスクのどちらかを指すことになりますが、〔UL〕を特に意味する場合は『信用リスク（狭)』と呼称します。

「信用リスク（狭)」は、極端なケースで発生しうる最大損失額を意味し、貸出ポートフォリオ全体に対し損失発生の合計を見積もるもので、解析的に算出することは通常困難とされ、乱数を用いたモンテカルロ・シミュレーションが広く用いられ、｛PD、LGD、EAD｝といった信用リスクパラメータのほか、ρ（ロー：アセット相関）等をもとに算出されます。たとえば

---

[12] 本来はこのEADも推計の対象ですが、実務では足元の貸出残高をそのまま使用する場合が一般的です。ただし、BIS規制では、コミットメントライン等の保証部分も考慮しパラメータが設定されています。

[13] バーゼルⅡにおける内部格付手法では、貸出資産を貸出種類や債務者の信用状態、債務の履行状況等に応じて一定の格付に区分し、当該貸出に係るPD、LGD、EAD、M（残存期間）といった値（リスクパラメータ）を独自に推計し、所定の計算式（リスクウェイト関数）に当てはめることで所要自己資本を算出します。これは、標準的手法や旧規制においては所与とされていた「リスクウェイト」について、その区分と値を銀行自身が計算し、その計算方法について監督当局の承認を得るのとほぼ同義です。基礎的内部格付手法と先進的内部格付手法の違いとして最も大きいのは、先進的内部格付手法では、事業法人等向けの貸出におけるLGDを自行にて計測しなければならないことです。以下説明しますが、このLGDの自己計測が今後の『信用スプレッドバンキング』の発展のカギとなります。

図表3－2 「信用リスク計量」の基本構造

- 信用リスクとは、「返せなくなる可能性（PD）」と「返せなくなった後に回収できなくなる可能性（LGD）」と、「貸倒れ時点の残高の可能性（EAD）」という、3つの可能性に分けて表すことができ、[EL]と[UL]にて、"構造把握"されます。

$$
\underbrace{\text{信用コスト}}_{\substack{\text{(EL)} \\ \text{(expected loss)}}} = \underbrace{\text{想定デフォルト率}}_{\substack{\text{(PD)} \\ \text{(probability of default)}}} \times \underbrace{\text{デフォルト時損失率}}_{\substack{\text{(LGD)} \\ \text{(loss given default)}}} \times \underbrace{\text{デフォルト時貸出残高}}_{\substack{\text{(EAD)} \\ \text{(exposure at default)}}}
$$

平均的な貸出環境での、貸出ごとの平均的な損失見込額

（信用格付制度）

（債務者格付モデル）
貸出先をデフォルトしやすさの順番に並べて、デフォルトしやすさの近いグループごとにPDを推計

（LGD案件格付モデル）
貸出先を回収しやすさの順番に並べて、回収しやすさの近いグループごとにLGDを推計

本来は推計の対象だが、実務では足元の貸出残高をそのまま使用する場合が多い。ただし、コミットメント比率規制では、コミットメントライン等の保証部分も考慮

（極端なケースで発生しうる損失額）

信用リスク（狭）（UL）(unexpected loss)

- 「信用リスク（狭）」は、"非予想損失"であり、貸出ポートフォリオ全体に対して、損失発生の合計を見積もるものであり、計算式で算出することは通常は困難とされる。
- 乱数を用いたモンテカルロ・シミュレーションが広く用いられ、PD、LGD、EADといった信用リスクパラメータのほか、ρ（ロー：アセット相関）等をもとに信用リスクが算出される。
- たとえば1万回のシミュレーションを行った場合、そのなかの最大損失が、いわゆる「ワーストシナリオ」を表す（右図「最大損失」）。この（真の）最大損失の発生確率はきわめて小さいことから、実務では、「信頼水準x%における」最大損失とする（いわゆる「信用VaR」）。

ULとELの概念図

損失額の平均値（＝EL（予想損失））

信頼水準(100-α)における追加損失見込額 ＝UL（非予想損失）

信頼水準(100-α)における最大損失 ＝(100-α)％VaR

信頼水準を上回る損失が発生する確率（α％）

（発生頻度）

（損失額）

1万回のシミュレーションを行った場合、そのなかの最大損失が、いわゆる「ワーストシナリオ」（図表3－2の右下の「最大損失」）を表しますが、この"真の最大損失"の発生確率はきわめて小さいことから、実務では、「信頼水準ｘ％における」最大損失とする、いわゆる〔信用VaR〕を用いて計量表現します。

この「信用リスク（狭）」が金融機関の経営場面でいかに活用されているかですが、その最たるものが〔自己資本比率規制〕です。「早期是正措置」の"トリガー"となるきわめて重要な指標であることは先に述べました。金融機関の経営維持に"難がある"と算定される根拠は、その金融機関が抱える各種リスクに対する自己資本の"十分性"に対する疑義によるものです。〔UL〕は、極端なケースで発生しうる最大損失額を意味し、そのバッファーは自己資本にほかありません。ある一定水準の異常事態が発生しても、預金の元本保証の履行能力に支障がないかどうかを客観的にモニタリングするために、この「信用リスク（狭）」の観点から、信用リスクを計量します。

次に、信用リスク計量の"コアエンジン"である「想定デフォルト率（PD）」の推定方法（以下「PDモデル」）に関して議論を深めます。

債務者のデフォルト率の推定方法には大きく分けて、①マートンモデルに代表される、【企業資産価値】が【企業負債価値】を下回る状態を"デフォルト状態"と定義し、その状態に陥る確率については適当な企業価値の変動性（ボラティリティ）を想定し、オプション理論を用いて計測する方法と、②過去の実績デフォルト・データを用い、数理統計手法を用いてデフォルト率を推定する方法、とがあります。

前者は、デフォルト事象に一定の構造を仮定して、解析的にデフォルト確率を算出する〔確率過程モデル〕であり、いうなれば「デフォルトはこうして発生する」という構造を頭のなかに思い浮かべて、方程式をつくりあげるものです。

図表3-3 すでに実務適用されている構造頑健な「債務者格付モデル」(PDモデル)

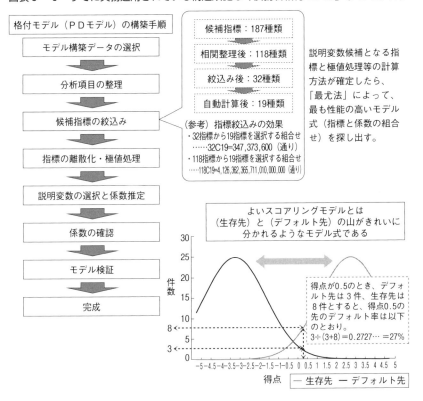

一方、後者は、デフォルト事象に関する事実データをもとに、特に予見をもって構造想定することなく直接的にデフォルト確率を推定する〔数理統計モデル〕です(図表3-3参照)。

前者の方法では、"企業価値の変動性(ボラティリティ)の想定"に関し、課題が残ります。上場企業を対象としたデフォルト率推計においては、"株価変動ボラティリティ"を企業価値の変動として適用することが可能ですが、銀行・地域金融機関の大宗をなす非上場企業に対しては事後検証可能な有効性を確保できません。したがって、「PDモデル」においては、後者の〔数理統計モデル〕がほとんどの銀行・地域金融機関に採用されています。

一口に数理統計モデルといっても、モデルを構築する際のデータの取扱方法や、できあがった式の形などによって、複数のアプローチが存在します。なかでも、目下の銀行実務において最もポピュラーなものは「ロジスティック回帰モデル」でしょう。ほかに判別関数、決定木、ニューラルネットワーク等がありますが、数理の詳細に付言するのが本書の目的ではないので数理説明は省略します[14]。

　ここで強調したいことは、この15年間、「PDモデル」は、数理的な枠組みに関しても、またモデル性能に関しても大変な進歩がみられ、すでに「自己査定」「自己資本比率規制」「償却・引当金等の決算処理」の重要モデル部品として機能しているということです。

　過去のデフォルト事例に着目し、観測可能な債務者の特徴（財務指標や各種定性情報）から、デフォルトと相関をもつ特徴をとらえ、類似した特徴をもつ集団に対するデフォルト率の実績あるいは理論値[15]を、その特徴を有する債務者のデフォルト率として推定する"債務者格付モデル"がすでに確立しているのです。もちろん、その実務適合性や性能に関しては、当局検査にて事後検証がなされています。したがって、次節にて論述展開する『信用スプレッドバンキング』のためのコア部品である【PD】に関しては、すでに頑健な構造にて経営実装されており、またその性能や結果に関して事後検証する体制も整備されているのです[16]。

　次に、信用リスク計量のもう1つの"コアエンジン"である「デフォルト時損失率（LGD）」の推定方法（以下「LGDモデル」）に関して議論を深めます。実はこのLGDモデルの現状はまだまだ発展途上の段階にあり、実務適用が積極的に図られなければならないものです。【LGD】はまさに【PD】と信用リスク計量の両輪をなすものです。いくらデフォルトする可能性を予

---

[14] 「PDモデル」は、"信用スコアリングモデル"や"債務者格付モデル"とも呼ばれています。さまざまな「PDモデル」の数理手法に関しては、前掲・大久保［監修］／尾藤［著］『ゼロからはじめる信用リスク管理』Part 3をご参照ください。

見しても、デフォルトした時に"いくら回収できるか"を見積もれない限り、信用リスクは依然視界不良のままです。特に1990年代のバブルは【デフォルト】×【回収不能】の相乗効果で起きた危機ですから、なんといっても「LGDモデル」の形成と実務適用は欠かせないのです。それではなぜ【LGD】の計量は【PD】に比べて遅れているのでしょうか？

---

15 デフォルト率の推定においては、大きく分けて、モデルから導出されるスコア階層区分ごとに"過去の実績データ"から実測により推定する方法と、モデルから導出される"理論的なデフォルト率"にて推定する方法とがあります。
【実測方式】においては、データ収集環境が整備されていれば、デフォルト件数を集計するだけで事後検証も機動的に行えるので主流となっています。【理論的にデフォルト率を導出する方法】について、以下の最尤法を用いたロジスティック回帰分析が一般的です。

$$推定デフォルト率 = \frac{1}{1 + Exp(\beta)}, \quad \beta = \beta_0 + \beta_1 x_1 + \beta_2 x_2 + \cdots + \beta_n x_n$$

β：説明変数の線形結合、β_i：最尤法で推定すべきパラメータ、
x_i：説明変数（財務指標等）

この推定デフォルト率はモデルのパラメータ（係数）推定に用いたデータ群のデフォルト率に依存しており、なんらかの理由によりモデル構築時データのデフォルト率と、今後、このモデルを適用しデフォルト率を推定しようとしている集団全体のデフォルト率とが異なる場合は上式を、

$$推定デフォルト率 = \frac{1}{1 + a\, Exp(\beta)}$$

のように変形する必要があります。ここで、aはモデル構築時に使用したデフォルト率P、モデルを使用しデフォルト率を推定しようとしている集団全体のデフォルト率P'を用いて、

$$a = \frac{\frac{1-P'}{P'}}{\frac{1-P}{P}}$$

で与えられます。

16 「PDモデル」構築のためには、もちろん、"実績データ"が必要であり、モデルの性能や事後検証の基盤となります。このデータ環境においても、現在は問題ありません。必要データの要件としては、時系列で整備され、デフォルトに至るまでの財務諸データ、業種等の定性データなど、広汎で実務適用可能な"質"を保持するとともに、数理統計分析が有効となるようさまざまなセグメントでの"量"も確保する必要があります。そのような"質"および"量"を、単体金融機関で保持することが困難であるため、2000年に銀行界の共同会社としてRDB（日本リスク・データ・バンク株式会社）が設立されました。デフォルト先で26万社、正常先で75万社のデータをすでに格納しており、70機関に及ぶ銀行・金融機関の実務に活用されています。

それは銀行・金融機関の取組姿勢が根因だと考えます。【PD】の計量発展・経営実装は、幾度も触れたとおり、監督当局による「自己査定制度」およびそれと対をなす「早期是正措置」等の監督改革により、【PD】にかかわるデータ収集と計量が、法令および当局対応として"必要な業務"となったことによります。経営にとって、それは最も重大な経営イシューですから、積極的な対応がなされ、先述のような信用リスク管理の高度化が達成されました。一方、【LGD】においては、自主的にデータ解析し、経営実装する必要性があるのは、"BIS先進的内部格付手法"の採用行だけとなっています。"標準的手法"や"基礎的内部格付手法"の採用行、そして国内金融機関の大宗である〔国内基準の自己資本規制〕対象の銀行・金融機関では、【LGD】を【PD】の対として錬成し、信用リスク管理態勢に組み込むインセンティブが働いていません。結果、信用リスク管理において、【PD】のみの偏った運行となっていると思慮します。

　これでは信用リスク管理態勢は完結しないどころかいびつなものとなってしまいます。【PD】×【LGD】="信用原価"が算定できず、結果、「信用コスト」を『管理会計』に組み込むことができないのです。この"信用原価"の機能不全から、金融機関相互がそれも相乗的に"限度なき貸出金利引下げ競争"を行っているのです。現在の超薄利での貸出取組みが"将来の禍根"となる懸念が高まっています。個社単位の金利交渉の場面で、「信用コスト」="信用原価"が現場提示されていないことから、"格付がある程度よければ貸してしまう、それも異常な低金利で"——という事態になっています。

　この現象は法人取引に限らず、近年は住宅ローンにおいて顕著であることは皆、気づいていることでしょう。【LGD】に関しては、伝統的な"保全率"というあいまいな指標しかないので、それと対をなす"精密"な【PD】と掛け合わせ「信用コスト」を算出することができないのです。"保全が実際にいくら達成できているのか"、そこを検証していないからです。第6章の「"総点検"スプレッドバンキング」において地銀業態にて試算分

析していきますが、貸出スプレッドは、ここ最近（1996～2012年）の〔EL〕勘案後、2012年度決算においては＋0.394％しかないのです。加えて、その後の貸出利回りの急落は激しいものがあります。地方銀行の貸出約定平均金利（ストック総合）は、【2012年4月～13年3月】の平均が1.488％であり、14年11月現在で1.274％とさらに▲0.214％の低下が生じています。この足元の速報値を考慮し、現在の「信用コスト〔EL〕」控除後の貸出スプレッドを試算しますと、なんと＋0.181％の薄鞘となっていることが推考されます。

「信用コスト」＝"信用原価"を銀行・地域金融機関の管理会計、そしてプライシング・ディシプリンとして実装することが急務なのです。"信用原価"という採算原価なきままの貸出金利ダンピング競争、その行く末はきわめて暗いものとなります。貸出業務のむずかしさは"原価を事前に確定しえない"ということです。それが「信用リスク」であり、その"暴れ竜"を私たちはこの20年間に何度も経験しました。足元の「信用コスト」が最小である、あたかも【ゼロ信用リスク】である状態——これは一時のことです。将来の【PD】と【LGD】を俯瞰し、"信用原価"の見積りをしっかりと行い、"原価表"に基づく貸出金利競争の枠組みを銀行・地域金融機関は早急に構築しなければなりません。"信用原価"見積りの科学手法が『信用スプレッドバンキング』の第一の目的です。

監督当局から銀行・金融機関の経営に対して投げ掛けられている問い——「収益構造の認識と中長期見通し」「貸出適用金利と顧客別採算の状況」「複数シナリオ下での収益見通し」——は、まさに同様の問題意識が根底にあると理解しています。貸出にかかわる"信用原価"を適切に理解すること、そしてそれに基づく合理的な行動をとることは、信用リスクの"消化"が必須である間接金融機関においては避けては通れないものです。【PD】というコア部品はあります。後は、ただ実直に【LGD】を磨き上げるだけなのです。以下、【LGD】の磨き上げ方に関して解説します。

【LGD】の実績を計算するにあたって、避けて通れないのが「デフォルト定義」の議論です。【LGD】は【PD】と掛け合わせて〔EL〕を算出することから、両者は同時に用いるパラメータである以上、前提とするデフォルト定義も一致させる必要があります。

　まず、これができていない場合があります。ここを間違えると、すべてのボタンの掛け違いとなるので特に注意が必要です。これは、実績LGDの算出にあたっては、実績デフォルト率算出においてデフォルト先と認定した債務者すべてについて、当該デフォルト時点以降の損失発生額を集計すべきことを意味します。

　一般にデフォルト定義が厳しくなると、つまりデフォルト先の対象範囲が広がると、実績デフォルト率の数値は上昇しますが、このとき、回収可能性がより高い債務者もデフォルト先に含まれることになるため、【LGD】は逆に低下する傾向にあります。デフォルト基準の定義は、「要管理先以下」の｛要管理先、破綻懸念先、実質破綻先、破綻先｝であることが基本ですから、【LGD】計測にあたってはこの基準にあわせることが初めの第一歩となります。

　〔要管理先〕のデータに関しては、金利減免債権の認定基準がきわめて厳しかった2000年代前半と、金融円滑化法を通じて経営再建計画の認定ルールが大きく緩和された最近とでは、同じ貸出先、同じ債権であったとしても債務者区分の相違が発生している可能性があります。結果として【PD】の推計精度にも影響が及ぶことも想定され、分析対応上の工夫が必要となります。また、〔要管理先〕に対してはほとんどの場合、通常どおりの営業活動を続けており、一定期間後に正常先や〔その他要注意先〕に"ランクアップ"を果たすケースも少なくありません。ランクアップの影響を補正するためには、"100％回収評価"にて状況を捕捉することが肝要です[17]。このように【LGD】のみならず、【PD】との連係掛合せを念頭に「信用コスト計量のメカニズム」の整合的な高度化を図る必要があります。

さて【LGD】の具体的な算出ですが、〔回収額（R）〕の計測方法がポイントとなります。将来の回収額の推計において、デフォルト以降の回収可能性に大きな影響を及ぼす保全要因（担保処分や保証人による弁済）による回収額については、それ以外の要因による回収（信用による回収）と分けて算定することが大原則となります。回収額を"回収源泉別"にとらえた場合のLGDの算式は次のようになります。

$$LGD = 1 - \frac{R}{EAD} \quad (R：回収額合計)$$

$$= 1 - \frac{R_c + R_u}{EAD} \quad \begin{pmatrix} R_c：保全要因による回収額 \\ R_u：非保全要因による回収額 \end{pmatrix}$$

このように、【保全要因】と【非保全要因】とで回収金を分けて捕捉する理由は、推計プロセスにおける回収実績データの使い道が異なるからです。すなわち、【保全要因】の回収実績に関しては、当該担保の事前評価額という比較対象があることから、その担保評価額を比較実証用データとして用いLGDを推計するのに対し、【非保全要因】の回収実績については、回収額推計のための純粋なサンプルとして使用します。

なお、【保全要因】については、物品の価値評価で決まる「担保処分による回収」のほか、保証人の信用状態の評価で決まる「保証人による代位弁済」も源泉の1つに含まれます。保証人による代位弁済を【保全要因】による回収アプローチとする考えもありますが、実務上は当該保証人への直接与信と同様に扱い、保全要因の回収実績には含めない考え方が一般的です。

【非保全要因】については、現行の融資審査では回収額が見込まれておら

---

17 デフォルト先においては、その後の経営努力により、非デフォルトの状態に戻る「正常化」と呼ばれる現象が当然ながら発生します。「正常化」先として認定した債務者に対し、①全額が回収になったものとみなす方法（回収率＝100％）と、②「正常化」以降も回収金のフローを追いかける方法、の2つのアプローチがありますが、金融庁のQ&Aにおいて「デフォルトした時点から非デフォルトに復帰する期間に係る費用を計上した残額を回収額として認識することが可能」という一定の指針が示されるに至り、直近の実務では①が主流の考えとなっています。

ず、"回収額ゼロ"として取り扱われるケースが大半です。しかし、たとえば〔要管理先〕の場合、条件緩和の実施後も通常であれば少額ながら返済を継続しているケースが大半です。このため、【非保全要因】についても実際には回収金は発生しており、【LGD】に及ぼす影響は決して無視できるものではなく、RDBの全体計測においても40％程度と大きな回収率を示す場合もあります。

　【LGD】のデータ収集、計量仕訳の実務事例を図表3－4に示します。

図表3－4　【LGDデータ】の収集構造化と有効な計量化方法

・【LGDデータ】の収集にあたり、〔担保保全〕されている部分からの回収と、〔信用（無担保無保証）〕からの回収を構造別に分し、ファイルクローズまで一貫した手法にて回収額を感知し、認定することが重要。
・手形や優良保証、預金担保などに紐づく貸出は、額面どおりの回収となることを前提に、モデルによる推計対象外とする。

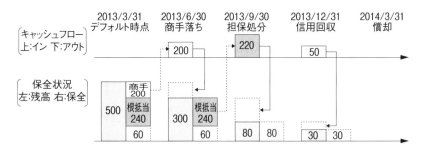

デフォルト時貸出残高（EAD）：500
保全率：（200＋240）／500＝88％
総回収率：（200＋220＋50）／500＝94％⇒LGD＝100％－94％＝6％
担保回収率（商手）　　：200／200＝100％
　　　　　（不動産）：220／240＝91.7％
信用回収率1：50／500＝10％
　　　　　　（←分母をデフォルト時点の債権額合計（EAD）とする）
信用回収率2：50／（500－200－240）＝83.3％
　　　　　　（←分母をデフォルト時点の「非保全」部分の債権額とする）

【LGD】データに関しRDBは、本邦唯一のデータベースを2006年から組成しており、回収データは3.5万社にも及んでいます。図表3-5のとおり、「LGDモデル」も構築し、それらが銀行・金融機関にて実活用されています。またLGD計測やモデルの理論的取扱いに関しては、バーゼルⅡの先進的内部格付手法において、その構造やパラメータの取扱い等、実務詳細なる議論がなされており、金融庁告示や「バーゼルⅡに関するQ&A」（2006年3月）において、それらが確認できます。

図表3-5 〔LGD案件格付モデル〕によるLGD推計

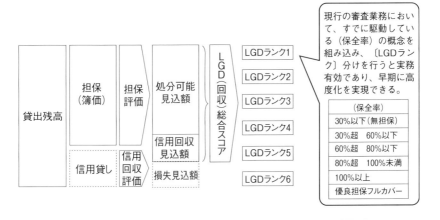

・LGDの推計値・パラメータ自体は、管理部門のみが参照し、現場に展開する必要性は薄い（債務者格付別PDと同様）。
・案件格付別のLGD推計値は、区分別の実績データをもとに計算する。

したがって、出遅れた「LGDモデル」の構築ですが、実行環境は十分にソフト・ハードの両面において整備されています。単なる"想定の保全率"では、【LGD】計量には転用できず、【PD】計量において要求されている水準には到底及びません。

現行の審査業務において、すでに駆動している"保全率"の概念を、図表3-5が示すとおり、〔LGDランク〕分けの基礎データとして活用し、積極的なLGD計測の高度化を展開しましょう。さもなければ、「信用コスト」の計量は完結せず、「信用コスト」を"信用原価"として組み込む『信用スプレッドバンキング』を実現することができないのです。

(3) 「信用リスク管理態勢」の基本構造

前項までにおいて、信用リスク管理の起点と終点をなす「デフォルト」に関する基準定義と、その上に組み立てられる、「PDモデル」と「LGDモデル」が両輪として駆動することにより、信用リスクである〔EL〕と〔UL〕が計量されることに関して確認してきました。また、{デフォルト、PD、LGD、EL、UL}という計量概念は、机上の空論ではなく、BIS自己資本比率規制において明示されるにとどまらず、実務的な視点からも詳細な取決めがなされていることに関して理解を深めてきました。

本項では、信用リスクの計量基本構造である「PDモデル」と「LGDモデル」が、すでに金融機関の経営管理態勢に深く根づいていることを確認しながら、「信用リスク管理態勢」の基本構造に関して理解を深めていきます。

「自己査定制度」は銀行・地域金融機関において、最重要の「信用リスク管理態勢」であることはいうまでもありません。図表3-6が示すとおり、「自己査定制度」において『債務者区分判定』は、「PDモデル」である【内部格付モデル】によって付与された行内格付を債務者区分へと"マッピング"することで、そしてその結果を受けて行われる『債権分類判定』におい

図表3－6 「自己査定制度」に内蔵駆動する【PD】と【LGD】

想定デフォルト (PD) × デフォルト時貸倒損失率 (LGD) × デフォルト時貸出残高 (EAD) = 信用コスト (EL)
(probability of default)　(loss given default)　(exposure at default)

LGD: 低い ← → 高い

信用状態	内部格付制度	債務者区分	債務者区分の説明	デフォルト率	（Ⅰ分類）優良担保・保証分	（Ⅱ分類）一般担保・保証 清算配当可能額	（Ⅲ分類）時価と処分可能額の差額	（Ⅳ分類）担保なし 保証なし
よい ↑	A	正常先	業況が良好であり、かつ、財務内容にも特段の問題がないと認められる債務者	低い	一般貸倒引当金（1年間の予想損失額 or 貸倒実績率 or 倒産確率）	一般貸倒引当金（1年間の予想損失額 or 貸倒実績率 or 倒産確率）	（なし）	（なし）
	B							
	C							
	D							
	E	要注意先（除要管理先）	貸出条件に問題のある債務者、履行状況に問題がある債務者または不調な業況不調など財務内容に問題がある債務者など、今後の管理に注意を要する債務者		一般貸倒引当金（3年間の予想損失額 貸倒実績率 or 倒産確率 or DCF法（大口先））	一般貸倒引当金（3年間の予想損失額 貸倒実績率 or 倒産確率 or DCF法）	（なし）	（なし）
	F							
	G							
	H	要注意先（要管理先）						
	I	破綻懸念先	現状、経営破綻の状況にはないが、今後、経営破綻に陥る可能性が大きいと認められる債務者		（不要）	（不要）	個別貸倒引当金（3年間の予想損失額 貸倒実績率 or 倒産確率 or DCF法（大口先））	（なし）
	J							
	X	実質破綻先	深刻な経営難の状態にあり、再建の見通しがない状況にあると認められるなど実質的に経営破綻に陥っている債務者		（不要）	（不要）	個別貸倒引当金 or 直接償却 全額（100%）	
↓ 悪い	Y	破綻先	法的・形式的な経営破綻の事実が発生している債務者	高い				
	Z							

第3章 "総点検"「信用リスク収益管理会計」

ては、「LGDモデル」のコンセプトにより実行されているのです。まさに【PD】×【LGD】×【EAD】＝「信用コスト」という計量フレームワークにて、所要の償却額、引当金繰入額、そして開示債権額が決定される仕組みが信用リスク管理態勢として、すでに各金融機関において内蔵駆動されていることが確認されます。

　さらに、『債務者区分判定』において駆動する内部格付PDモデルにおいては、急速な高度化が数理的にも実務的にも達成されています。与信残高に応じ、〔実態財務情報〕や〔定性評価〕を反映させる「本格付」か、表面財務だけで評価する「リテール格付」の適用分岐のうえ、全業種での単一評価ではない〔業種別〕×〔規模別〕のマトリック財務PDモデルにて一次財務格付を実行、算出された理論PDを尺度として、業種間の統合を行う〔業種統合・規模調整モデル〕にて総合組上げをします。また、「本格付」先においては、含み損益の割合等の実態財務情報を用いる〔実態財務モデル〕や、決算数値には現れない貸出先固有の定性情報を付加評価する〔定性評価モデル〕をも組み上げ、『債務者格付』を行う等、顧客の実態をよりよく反映できるような「PDモデル」の複層多機能適用の先進事例が一般化してきています（図表3－7、図表3－8参照）。

　また、格付付与の手順には客観・透明性の確保が何よりも重要とされており、上記の一連の格付作業に使用する情報の収集・作成方法等の手順を具体的に文書に定め、客観性のある手続に落とし込むことが監督当局から求められており、「PDモデル」はすでに信用リスク管理態勢のコア・メカニズムとしての地位と機能を確固たるものとしています。

　一方、「信用リスク（狭）」の概念である〔UL〕が、銀行・金融機関のリスク管理態勢のなかにビルトインされているのは、もちろん「自己資本比率規制」です。BIS適用行のみならず国内基準行も、監督当局におけるこのUL思想のもと諸規制の細則が決定されています。

　以上のとおり、【PD】と【LGD】は、もはや金融機関の「信用リスク管理態勢」のなかで必要不可欠なメカニズムとなっています。

図表3-7 「債務者区分判定」に複層有機にて内蔵される「PDモデル」

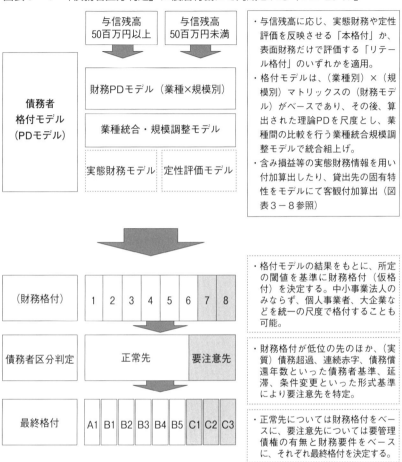

しかしながら、当然ながら課題があります。

【PD】【LGD】はともに重要なメカニズムとして駆動しているのですが、先に述べたとおり、【LGD】のメカは、洗練高度化されている【PD】に比べ、まだまだ改良の余地が多々あるのが実情です。何度も述べていますが、信用リスク管理の要諦は、【PD】×【LGD】×【EAD】にあります。したがって、【LGD】のメカが弱いことは、結局、信用リスク管理における脆弱

図表3－8 "非財務情報"を【PDモデル】に組み込む「ハイブリッド型モデル」

"非財務情報"を定量的に評価し、スコアリングモデルの結果と組み合わせて格付制度に組み込む「ハイブリッド型モデル」もすでに実用されている

【非財務修正の3類型】

実態財務	・資産項目の時価修正や、ヒアリングや実態調査を通じた決算数値の再評価によって表面財務を加工した情報。表面財務の情報を補完し、銀行としての財務分析のノウハウを貸出先の信用状態の評価に織り込むことが可能となる。金融検査マニュアル上は、考慮することが必須の要件とされている。 ・実態財務は本来、一定のルールに従って作成されるべきものであり、同じ貸出先であればだれが作成しても同じ結果になるべきものである。 ・表面財務と実態財務情報を別々に評価することで、実態財務情報を作成することによる債務者格付の精度の改善効果を取り出して計測することも可能となる。
定性情報	・決算数値には現れないが、貸出先固有の特性のうち信用状態に影響を及ぼすと考えられる情報。業種（職業）、業歴（就業年数）、などが代表例。 ・情報を入力する担当者の恣意が入らない客観的な入力基準を設けるべきであり、そうした基準にそぐわない情報は項目として避けるべきである。
取引情報	・貸出先の取引に関する情報。主に融資取引の延滞事象の有無を対象としている。 ・個人事業者モデルでは、預金取引の動きを信用リスクの評価に結びつけて評価している。

【ハイブリッド型モデルの構造（例）】

表面財務モデルのベータ値を説明変数の1つとして使用

$$\beta_{HYB} = h_0 + h_1 x_1 + \cdots + h_k x_k + h_{表面} \beta_{表面}$$

非財務情報を説明変数とする部分

（表面財務モデル）

$$\beta_{表面} = a_0 + a_1 \beta_1 + \cdots + a_k \beta_k$$

実態財務モデルのモデル式の例

No	財務指標名	評価	上限値	下限値	対数	係数	偏回帰	割合（D絶対値）
	定数項					0.731		
1	資本合計変動率	1	−0.026	−0.321		4.917	0.237	24.80%
2	規模調整ベータ	1	2.919	−1.662		0.965	0.719	75.20%

$$\beta_{実態} = 0.731 + 4.917 \times 資本合計変動率 + 0.965 \times \beta$$

本事例のモデルでは、表面財務と実態財務をおおむね3：1の割合で評価に組み込んでいる。

性の絶対点を形成します。いくら【PD】が高度化されても、精度は弱いところに皺（しわ）が寄るということです。

　【LGD】のコンセプトがいちばん駆動している「債権分類」においては、監督当局制定の〔Ⅰ～Ⅳ〕に分類すればよく、他方「債務者区分判定」では、各行の〔独自内部格付〕と〔債務者区分〕の"マッピング"が義務づけられています。要は、【PD】においては、各行の"リスク管理視点"を第一に、第二にそれを各種法令作業に"連結"させる有機構造となっています。一方、【LGD】においては、そのような各行独自の"リスク管理の視点"は規制上必要がないのです。残念ながら、"監督行政指示の具体的項目のみに対応"という経営スタンスが、【LGD】のメカ弱性を生んでいると理解しています。その結果、【PD】と【LGD】の合算物である『信用コスト会計』は、金融機関の管理会計や貸出プライシング上、"有名無実化"している状態にあります。

　金融機関経営者に、あえて行政指示の"上"を目指せと、理想主義でこの問題を提議しているのではありません。"現実主義"で、この問題を提議しているのです。この20年の危機はあまりに激烈でした。大きなトラウマを現経営陣が抱えたのは事実でしょう。公的資金注入による経営介入、そしてそれに付帯された社会怨嗟（えんさ）のマスコミ現象、その後の信用収縮によるさらなる混迷、「自己査定制度」の導入と早期是正措置、政権交代による行政不信……。いずれも、"いまそこにある危機"に対する、強制的で、不可避な命令追随の対応をとることを金融機関経営者は強いられてきました。冷静にこの15年間を評価すれば、信用リスク管理態勢は、飛躍的な進歩を遂げたと高く評価されます。この裏側には、監督行政の厳しい要求に対し、銀行・地域金融機関が大きな負担を強いられながら、ひたむきな努力の結果、成し遂げたものと高く評価されるものです。

　行政圧力の少なかった【LGD】の高度化に関して、あえて積極的に対応する余力がなかったこと、十分に理解できます。行政指示についていくのが精一杯だったのでしょう。決して、そこが不十分であったと問題提議してい

るものではありません。これからの話をしているのです。これからは、落ち着いて、民の自立思想のもと、民間経営のなかからの能動行動により、リスク管理態勢の強化を図る時であると考えています。

　これからの「新局面」においては、この20年間で経験したさまざまな金融危機を二度と起こさない、起きても危機を広げず、預金から貸金への安定的な資金循環を維持する。そのような、しなやかで頑健なる〔収益⇔リスク管理態勢〕を、内発努力から整備実現していく時であると考えます。

　収益環境も改善し、下をみるばかりであった経営環境ではなく、落ち着いて上をみられるいまだからこそ、【LGD】の高度化は、ぜひ能動的に行いましょう。監督当局のためではなく、自行・自機関のためであり、何よりも地域経済・取引先のためになるからです。【LGD】の高度化を達成しない限り、信用リスク管理は首尾一貫性を欠くことになります。

　「自己査定制度」「自己資本比率規制」は"外圧"によるリスク管理態勢の強化でした。たしかに"早期是正措置"は危機時に有効に機能し、日本の金融システムはクラッシュの深淵から生き返ることができました。しかし、この"外圧"は主に〔UL〕視点であることに着目する必要があります。監督行政としては、個々の金融機関の成績良好化が目的ではなく、"金融システムの機能不全回避"がその目的です。したがって、"通常考えられる最悪の事態"において、個々の金融機関経営がサステナブルなものか、その"強度"を図ることが第一目的です。この"持続可能性"を算出するにあたり、適正なる不良債権認定と自己資本の十分性に対する検証が必要なのです。一連の「自己資本比率規制」「資産査定」の行政主旨は、銀行・金融機関の"持続可能性"の確認とそれに対応した行政管理にあると解されます。この"外部"から枠はめされたリスク管理態勢では何が問題なのでしょうか？

　それは、〔UL〕視点の片眼によるリスク管理態勢の実装のみがされており、〔EL〕視点の片眼が機能不全に陥っていることにあります。その際たる現象が、図表3－9で示すような銀行・金融機関の【ジェットコースター決算】です。

図表3-9 「ジェットコースター決算」と信用コスト消化メカニズムの必要性

急務な [信用コスト・プライシング] = [EL] 概念の内部経営態勢への実装

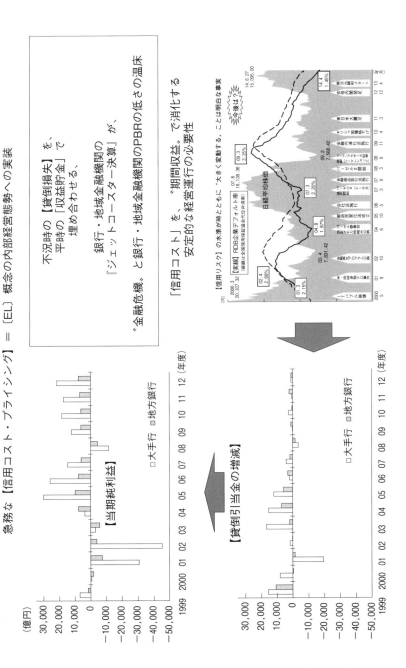

不況時の【貸倒損失】を、平時の「収益貯金」で埋め合わせる。

銀行・地域金融機関の「ジェットコースター決算」が、"金融危機"と銀行・地域金融機関のPBRの低さの温床

「信用コスト」を、"期間収益"で消化する安定的な経営運行の必要性

第3章 "総点検"「信用リスク収益管理会計」 107

この15年間の銀行・地域金融機関経営の特徴といえば、不況期の【貸倒損失】を、平時にため込んだ「収益貯金」にて埋め合わせる【ジェットコースター決算】です。行政としては、金融機関がジェットコースターに乗っていたとしても、脱線せず、間接金融業を全うしてくれればよいということです。ジェットコースターのスピードが出すぎていたり、乗車人数が過多であったり、コースターの路線に傷みがあるかどうか等を点検し、"事故生起の可能性"を、"通常考えられる最悪の事態"においても大丈夫か、をモニタリングすることが行政の役割でした。つまり、〔UL〕視点が基本なのです。

　監督行政においては、ジェットコースターの"乗り心地"に関してはさほど興味はありません。なぜならば、それを選んでいるのは"民の意思"だからです。一方、民間金融機関においてはどうでしょうか？　現在の経営は、過去最高益を計上できるほどの好環境にいます。しかし、この15年間の決算を見渡してください。【貸倒損失】の処理のため、平時に積み立てた「収益貯金」をすべてあてがう事態を幾度となく繰り返してきました。結果として、内部留保がほとんど増えていないのが現状です。
　これに対して市場の評価は大変厳しく、銀行・地域金融機関のPBRの低さの温床となっていると指摘されています。自行・自機関の企業価値や株価に対し、適正な評価を得るためにも、そして危機時でも安定的な資金供与を実施できる間接金融機関の態勢づくりのためにも、ジェットコースターから安定的な乗り物へと乗り換えることを勧めます。監督当局も、外形外装のモニタリングから、内部の収益管理態勢や中長期的な経営の持続可能性に着目視点が移ってきています。想像するに、いまの「ジェットコースター経営」では、今後の地域経済の縮小、日本経済の構造変化といった大きな地殻変動において、その櫓(やぐら)自体がきしみ、もはやジェットコースターというプレーランドを維持できないものであると推測していることが起点なのではないでしょうか。現在はコースのなかでも、安全な上り坂に位置し走行しているのですが、やがて到来する「新局面」において、そのジェットコースターはい

つもの降下でまたコースに戻れるのか？　そこに疑義が唱えられているものであると理解しています。

〔UL〕——通常考えられる最悪でも経営を維持できることを視点としたリスク管理態勢、これは当然必要なものです。しかし、これだけでは、経営はガタガタとして安定しません。やはり、平均的な貸出環境で発生する貸倒損失を安定的に消化できるリスク管理態勢の視点である〔EL〕を、経営管理のなかにビルトインさせる必要があります。〔UL〕⇔〔EL〕の両輪駆動により、はじめて銀行・地域金融機関の経営は安定運行が可能となるのです。現在の「自己査定制度」や「自己資本比率規制」という外装の監督行政基準だけでは、〔EL〕としてのリスク管理態勢は不十分なものなのです。UL枠内でジェットコースターとなる経営、これは是正すべきです。

図表3－10　必要とされる『信用スプレッドバンキング』

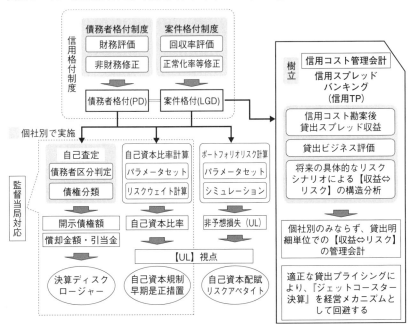

第3章　"総点検"「信用リスク収益管理会計」　109

〔EL〕視点の経営管理態勢を構築すること、毎期顕在化する「信用コスト」を、貸出プライシングにて消化する仕組みづくり、その構築が必要なのです。そして、その「信用コスト」の消化のために駆動するトランスファー・プライシングが『信用TP』なのです。「信用コスト」を消化するスプレッドバンキングの技法です。その実行のためには、【PD】と対をなす【LGD】計量の高度化が必要なのです（図表3−10参照）。

第 2 節

「信用スプレッドバンキング」
―信用TPの展開―

　〔EL〕視点の経営管理態勢を監督行政の指示によらず、内発努力にて構築する――その必要があることを前節で述べました。具体的に〔EL〕が経営機能していない証左として、"貸出ガイドライン金利の形骸化"があげられます。だれもが肌で十分に感じている事実でしょう。"貸出ガイドライン金利"は、「信用コスト」を反映させた"原価表"ともいえますが、他行・他社との厳しい金利ダンピング競争から、このガイドラインは有名無実化している状態が長く続いています。これはまったくもって好ましい事態ではありません。

　図表 3 - 11が示すとおり、"信用原価表"である"貸出ガイドライン金利"の有名無実化は、この15年間の貸出金利の動向で十分に確認できます。前掲したRDBデフォルト率の動向とはまったく無関係に、ここもとは一方向の下落が生じています。

　"原価表"が有名無実化して経営が成り立つ業態は存在しえません。信用リスクの場合は将来起こることですから、いまは成り立っているように"錯覚"してしまう怖さがあります。そして、そのリスクは潜在しており、過去のデフォルト率推移が示すとおり、将来において必ずや顕在化します。その時は「新局面」を迎え、少子高齢化、地域企業の構造変化も起こっているでしょう。伝家の宝刀、【ジェットコースター決算】では乗り切れない可能性が十分に想定されます。それよりも、"将来の経営に禍根を残す"ことになります。これは現在活動する私たちが未来への責任として絶対に回避すべきことと考えます。"貸出ガイドライン金利"に魂を入れて駆動させる〔EL〕視点の経営実装、それがとても重要です。そのためには、貸出ガイドライン

図表 3 −11 「信用コスト」の動向とは無関係な貸出金利の一方的下落

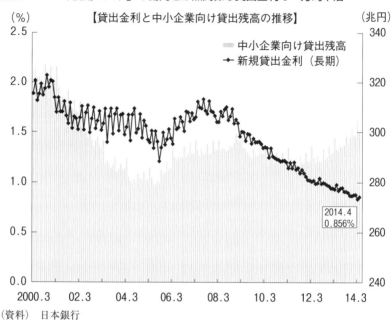

(資料) 日本銀行

金利を"信用原価"として機能させる仕組みづくりが必須となります。

(1) 「信用コスト」を組み込んだ貸出プライシング

「信用コスト」は、貸出業務を行ううえでの必要コストであり、"信用原価"に相当するものです。この"信用原価"を貸出プライシングにて回収できない状態を放置すると、将来、自己資本を毀損しての処理となります。したがって貸出金利を組成する際は、この"信用原価"をしっかりと組み込む必要があります。

この"信用原価"が担保され、その原価計測値に大きな離隔がない限り、積極的に貸出の増強に努めてよいわけであり、当然ながら毎年所要の貸出償却や個別引当費用が発生しますが、それは決して悪いことではありません。

その発生は、"想定している貸倒費用"＝「信用コスト」であるからです。ただし、「信用コスト」の"信用原価"としてのむずかしさは、それはあくまでも"予想"であり確定したものではないということです。そのため、"できる限り予想の精度を上げる"ことが、貸出ビジネスの要諦となるのです。

　そこで、「信用コスト」を【PD】と【LGD】に金融因数分解し、それぞれの実測値をもとに"信用原価"を設定します。したがって、【PD】と【LGD】の計測精度の向上がとても重要です。【PD】に関しては、前述したとおり、その計測対象（デフォルト）の客観定義や「PDモデル」の実務展開において、大きな進展がすでに実現されています。
　ただ問題は、現行の内部格付モデルにおける【PD】パラメータが〔UL〕視点にてなされており、貸出プライシングのための【PD】設定となっていないことです。【PD】の設定水準が〔EL〕視点より〔UL〕視点にて形成されているため、現時点のプライシングにおいて違和感があり、「貸出ガイドライン金利」の現場適用において、存在があいまいとなっている１つの根因となっています。その点の是正方法に関しては次節で考察することにします。

　一方、【LGD】に関しては、前述したとおり、しっかりとした高度化が必要です。まず、【LGD】計測のための「データ収集の方法」をきちんと設計し、回収行動を時系列にて格納していくことが基本中の基本となります。旧態依然の"保全率"では到底【LGD】の算定根拠とはなりえません。設定された"保全率"が、実際のデフォルト時において最終的（回収まで３年程度かかる場合が多い）に、いくらまで保全実行されたか、その"保全実績率"の計量がとても重要なのです。
　前述したとおり、〔保全〕〔非保全〕に分けて、その実績値を計測していきます。旧態依然の"保全率"でのLGD運営では、〔非保全〕である無担保・

無保証貸金の回収率は"ゼロ"とされているのが一般的ですが、RDBのLGD共同データベースでは、40％程度見込まれる場合が多いことが実証されています。"保全率"の概念は、〔保全〕における特性ランク分けの分類において有効です。"保全率"のレイヤーで回収データを分割して、実績保全回収率を算定するように有機結合し、しっかりとしたLGD計測の仕組みをつくりあげることがとても大切です。RDBのLGDデータで検証してみると、その"保全率"のランク分けにおける実績回収率の数値はしっかりとした"序列整合性"を示すものであり、LGD高度化の足がかりとなります。

　こうした【PD】×【LGD】で計測される「信用コスト」は、"実測値"をもとにしていることから、まぎれもなく"信用原価"を形成するものです。設定される「信用コスト」とその年度における実際の「信用コスト」の差異を事後検証し、来年度の「信用コスト」の設定に反映させることにより、「信用コスト」は貸出プライシングに構造的に組み込まれ、信用リスクの消化酵素として機能していくのです。

　近年の貸出先に対する激しい金利ダンピング競争や1％を割る住宅ローン金利の一般化に関して、監督当局は大変な不安を抱いていると推察します。もちろんそれは、銀行・金融機関の経営者自身が感じている不安でもあるはずです。信用リスクは潜在し、いずれは顕在化するものです。そしてそのリスクは大きなウネリ（「信用コスト」の変動）をもってサイクリカルに変動するのです。それを価格にてバランスできない限り、大きな自己資本勘定の毀損を数年に一度引き起こすことになります。

　このような事態を回避するため、「信用コスト」を"信用原価"として貸出プライシングに埋め込む構造対応が必須なのです（図表3－12参照）。そしてそのための制度が、「貸出ガイドライン金利」にほかなりません。「貸出ガイドライン金利」においては、①【PD】設定水準の違和感をベースに、②【LGD】が推定されていないことが制度の形骸化を引き起こしています。なぜならば、実測値に基づき、現場に対してきちんと説明できるパラメータ設

図表３－12 「信用コスト」＝"信用原価"を組み込んだ貸出プライシング

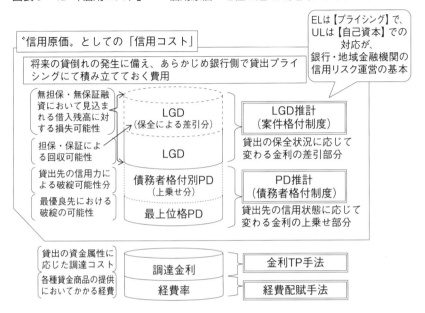

・信用リスク管理においては、信用リスクを単に計算するだけではなく、リターン（収益）も計算したうえで、リスクに見合ったリターンとなっているか、両者のバランスを図ることが重要です。

定ではないからです。

　"信用原価"の算定は、貸出を"ビジネス"として行うための基本中の基本、そして差別力・競争力の源泉であるはずです。このベンチマークのないあてのない金利ダンピング競争の行き着く先は、毎度繰り返される、【ジェットコースター決算】です。【ジェットコースター決算】は、日本経済・地域経済における金融システムの構造的な不安定化の根因となっており、そこで活躍する個人や法人の活動基盤をも揺さぶります。ですから、"信用原価"の算定と貸出プライシングへの組込みは、金融界のみならず、その借り手にとっても、地域経済にとっても必要なことなのです。

⑵ 「信用トランスファー・プライシング」

「貸出ガイドライン金利」に「信用コスト」を埋め込むこと——それが信用リスクの安定的な消化において必要なプライシング行動であることに関して述べてきました。一方、この"信用原価"である「信用コスト」を【収益⇔リスク管理態勢】にいかに体現させるかですが、それは金利リスクの消化と同様に、トランスファー・プライシングにより、〔収益⇔リスク会計〕として、貸出スプレッド収益の内数とし、会計勘定として組み込むことにより実現します。すなわち、『信用トランスファー・プライシング（以下「信用TP」）』により実現される『信用スプレッドバンキング』です。「信用コスト」は基本、【PD】×【LGD】にて構成表記できますので、「債務者格付」により該当する【PD】[18]と、「案件格付」[19]により該当する【LGD】を掛け合わせて、貸出明細別に「信用コスト」を算定し、管理会計において「信用コスト」の勘定を設営する方法が『信用TP』なのです。

図表3－13は、【債務者格付R6×案件格付L1】の5年物貸金対顧レート3.2％と、【債務者格付R4×案件格付L2】の1年物貸金対顧レート2.0％の

---

18 【PD】の設定においては、短期【PD】と中長期【PD】にて、同じ格付先に対しても、貸出期間の長さに応じて期間適用することが"信用原価"の高度化運営において重要となってきます。特に住宅ローン等の超長期貸金においては、期間構造【PD】の設定が必須と考えます。

19 「案件格付」とは、個別与信案件を、その回収可能性に応じて評価する格付制度です。貸出先の信用力に基づく債務者格付（"obligor rating"）と、この貸出債権の回収可能性に基づく案件格付（"loss severity rating"）との組合せによって、貸出を区分する〔EL〕の管理体系です。バーゼル委最終合意案上は、LGDに対応する格付を"facility rating"と称しており、わが国の金融庁告示でもこれに対応する概念として「案件格付」という単語が用いられています。一方、日銀においては、〔EL〕に対応する格付をもって「案件格付」としているケースも散見され、各種の文献を読む際にはどちらの意味で用いられているのか、文脈から判断が求められます。なお、アメリカ当局の表現では、〔EL〕に対応する格付が"facility rating"となっており、LGDに対応した格付は"loss severity rating"となっています。

図表3-13 「信用トランスファー・プライシング」

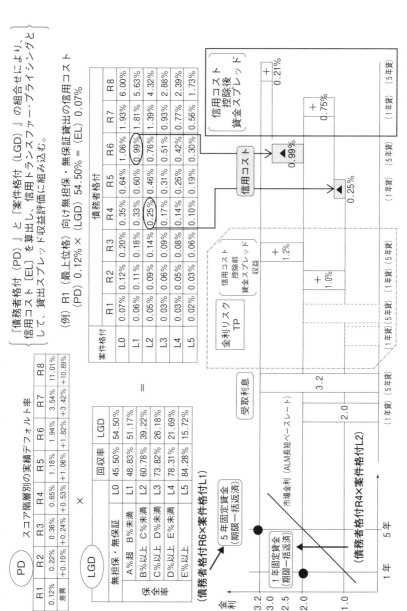

第3章 "総点検"「信用リスク収益管理会計」

事例にて、「信用TP」に関し解説したものです。"金利リスク見合い"部分を除去した貸金スプレッド収益は〔5年貸〕が＋1.2％、〔1年貸〕が＋1.0％です。表面金利差が1.2％（＝3.2－2.0）もある貸金ですが、それぞれの期間特性にて調達原価を適用すると、収益性においては0.2％しか差がないことが理解できます。資金の期間特性に応じて収益評価を形成するのが「金利TP」でした。

　一方、『信用TP』は、それぞれの貸金先の〔債務者格付〕と〔案件格付〕により、「信用コスト」を算出、その部分を"信用原価"としてTPするものです。【債務者格付R6×案件格付L1】の「信用コスト」は▲0.99％であり、【債務者格付R4×案件格付L2】は▲0.25％です。それら"信用コスト控除後の貸金スプレッド収益"は〔5年貸〕が＋0.21％、〔1年貸〕が＋0.75％となります。〔5年貸〕対顧レート3.2％の信用コスト控除後の収益性は＋0.21％、〔1年貸〕対顧レート2.0％が＋0.75％と、対顧金利で1.2％も高レートな〔5年貸〕の収益性は、〔1年物〕の3分の1以下であることが理解できるようになります。

　〔貸出期間×信用リスク〕を勘案した"適正な原価"に基づく収益性評価の樹立は、貸出ビジネスに対する経営戦略の着眼点をより合理的で抜け目のないものとするばかりか、低格付先に対し、その担保保全度合いと適用金利の組合せにおいて"融資可能なフロンティア"を拓くことも期待されます。そして何よりも重要なのが、競争上、どこまで貸出金利を引き下げられるかの客観的な"ボトムライン"が形成されることです。一部の貸出においては、すでに"赤字採算"であることが想定されますが、その赤字先を網羅的に、それも貸出明細単位であぶり出すことができるのが「信用TP」なのです。「信用TP」の実現により、個社別のみならず、貸出明細単位での〔収益⇔信用リスク管理会計〕が樹立できます。そして、「信用リスク（狭）」の計量においても基礎データとして機能します。具体的な将来の「信用リスク（狭）シナリオ」から、【格付別】PDの上振れ、【保全区分別】LGDの上振れをリスク設定し、「信用リスク（狭）」の計量を実行していきます。

さて、『信用TP』における"トランスファー先"はどこになるのでしょうか？

　もちろん、「債務者格付」や「案件格付」の制度を設計し運営している『リスク統括セクション』に、【PD】×【LGD】×【EAD】の〔信用コスト額〕を管理会計勘定として新たに設置して計上することが基本形となります。

　このトランスファーされた〔信用コスト額〕はいわば"保険料収入"と解せます。そしてその期に実際に発生した〔貸出金償却〕〔個別貸倒引当金繰入れ〕〔△償却債権取立益〕等の実際の信用コスト額を支出勘定として、その収支バランスを管理することを「リスク統括セクション」が担うことになります。【PD】や【LGD】の具体的な区分評価とパラメータ設定を行う部署であるため、当然ながら"責任勘定"として管理していくことになります。このような信用トランスファー先として、"責任勘定"が設営されていないことが、「貸出ガイドライン金利」の形骸化を引き起こしている根因と解されます。

　「信用コスト」を保険料として収入計上し、実際の保険金支払とのバランスを管理させる"責任勘定"が設営されれば、"保険料率"の設定に関し、"魂"と"軸"が入り、より正確で適正な「貸出ガイドライン金利」の運営が実現されます。さらに"会計勘定"として、収支が明らかになることから、現在の「貸出ガイドライン金利」の適正性に対する客観的な事後検証も可能となり、営業部門への"説明責任"もしっかりと果たせるようになります。「貸出ガイドライン金利」を機能させることが、信用リスクを"消化"する最も有効な方法であり、それを有効に機能させるためには「信用TP」による、〔信用コスト収支勘定〕の設置を行うことが肝要なのです。

　さて、その〔信用コスト収支勘定〕に対し、いかに"責任管理"するかに関して考察を深めます。というのも、ことこの勘定においては基本、"収支は相違する"ものとなり、一致することはまずありえない特徴があるからで

す。"一致することがありえない"特性がある収支勘定を、いかにして"責任管理"するかのフレームワークに関して、事前によく設計する必要があります。そうでなければ、責任運営できず、結果、「貸出ガイドライン金利」に魂が入らないものとなってしまうからです。

　まず、何が、収支の一致を成り立たせないものとするかに関して考えてみます。"収支の一致を成り立たせないもの"が、【想定値】と【実績値】の相違なら、それは【想定】の精度を上げていけばよい話であり、むしろ基本一致するものであると解されます。設定した【想定PD】と【実績PD】に関しては事後検証可能であり、これは収支不一致の構造要因とはなりません。

　一方、【LGD】に関しては、構造的な不一致要因となります。「信用TP」に用いる【想定LGD】は、これから向こう1年間に発生するデフォルト先に対するファイルクローズまでの全期間勘案後の貸倒時損失率です。一方、当期の期間損益で計上される貸倒損失額は、"当期期間中"に回収／未回収された部分での損益計上であり、また過去のデフォルトに関する回収や取立益も混在し期間損益として計上されるものです。期間損益で認定されるLGDは、いまだ回収途上のものが多く含まれ、その回収は将来の複数期にわたって、〔償却債権取立益〕として遅行して計上されることになります。

　【想定LGD】は、保険料設定のアプローチで計測されますから、たとえば直近1年に"ファイルクローズ"された回収事案を対象にLGDを算出することになります。したがって、【LGD】に関しては、【保険料収入】と【保険金支出】において、"期ズレ"が生じることになり、収支は構造的に一致しないのです。【PD】に関しては、デフォルト発生定義が客観構造化されており、それが「自己査定制度」を通じた資産査定によって決算に反映される仕組みとなっているので、構造不一致の要因とはなりません。

　一方、【EAD】に関しては、"中間的な性格"を帯びています。各貸金先の残高にPDとLGDを掛け合わせて「信用コスト」を算出するということは、"平均貸出残高"を【EAD】として保険収入することを意味します。同じ格付に属する貸出先においては、それぞれ貸出残高は当然相違します。

したがって、仮に平均より大きな貸出先がデフォルトした場合は、保険料収入が足りなくなってしまいます。これも【想定EAD】と【実績EAD】にて予実管理できるので、構造不一致要因とはならないという見立てもありますが、そう簡単には結論づけられません。

なぜなら、「貸出ガイドライン金利」は個社ごとに適用のアプローチですから、もし構造的に一致させるのであれば、"平均貸残より多い先には別途リスク・プレミアムを乗せる"という行為が必要となります。いくら【想定EAD】を【実績EAD】にあわせるよう精度を上げたとしても、それにて保険料計算できる仕組みがなければ、構造不一致要因となるのです。「貸出ガイドライン金利」に"与信集中度合い"を加味した"信用原価表"とすればこの構造不一致は消滅しますが、貸出慣行として顧客理解が得られる保証はありません。そもそもこれは、「信用リスク（狭）」のリスク態様であり、そのブレは「自己資本」で対応すべきという考えもあるでしょう。

以上のとおり、〔信用コスト収支勘定〕には、"構造的な収支不一致要因"が存在します。したがって、営業セクションに対するスタンスと同様に、その収支の赤字・黒字をもって、「リスク統括セクション」を評価したり、責任を果たさせることは、経営運行として問題が生じるのです。

その点を斟酌すると以下のようなフレームワークが〔信用コスト収支勘定〕の"責任管理"であると考えます。

第一に、当然ながらその〔収支の差額〕に関して考察を加えることです。ここでいう"考察"とは、構造的な不一致要因を理解しながら、その収支差に関する評価を行い、経営に報告することです。その差額は、足元の信用リスク運営において、経営として何を意味するのかを想像し、評価し、報告するということです。いわば、信用リスク運営の"定性チェック"の意味合いで、責任運営するものです。

第二は「信用コスト」を構成する各コンポーネンツである【PD】【LGD】【EAD】に関して"予実評価"を加えるということです。それぞれの精度

はどれぐらいであるのか、ということです。現行の【想定PD】の設定において、「貸出ガイドライン金利」として機能させるために課題があることに関して次節で述べます。【想定LGD】と【決算実績LGD】は期ズレが生じることから、【想定LGD】を算出した同じ切り口で、足元1年間が示すLGDと比較することにより実行していきます。【想定EAD】に関しては、実際に当期発生した銘柄に対する【実績EAD】との差異分析を行います。

　管理会計における〔信用コスト収支勘定〕設置の目的は、決算遂行ではなく、信用コストを"信用原価"として貸出プライシングに反映させる経営措置にあります。したがって、「貸出ガイドライン金利」の実効力ある組成と「信用コスト控除後の貸出収益性評価」として機能することが目的であり、そのためには【PD】【LGD】【EAD】の現実妥当性をモニタリングできれば、〔信用コスト収支勘定〕の"責任管理"となります。

　さて、貸出スプレッド収益において、この保険料部分である「信用コスト」を純粋に「営業セクション」から「リスク統括セクション」へと"トランスファー"すべきなのでしょうか？

　アメリカの金融機関のように営業店に融資権限がない場合は、「信用コスト」部分に関し、純粋トランスファーするのは理屈に適ったことでしょう。

　一方、日本においては、支店長やエリア長に融資権限が存在し、現場重視の融資慣行から、信用リスクに対する責任は当然営業セクションにも存在します。ということは、その責任対価としてリターンの計上も必要であるということです。したがって、一般的な日本の銀行・地域金融機関を想定すると、「信用コスト」部分はトランスファーせず、貸出スプレッド収益の"内数"として現場認識させることが適切です。"信用コスト控除前と控除後"の貸出収益性を現場に情報還元するわけです。営業現場に"信用原価"を知らしめ、融資権限規程のなかでたとえば【最低基準の信用コスト控除後収益】を設営する、そのような『信用スプレッドバンキング』が有効であると考えます（図表3－14参照）。

図表3-14 〔信用コスト収支勘定〕に関する"責任管理"のフレームワーク

〔信用コスト収支勘定〕は、基本、収支が〝構造不一致〟であることから、信用スプレッドバンキングにおいては、金利スプレッドバンキングとは相違する〝責任管理〟のフレームワークを構築する必要がある。

【想定LGD】と【実績LGD】の会計期ズレ
【想定EAD】と【実績EAD】の構造相違

リスク統括セクション	1 収支差額の絶対値が、足元の信用リスク運営において、経営として何を意味するのかを想像するという"定性チェック"の意味合いでの勘定管理。 2 「貸出ガイドライン金利」が、"信用原価"として適正機能するように、【PD】【LGD】【EAD】に関して、(予実評価)を行い、次期の"信用原価"に反映させること。 **PD** 【想定PD】と【実績PD】を内部格付ランク別に検証 ・各ランクPDの予実差評価 ・モデルの序列整合性チェック等 **LGD** 【想定LGD】に関しては、【実績LGD】とは期ズレが生じることから、【想定LGD】を算出した同じ切り口で、足元1年間の【LGD】と比較検証 ・各ランクLGDの予実差評価 ・モデルの序列整合性チェック等 **EAD** 【想定EAD】に関しては、実際に当期発生した銘柄に対する【実績EAD】との差異分析 ・【実績EAD】の平均と分散分析等
営業セクション	1 支店長やエリア長に融資権限が存在し、信用リスクに対する責任は当然営業セクションにも存在する。したがって、その責任の対価としてリターン計上が必要であることから、「信用コスト」部分はトランスファーせず、貸出スプレッド収益の内数として現場認識させる。 2 "信用コスト控除前と後"の貸出収益性を現場に情報還元する。営業現場に"信用原価"を知らしめ、融資権限規程のなかでたとえば〔最低基準信用コスト控除後収益〕を設営する。 3 住宅ローン等の個人向け融資に関しては、信用コストを控除することは一考に値する。商業貸付では、その後の現場コンサルテーションによりデフォルトの抑制は可能だが、個人融資においてはその機能は存在しないことから、「信用コスト控除後のローンスプレッド」にて『信用TP』の対応もありうる。

これは一般的な銀行・地域金融機関への考えであり、リテールに特化した新形態の銀行に対しては、信用コストを控除して営業セクションを評価する「信用TP」も当然ありえます。また住宅ローン等の個人向けに関しては、一般金融機関においても、信用コストを控除することも一考でしょう。なぜならば、商業貸付においては、その後のフォローアップやリレーションシップバンキングによって、デフォルトの抑制を現場営業のコンサルテーションにより期待できますが、個人融資においては融資後のフォローアップ機能が存在しないことから、「信用コスト控除後の住宅ローンスプレッド」の考えもありうるものと思います。そして現下の１％を割る住宅ローン金利は、はたして順鞘なのか？　また、その"信用原価"にて「リスク統括セクション」が〔信用コスト収支勘定〕の"責任管理"を実行しえるのか？　現在の住宅ローンの異常なダンピング競争は、金融機関内の"責任所在のあいまい性"がその実行エンジンとなっているとしたら言い過ぎなのでしょうか？

第 3 節

「信用TP」のためのパラメータ設定

　以上、『信用TP』の手法とその展開に関して、詳しくみてきました。

　本章の最後として、『信用TP』を実行する際の【PD】【LGD】のパラメータ設定に関する"実務上のポイント"に関して論述します。これらのパラメータを用いれば、すぐにでも『信用スプレッドバンキング』は実行できます。『信用TP』はとてもシンプルなものですから、実務的な要点を整理する必要があります。

(1) 「信用TP」用の【PD】に関するパラメータ補整

　まず【PD】ですが、当然ながら現行の「債務者格付制度」の信用ランク別にパラメータ設定します。債務者格付モデルに関しては、前述したとおりバーゼルⅡ規制の導入もあり、この数年でデータ収集においても、モデル形成や事後検証態勢においても飛躍的な進展がみられ、モデル精度は高く、すでに一連の「自己査定制度」において基幹コンポーネントとして機能しています。したがって「信用TP」を実行する際は、【PD】に関しては、すでにあるPDパラメータを活用すればよいと思われがちですが、以下に述べる"適切な補整"が必要です。

　〔自己資本比率規制〕と〔早期是正措置〕を機能させるために導入された「債務者格付制度」は、そもそも〔UL〕視点でパラメータが設定されていることに留意する必要があります。個別金融機関の"持続可能性"に関する客観的なメルクマールとして"リスクアセット"と自己資本の関係を評価するのが「自己資本比率規制」です。したがって、【PD】のパラメータ設定

においては、足元の数値ではなく、"長期的な平均値"を用いることが要求されています。現在では、リーマンショック時を含む長期間の平均値で算出されるケースが一般的で、その規制上の目的から、"保守的な（PD）設定"となっています。

一方、「信用TP」にて適用する【PDパラメータ】の特性はいかなるものでしょうか？

「信用TP」の目的は、貸出ビジネスの適時適正なる【収益性評価】が第一で、実効性のある「貸出ガイドライン金利」の組成を通し、「信用コスト」を貸出プライシングにビルトインさせ、〔EL〕をリスク消化することにあります。したがって、足元の"信用原価"の状況を反映したPD設定であることが重要で、「保守性の原則」よりは、現環境を第一に、適時的確な収益性評価と顧客折衝の基礎となるようPDを設定する必要があります。〔内部格付制度〕と〔収益管理〕では、「信用コスト」の"パラメータ設定"において、算定基準が相違する、それは、両者に要求されているものが基本的に異なるため当然のことなのです（図表3-15参照）。

現行の「貸出ガイドライン金利」に適用されるPDパラメータをみてみると、無作為に「債務者格付制度」の信用ランク別PDとなっているのがほとんどです。このパラメータ設定では保守性の原則から、PDが足元の経営実態とは違和感のある高めの数値となり、競争上も、営業上も適用することは困難です。

実はこのことが、「信用TP」が収益管理にビルトインされない第一の要因となっています。「債務者格付制度」のPDで「信用TP」すると、軒並み"赤字採算先"あるいは"低採算先"となり、顧客折衝や営業判断において、そもそも入口として拒否せざるをえないのです。〔EL〕を収益管理態勢に組み込むためには、〔UL〕バイアスがかかったPDパラメータを、〔EL〕視点でのパラメータ設定へと補整する必要があるのです。

さて、その〔EL〕視点の補整といっても、多大な作業を伴うわけではありません。「債務者格付制度」の信用ランク区分は、もちろんそのまま踏襲

図表3-15 『信用TP』のためのパラメータ設定

・〔内部格付制度〕と〔収益管理〕では、「信用コスト」の〝パラメータ設定〟において、算定基準が相違する。両者は要求されているものが基本的に異なるため、パラメータが異なるのは当然のこと。

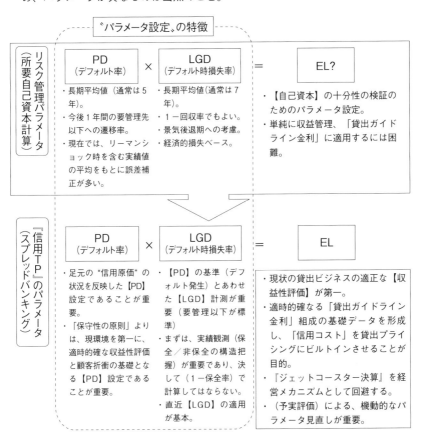

します。その序列性評価にはなんら問題がなく、要はその各ランクのPD設定のみ補整すればよいのです。そのPD補整方法ですが、もちろん目的は、これから1年、収益管理態勢を運営するにあたり、的確な〔EL〕算出のためのデフォルト率を"想定"することにあります。大きく分けて以下3つの方法があります。

図表3－16 『信用TP』のための【PD】設定アプローチとその検証結果

『信用TP』に用いる【PD】は、足元のデフォルト状況をもとにした設定が原則で、以下の3つのアプローチがある。

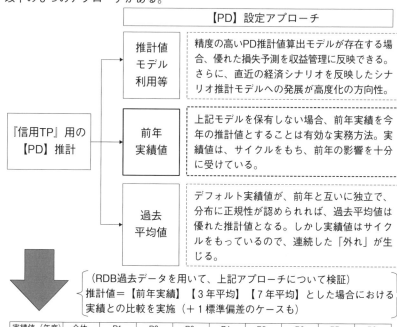

実績値（年度）	全体	R1	R2	R3	R4	R5	R6	R7	R8
2000	2.15%	0.04%	0.08%	0.15%	0.32%	0.57%	1.46%	3.01%	12.31%
01	2.69%	0.06%	0.15%	0.32%	0.53%	1.09%	1.96%	4.19%	14.24%
02	2.42%	0.50%	0.14%	0.38%	0.60%	0.94%	1.97%	3.96%	12.16%
03	1.78%	0.10%	0.20%	0.37%	0.55%	0.81%	1.45%	2.55%	7.76%
04	1.99%	0.13%	0.33%	0.60%	0.84%	1.15%	1.78%	3.04%	8.11%
05	2.09%	0.13%	0.30%	0.53%	0.77%	1.21%	1.81%	3.46%	9.24%
06	2.20%	0.14%	0.26%	0.51%	0.75%	1.31%	1.97%	3.58%	9.84%
07	2.72%	0.16%	0.33%	0.54%	0.85%	1.43%	2.45%	4.49%	12.04%
08	3.34%	0.18%	0.33%	0.63%	0.96%	1.65%	2.83%	5.41%	14.60%
09	2.69%	0.11%	0.26%	0.46%	0.75%	1.34%	2.25%	4.15%	11.40%
10	2.31%	0.11%	0.21%	0.34%	0.61%	1.04%	1.71%	3.14%	9.87%
11	2.21%	0.14%	0.22%	0.38%	0.64%	1.10%	1.87%	3.31%	9.09%
02	1.90%	0.09%	0.20%	0.33%	0.60%	1.17%	1.83%	3.26%	8.40%
13	1.45%	0.08%	0.13%	0.26%	0.48%	0.90%	1.49%	2.72%	7.32%

【検証対象としたPD推計方法（次頁グラフの番号）】
1 前年の実績値
2 前年の実績値＋標準偏差
  （過去3年間）
3 過去の平均値（3年間）
4 過去の平均値（3年間）
  ＋標準偏差（3年間）
5 過去の平均値（7年間）
6 過去の平均値（7年間）
  ＋標準偏差（7年間）

〝前年実績値〟を、『信用TP』用の【PD】パラメータとして用いることが実効的。

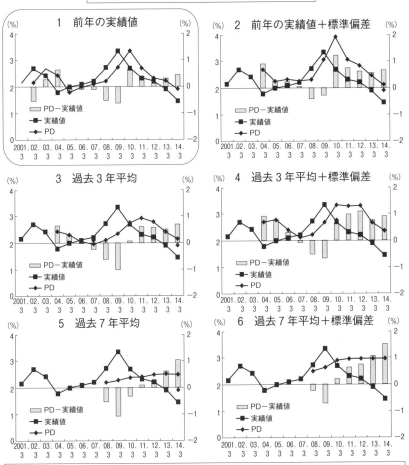

PD推計値と実績の乖離（2007〜2013年）

- デフォルト率はランダムウォークではないため、直近の実績値をそのまま来期の予測値（PD）として使用したほうが、過去の平均値をPDに使用するよりも、トータルでみた実績との乖離は小さくなる。
- 直近の実績値をPDに使用すると、実績値がPDを上回る年度も起こりうるが、デフォルト率の上昇（高位の）時期などでは過去の平均値を用いる手法よりも保守的なPDとなるケースもあり、一概に「保守的でない」とはいえない。

第一の方法は、過去のPDトレンドと現経済環境を織り込み、今後1年のPDを予想する"推計法"です。RDBにおいても、「RDB企業デフォルト率予測モデル」を作成しています。毎期毎期、実績値との差異分析が実行できる環境にあり、今後はこの方法が主流になることが期待されます。

　第二の方法は、"前年実績"を今年の推計値とするものです。実績値は、PDサイクルのベクトルを引き継ぐので、デフォルト率の上昇（高位の）時期等では、過去の平均値よりも保守的なPD（高め）となるケースもあり、一概に「保守的ではない」とはいえません。もちろん、第一の方法が方法論としては優れているのは間違いありません。PDサイクルの転換点において、過小あるいは過大と見積もる構造問題がこの"前年実績法"には存在します。

　第三の方法は、"過去平均法"です。デフォルト実績値が、前年と互いに独立で、分布に正規性が認められれば、過去平均値は優れた推計値となります。しかし実績値はサイクルをもっているので、連続した「外れ」が生じる構造問題があります。

　図表3-16は、この"前年実績法"と"過去平均法"に関して、観測されたRDB企業実績デフォルト率にて乖離状況を分析したものです。〔前年実績〕〔3年平均〕〔7年平均〕とした場合における実績値との比較（および＋1標準偏差のケース）を実施しました。結果、〔前年実績〕をそのまま、今後1年の【想定PD】とすることが、いちばん乖離が少ないものとなりました。デフォルト率はランダムウォークではないため、直近の実績値をそのまま来期の予測値としたほうが、平均値PDを使用するよりも、トータルでみた場合、乖離は小さくなるものです。直近PDを使用すると、PD上昇期には継続的な過小評価となりますが、過去平均値を用いるよりも保守的なPD設定となります。

　以上から、「信用TP」用の【PD補整】としては、"前年実績"を信用格付別に算定し、そのまま適用することが有効であると考えます。もちろん、"推計法"のほうが構造的に優れていますが、初めての「信用TP」におい

ては、推計モデルの精度、現場説明力の観点から、まずは"前年実績法"にての実行が有効であると考えます。

(2)　「信用TP」用の【LGD】に関するパラメータ補整

　次に【LGD】に関する『信用TP』用のパラメータ設定について考察します。LGD計量においては、実務有効な回収データの時系列収集や実績値計測において、現状課題があること、そしてその基本的な構築フレームワークに関し、第1節(2)にてすでに述べてきました。回収データの整備蓄積と実務有効なLGDの計量がなされた後で、いかにその値を「信用TP」用に設定するかがここでの論題です。【LGD】に関しては、計量ができていない銀行・地域金融機関が大多数でしょうから、基本的な事項から確認していきます。

　まずは、【PD】×【LGD】にて「信用コスト」を計測することから、【LGD】のパラメータ設定においては、【PD】基準と同一の切り口にて算定することが大原則です。第1節(1)で詳述したとおり、現行定義の標準は「要管理先以下」の｛要管理先、破綻懸念先、実質破綻先、破綻先｝です。【LGD】においても、このデフォルト基準にて、デフォルトが認定された日より、"保全有""保全無"等の保全属性区分に応じた回収額を時系列観測することが重要です。そうでなければ、【PD】×【LGD】の"掛け算"ができないことになってしまいます。

　第二のポイントは、【LGD】を『債務者単位』にて計測することです。これはバーゼルⅡの導入時期にしばしば議論となったものです。LGDの推計対象が案件単位となるため、実績値の集計も債務者単位ではなく案件単位とすべきか、という問題です。現状では、回収データの蓄積作業自体は案件単位、すなわち債権明細単位にて実施しておいたほうが、推計に利用できる情報量が多く、LGDの大小と関連深い情報にアクセスできる可能性が高まることから望ましいものと考えられています。

一方で、【実績LGD】を計算する単位としては、銀行取引約定書に基づく債務者単位の与信管理が基本であること、日本特有の根抵当等の融資慣行をふまえると、債務者ごとに観測した値であることが収益管理態勢において必須です。また、実際の回収において、回収金の保全向け充当方法が事実上金融機関の意思決定に委ねられているのが実情で、案件単位での実測では、回収先の背景により同じ金融機関においても取扱いが異なることになります。回収充当方法の任意性が実績回収率に与える影響を排除するためにも、『債務者単位』で実績回収率を算出するのが望ましいのです。

　第三のポイントは、「LGDの設定アプローチ」に関するものです。信用TPに用いるPDパラメータとしては、直近1年間の実績値が、「信用コスト」の安定消化上も、また現場および顧客説明上も優れていることを前述しました。【PD】×【LGD】にて"信用原価"が算定されることから、LGDにおいても平仄をあわせて、"前年実績法"にてパラメータを設定する必要があります。

　ただし、LGDの場合は、PDのように直近1年に発生した回収案件を対象とすると、いまだファイルクローズされていないケースがほとんどとなり、LGDが高めに算出されてしまいます。したがって、LGDにおける"前年実績法"は、"前年1年間でファイルクローズした回収案件"にて算出することが基本となります。仮に前年1年間に特殊な回収事案が顕著の場合は"直近2年間の平均値"でもよいと考えます。LGDはPDとは相違し、サイクリカルな動静とはならず、各銀行・各金融機関の回収スタンスと取引先の返済特性が色濃く反映されることから、このような平均値対応はむしろ適正であると考えます。

(3)　第三のパラメータ─【信用リスク・プレミアム】─

　以上、『信用TP』を実行する際の【PD】【LGD】のパラメータ設定に関する"実務上のポイント"に関して述べてきました。これにより【PD】×

【LGD】にて【信用コスト率】のマトリックスが完成します。後は、現在の貸出残高である【EAD】にこの信用コスト率を乗じて「信用コスト」を算定します。しかし、この最後の掛け算において、もうワンクッション入れてパラメータ調整するアプローチがあります。【信用リスク・プレミアム】という"信用原価"の調整パラメータです（図表3－17参照）。

前節の〔信用コスト収支勘定〕の"構造的不一致要因"にて説明したとおり、【PD】と【LGD】を掛け合わせて「信用コスト」を算出するということは、"平均的貸出残高"を【EAD】として保険料収入することを意味し、結果、現実に発生するデフォルト債権による保険金支出と構造差異が生じる問題がありました。平均より大きな貸出残高先がより多くデフォルトした場合は、保険料収入が足りなくなってしまうのです。

【信用リスク・プレミアム】とは、このようなリスクを想定し、平均残高よりある一定水準乖離した大口与信先に対して、「信用コスト」上のプレミアムを上乗せするものです。"粒度リスク・プレミアム"であり、大口与信先に対し、そのプレミアム分をコスト賦課する「信用TP」の方法です。

もう1つの【信用リスク・プレミアム】として、"〔UL〕リスク・プレミアム"があります。〔EL〕と〔通常考えられる最悪の貸倒損失〕との差額である「信用リスク（狭）」は、基本的な考え方として、貸出プライシングではなく、『自己資本』でカバーされるべきものです。しかしながら、その『自己資本』は決して無利息の資金調達ではなく、配当金支払等のコストがかかります。そこで、その"資本コスト"部分に関して、貸出の"信用原価"として織り込む「信用TP」の考えです。また、競争環境が許されるな

図表3－17 『信用TP』における第三の構成要素である【信用リスク・プレミアム】

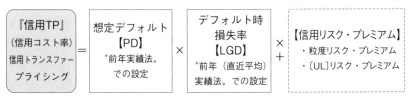

ら、〔UL〕リスクの一部でも"信用原価"として織り込みたいところです。
　「信用リスク（狭）」が金利リスクと比較して厄介なのは、その消化手段が限られていることです。大企業向けの貸出債権においては、クレジットデリバティブやCLO、CDO等の債権流動化により、ある程度消化することが可能ですが、中堅・中小企業向け貸出債権の「信用リスク（狭）」に対するリスク消化手段はきわめて限られているのが現状です。債権流動化市場の整備が進み、市場で貸出債権が自由に売買され、そこに市場参加者が認める貸出債権に対するプライシングがなされれば、「信用リスク（狭）」のヘッジ取引が可能となることにとどまらず、「信用コスト」の明確化もなされることになるでしょう。しかし、そのような整備は「新局面」の少し先のことであると思われます。その点を斟酌すると「信用TP」にて、"〔UL〕リスク・プレミアム"を貸出プライシングに組み込むことも考えうるものとなります。

　次に、パラメータ設定における実務視点として、「〔EL〕ベースでの案件格付」に関して説明します。
　バーゼルⅡのAIRB行においては、事業法人等向けエクスポージャーを対象に、【債務者格付】と【案件格付】からなる内部格付制度の構築が求められていることを述べましたが、FIRB行においては、「債務者及び取引に特有の要素」を勘案できるというただし書があり、これはLGDのみを基準とした案件格付ではなく、「〔EL〕ベースでの案件格付」も許容されているものと解されています。
　このような考え方をふまえ、図表3－18に示すような【PD】と【LGD】の組合せの"グループパネル"を基本単位として「信用TP」するアプローチもあります。個人事業主、小規模事業者、個人向け融資においては、構築する債務者格付モデルのレイヤー区分の実務有効性や受入れ担保の一様性をふまえると、【PD】×【LGD】という"マトリック・メッシュ"での「信用TP」運営ではなく、【PD】&【LGD】にて、総合的に〔EL〕をパネル区分して、「信用TP」を運用したほうが実務適合的な場合もあるでしょ

図表3−18 「〔EL〕ベースでの案件格付」による『信用TP』パラメータ設定

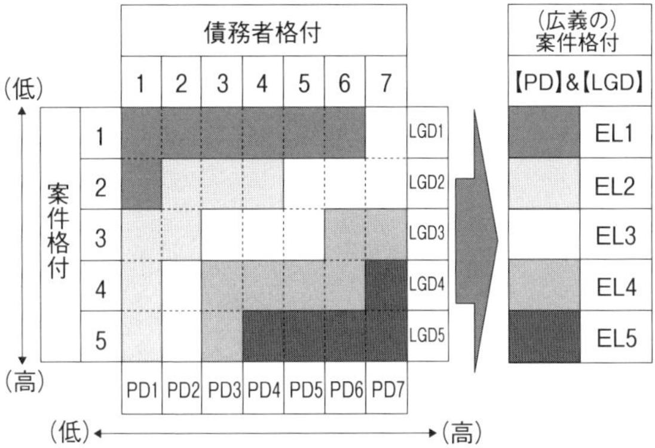

う。しかし、この場合においても、組成されている基本単位は図表3−18が示すとおり、【PD】と【LGD】なのです。

(4) "貸出期間"の長短に応じたパラメータ設定

次に、"貸出期間"の長短に応じた【PD】マトリックスの設定に関して検討します。5年物の長期法人貸出にてこの点を確認してみましょう。

まず固定金利建てで考えてみます。

固定金利であることから、取組み時点で金利がFIXされ、その後、当該企業の「格付」や「担保保全」の状況が変化しても金利の更改ができないものとなります。そうすると、取組み時点でのプライシングがすべてということになります。この際の"信用原価"はもちろん【PD】×【LGD】にて組成されますが、"単年度"ではなく"5年間"の"信用原価"を見積もる必要があります。また細かいことをいえば、貸出の償還（内入）スキームにより、複数年限構成の貸出となることから、償還方法にあわせて「信用原価表」を用意する必要があります。

今後の金利上昇局面では「長期固定金利貸出」というキャンペーン商品が

発売されるでしょう。その際は、期間と償還方法にあわせた「信用原価表」が必要となるのです。通常のPDは"単年度基準"、すなわち1年以内のデフォルト確率ですから、それを複数年度に伸ばす必要があります。【PDの期間構造】の"実績値"をもとに、「信用原価表(【PD】×【LGD】)」を複数枚作成する、ということです。

　一方、この貸出が"変動金利建て"であったらどうでしょうか？
　貸出実行後において、当該銀行・地域金融機関設定の"短プラ"が更改となれば、この貸出は期間途中でリプライシングされます。ですから、取組み時点でプライシングがFIXされるものではなく、"短プラ"の変更をとおして、リスク消化が図れるものです。
　この場合ですと、「(単年度)信用原価表」の適用でよいものとなります。法人貸出のほとんどがこのような"短プラ"連動貸出であることから、固定金利貸金を除き、「信用原価表」の設定は【単年度】でよいことになります。
　しかし、この問題はそうとはいきません。なぜならば、現行の"短プラ"更改ルールには、「信用コスト」の概念が形成されておらず、市場金利に対する更改ルールしか搭載されていないからです。短プラに"信用原価"がビルトインされていない限り、「信用コスト」の消化において、固定金利貸出とまったく同じものとなります。したがって、現行の短プラ制度のもとでは、やはり「(複数年)信用原価表」を作成することが信用原価運営として適切なものとなります。なぜならば、約定上、貸金実行後の格付や担保状況の変動にあわせてリプライシングすることができず、取組み時点での基準金利への"上乗せ"交渉が、「信用コスト」消化の態様を決定するものとなるからです。
　設備投資に代表される長期貸金と運転資金による手形貸付では、たとえ同じ企業債務者においても、PD水準は異なります。期間が長くなれば長くなるほど、債務者を取り巻く環境は変化しやすく、デフォルトに陥るリスクも高まります。この15年間の度重なる経済危機の発生と企業デフォルト率の変

動実績がその必要性の証左です。したがって、貸出期間の長短に応じて「信用原価表」を複数用意しマトリックス適用することは、「信用コスト」のリスク消化のために重要なものとなります。

「（複数年）信用原価表」の作成は、特に"住宅ローン"において重要な問題です。一般の商業貸付と比べ、きわめて長い貸出期間となるからです。固定金利建てにしろ、変動金利建てにしろ、取組みを行った時点で「信用コスト」の消化態様が決定されてしまうからです。現下の史上最低のPD水準で向こう30年も固定してしまうことはまったくもって適切ではありません。超長期における"信用原価"を算定する必要があります。また、貸付後の家計状態のモニタリングやそれに応じた家計介入・家計指導は不可能であることから、住宅ローンは商業貸付と大きく相違し、取組み時点の信用プライシングがすべてである特性があります。その後の家計変動に対して"信用原価"を更改するチャンスがないのです。

現下のような【ゼロ信用リスク】と【ゼロ金利】の環境下では、個人のデフォルトは深く潜行します。今後、金利が上昇すると利払負担が増加するうえ、地域経済の構造変化や企業デフォルト率の胎動を受け、住宅ローンのデフォルト率は上昇するリスクを多分に秘めています。住宅ローンに関しては、【長期間PD】による"信用原価"の設定がきわめて重要なものとなります。

(5) "信用原価"の更改ルール

「信用TP」パラメータ設定事項の最後として、その更改ルールに関して考察します。「信用コスト」の消化と現場説明力の観点から、"前年実績法"が有効であることを述べました。また通常において、「債務者格付」は決算書受領後に更改されることから、"年1回"の「信用原価表」の更改インターバルが実効的です。タイミングとしては、当該年度の「債務者格付制度」の詳細が決定された時点での同時決定が基本でしょう。

さて問題は、「信用原価表」は"毎年更改される"ということです。【PD】や【LGD】は信用リスクの動向に応じて変動するので当たり前のことですが、昨年と今年では同じ貸出プライシングにおいても、収益性は変動することになります。金利リスクは「金利TP」により貸出満期まで除去され、貸出スプレッドは固定確定するのですが、こと信用リスクにおいては除去しきれないものである、ということです。

　銀行・地域金融機関の信用リスクの大宗は非上場の中堅・中小企業によるものです。それらに対するヘッジ市場が存在していないため、『信用ALM』という運営ができないことによるものです。信用リスクを消化するには、やはり貸出プライシングにて顧客に働きかけるしか方法はないのです。

　"変動する"信用コスト控除後の貸出スプレッドに対し、それをオフセットするよう金利の更改交渉を現場営業が担う、それが「信用コスト」の消化メカニズムなのです。したがって、「信用原価表」が改定される時点で、既存の貸出取引の収益性を再評価することになります。前年度の「信用原価表」にかえて、新しい本年度の「信用原価表」を用いて、『信用TP』処理を貸出全先に行うのです。それぞれの貸出明細の {PD格付、LGD格付、貸出期間} に応じて、新しい「信用原価表」をあてがうのです。

　この「信用原価表」の改定実行により、信用ポートフォリオの統合管理も画期的に発展します。前年対比の信用リスクの変容が、①取引先の格付変動、②格付各レイヤーの【PD】変動、③LGD格付各レイヤーの【LGD】変動、④貸出長短構造の変動、⑤貸出長短信用原価の変動、に【因数分解】が可能となるのです。

　取引先企業に対するコンサルティング機能発揮⇒格付向上による「信用コスト」の圧縮、取引先企業の業績動向⇒格付推移に伴う「信用コスト」の増減、全体景況によるデフォルト率変動による「信用コスト」の増減、住宅ローン取組み増加による信用期間長期化による「信用コスト」の増加など、信用ポートフォリオ運営に大変有用な【収益⇔リスク】情報が生成されるようになります。

以上、本章では、多種多様な「信用リスク」に対し、【PD】と【LGD】にて"因数分解"し、それを再度掛け合わせることにより"信用原価"を算出、貸出スプレッド収益評価に組み込む『信用TP』の手法による信用スプレッドバンキングに関して考察を深めてきました。「信用コスト」である"信用原価"をいかに『管理会計』に組み込むか、の科学的な方法に関して論述してきたわけです。

　この管理会計措置により、さまざまな経営管理ができることを、【第5章】の"詳細設計"「収益リスク管理会計制度」にて、具体的な管理計表を含め確認していきます。『信用TP』は管理会計であり、「信用コスト」勘案後の貸金収益性を、【格付レイヤー別】【地域別】【業態別】等の構造メッシュにて収益性を確認できるばかりか、【個社別採算】においても、その実態が"貸金明細単位"にて詳細に把握できるようになります。

　"信用原価"を管理会計に組み込むことは、【不採算】あるいは【非合理プライシング先】の洗出しや原価概念なきままの"行き過ぎた"貸出プライシング競争の業界全体での抑止機能としても期待されます。貸出商品の特殊性は、"原価を事前に確定しえない"ところにあり、だからこそ、いま現在の【ゼロ信用リスク】状況での、はてしない金利引下げ競争は、大変な問題を将来の世代に負わせることになるのです。"信用原価"を経営管理の枠組みに組み込むことは現下の最重要の経営課題なのです。

　さて、"信用原価"の『管理会計』が樹立されても、それがきちんと貸出プライシングに反映されるものでなければ、"病気は理解したが治療する手段がない"ということになってしまいます。貸出プライシングへの反映のむずかしさの根因は何でしょうか？

　もちろん、激しい過当競争に原因の一端があるのは事実でしょう。でも、筆者はそれが根因だとは思いません。この問題の根因は"信用原価を反映した貸出プライシング・ルール"がないことによる、と考えています。"信用原価"がきちんと「原価表」として認識されていないのですから、いくらまで金利ダンピングしてよいかわからない、だから底のない金利引下げ競争に

なっている、と考えています。各行・各地域金融機関が貸出取引に関する"信用原価"を認識できれば、おのずと下限金利が形成されるはずです。また、それぞれの"信用原価"の運営能力により、たとえば審査能力や担保保全の巧拙により、その下限金利には差異が生じるものとなるでしょう。運営が合理的で賢い金融機関だからこそ、低い"信用原価"を実現できるということです。

　またこの問題の要諦は、"短プラ"決定ルールに、"信用原価"の概念が入っていないことにあります。"短プラ"は、各行・各地域金融機関が能動決定できるのですから、既存の約定書を改めて変更することなく、"信用原価"を基準金利運営にビルトインさせることができます。しかも、せっかく債務者モニタリングのノウハウを確立しているのですから、その格付結果を取引先企業に正々と開示し、その格付変動によって貸出金利が変わる「信用格付連動貸出」という【新商品】の開発を行うべきではないでしょうか？

　格付が改善したならば金利を下げ、格付が悪化したら金利を上げる、そのためにきちんと信用評価の結果を取引先企業に伝える、経営改善のガイドを行う——これからの銀行・地域金融機関が求められている行動と新商品ではないでしょうか？　それは決して金融機関のためだけではなく、不断の経営改善を誘うことで借入企業においてもメリットがあり、経営改善することへのインセンティブも醸成される素敵な社会システムであり、貸出商品であると筆者は考えます。

　貸出プライシング運営において、イノベーションが必要であり、その具体的な提言を『信用プライム（スタンダード）レート』として【第7章】"イノベーションシップ・バンキング"にて論述します。『信用プライム（スタンダード）レート』の運営が確立されれば、変動金利貸出においては、長短に応じた「信用原価表」の設定は不要となります。なぜならば、当該企業の経年による信用リスクの変化は、毎年の「債務者格付」にて的確に捕捉され、格付ランクの変更結果に応じ貸出プライシングの基準金利が連動するからです。

第 4 章

"総点検"「経費管理会計」

2000年代の巨額不良債権処理とその後も連続して発生する金融危機に呼応し、他産業に比べ鷹揚といわれた銀行・地域金融機関の経費運営は大きな改革がなされました。大胆なシステム共同化、非正規雇用の拡大、不急不要資産の売却、そして賃金スキームの抜本見直し等、全面的な合理化が実施されました。

　図表4－1が示すとおり、1999年と2013年を比較すると、地銀業態の「営業経費」は△1,389億円の減少となっています。不良債権処理や株式等売却損を除いたベースでの経常利益は▲952億円の減少となっており、営業経費

図表4－1　「資金粗利益」の構造劣化を吸収しきれない"人件費"の合理化

(単位：億円)

		1999年3月	2013年3月	(増減)	99年の(除くその他経常利益)経常利益比
	資金運用益	＋43,503	＋32,441	▲11,062	
	貸出金利息	＋34,026	＋25,905	▲8,121	
	有価証券利息配当金等	＋9,477	＋6,536	▲2,941	
	資金調達費用（預金利息）	▲8,647	▲1,569	△7,078	
資金粗利益		＋34,856	＋30,872	▲3,984	▲29.0%
役務取引等粗利益		＋2,937	＋3,897	＋960	＋7.0%
特定取引粗利益		＋38	＋44	＋6	
その他業務粗利益		＋1,285	＋1,962	＋677	＋4.9%
	国債等債券売買償還損益	＋1,144	＋1,456	＋312	
その他経常利益（B）		▲22,746	▲2,387	＋20,359	
	株式等売却益等	▲42	▲534	▲492	
	貸倒引当関連純損益	▲20,516	▲2,406	＋18,110	
業務粗利益合計		＋16,370	＋34,388	＋18,018	
	営業経費	▲25,374	▲23,985	△1,389	△10.1%
	人件費	▲13,609	▲12,337	△1,272	△9.3%
	物件費	▲10,461	▲10,532	＋71	
	経常利益（A）	▲9,004	＋10,403	＋19,407	
(除くその他経常利益) 経常利益 (A)－(B)		＋13,742	＋12,790	▲952	▲6.9%

（資料）　筆者が全国銀行協会各種統計資料、日本銀行統計等を用いて試算。

の減少ではトップラインの収益減を吸収しきれなかった状況です。1999年のベース経常利益対比、資金粗利益で▲29％の大幅な減少となっており、手数料収入や国債等債券売買償還損益関連の収益増では穴埋めできず、約2割のトップラインの収益減となっています。それに対し、営業経費△10％の削減により、ベース経常利益をなんとか▲7％の減少に抑え込んでいる状況です。

「営業経費」の削減費目をみてみると、物件費は若干増加し、経費削減はもっぱら人件費によってなされたことがわかります。もちろん、プロパー職員の人員削減を補うため、さまざまなアウトソーシングがなされた結果として物件費が増大していることもあるでしょう。したがって、単純に人件費と物件費を独立して比較することは適切な考察ではないと理解します。

日銀の「金融システムレポート」（2010年3月）等で確認されるとおり、経費を総資産で除した経費率において、わが国は主要国平均を大きく下回っており、2倍以上の経費効率を示しています。はたして、これは"よいこと"なのでしょうか？

"総点検"スプレッドバンキングにて着目すべき点は、その低い経費率が"経費の高効率"と同義であるか、ということです。大きく構造劣化する資金粗利益マイナス分の3分の1を人件費の合理化で穴埋めしている状況は、現場営業力と営業ノウハウのさらなる構造劣化を招き、単線的な金利ダンピング競争への袋小路に自らを追い込む"悪循環"となっていないでしょうか？

もちろん、経費をできるだけ少なくし、より多くの利益をあげることは重要な経営目標ですが、"適正な経費規模"というフロンティアから離れる縮小均衡では、より多くの利益どころか、毎年、トップラインの構造劣化を招き、さらなる経費効率の悪化を招いていないでしょうか？

人件費という"まずは削減できる"ところに対する合理化策は、危機時には間違いなく必要なものだったのでしょう。しかし、これからの経済再生を伴った「新局面」においては、経費運営に関し、抜本的な見直しが必要であ

ると考えます。【ゼロ金利】【超デフレ】の経済においては、魅力ある運用商品を開発できない経営環境でした。よって顧客からは積極的な選別を受けず、度重なる経済危機による法人顧客の保守化行動もあり、この10年間の経費合理化は、"顧客の選別行動に影響を与えない"という脈絡のうえに機能したものと思います。

　どの業態、どの産業においても、新製品の開発、新サービスの展開、店舗の新改装の投資経費は、"顧客の選別行動に直接影響を与える"ものです。"経費をいかに戦略組成しビジネス発展につなげていくか"という能動的な経費戦略は、生き残りのために欠かすことのできない経営アクションであると考えます。

　大宗のお客様にとって、不必要なサービス提供から生じる"贅肉的な経費部分"に関しては、抜本的な合理化が必要なことは論をまちません。一方、お客様が真に必要とし、価値を認め、いっそうのサービス向上を期待している部分、すなわち"骨格"であったり"筋肉"であったりする部分に関しては、一律の経費削減は、銀行経営上も、顧客満足上も得策ではありません。"無駄な贅肉経費を削ぎ落とし、筋肉質の経営体質を能動機動的につくりあげるよう経費投入を行うこと"が、本来の経費管理の主題です。本章ではまず「経費の実測方法」について説明をし、次に「新局面」において点検すべき経費管理の視点に関して述べていきます。

第 1 節

経費実測の方法

　経費は発生した時点で把握しようと試みれば、かなり正確に計測できます。だれ（人や機械）がどのくらい活動し、消費した物（伝票、電気等）は何でそれはどのくらいの量か？　しかし実際には、業務ごとに詳細な"経費ログ（記録）"を取得するには、"経費面"、"実行可能性"において多くの制約があります。

　"経費を実測することにおいても経費がかかる"ことをまず念頭に置かないと、経費実測は本来の目的から外れ、"計量の精緻化"という行動に無機質に暴走するおそれがあります。実際に、多くの銀行・地域金融機関において、すでに経験をしてきたことと総観します。したがって、「経費実測の経費効率」や「実測上の制約」を十分にふまえ、経費を適切に計測するためのアプローチを構築する必要があります。

　また、"正しい経費"の把握という面でも限界があります。なぜなら、他産業と比較して、銀行業は"装置サービス業"の色彩が濃く、大半の経費は固定費であり、その固定費をいかに適切に業務サービスごとに配賦するか、という"分別困難の経費プール"が特質だからです。したがって、"正しい"というより、"適切な"経費管理会計を目指すことになります。【費用対効果】で経費データ収集のフロンティアに乗せ、業務運営・経営判断に有用な切り口での情報提供を目指すものとなります。よって、どの側面・角度からみても"完全無比"な経費管理会計を目指すのではなく（そもそも困難）、経営判断・業務評価を"適切に"実行しうる『経費管理会計』を樹立することが重要であると考えます。

　本節では、「単純配賦手法」と「ABC適用配賦手法」の２つの経費実測の

方法に関し説明します。ここでいう「ABC適用配賦手法」とは、アクティビティ・ベースド・コスティング（活動原価）の概念を取り入れた発展的配賦手法を指し、アクティビティ原価を算出し積み上げていくABC原価計算とはコンセプトが異なります。それぞれのアプローチを考察する前に、経費を実測するための構造プロセスに関して整理します。

(1) 経費実測の構造プロセス

銀行業は"装置サービス業"という特性から、経費の大半は固定費であり、その固定費をいかに適切に業務サービスごとに把握するかの計測手法の確立が重要となります。発生した"経費ログ"に対し、その固定費特性・経費権限と消費体の相違等の銀行業特有の経費環境を十分にふまえ、月次等のタイミングにより、これらのデータをいったん分解してから管理対象に集計していくプロセスの構築となります。

この集計プロセスとして、以下のとおり、①直課、②配賦、③非配賦、の3種類があります。この一連の構造プロセスは、前章まで詳述してきた金利リスク、信用リスクのトランスファー・プライシングと同じ思想のものであり、管理すべき主体に適切に管理経費をアサインするもので、いわば経費のスプレッドバンキングであると解せます。

① 直　　課

経費と管理主体との因果関係が明確な場合、言い換えれば、だれ（何）のために消費した経費かが明確な場合は、その管理主体に該当経費を全額トランスファーするのです。たとえば営業店を管理主体とするとき、各営業店の端末リース費用は全額該当店に割り当てます。

② 配　　賦

間接費―たとえば本部による営業店へのサポート経費―のように、経費と管理主体との因果関係がなんらかの合理的な理由（技術上の捕捉限界あるいは捕捉経費上の問題）により、個別取引やサービスとして明確に紐づ

けられない場合は、按分基準値を用いて配賦処理を行うことになります。たとえば、広告宣伝費を営業店に割り当てる場合がこれに当たります。「間接費をいかに適切に配賦するか」——これを解決することが経費管理を実践するうえで欠かすことのできない重要ポイントです。これについては、以下、「単純配賦手法」「ABC適用配賦手法」にて具体的に説明していきます。

③　非配賦

　管理主体に割り当てると納得感が得られず、経費管理の目的から乖離してしまうと判断される経費に関しては、管理主体に非配賦とするものです。たとえば、営業店の業績評価を目的とした経費管理をする場合、秘書室経費は営業店に対して割り当てないというものです。

　経費割当ての基本構造としては、最初に経費の費目や内容に照らし、それらの経費が、"経費管理主体"に対し"直課"されるべきものか、"配賦"されるべきものか、"非配賦"であるべきか、の吟味をする必要があります。以下、この構造プロセスを念頭に置き、具体的な経費実測法に関し考察を深めていきます。

(2)　単純配賦手法

　「単純配賦手法」は、1980年代の邦銀においてブームとなった伝統的原価計算の手法です。"①どの経費"を、"②どこを対象"として、"③どういうルール"にて配賦するかを定義し、経費を実測していくものです。

①　"どの経費"……間接費部分の明確化

　経費管理の目的に照らして〔直課・配賦・非配賦〕への分類を行います。その際には、各経費がプロフィットセンターに属する部署のものか、コストセンターに属する部署のものかの分類を行うことが重要です。この分類は【直課および配賦グループ】と【非配賦グループ】の2つのグループ分けを容易にします。次に、【直課】なのか【配賦】なのかを分類しま

す。この分類は取得できるデータ単位が【直課】できるものなのか否かによって必然的に決定されます。たとえば物件費の営繕費は、管理主体が営業店であれば各営業店に直課できますが、顧客の場合は直課できず、配賦とせざるをえません。非配賦と直課以外の経費、すなわち間接費が配賦のリソースとなります。

② "どこを対象"……管理主体の策定

　次に、経費配賦の対象先を"管理主体"として定義します。管理主体は、経費管理の目的に照らして策定することがポイントです。営業店の業績評価が目的であれば各営業店が管理主体となり、目的が顧客別採算管理であれば各顧客が管理主体となります。また、管理主体を定義するにあたっては、経費管理は統合収益管理の一部であることを念頭に置き、収益管理や信用リスク管理の体系も勘案し、それらと整合性をとる必要があります。

③ "どういうルール"……配賦ルールの策定

　最後に配賦処理のためのルールを定義します。以下、管理主体を営業店とした場合の営業統括セクションで計上された物件費・端末機器賃借料を配賦する事例を用いて、配賦ルールの定義方法について確認していきます。

　営業統括セクションの端末機器賃借料は、営業店をサポートする業務から発生した経費であり、その経費は営業店に配賦すべきものですが、端末機器を使用する業務は営業店サポートのみならず、部内資料や経営報告などの業務にも利用されています。そこで、実際の活動を分析し、営業店へ配賦する割合、【配賦率】を決定します。

　図表4－2の事例は配賦率"50％"の設定を示すものです。次のプロセスはこの【配賦率】によって決定された営業店への配賦総額を、いかに各営業店へと配賦するかです。上例は、端末機器賃借料の50％に当たる金額を5つの【按分基準値】＝"預金平残、貸金平残、預金口座数、貸金口座数、ホスト処理件数"で、各営業店の当該数値をもとに配賦する事例です。按分基準値を複数設定するのは、できる限り偏りを排除し、納得性のある経費配賦を

図表4－2　単純配賦手法

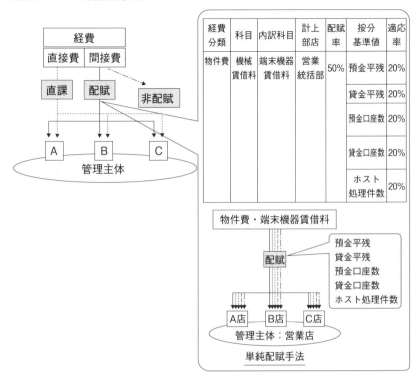

実現するためです。【按分基準値】を複数適応する場合には、重みづけ（適応率）の定義が必要となります。事例ではすべて同じ適応率の20％となっています。

近年、この「単純配賦手法」の説明力の低さが指摘されています。その原因は、商品・サービス・チャネル等の多様化による間接費の増大です。配賦実施においては、多かれ少なかれ配賦ルール決定者の恣意性問題が発生します。単純配賦手法では、間接費の占める割合が大きくなればなるほど、それが顕著に表れてしまい、単純配賦手法の限界が露呈するともいえるのです。そこで、単純配賦手法の限界を改善すべく、説明力の高い配賦手法の考え方として、「ABC適用配賦手法」というアプローチが考案されました。

(3) ABC適用配賦手法

　1980年代後半に「ABC原価計算」という実測法がアメリカの製造業で生まれ、発展しました。競争劣位の状況に陥ったアメリカの製造業に、市場ニーズの多様化が覆いかぶさり、"少量多品種生産"を余儀なくされた結果、〔製造間接費〕の急速な増加を招きました。どの商品がいったいいくらの利益をあげているかが不鮮明となり、さらなる価格競争力の劣化を招く悪循環に苦しんでいました。

　〔製造間接費〕を適正に各製品コストへ賦課する必要が高まったのです。「コストはなんらかの"活動"をするから発生する。そうであればその"活動"を基準にしてコストづけを行えばよい」──Activity Based Costingという原価算定の手法です。"活動"を経費実測の基盤とすることから、この方法は大変有効で、製造業においては主流の計算方法となっています。

　しかし、この「ABC原価計算」は変動費割合が高い"製造業"では有効ですが、"装置サービス業"であり、大宗が固定費である銀行・地域金融機関において単線適用は困難であるのが実情です。そこで、"活動基準"のスキームを取り入れ、その情報を用い、より"適正な配賦"を目指す『ABC適用配賦手法』が考案されました。

　〔間接費〕を"活動単位"に配賦し、次いで商品や顧客等の管理主体にコストを割り当てるものです。経費（リソース）を、"活動情報"をベースとした按分基準値（コスト・ドライバー）を使用し、管理主体（コスト・オブジェクト）に配賦するもので、配賦フローの構造は「単純配賦手法」と変わりません。「単純配賦手法」と「ABC適用配賦手法」の違いは配賦基準の相違でしかないのです（図表4－3参照）。「ABC適用配賦手法」を用いた経費配賦のプロセスは以下のとおりです。

図表4-3 「単純配賦手法」と「ABC適用配賦手法」

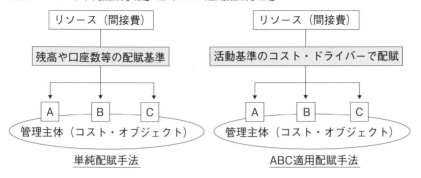

① リソース（経費）を活動（アクティビティ）に配賦する

　"リソース"とは、経費配賦処理のタイミングで計上された経費です。月次処理であれば月末時点の月間経費額となります。活動とは金融機関における業務・事務プロセスで発生しているアクティビティです。活動として何を定義するか、どこまで詳細に定義するかは経費管理の目的によって異なります。"リソース・ドライバー"は、間接費をアクティビティに配賦する基準です。活動するからコストが発生しているという観点に立てば、リソース・ドライバーとして適用すべき配賦基準値データが明確となります。

② 活動に割り当てられた経費をコスト・オブジェクトに配賦する

　次のステップは、活動に割り当てられた経費を件数や対応時間等の按分基準値（コスト・ドライバー）を使用して、活動の消費量に応じた経費額を管理主体に割り当てます。単純配賦手法との相違は、活動を基準軸に、すべての経費実測がなされることです。活動に紐づく経費はコスト・ドライバーを介して管理主体に配賦されるのです（図表4-4参照）。活動の構成とその数については銀行・金融機関の展開ビジネスや規模特性等によって異なってきます。ある銀行では数千に及ぶ活動を定義しています。また、別の銀行では数百の活動からスタートして運用しています。納得感があり、自行・自機関の経費管理の目的に合致する的確な精度が実現できれ

図表 4 − 4 「ABC 適用配賦手法」の配賦構造

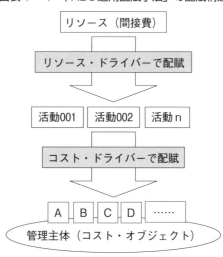

ばよいと考えます。この活動数の多寡が、すなわち配賦結果の良しあし、経費管理の良しあしには単線的にはつながらないことに注意すべきです。さもなければ、大変細かく多岐にわたる"アクティビティ"を設定することが、経費管理者の自然な行動原理となってしまい、システムコストや人件費は膨大なものとなってしまいます。

「ABC 適用配賦手法」に関して、理解を進めるため、管理主体を"顧客"とした場合に関し、以下考察します。

"顧客別の経費"は、銀行・地域金融機関が顧客にサービスを提供する観点から、経費構造を紐解く必要があります。銀行・金融機関の活動には、直接的に顧客へのサービス提供を行うものもあれば、銀行組織の運営維持の活動もあります。顧客にサービス提供を行う活動とは、営業店事務活動、渉外活動、ATM チャネル活動、審査活動等で、銀行組織の運営維持活動としては、経営企画活動、総務活動等があげられます。

前者の活動経費は顧客と因果関係があると判断できますが、後者の活動経

費は明確な因果関係が論理的に組成しにくく、このようにいったん銀行の活動を大枠（カテゴリー）でとらえて、顧客に割り当てるべき経費、割り当てない経費の分類を行い、各活動カテゴリーに経費を割り当てることが基本となります。

　活動カテゴリーの経費が固まったら、次に各活動カテゴリー内の活動への経費割当てルールを策定します。経営企画や総務といった顧客と因果関係の薄い活動カテゴリーに関しては、顧客経費把握上、対象より外し、非配賦とする場合が一般的でしょう。顧客と因果関係があると判断される活動への経費割当ては、事務量システムのデータを活用し、按分基準値を導出し実行していきます。

　実際、多くの銀行・地域金融機関において、2000年代に経費管理運営の強化が図られ、経費配賦に必要な諸データの観測は充実しており、実務への適用も積極的になされている事例も多く確認されます。事務量システムではチャネル・商品・作業ごとに標準時間や処理件数のデータが保有されており、たとえば「営業店窓口チャネル・普通預金・店頭入金」「ATMチャネル・普通預金・出金」というかたちで標準時間、処理件数のデータや事務工程（活動）ごとに顧客の利用回数や件数も抽出できるものとなっています。

　これらのデータを用いて、①標準時間・処理件数を按分基準値とした事務工程（活動）への経費の割当て、②その活動を顧客の回数データや件数データを按分基準値とし顧客経費へ割当て、のステップで"顧客別経費"を計算していきます。事務量システムにて捕捉される活動ごとの【標準時間】と【処理件数】を掛け合わせ、"活動の重み"とし、それを活動への按分基準値として使用します。

　銀行・地域金融機関における経費関連データの収集経費とその取得可能性をふまえると、「単純配賦手法」と「ABC適用配賦手法」の有機結合の経費管理会計の樹立が実効的であると考えます（図表4－5参照）。

　プロフィットセンター部門の経費には、"活動"を基準とした「ABC適用

図表4-5 「単純配賦手法」と「ABC適用配賦手法」の有機結合

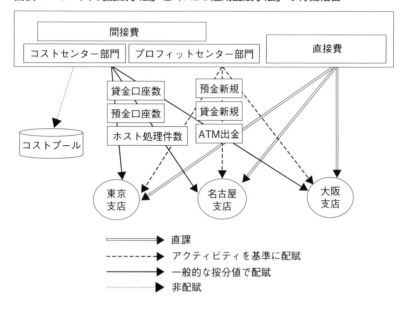

配賦手法」を適用することにより、納得感の高い配賦が可能となる一方、消費店番が明確な経費は各支店に直課します。コストセンター部門の経費については2つの対応方法があり、営業店への配賦が妥当であるが直接アクティビティに紐づかない経費は単純配賦手法の考え方のもと、口座数や処理件数等の按分基準値を採用して配賦します。他方、営業店の営業活動に直接関係ない経費については非配賦とし、コストプール額を別管理とします。

　経費実測の目的や物理的限界を議論しないまま実測議論を行うと、理想論に突き進み、人的にもシステム的にも莫大な投資が必要となり、"経費管理のための経費管理が必要"という最悪の事態になりかねません。特にABC適用配賦手法は経費割当てルール策定の際、恣意性を排除することを目的に考えられことから、こと細かな活動を定義することに注力し、検討結果として必要なリソース・ドライバー、コスト・ドライバーがシステム的に取得できないというケースや、実行するにしても多大な運用コストが必要となる場

合がみられます。"活動のテンプレート"はすべての業務を分析していけば用意することは可能ですが、「コスト・ドライバー」に関するデータは、既存のシステムから取得するか、もしくは手作業で集める必要が出てきます。一方、単純配賦手法はまず入手できるデータからスタートすることができ、チャネル情報やCRM顧客情報を付加していけば高度な配賦処理も可能となります。

　正確な原価の"答え"を求めて、すべての経費について「ABC適用配賦手法」を用いて緻密な検討を行うのは望ましくありません。いかに"経費効率の向上に寄与するか"を解き、それを実現する範囲内での精度実現でかまわないのです。だれもが納得できる経費計測上の"黄金率"の発見に労力を消費するのではなく、経費投入の方向性や妥当性を"展望できる指標"を導き出すために経費を実測することが何よりも重要です。現行のシステムや報告業務のなかで抽出できるデータを最大限に利用して経費の実測を行い、必要以上の作業負荷を発生させないこと、そして、経費管理の経営視点である"無駄な贅肉経費を削ぎ落とし、筋肉質の経営体質を能動機動的につくりあげるよう経費投入を行うこと"——そのための経営実測法を実務的に樹立することが大切です。

第 2 節

「新局面」において点検すべき経費管理

　2000年代、巨額の不良債権処理や株式償却により赤字決算を余儀なくされた日本の銀行・地域金融機関は、大幅な経費合理化を実行しました。その過程で、前節で説明したABC適用配賦手法等、いわゆる原価計算に関して高度化がなされ、数千に及ぶアクティビティ定義やさまざまなシステムからコスト・ドライバー等の計量数値が収集され、適切な原価算出の基盤が整備されてきました。もちろん金融機関の個別事情によって、高度化の度合いには差異が生じていますが、"経費管理システムがない"という金融機関はきわめてまれであり、なんらかの経費計数がすでに算出されています。

　しかし、経費をいかに適正に計測しても、実際の経営管理に活用されなければ、それは単なる数字の羅列でしかありません。算出された数値に対し、いかに評価し経営運行するかが重要なことはいうまでもありません。無駄な贅肉を削ぎ落とし、筋肉質な経営体質をつくりあげ、コストとリターンの効率フロンティアに乗せる工夫が経営として必要です。そこで本節では、各金融機関において、現在参照可能な経費計数として存在する各種データを利用し、「新局面」を想定した経費に関する経営確認事項に関して考察していきます。

(1)　「ALMセクション」の経費差引後収益に対する評価

　【第2章】で述べたとおり、金利TPの適用により、「ALM（長短ミスマッチ）収益」が管理会計勘定として設営されます。預貸率の低下により、国債運用の大幅増加が金融機関収益の底支えをしていることに関し、すべての経

営者が認識していることでしょう。この勘定が設営されることで、金利リスクをとることにより、現在いくらの期間損益を稼いでいるかが一目瞭然となります。

　第６章にて、地銀業態をモデル事例として、スプレッドバンキングを行い、その収益構造分析を行いますが、平均的な地方銀行（預貸率73％）の「ALM（長短ミスマッチ）収益」は"経費差引前"で全体収益の"20％"を占めるに至っています。そして"経費差引後"の収益ですが、ALMセクション経費が全経費の５％であると想定すると、経費差引後の全体収益の、なんと"50％"を形成するに至っています。

　全経費の５％ということは、職員の20人に１人がALMセクションであることを意味します。なお、預貸金取引の勘定系や情報系システム経費等をふまえれば、ALMセクションの経費割合はもっと小さいものかもしれません。仮にALMセクションの経費割合が10％とさらに大きくしても、経費差引き後の収益貢献シェアは"40％"、経費割合15％でも"30％"となり、ALMセクションの１人当りの利益額はきわめて大きいことが想像されます。

　スプレッドバンキングの実行により、明らかとなる金利リスク見合いの収益。もはや"収益の重要な柱"となっている「ALM（長短ミスマッチ）収益」をいかに守り維持できるのか。金利が【ゼロ金利】にて"硬直"していたからこそ、薄鞘ながら計上できているALM長短ミスマッチ・スプレッドをいかに、金利胎動を伴うこれからの「新局面」において、安定維持できるのか？　そのためのALMセクションの陣容は、人員面でもシステム面でもはたして十分なものなのでしょうか？

　規制金利があたかも発動されていたかのような金利環境であったからこそ実現しえた安定的なALM部門収益、これを今後どう守り発展させていくかの戦略的な経費運営、資源投入計画の内実が問われていると考えます。

⑵ 「流動性預金」に対する経費評価

　銀行・地域金融機関の経費のなかで、大きな負担となっているのが預金の勘定系システムです。特に普通預金・当座預金等の決済口座のシステム障害費用は質的にも量的にも甚大で、そのため二重三重のシステム安全化策がなされています。結果、多大なシステム運営コストが生じており、現在の【ゼロ金利】における"ゼロスプレッド"と預金保険コストを勘案すると「預金スプレッド収益」は経費差引き後で"大赤字"の状況にあるのが現状です。
　ところで、そもそも"決済口座"である「流動性預金」を"単体"で収益評価すべきものなのでしょうか？
　もちろん、流動性預金の資金属性に応じた適正な収益性評価は欠かせません。しかし、その数値のみで評価されるべきでしょうか？　間接金融機関の貸出業務は、決済口座があるから成り立っており、さもなくばノンバンクと同じ競争力となってしまいます。各種入出金、自動引落し、振込み・被振込み、手形決済等の決済機能があるからこそ、貸出取引を組成できるはずです。これは定期預金や投資信託商品の販売においても同様であり、"預り資産"が組成できるのは、やはり決済口座の存在が必須のものと考えます。
　そう考えると、普通預金・当座預金等の流動性預金の経費分あるいは純損益分を、「与信業務（貸金・保証等）」「預り資産業務（定期預金・投信等）」「手数料業務」にて費用負担されるべきもので、流動性預金はそれら業務の"共通プラットフォーム"として位置づけられるべきものではないか、という考え方もあると思います。
　そう考えるには理由があります。
　第6章で詳細に考察をしていきますが、全国銀行勘定において、この15年間で流動性預金は200兆円も増加し、その拡大分にて有価証券運用を160兆円積み増して、ALM長短ミスマッチ収益を稼ぎ出す構図となっています。
　流動性預金を元手とした長期固定運用のALM収益構造です。

図表4-6　流動性預金の金額階層別内訳（全国銀行ベース）

【2014年3月末】　　　　　　　　　　　　　　　　　　　　　　（末残ベース：億円）

	流動性預金残高	一般法人	個人	公金
300万未満	683,047	36,375	646,121	376
1,000万未満	816,654	62,633	753,018	518
1億未満	1,008,596	287,378	713,729	3,285
3億未満	254,984	194,461	50,275	5,292
10億未満	244,995	203,921	18,872	13,919
10億以上	764,016	560,585	13,325	127,331
合計	3,772,326	1,345,364	2,195,349	150,728

（資料）　筆者が日本銀行統計等を用いて作成。

　そして問題なのが、図表4-6が示すとおり、流動性預金の金額階層は大変いびつなものとなっていることです。まさに"待機資金"であり、少なくみても100兆円は今後の「新局面」において"流動化"することが必至と想定されます。残高割りで経費配賦すると、現在の流動性預金スプレッドは"▲0.454％"であり、大赤字となっています。しかし、この"キャッシュ資金"があるからこそ、国債の積増しが可能であり、いまや収益の屋台骨となったALM部門収益を形成する"礎石"として機能しています。"経費を差し引くと預金は大赤字"だから大事ではないという風潮、"預金は勝手に集まってくる"という慢心がとても気になります。

　流動性預金に対する経営思念を研ぎ澄まし、「新局面」を想定しながら、いかに効率的に残高を維持していくか？　むしろ新たな経費や資源を投入し、付帯機能や商品性を高めれば、大幅な預金増の達成、"100兆円待機資金"の取合いの勝者となれるのではないか、という拡張的な経費戦略の樹立が求められているのではないでしょうか？

　そして、流動性預金は決して経費差引き後収益において厄介者ではありま

せん。現在の赤字採算は【ゼロ金利】という"異常事態"において生じているものであり、市場金利が1％を超えれば、流動性預金の収益スプレッドは劇的に改善し、貸金にも引けをとらない収益性となるのです。第6章のケーススタディで詳述していきます。

(3)「店舗運営経費」と「ネットバンキング経費」の経営評価

　金利上昇の"号砲"により、ネットバンキング業者との厳しい金利競争が迫っています。さらなる異業種からの銀行業参入も増加することが想定されます。彼らの"身軽さ"は脅威であるとともに、お客様から支持を受けるこれからの間接金融機関の"性能"がそこには結晶していると考えます。

　金利イールドカーブの上昇を受けて、どこまで金利競争に付き合い、対抗できるのか？　その"限界点"はまさに経費運営が決定するものです。お客様にとって、「金融機関に対する選別が経済的に意味あると認識される"ある金利水準"」に到達した段階において突然、激しい選別活動が開始されるでしょう。

　現在の【ゼロ金利】の環境においては、預金者にとって、"考えること自体が無駄"であり、金融機関選択に対する"意思決定の中断"がなされている状態にあります。1,000万円以上の流動性預金が220兆円も存在することはその証左でしょう。

　金利が胎動し、イールド形状の変更を伴う金利上昇過程においては、さまざまな預入期間で、ゲリラ的高レートによるネットバンキング業者の積極的な販売活動が生起するものと想像します。そして、携帯電話をめぐる激しい価格競争、複雑な割引プランをも理解し経験した消費者の抜本的な合理的選別行動がそれに大きく呼応するものと想定します。

　さらにこれから3年後を考えると、もはやATMコーナーにも行かない、携帯電話を電子財布がわりにして小口決済を行い、振込み・被振込みも携帯電話ですます時代が到来するでしょう。現にJRにしろ、私鉄、バス、タク

シーにしろ、ほぼすべての交通手段はキャッシュを必要としません。これはコンビニ、スーパーでもそうです。もはやランチの飲食店ぐらいしかキャッシュを必要としません。このランチ飲食店もさまざまなポイント制度のどこかの商流に近々組み込まれるものと想定され、そもそもそのような小口売上業者用に各種電子マネー決済が携帯電話でできる時代がすでに到来しています。

　一般個人顧客にとって、電子マネーの普及により、もはや現金をいっさい使用しない生活──これは銀行・地域金融機関経営にとって何を意味するのでしょうか？

　答えは至極明解です。利回りと提携サービス、提携ポイントのよいネットバンクに振込みを1回行い、根こそぎメイン口座を変更するという個人顧客行動が急増するということです。いったん振り込んだマネーはもはやキャッシュ化する必要がなく、とても便利な消費決済をネット上で実行し、加えて有利なポイントを得る。そしてそれをマネー化する。定期預金もカード借入れももはやATMコーナーでも行わず、携帯電話で実行する──。

　そのような未来はすぐそこにあり、その際の最大のライバルは"実店舗をもたない"バーチャルバンクです。そして大きな打撃は地方・地域金融機関に及ぶものと考えます。なぜなら、現状の身近でリアルな店舗の経済価値だけでは、商流や物流を握るネットバンクやメガバンクらの提示する特別金利やポイントサービスに打ち勝つだけの魅力が十分ではない可能性があるからです。

　そこで、まず考えなければならないのが「店舗運営経費」と「ネットバンキング経費」に対する経営評価です。現在の店舗は実際、"だれ"のためなのか？　そのお客様は店舗経費を勘案するといかなる収益性を呈しているのか？　一方、「ネットバンキング」に対する利便性や機能は十分なものなのか？　費用投入はむしろ過小で、「ネットバンキング」に対しては〔コスト⇒リターン〕の拡張フロンティアが存在するのではないか？　ネットバンキングの使いやすさやセキュリティ対策は十分な水準であるのか？

これからの「新局面」においては、金融機関選択・商品選択の中断が解除され、「ネットバンキング顧客」が急増し、他行・他機関、そしてネットバンク業者との激しい競争の中心地となることが予想されます。ネットバンキングでの競争優位をいかに築くかの積極的な経費戦略が必要な時期が到来しています。

　実店舗とバーチャル店舗における【費用効率】と【拡張フロンティアの可能性】に関して、経営戦略の観点から、方策を取りまとめなければならない時期が到来していると考えます。

(4) "原価"として機能する経費管理

　経費管理が経営として実装される最も重要なメカニズムは、〔原価表〕の形成であることに議論の余地はないでしょう。製造業、建設業、サービス業、小売業、飲食業、すべての私企業は原価管理が経費管理の中軸であり、それが機能しえないものは倒産・退出を余儀なくされます。〔原価表〕がなければ、儲かっているかどうかがわからず、また競争相手とどこまで価格競争するか、できるかがまったく不明となり、企業経営の体を成さないものとなってしまいます。そして競争に勝ち抜くために、現在の原価表のさらなる引下げを調達先の変更等を通して不断に実行していきます。

　この〔原価表〕の形成において、銀行・地域金融機関は他産業対比で大きく劣後しているのが現状です。"ストックビジネス"の環境のよさと【ゼロ金利】による顧客の選別活動の中断が相乗し、粗利益ベースの収益管理が、いまだに銀行・地域金融機関の基本経営スタンスとなっています。しかしながら、これから突入する「新局面」において、市場金利が上昇し、預金金利が0.5％を超える頃合いから、激しい選別が開始されると想定されます。いままでの【ストックビジネス】×【顧客の選別中断】という環境が逆回転を開始するのです。

　そこでは何が競争上の優位を形成するのか？

それはもちろん価格である【金利水準】や【手数料水準】です。
　どこまで競争優位なプライシングを提示できるかにかかっています。そのためには"確固たる原価表"が必要です。【各金額階層】×【各期間】の定期預金、商業貸付、個人ローンに対する〔原価表〕が必要です。原価割れしないように、どこまで戦略的なプライシングとするかの柔軟機動的なマーケティングが勝敗のカギを握ります。
　〔原価表〕として具体的に機能する経費管理の組立てが、とても急がれる"総点検"経費管理のポイントです。

第 II 部
【実践編】

第5章

"詳細設計"「収益リスク管理会計制度」
―ベスト・フィット・スプレッドバンキング―

第 1 節

「収益リスク管理会計制度」の
基本機能と設計コンポーネント

(1) 管理会計搭載の基本機能

　【第Ⅰ部】にて、解説した各種〔収益⇔リスク〕の管理方法を経営制度として体現させる最も効果的な方法は、それらを総合的に内蔵駆動するよう、『管理会計』に仕立てることにほかありません。行内移転価格制度(トランスファー・プライシング：TP)は、『各種預貸金等に内在するさまざまなリスクとそのリスク見合いの収益を"金融因数分解"のうえ、関係づけ、各部門・各部署の管理対象の【収益&リスク】として定義し、責任移転する収益リスク管理会計』です。いわば、"経営管理・評価ルールの体現"にほかありません。

　このルールが合目的にきちんと定義されれば、預貸金取引の強化も、ALMの高度化も、自然発露的にかつ草の根的に生じてくる環境が整います。そこで実務において重要となるのが、"いかに経営にベスト・フィットするようTP手法の適用体系を形成するか"という【詳細設計】の方法です。

　各行・各地域金融機関を取り巻く環境、そして重要戦略は当然相違します。そして、その相違が"多様性"となって、国民経済への柔軟でしなやかなサポートインフラとなるのです。したがって、スプレッドバンキングの様相は各行・各地域金融機関において相違するものであり、むしろ相違すべきものです。単一単様ではないスプレッドバンキングが、日本金融の力強さと成熟さを示すものなのです。

"ベスト・フィット"させること、スプレッドバンキングは、決して市場主義の機械的適用ではなく、むしろ真逆なものです。金融自由化により、"市場が間接金融の経営に影響を与える"ことを経営環境として認識し、それらの悪い影響をなるべくうまく回避し、ヘッジ取引など利用できるところは積極的に利用する、柔軟でしたたかな科学経営の方法が『スプレッドバンキング』なのです。

本章では、【詳細設計】により形成される一連一群の経営制度を、『収益リスク管理会計制度』と呼び、その設計方法を具体的に論述し、【第Ⅰ部】で解説した以下の5つの機能を会計制度のなかに組み上げていきます。

第一の機能は、『長短（期間）ミスマッチ金利リスク』の消化機能です。取り組む預貸金のさまざまな期間特性により、必然として発生する長短等の運調期間のミスマッチ。そこから生じる"金利リスク"を消化する機能を組み上げていきます。

第二の機能は、『ベーシス金利リスク』の消化機能です。銀行・地域金融機関が間接金融を"生業"としていることから得ている短プラなどの"交渉上の基準金利"と、市場金利の動向不一致によって発生する金利リスクを消化する機能を組み上げていきます。これにより、短プラ等の"基準金利プライシング"の合理的な運営スキームを科学経営として樹立できます。

第三の機能は、『能動プライシング・リスク』の消化機能です。営業戦略上あるいは営業基盤の防衛上、能動実行される"インセンティブ運営"における経営リスクを消化する機能を組み上げていきます。異常から普通への過渡期に"能動経営"を可能とする会計基盤を組み上げていきます。

第四の機能は、『信用リスク』の消化機能です。各種貸金に内在している信用リスクに対し、"貸出プライシング"にてリスク消化するよう、「信用コスト」の勘定を貸金明細ごとに組み込んでいきます。もって、"信用原価"の基盤を形成します。

第五の機能は、『経費管理』の機能です。ますます激化する預貸プライシング競争。合理的な経営を維持し、効果的な対抗プライシングを実行するためにも、"原価"として機能する経費管理が必要不可欠です。プライシングの"原価基準"として管理会計が機能するよう組み上げていきます。

　さて、『管理会計』にて搭載を検討すべきリスクに、"オペレーショナル・リスク"（以下「オペリスク」）があります。金融機関三大リスクのうち、このリスクだけは、能動管理することで純粋にリターンを得ることができます。オペリスクは純粋な損失事象であることから、改善活動と結びつけることで、リターンに影響することなく、リスクを減らすことが可能だからです。そこで重要となるのが、その"可視化"です。
　【内部損失データ】×【外部損失データ】⇒【リスクシナリオの網羅生成】⇒【オペリスク計量化と削減策の案出】⇒【オペリスク削減の予算計数策定】⇒【PDCAサイクル】が形成されるよう、「オペリスク管理会計」を樹立することが重要です。
　ただし、それは預貸金明細にTP手法を適用するものではなく、"潜在事象"を想定のうえ、その将来損失を統御するものです。現時点の損益管理を中心に財務会計との整合性を維持しながら構築される本書の『管理会計』とは別次元のもので、「オペリスク管理会計」として独立形成されるべきものです。したがって、本書の設計対象とはしていません[20]。

　『管理会計』への搭載検討機能として、"リスクアペタイト"があります。金融機関は自己資本を各種リスク顕在時のバッファーとして経営運行をしています。自己資本比率規制により、その重要性に関して付言の必要はないでしょう。"リスクアペタイト"は自己資本比率規制とはコンセプトが相違するものです。自己資本比率規制は、道路運行における"制限速度"であった

20　オペリスクに関しては、前掲・大久保［監修］／瀧本＝稲葉［著］『【実践】オペレーショナル・リスク管理』をご参照ください。

図表5-1 「収益リスク管理会計」搭載の基本機能

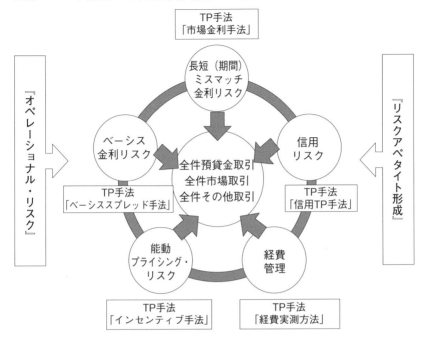

り、"レッドゾーン"に当たるもので、ルール内でなければ参加してはいけない、というものです。一方、このリスクアペタイトは、レッドゾーンにならない通常範囲で、いかなる経営方針をもって運行するかを表すものです。高速道路にて時速80kmあるいは100kmで運行するか、そもそも高速道路ではなく国道やどの地域に車を走らせたいのか、といった経営方針が、リスクアペタイトです。包括的で全社にわたるリスクテイクに対する姿勢、保有したい、避けたい、維持したい、除きたいと思うリスクに対する運営方針です。このような特質から、『管理会計』にて本質的な機能担保を実現できるものではないと考え、本書では詳細設計の対象スコープとはしません（以上、「収益リスク管理会計」搭載の基本機能については図表5-1参照）。

(2) 設計コンポーネント

『収益リスク管理会計制度』の実効設計において重要なことは、設計に必要な"設計コンポーネント"をしっかりと理解し、詳細設計に着手する前に、各コンポーネントの作成を事前にすませることです。そしてその内実を頑健なものとするため文書化等の"規程化"を行うことです。

　第一の「設計コンポーネント」は、収益帰属（管理）先の部門・部署のリスティングです。本書では『収益帰属ユニット』と呼称します。

　第二の「設計コンポーネント」は、法人・個人・個社などの顧客属性のリスティングです。本書では『顧客ユニット』と呼称します。

　第三の「設計コンポーネント」は、管理会計における商品科目のリスティングです。本書では『管理商品ユニット』と呼称します。

　第四の「設計コンポーネント」は、各種TP手法の具体的な移転価格となる各種ベースレートのリスティングとその運用規定です。本書では『TPレート運用規定』と呼称します。この規定のなかには、「ベーススプレッド手法」における各商品別のαスプレッドや、「インセンティブ手法」における各種インセンティブあるいはディスインセンティブの設定内容や発動条件も含まれます。

　第五の「設計コンポーネント」は、当然ながら各種TP手法の定義です。本書では『TP手法定義規定』と呼称し、このコンポーネントに関しては、【第Ⅰ部】で詳述しましたので、本章では再述しません。

　これら「設計コンポーネント」に関し、設計フェーズの途上で、その内実が揺らがないよう、入念な事前準備が詳細設計成否の最も重要な要件となります（図表5－2参照）。これら「設計コンポーネント」がしっかりとしていれば、後は自行・自機関の経営環境や競争戦略に照らして、具体的に実務設

計すればよいのです。また、「設計コンポーネント」のリスティングやその内容が頑健であれば、その後の経営環境の変化、新戦略の立案に即し、柔軟・機敏に「収益リスク管理会計制度」を更改することができます。

以下、順次、これらの「設計コンポーネント」に関して考察を深めます。

図表5－2　ベスト・フィットに必要な「設計コンポーネント」の事前準備

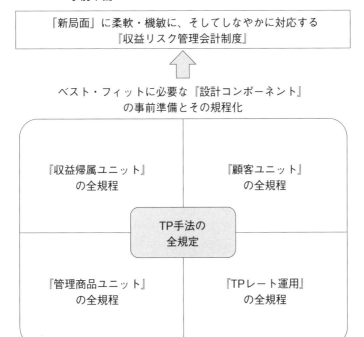

第 2 節

「収益帰属ユニット」の全規程

(1) 「営業部門」および「本部間接部門」の収益帰属ユニット

　『収益リスク管理会計制度』とは、預貸金取引の全件、市場取引の全件、その他取引の全件に対し、内在するさまざまなリスクとそのリスク見合いの収益を"金融因数分解"のうえ、関係づけ、各部門・各部署の管理対象の【収益＆リスク】として定義し、責任移転するものです。したがって、その"責任移転先"となる「収益帰属ユニット」の事前設計は、初めの第一歩であるとともに、その設計次第で管理会計制度の実効性が大きく左右されることになります。

　当然ながら、「営業店別」は「収益帰属ユニット」の基礎基盤となります。また各営業店において、〔住所コード〕や〔担当コード〕により、管理顧客の区分けがされているのも一般的です。よって、「営業店内担当セクション別」「営業店内担当者別」という収益帰属ユニットも一般的であり、収益帰属ユニットの中軸を担うものとなります。また営業店の数カ店を統括するエリア本部というのが組織設置されているのも一般的です。「エリア営業別」も重要な収益帰属ユニットとなります。

　「新局面」を想定するとフォーカスすべきユニットがあります。それは、「無店舗ユニット」と「店舗外ATMユニット」です。ネットバンキングを運営する営業部門が「無店舗ユニット」の代表でしょう。また、店舗外ATMを営業企画する部署が「店舗外ATMユニット」です。コンビニバンキングの伸張をみるに、今後、いっそう店舗外ATMチャネルは重要となる

ものと予期されます。今後の「新局面」において、営業チャネルの中心となる営業セクションをきちんと事前に組織定義し、収益勘定をもたせ責任経営させる経営の枠組みづくりはとても重要です。さもなければ、練熟したコストとサービス意識をもつ異業種との融合競争において、後れをとるのは必定でしょう。

一方、本部の営業関係の収益帰属ユニットとしては、「営業統括セクション」が存在します。銀行・地域金融機関においては、さらに「個人営業統括セクション」「中小企業統括セクション」「中堅企業統括セクション」「大企業統括セクション」「公的部門統括セクション」「金融法人統括セクション」などの顧客セグメント別に組成されているのも一般的です。これらの帰属先へのTPを実行するためには預貸金取引に関して顧客セグメントのフラグ建てが必要となります。それは次項で述べます。

本部の営業セクションにおいては、直接には管理顧客基盤をもたない部署も存在します。代表的なものに、「個人商品開発セクション」「法人商品開発セクション」「個人営業支援セクション」「法人営業支援セクション」などです。これらのセクションのすべてあるいは一部に対して収益帰属ユニットとして定義するケースも経営方法としてありえます。"商品企画"を担っているのであれば、"売れる商品"を考案すべきで、その"販売実績"にて当該セクションを評価するのは、異業種の競争企業においてはまったくもって普通のことです。また相続対策やM&A等の"営業支援"を担う本部セクションにおいても、"営業支援による販売貢献実績"が重要です。成果のない支援サービスは、営業上意味がないからです。直接の管理顧客のない本部セクションにおいても、収益貢献に関する計数評価は重要なものです。

収益帰属ユニットは、"責任移転先"として設定されるのがその本旨ですが、それ以外の用途でも活用されます。それは【第4章】で述べた経費配賦手法におけるコストセンターとしての"経費活動ユニット"です。したがって、前述の商品開発・営業支援セクションのみならず、「事務統括セクション」「事務集中セクション」「システム運営セクション」「財務経理セクショ

ン」「総務セクション」「リスク統括セクション」「人事セクション」「法務関連セクション」「監査セクション」「経営企画セクション」など、すべての本部セクションが収益帰属ユニットの設定対象となります。

(2) 「ALM部門」の収益帰属ユニット

　一方、次章のケーススタディで確認していきますが、"ALMセクション"もすでに重要な収益部門です。長短金利ミスマッチのリスクテイクにより、地方銀行・地域金融機関においては、経常利益の20〜40％を稼ぎ出していると想定されます。しかしながら、スプレッドバンキングの未実施あるいは運用劣化により、単なる財務会計上の"内数"となっており、そのプロフィットセンターとしての重要性認識が乏しいのが現状です。国債の大幅買増しによる長短ミスマッチ利益の増大は感じていますが、それを実数として"経営認識"できていないのが問題なのです。

　"ALMセクション"と、" "つきで表記したのは、いまだ地方銀行・地域金融機関においては、【収益責任があるALM部門は組織として存在しない】ことを強調する意味で「　」書では表記しませんでした。「資金証券セクション」という単体組織での存在は、規制行政時代の遺物です。「経営企画セクション」が設定する"本支店レート"にて収益管理をするアセットマネジメントにすぎない場合がほとんどです。運用は市場取引という完全自由市場で、調達は「経営企画セクション」が設定する"恣意的な〔本支店レート〕"であるので、合理的なALM運営が論理的にも実務的にも不可能です。

　本来の『ALMセクション』は、TPにより体現された預金調達期間構造とその持ち値、そして貸金運用期間構造とその持ち値を総合斟酌し、〔アセット⇔ライアビリティ〕が【全体最適】となるようにALM運営するのが組織ミッションです。さもなければ、これからの「新局面」における金利上昇局面において、もはや大黒柱となった『長短ミスマッチ収益』を今後も維持できる保証はどこにもないのです。すでに預貸金利は"完全自由化"して

おり、日本は今後、自由化後初めての本格的な金利胎動期を迎えるのです。現在の地方銀行・地域金融機関においては、ALM部門の組織体制が十分に整備されていない場合も散見されるので、「収益帰属ユニット」としては、その機能性を表現するユニット名で本書は定義します。

　まずは、長短（期間）ミスマッチ・リスクを収益責任として履行する「ALM（長短リスク）セクション」です。メガバンクにおいては、この長短セクションをさらに細分化する事例もみられます。たとえば、中期から長期の預貸金や市場取引を責任所管する「ALM（長中リスク）セクション」と、１年内の短期の預貸金ポジション等を責任所管する「ALM（短リスク）セクション」に構造建てします。

　前者はより長期的な視野で金利ミスマッチ収益の安定計上を目指します。現行組織の資金証券セクションと総合企画ALMセクションの合体したイメージで、【ALM収益責任】がある点、現行組織とは大きくミッションが異なります。一方、後者の「ALM（短リスク）セクション」は短期トレーディングの性向となることから、短期売買による利益計上を目指すセクションと融合した組織づくりが有効です。金利イールドが１年以内でも立ってくれば、そこには金融のプロとしての利益機会が発生します。

　期間ミスマッチという"骨格構造的な金利リスク"のほかに、"ベーシス金利リスク"が間接金融という業務特性から発生します。短プラ等の"交渉基準金利"が市場金利に準拠するも、完全に連動しないことから発生する金利リスクです。しかし、このリスクは、リスクというよりは、間接金融機関だからこそもちうる"特別な消化酵素"でもあり、以下の効用を発揮しています。

　まず"短プラ"ですが、金利の完全自由化を受け、1980年代の銀行経営者が金利リスク免疫化のため、新たな"基準金利"として創設しました。従来の公定歩合から短期市場金利連動へと自主決定するもので、短期貸金のみな

らず旧興長銀設定の長プラ長期貸金も"短プラ"連動に変更する基準金利運営の大改革でした。四半世紀前に"発明"されたこの"短プラ"により、銀行・地域金融機関の金利リスクは、あたかも"自動安定化装置"が駆動するように免疫化されています。

　しかし、この機能発揮はこれからの「新局面」にて担保されるものとは限りません。なぜなら、そのプライスメーカーであるメガバンクと現在の地方銀行・地域金融機関では資産・負債構造が大きく相違するからです。地方銀行・地域金融機関がプライステーカーとして行動することで、金利リスクの安定消化を達成するかは、今後なんら保証されていないのです。したがって、『短プラベーシスリスク見合いの収益』を"収益勘定"として責任運営する収益帰属ユニットの組織設置がとても重要となります。市場金利の上昇に対し、短プラをいくら引き上げなければならないかを、その収益勘定から逆算する自主合理的なALMを実行しうるALMユニットを組成しなければなりません。本書では、そのユニットを「ALM（短プラベーシスリスク）セクション」と定義します。

　"特別な消化酵素"のもう１つの代表が「流動性預金」です。

　市場金利との連動率がきわめて低く、結果固定金利調達と同様のALM資金特性を示すことから、国債等の固定金利運用の安定見合い調達として長年有効に機能しています。さらにこの15年間に＋200兆円の大幅な残高増加を示し、見合い国債運用の大幅積増しを可能とし、貸金低スプレッド化による収益力劣化を埋め合わせています。

　しかし、今後の金利胎動によって、流動性預金が"大流動化"するリスクが存在します。流動性預金という"砂上"に国債という"楼閣"を建築し、収益力を維持しているALM構造が大変革を余儀なくされるリスクがあるのです。①定期預金へのシフト、②株式等リスク商品へのシフト、③競合他行商品へのシフト、④メガバンクやネットバンク業者等の広域無店舗業態へのシフト、といった大規模な資金移動が起こる可能性があります。

この状況はそれぞれの金融機関の顧客特性や競争環境によって相違するでしょう。したがって、『流動性預金に関するベーシスリスク見合いの収益』に関して考察と理解を深め、その運営に責任をもつ部署が必要となります。本書では、それを「ALM（流動性ベーシスリスク）セクション」と定義します。

　「ALM（短プラベーシスリスク）セクション」にしても、「ALM（流動性ベーシスリスク）セクション」においても、経営全体の視点と高度な意思決定が必要となる部署です。したがって、「経営企画セクション」の色彩が強い部署に設置することが有効と考えます。

　一方、「ALM（長短リスク）セクション」は、「資金証券セクション」などの市場部門を強化・改組して行うべきだと考えます。なぜなら、もはや長短ミスマッチ収益は銀行・地域金融機関の大黒柱となっており、金利上昇局面において、いかにそれを安定維持するかがとても重要な経営事項だからです。市場のプロに、"片翼"のアセットマネジメントから脱却させ、アセット＆ライアビリティを総合管理させ、【TierⅡ収益】[21]を守る経営を実現するために、有効かつ明確な組織対応が必要なのです。

(3) 「審査部門」の収益帰属ユニット

　銀行・地域金融機関の主力業務である融資業務で重要な役割を果たす本部部門として、審査部門は外せません。信用格付制度や融資ポートフォリオを管理する「融資企画セクション」、そして実際に本部宛申請案件の審査を行う「法人審査セクション」「個人ローン審査セクション」があります。これ

21　本書においては、スプレッドバンキングによって管理会計捕捉される〔預貸金スプレッド収益〕等の営業部門収益を【TierⅠ収益】、〔長短ミスマッチおよびベーシスリスク見合いのALM収益〕を【TierⅡ収益】、自己資本勘定や動産不動産勘定のように〔プロフィットセンターでの損益計上が不適な収益〕を【TierⅢ収益】と呼称します。その切り口にて、次の第6章にて地銀業態の1999年⇒2013年の収益構造変容分析を行います。

らの部署は、経費配賦におけるコストセンターとしての"経費活動ユニット"として定義づけされます。営業店別、商品別、顧客属性別、個社別などの経費配賦の経費リソースユニットとして設定されます（図表5-3参照）。

図表5-3　「収益帰属ユニット」の構造リスティング

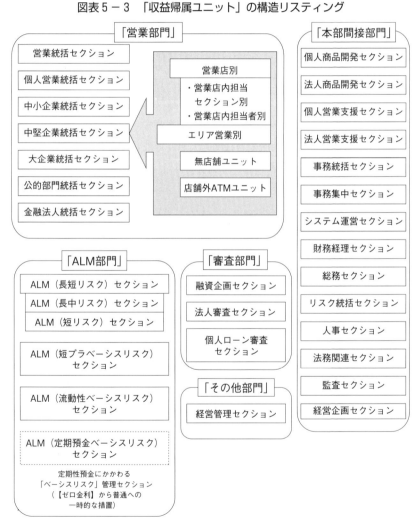

一方で、これら審査セクションを、経費活動ユニットのみではなく、"収益勘定"をもつ収益帰属ユニットとして、スプレッドバンキング上の設計をなすことも経営として有効です。【第3章】で詳しくみてきたとおり、『信用TP』は、銀行・地域金融機関において最も効果的な信用リスクの消化方法として機能します。

　この信用TP＝"信用原価"は、貸金先の"想定デフォルト率【PD】"×"デフォルト時損失率【LGD】"により算定される信用コストを『信用コストスプレッド』としてスプレッド認識するものです。いわば保険業界における保険料率表です。この料率表が貸金先のデフォルト実相を的確に表現していれば、信用リスクはその（【PD】×【LGD】）マトリックスのスプレッドを確保していれば安定的にリスク消化されることになります。したがって、このマトリックスの数理算定は銀行・地域金融機関の重要な経営行為であり、きちんとしたPDCAサイクルを機能させる必要があります。

　実際の与信ポートフォリオに、この原価表を適用し"保険料収入"を会計認定し、"実際の信用コスト"と対比し、内容精査ができるよう、『信用コスト見合いの収益勘定』の設置が必要です。営業現場に対しては、信用コストを可視化できるよう『信用コストスプレッド』部分を明示するとともに、審査セクションにおいては、"信用原価表"の的確性を責任管理するダブルカウントの管理会計が有効と考えます。

　この『信用コスト見合いの収益』の運営評価に関しては、一段の配慮が必要であることを【第3章】で述べました。そもそも収支が構造的に不一致となるこの収益勘定を、通常のプロフィットセンターと同様のスタンスで業績評価すると、審査セクションは保守的に"保険料率表"を算定することになり、結果、「貸出ガイドライン金利」の形骸化と金利競争力の劣化を招来することになります。

　ところで、銀行・地域金融機関の貸借・損益勘定においては、現場営業部門や本部業務部門での管理が適切ではない、そもそも管理できないものがあ

ります。たとえば、自己資本勘定であったり、各種の経過勘定等があったりします。また、現場営業や本部業務部門では取扱いが不向きな社会福祉としての銀行行為や特別な優遇措置などもあります。震災時の寄付金やまた一般寄付金の手数料免除など、さまざまなケースがあります。そのようなコストや利益に対しても、勘定としてしっかりと把握して管理する必要があります。本書では、そのような収益帰属ユニットを「経営管理セクション」として定義します。

第 3 節

「顧客ユニット」の全規程

　法人顧客においては、「個社別ユニット」がもちろん基本となります。

　その個社別ユニットを積み上げ序列化し、収益貢献の上位100社、300社、500社等の「上得意個社ユニット」の組成も有効です。〔20⇔80の法則〕に象徴されるとおり、大口取引先が収益の主軸を形成することは、大小の金融機関を問わず一般的な事実だからです。それらコア企業群の収益貢献動向をモニターすることが、収益基盤を防衛する最も基本的かつ重要な経営手法となります。

　大口顧客の掌握がすめば、次は分厚い中間法人層の顧客管理です。

　「業種別法人ユニット」「規模別法人ユニット」「信用格付別法人ユニット」、またそれらの複合マトリックスで顧客ポートフォリオをユニット化し積み上げることは有効です。また、近年は起業率が低迷する一方、廃業率が増え、顧客ポートフォリオの老齢化が進んでいる金融機関も多いのが実態です。「業歴別法人ユニット」の組成も有効でしょう。

　顧客企業がいかに地場経済に経済連関しているか、他方、都市経済圏、アジア経済圏とどのような産業連関を呈しているかの切り口である「経済連関別顧客ユニット」の形成は、これからとても重要なものとなるでしょう。

　この点に関しては、最終章の「イノベーションシップ・バンキング」にて論述しますが、もはや物理的な地域での取引拡大が構造限界である現状において、経済連関という"商流構造"を分析することにより、都市およびアジア経済圏と強度連結しているあるいは連結を拡大している企業を、彼らの決済口座の動向から【動態モニタリング】にてあぶり出し、顧客セグメント化することがとても大事であると考えます。"地縁"ではない"商縁"を掘り

起こすことにより、地域という物理的な空間を超え、自行・自機関の顧客ポートフォリオは一気に若返り、活力も増すことでしょう。地元企業の"商縁"を拡大させる顧客戦略は、東京支店や都市圏支店網の新たな活動地平を切り拓くものとなるでしょう。

　個人顧客においては、「個人別ユニット」はさすがに基本となりません。あまりに管理スパンが大きく管理不能であるからです。そこで個人顧客に対しては、具体的にいかなる顧客層がいかに収益貢献しているか、その動向はいかなるものかを感知するよう、効きのよいセグメントに分ける「顧客ユニット」の形成が必要です。「年齢層別個人ユニット」「男女別ユニット」「職種別個人ユニット」「勤務形態別個人ユニット」やそれらのマトリックスにて、「個人顧客ユニット」の構造リスティングをするのが基本です。
　また法人と同様、【動態モニタリング】の手法は有用です。口座決済のメイン化先であれば、給与振込みを獲得しており、そこから「想定年収階層別ユニット」を形成できます。そして何よりも重要な「無店舗個人ユニット」をあぶり出せます。口座決済動向において、主たる取引がATMあるいはネットバンキングでなされているITリテラシーの高い顧客を抽出し、新たなユニットとしてくくり上げることができるのです。そして、この情報が経費配賦のリソース・ドライバーへと情報連携され、有人店舗の顧客価値と整合的に比較衡量することができるようになるのです。

　以上の「顧客ユニット」の探索とそのリスティングは新たな「収益帰属ユニット」の組織形成も可能とします（図表5－4参照）。従来の支店立地ベースでの顧客マネジメント（これは当然ながら基本ですが）から、「顧客ユニット」を軸とした営業推進セクションを立ち上げることが可能となります。
　たとえば「無店舗個人ユニット」に特化した営業推進ユニットを戦略形成したり、「業歴の浅い法人」「都市圏との経済連結が伸張している法人」「特定ミドル（特定格付×業種×規模）法人」「20代個人」「30代世帯主」「50代社

図表5-4 「顧客ユニット」の構造リスティング

法人部門全体	大中小		大中小
		不動産業	大中小
コンシューマ電気製造業	大中小	ソフトウェアサービス業	大中小
自動車・関連製造業	大中小	ゲームソフトウェア業	大中小
重工業	大中小	医療福祉業	大中小
化学産業	大中小	農林・関連業	大中小
資源エネルギー・関連業	大中小	漁業・関連業	大中小
医薬品・関連製造業	大中小	旅行・関連業	大中小
卸売業	大中小	教育・関連事業	大中小
小売業	大中小	金融保険業	大中小
建設業	大中小	その他サービス業等	大中小
飲食業	大中小	公的部門	大中小

個社別ユニット
上得意個社ユニット
業種別法人ユニット
規模別法人ユニット
信用格付別法人ユニット
業歴別法人ユニット
都市圏との経済連結が伸張している法人ユニット
特定ミドル法人ユニット（特定格付×業種×規模）
業歴の浅い法人ユニット
経済連関別顧客ユニット

個人顧客ユニット
年齢層別個人ユニット
男女別ユニット
職種別個人ユニット
勤務形態別個人ユニット

想定年収階層別ユニット
無店舗個人ユニット
20代個人ユニット
30代世帯主ユニット
50代社員ユニット

・「顧客ユニット」の探索とそのリスティングは、新たな「収益帰属ユニット」の組織形成を可能とする。従来の支店立地ベースでの顧客マネジメントを補完する、「顧客ユニット」を軸とした営業推進セクションを立ち上げることが可能となる。
・強化したい顧客セグメントを自由にユニット化でき、今年はこのセグメントの深耕を行おう、という柔軟機敏な経営が実行可能となる。
・すべてのユニット・カテゴリーで形成する必要がない。
・単年度の組織運営としてアカウントが形成できる。

員」など、強化したい顧客セグメントを収益帰属先として自由にユニット化したりすることができ、今年はこのセグメントの深耕を行おう、という機敏柔軟な経営が実行可能となります。

　その新たな顧客くくりで、前年比でいかなる発展を具体的に達成しているかを"収益勘定"として確認でき、リソース投入の合理的評価が実現できます。そして、このような「マトリックス・スプレッドバンキング」は、①すべてのユニット・カテゴリーで形成する必要がないこと、②単年度の組織運営としてアカウント形成できること、を特徴とします。

第 4 節

「管理商品ユニット」の全規程

　「管理商品ユニット」は、管理会計設計において基礎基盤となる設計コンポーネントであることはいうまでもありません。なぜなら、銀行・地域金融機関において、提供する"商品"こそが事業体としての存立基盤であり、その"商品"提供を通し、預金者と借入人の"相いれない"資金ニーズをつなげ、資金循環を起こすものだからです。さまざまなリスクは当然ながら提供する商品のなかにこそ内在しています。そのリスクの消化にあたり、顧客と銀行との間で約定されるさまざまな商品の"一つひとつの性向"に即して、TP処理を行うことがスプレッドバンキング設計上の骨格となります。

　したがって、商品の特性にあわせて、管理商品のユニット化をする必要があります。商品とは約定にて販売されることから、財務会計科目が基本となります。しかしその切り口ではくくりが粗く、実際に提供している商品メニューを十分に表現できないことがほとんどです。たとえば証書貸付には、変動金利貸金と固定貸金があり、法人融資と個人ローンでは変動金利建ての証書貸付でも金利更改のタイミングやルールが相違します。一方、預金は定型化された商品形態が一般的で、財務会計の科目である大口定期、スーパー定期、普通預金等の財務会計科目で十分の場合がほとんどです。

　このように「管理商品ユニット」の設計においては、貸金において、その資金特性に特段の注意を払うことが必要で、預金や市場取引等においては財務会計の科目が基本となります。貸金においては、それだけ顧客ニーズに柔軟に対応した商品開発の歴史と実績が金融機関にあるということです。

「管理商品ユニット」の設計において、まずは着眼すべきポイントである「商品の資金特性」に関して考察を深めます。大きく分けて次の３つの視点が基本となります。

　第一に、適用される金利が"変動金利"か"固定金利"であるか、という点です。約定期間中に一定の固定金利が適用されるか、あるいは、その約定期間内に複数回の金利更改が行われるかの資金特性分けです。また住宅ローンのように〔固定／変動の選択型〕の商品もあります。固定金利特約型として当初の５年など、一定期間を固定金利とし、その後は変動金利建てにするか引き続き固定金利建てとするかの"選択"ができるローン商品です。適用金利の"選択の機会"を顧客に提供し、金利変動リスクへの嗜好や対処の幅を広げる高度化商品です。顧客に新機軸の利便性を提供することは、銀行・地域金融機関サイドにおいて新たなリスクが発生することを意味します。「管理商品ユニット」としてしっかりと区分定義してALM管理する必要があります。

　第二の資金特性は、変動金利建ての場合、その金利が"何を基準にリプライシング"されるかということです。変動貸金の場合は、ほぼすべてが『短プラ連動』です。一方、変動定期預金は６カ月物の市場金利が連動指標となります。これらの連動ルールによる区分けは、短プラ対比いくら"上乗せ"しているか、定期性預金においては店頭掲示レート対比いくら"優遇"しているかを、一本一本の明細単位で把握するためにも重要です。「新局面」における金利の胎動、異業種との競争激化において、いかなる優遇や上乗せでしのいでいるか、それがどのように変容しているかを客観・タイムリーに捕捉するためにも、連動基準金利を視点にした「管理商品ユニット」の設計はとても重要なのです。

　第三は、変動金利建ての場合の"更改サイクル"です。法人向けの証書貸付においては、次回の利払日が金利満期の場合が大宗です。したがって、１カ月あるいは３カ月のリプライシングが一般的でしょう。メガバンクや大手地銀においては、約定記載の金利満期に即し、短プラが変更されれば自動的

に更改適用され、現場営業において新たなアクションや事務手続を必要としない【自動連動型】の変動貸金が一般的です。一方、協同組織金融機関や一部の地銀・第二地銀においては、更改ルールを"非自動連動"としているケースが多く見受けられます。これは長らく続いた金利低下局面で、顧客適用金利の下げ渋りにおける対応もあったものと思慮されます。今後の「新局面」を考えると、更改ルールの"自動連動化"が重要です。顧客取引の透明性の観点からも十分に再考・点検すべきものと考えます。一方、個人ローンの主力である住宅ローンにおいては、変動金利建ての場合、6カ月ごとのリプライシングが一般的です。この商品に関しては、件数がきわめて多いこともあり、更改ルールの"自動連動化"がなされています。また前述したとおり、「固定金利特約型」においては、一定期間後に金利更改のタイミングを迎えます。更改サイクルの視点も入れた「管理商品ユニット」の設計定義は重要なのです。

なお固定金利建ての長期貸金の場合、将来のキャッシュフローが長く続くため、「元金均等」と「元利均等」では適用されるTPが大きく相違することになります。"償還ルール"による「管理商品ユニット」の設計定義も重要です。

以上の観点から、「管理商品ユニット」の設計定義をした事例が図表5－5および図表5－6です。

図表5－5 「管理商品ユニット」──"預貸金"

大分類	管理商品		連動金利	金額階層
流動性預金	当座預金 普通預金		店頭掲示レート	
	貯蓄預金		店頭掲示レート	1,000万円以上 300万〜1,000万円未満 100万〜300万円未満 30万〜100万円未満 30万未満
	通知預金		店頭掲示	
	別段預金	無利息 有利息	店頭掲示レート	
	納税準備預金		店頭掲示	
定期性預金	大口定期	一般	店頭掲示レート	10億円以上 3億〜10億円未満 1億〜3億円未満 5,000万〜1億円未満 3,000万〜5,000万円未満 1,000万〜3,000万円未満
		預託金	預託金	
	スーパー定期	一般	店頭掲示レート	300万円以上 300万円未満
		預託金	預託金	
	年金定期 福祉定期 期日指定定期		店頭掲示レート	
	変動金利定期		店頭掲示 (約定3年)	1,000万円以上 300万〜1,000万円未満 300万円未満
			店頭掲示 (約定1年)	1,000万円以上 300万〜1,000万円未満 300万円未満
	積立定期	スーパー型 期日指定型	店頭掲示レート	

大分類	管理商品			連動金利	金額階層
定期性預金	財形預金	スーパー型	一般 年金 住宅	店頭掲示レート	
		期日指定型	一般 年金 住宅	店頭掲示レート	
	定期積金			店頭掲示レート	
	401k預金			401k	
期日後定期	大口定期 スーパー定期 年金定期 福祉定期 期日指定定期 変動金利定期 積立定期 財形・定期積金 その他定期等			店頭掲示レート	

大分類	プロパー/保証協会	管理商品	固定/変動	連動金利および償還
事業性貸出	プロパー (除く未収不計上)	商業手形	固定	短プラ
		手形貸付	固定	短プラ 預金担保 スプレッド貸出
			変動	短プラ スプレッド貸出
		一般当貸		短プラ 預金担保
		専用当貸	固定	短プラ 預金担保 スプレッド貸出
			変動	短プラ スプレッド貸出

大分類	プロパー／保証協会	管理商品	固定／変動	連動金利および償還	
事業性貸出	プロパー (除く未収不計上)	証書貸付	固定	固定金利	期日一括 元金均等 元利均等
				スワップ付貸出	期日一括 元金均等 元利均等
			変動	短プラ スプレッド貸出 その他	
	保証協会付 (除く未収不計上)	手形貸付	固定	短プラ 預金担保 スプレッド貸出 預託金付制度融資	
			変動	短プラ スプレッド貸出 預託金付制度融資	
		証書貸付	固定	固定金利	期日一括 元金均等 元利均等
				スワップ付貸出	期日一括 元金均等 元利均等
				預託金付制度融資	期日一括 元金均等 元利均等
			変動	短プラ スプレッド貸出 預託金付制度融資 その他	
消費者ローン	住宅ローン (除く未収不計上)	証書貸付	固定	固定金利	期日一括 元金均等 元利均等
				固定変動選択型	3年 5年 7年 10年

大分類	プロパー／保証協会	管理商品	固定／変動	連動金利および償還	
消費者ローン		証書貸付	変動	住宅基準金利	年2回
				短プラ	年1回
	住宅ローン以外 (除く未収不計上)	当座貸越	固定	カードローン	
			変動	短プラ その他	
		普通当貸		総合口座	
		証書貸付	固定	固定金利	期日一括 元金均等 元利均等
			変動	短プラ スプレッド貸出 その他	
本部貸出	行員融資 共同債権買取機構				
未収不計上貸金					

・本部貸出のなかには、営業店あるいは現場部門において、管理が適当ではない、大口支援先等の貸出が分類されることがあるが、その際も〝収益帰属ユニット〟として「経営再建セクション」等の組織対応とし、このような本部貸出に含めないことが一般的である。

・〝未収不計上貸金〟は、もはや通常の収益評価やALMポジションとしての運営が適当ではない。ALM総合視点からの将来キャッシュフローを想定する必要がある。内訳の把握も重要となる。

図表5－6 「管理商品ユニット」──"有価証券・市場調達・その他資産・負債"
【有価証券およびその他資産】

大分類	管理商品	中区分	小区分
保有現金			
預け金	日銀預け金 郵便為替預け金 他金融機関預け金 譲渡性預け金		
コールローン 買入手形			
買入金銭債権	CP その他の買入金銭債権		
商品有価証券			
金銭の信託			
有価証券 時価会計と同様に ・売買目的 ・満期保有 ・その他 ・子会社、関連会社 　に分類する	国債		
	地方債	公募地方債 縁故地方債	
	社債	金融債	利付金融債 割引金融債
		公社公団債	政府保証債 非政府保証債
		事業債	公募債 私募債 転換社債 ワラント債
	株式	上場株式 非上場株式	
	その他の証券		
その他の資産	仮払金 その他の資産		
動産・不動産			

【市場調達およびその他負債】

大分類	管理商品	中区分
譲渡性預金	10億円以上 3億～10億円未満 1億～3億円未満 5,000万～1億円未満 3,000万～5,000万円未満 1,000万～3,000万円未満	
コールマネー 売渡手形		
借用金	日銀借入金 その他借入金 劣後ローン	
社債 転換社債		
その他負債	従業員預り金 仮受金 その他の負債	
自己資本等		

【オフバランス】

大分類	管理商品	中区分
金利スワップ （払）	個別ヘッジ	固定 変動
	マクロヘッジ	固定 変動
	経営管理ALM	固定 変動
金利スワップ （受）	個別ヘッジ	固定 変動
	マクロヘッジ	固定 変動
	経営管理ALM	固定 変動

第 5 節

「TPレート運用」の全規程

　各種TP手法の具体的な移転価格となる各種ベースレートのリスティングとその運用規定です。この規定のなかには、「ベーシススプレッド手法」における各商品別の"αスプレッド"であったり、「インセンティブ手法」における各種インセンティブあるいはディスインセンティブの設定内容や発動条件等も含まれたりします。これらTPレートにより、「収益帰属ユニット」へ"責任移転"する管理会計であることから、TPレートの運用規程化は肝心要のものです。恣意性やあいまい性が生じていると、いくら設計構造がよいものであったとしても、算出される管理会計は信頼のおけないものとなってしまいます。

　「TPレート規程」の策定手順は図表5－7のとおりです。この規程を主管する部署はもちろん「経営管理セクション」となります。策定にあたり、「各種TP手法」「収益帰属ユニット」「管理商品ユニット」「顧客ユニット」といったコンポーネントの設計を事前にすませ、総合俯瞰のうえ、実行する必要があります。

　『長短ミスマッチ・リスク』の消化TPである「市場金利手法」において採用されるTPは、通常は「ALM（長短）ベースレート」と定義されます。

　1カ月から1年以内に対して"TIBOR"もしくは"LIBOR"を、1年超

	ターム							
1カ月以内	O/N	1W	2W	3W	—	—	—	—
1年以内	1M	2M	3M	4M	5M	6M	9M	12M
1年以上	2Y	3Y	4Y	5Y	7Y	10Y	10Y超	—

図表 5 − 7 「TPレート規程」の策定手順

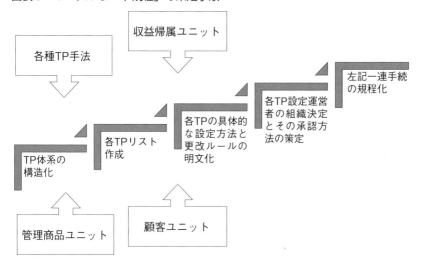

に対して"SWAP"を採用する事例が多いといえます。必要なターム金利をすべて準備することが望ましいのですが、金利入手や入力負荷を考慮し、グリッドとなる期間を決定した後、線形補完あるいは曲線補完にて算出適用することが一般的です[22]。

---

[22] かつてスワップ市場におけるジャパンプレミアムの顕在化により、TIBORとSWAPとのつなぎ目で逆イールドとなる時期がありました。こうした市場金利の"いびつ"な形状による収益評価の"ゆがみ"を回避するよう工夫が必要な場面もありました。「ALM(長短)ベースレート」は、各行・各地域金融機関が実際にマーケットにて"とれる"レートを適用することが肝要です。したがって、TIBORもしくはLIBORなどの公表レートが、いわゆる外銀・邦銀などの主要銀行における平均値であることから、ALMベースレートとして「そのまま」採用することに懐疑的であるという議論があります。公表金利にいかほどプレミアムを乗せるか、についての方法論としては、①格付を取得している場合は、取得格付に基づく市場金利を採用する、②格付を取得していない場合は、同規模で経営内容が相似している格付を取得している他行のプレミアムを採用する、③実際にマーケットに出る(資金はとらないまでもQuoting)、④流動性リスク対策として都市銀行と提携している引受レートからプレミアムを算出する等があります。なお、これらのプレミアムの設定においては、「月次」または「期次」で再考し、洗い替える運営が有用でしょう。

市場取引においては、運用・調達でオファー・ビッドがあることから、貸出などの運用商品にはオファーレートで、預金などの調達商品にはビッドレートにて運営する「ALM（長短）オファー・ベースレート」と「ALM（長短）ビッド・ベースレート」の二層構造とする場合もあります。ALMセクションが"プロフィットセンター"として"収益責任"をしっかりと担うメガバンクにおいては一般的なものと思います。収益責任を果たすためには、市場での機敏なヘッジ取引などを前提としたTPレートを設定する必要があるからです。

　一方、地銀・地域金融機関においては、これから資金証券セクションと総合企画セクションを有機合体した「ALM（長短リスク）セクション」の立上げとなるので、新組織が、すぐさま"プロフィットセンター"として"収益責任"を担うことはむずかしいのが現実です。まずは「ALM勘定」を創設し、収益管理をしていくことから始まるのでしょう。とすれば、"オファー・ビッドの二層運営"とはせず、その"ミッドレート"で単一化するのが現実的であると考えます。

　また、ALMベースレートにおいては、「ALM（長短）ベースレート」のほかに、長期固定金利貸出で償還ルールがあるものに対し別途の設定が必要です。キャッシュフローが償還によって大きく特徴づけられるからです。「ALM（固定住宅ローン元利均等）ベースレート」「ALM（固定住宅ローン元金均等）ベースレート」「ALM（固変選択住宅ローン元利均等）ベースレート」などがあります。また商業貸付においては、元金返済の"据置期間"がある固定金利貸出に対する「ALM（据置期間）ベースレート」などがあります。

　また、「市場金利手法」においては、TPレートを一日の始まりに決定し、顧客に対し一括適用する"一般型"と、超大口定期や大口市場連動貸のようなホットマネーに対し、トレジャリーセクションが市場とのリアルタイムのやりとりにて確認し、指値を出す"個別型"があります。この"個別型"では、その時点時点での市場とのクォーティングとなるので、別途TPを明細ごとに設定する「ALMマイグレートTP」となります。

『ベーシスリスク』の消化TPである「ベーシススプレッド手法」においては、上記のALMベースレートに加えて、「ALMベーシスレート」による二層構造となります。具体的には、貸金においては、「ALM（短プラ）ベーシスレート」「ALM（住宅短プラ）ベーシスレート」「ALM（カードローン）ベーシスレート」「ALM（総合口座）ベーシスレート」「ALM（未収不計上）ベーシスレート」等があります。

　短プラ連動といっても、一般商業貸付と住宅ローンやカードローンでは金利更改のタイミングが大きく相違するので、別建ての「ALMベーシスレート」が必要となります。それぞれの金利更改タイミングの【短プラ基準レート】から【短プラαスプレッド】を差し引き、それぞれの「ALMベーシスレート」を算出します。総合口座貸越は、担保となる定期預金によって対顧金利が相違することから、総合的な収益性を勘案し、αスプレッドを設定します。また未収不計上貸出は期限の利益が損なわれたことから、期間設定を経営として考え、αスプレッドを設定します。

　一方、預金においては、「ALM（当座預金）ベーシスレート」「ALM（普通預金）ベーシスレート」「ALM（通知預金）ベーシスレート」「ALM（貯蓄預金金額階層別）ベーシスレート」「ALM（納税準備預金）ベーシスレート」「ALM（別段預金）ベーシスレート」等があります。

　さて、第2章で考察を深めた"流動性預金TP期間の設定問題"を思い出してください。この問いの"正しい答え"は存在しないことを述べました。流動性預金は『要求払い』であるが『安定滞留』という調達商品であり、そもそも"合理的な一定のマチュリティ"は存在しません。流動性預金のTP期間設定に関しては、おそらく市場金利の6カ月物か1年物を適用している銀行・金融機関が多いと思われます。それは単年度予算における"αスプレッド"の営業部門への固定還元としては機能しますが、ALMとしては十分に機能していません。ポジション上邪魔にならない、ニュートラルなTP期間を採用しているのです。"ニュートラル"なTP期間の設定自体が、実は無意識の"意思決定"を行っているのです。

今後の金利動向や流動性預金の残高動向をにらみ、【現行αスプレッド】の経年見直しとするか、それとも現時点で3年あるいは5年スパンで"中長期固定"するか、まさに経営としてのALM事項です。
　各行・各地域金融機関の【流動性預金の残高動向】と【中長期のALM運営方針】により、流動性預金のマチュリティを"経営として能動設定"し、"そういう期間の資金である"として、「ALM（長短リスク）セクション」にTPにて受け渡し、実効的なALMを"生起させる"ということが、流動性預金にかかわるTPレートの本質的な決定問題です。流動性預金の収益性を向こう3年間固めたいALM方針であれば、その資金を3年物としてTP処理のうえ、「ALM（長短リスク）セクション」へと受け渡す、そのTP設定が「ALM（流動性預金）ベースレート」なのです。流動性預金は日々残高が変動します。変動する残高全体を長期金利でALMセクションに引き受けさせるのは合理的ではありません。また、すべての流動性預金残高を長期資金としてALMセクションに認識させたくないALM方針も一般的でしょう。したがって、流動性預金残高のコア預金部分の何割かを長期TPにてトランスファーし、残りを1カ月物TPとするのも実効的です。

　『能動プライシング・リスク』における消化TPとして「インセンティブ手法」があります。インセンティブを与えるベースレートを、「貸金インセンティブ・ベースレート」「預金インセンティブ・ベースレート」にて設定します。ただし、これでは対象商品のすべての顧客に対してインセンティブの付与となります。発動条件を構造化し、インセンティブを付与する顧客を選別適用するよう、【「管理商品ユニット」×「顧客ユニット」】の条件にてインセンティブ措置することも必要でしょう。また個別にてのインセンティブ認定であれば、ホットマネーに対する「ALMマイグレートTP」と同様に「インセンティブスプレッド・マイグレートTP」とします。

『信用リスク』の消化のための「信用コストTP手法」は、【PD】×【LGD】のマトリックスにて「信用コストスプレッドTP」の計算処理をするものです。具体的には、「法人信用コストスプレッドTP」「個人信用コストスプレッドTP」に大別されます。

「TPレート」のリスティングが終了したら、後は「具体的な設定方法と更改ルールの明文化」を行います。ALM関連ベースレートに関しては、日次での更改運営が基本となります。そして何の市場金利を参照して決定するか、また流動性プレミアムに関しての取扱い等を明文化します。一方、各種αスプレッドは期次での運営が一般的です。インセンティブTPに関しては、その対象商品、対象顧客、インセンティブ・スキームや発動条件等の明文化はとても重要です。そして、それらの明文ルールに則して、だれが具体的にそのTPレートを設定し、いかなる会議体で組織決定するかについて策定する必要があります。「TP設定運営者の組織決定とその承認方法の策定」により、TPレート全規程のコンポーネントがそろうのです（TP体系の構造例については図表5－8参照）。

図表5-8　TP体系の構造例

```
┌─────────────────────────────────────────────────────┐
│              『長短ミスマッチリスク』                │
│                 （市場金利手法）                     │
│  ┌───────────────────────────────────────────────┐  │
│  │        「ALM（長短一括）ベースレート」        │  │
│  │  「ALM（長短一括）オファー・ベースレート」    │  │
│  │  「ALM（長短一括）ビッド・ベースレート」      │  │
│  └───────────────────────────────────────────────┘  │
│  「ALM（償還）ベースレート」　償還ルールに則して複数 │
│  「ALM（据置期間）ベースレート」　償還ルールに則して複数│
│  「ALM（固定住宅ローン元利均等）ベースレート」      │
│  「ALM（固定住宅ローン元金均等）ベースレート」      │
│  「ALM（固変選択住宅ローン元利均等）ベースレート」  │
│  「ALMマイグレートTP」"個別対応指値方式"             │
└─────────────────────────────────────────────────────┘

┌─────────────────────────────────────────────────────┐
│                 『ベーシスリスク』                   │
│              （ベーシススプレッド手法）              │
│  ┌───────────────────────────────────────────────┐  │
│  │             「ALMベーシスレート」             │  │
│  └───────────────────────────────────────────────┘  │
│  「ALM（短プラ）ベーシスレート」                    │
│  「ALM（住宅短プラ）ベーシスレート」                │
│  「ALM（カードローン）ベーシスレート」              │
│  「ALM（総合口座）ベーシスレート」                  │
│  「ALM（未収不計上）ベーシスレート」                │
│                                                     │
│  「ALM（当座預金）ベーシスレート」                  │
│  「ALM（普通預金）ベーシスレート」                  │
│  「ALM（通知預金）ベーシスレート」                  │
│  「ALM（貯蓄預金金額階層別）ベーシスレート」        │
│  「ALM（納税準備預金）ベーシスレート」              │
│  「ALM（別段預金）ベーシスレート」                  │
│  ┌───────────────────────────────────┐             │
│  │「ALM（大口預金）ベーシスレート」  │【ゼロ金利】から│
│  │「ALM（スーパー定期性300）ベーシスレート」│普通への│
│  │「ALM（スーパー定期）ベーシスレート」│一時的な措置│
│  └───────────────────────────────────┘             │
└─────────────────────────────────────────────────────┘
```

```
┌─────────────────────────────────────────────┐
│           『能動プライシング・リスク』           │
│              (インセンティブ手法)              │
│  ┌───────────────────────────────────────┐  │
│  │       「インセンティブ・ベースレート」       │  │
│  └───────────────────────────────────────┘  │
│  「貸金インセンティブ・ベースレート」            │
│  「預金インセンティブ・ベースレート」            │
│  「インセンティブスプレッド・マイグレートTP」    │
└─────────────────────────────────────────────┘
```

```
┌─────────────────────────────────────────────┐
│                『信用リスク』                 │
│              (信用コストTP手法)               │
│  ┌───────────────────────────────────────┐  │
│  │           信用コストスプレッドTP           │  │
│  └───────────────────────────────────────┘  │
│  「法人信用コストスプレッドTP」                 │
│  「個人信用コストスプレッドTP」                 │
│  ("信用原価表"=【PD】×【LGD】適用としてのTP処理) │
└─────────────────────────────────────────────┘
```

第 6 節

設計上のポイント

　以上、詳細組立ての事前準備として、構成コンポーネントである「収益帰属ユニット」「顧客ユニット」「管理商品ユニット」「TPレート運用規程」の設計に関して詳しくみてきました。構築の部品となるこれらのコンポーネントが、頑健であり、その機能レパートリーが多いほど、思慮深く、そして環境変化に機敏で柔軟な銀行・地域金融機関経営を招来するのです。

　スプレッドバンキングは、1つの固定的な経営管理手法ではなく、それらのコンポーネントをさまざまに有機結合し、環境の変化や経営による新しい戦略を反映できるよう、柔軟な構造組替えを前提とした「収益リスク管理会計」です。したがって、経年の柔軟な構造組替えの実行のために、これら「設計コンポーネント」の入念で幅広の錬成はとても重要なのです。さて、本節においては、次節「詳細組立て」の解説の前に、設計上のポイントに関して整理を行います。

(1) 【総点検】ともれのない責任会計

　長らく続いた【ゼロ金利】とデフレにより、特に預金サイドにおいては、市場金利対比利鞘を抜くのが物理的に不可能であったことから、1990年代のスプレッドバンキングによる「市場金利手法」から外れ、前時代の遺物である〔本支店レート管理〕が復活していたり、一部定期のみ〔スプレッド収益管理〕を行っていたりする"混在状況"になっているケースが見受けられます。また【ゼロ金利】というあまりの異常事態に、預金には「一定スプレッド」を付与する一定スプレッド手法の採用も多く見受けられます。市場金利

より"下にスプレッドを抜く"預金取引の収益性が、異常環境により大きく毀損したことによる、緊急対応であったと思います。私はこれを間違った経営対応であるとは考えていません。なぜなら、「預金スプレッド」自体に"市場金利に対して下方縮減の金利リスク"が存在するからです。

それも【ゼロ金利】となれば、"最大リスクの発露"となったわけです。

【ゼロ金利】が引き起こす問題に対し、現代の経営者は経営直感でそれを理解し、収益評価の基準を恣意的にゆがめているのだと考えます。そういう観点で考察すると、現行の〔本支店レート管理〕の復活や「一定スプレッド手法」の採用は理解できるものです。ただし問題は、"あえて現行の収益評価をゆがめる意思決定をしている"ことを経営として認識し、その"責任会計"を経営管理の枠組みとして設営できていないことにあります。スプレッドバンキングの再設計、新設計を行うにあたり、【ゼロ金利】という異常事態によって、さまざまな恣意的な取扱いやゆがみが出ている箇所を"総点検"し、これからの収益リスク評価基準として的確に機能するよう再組立てを図ることが、第一の重要な設計ポイントです。

現行収益評価の"ゆがみ"を総ざらいで認識し、現経営としてやはり必要なものであると確認されるのであれば、新たに構築されるスプレッドバンキングにおいても、同様な評価基準となるよう移植します。その際、ゆがみの責任部署を定義して、そのゆがみの勘定設置をすることが重要です。これからの「新局面」が進むにつれて、どこかでそのゆがみを解除するあるいは一時的に強化する場面も出てきます。スプレッドバンキングはそのような事態においても、柔軟・機敏に評価スキームを変更できる"可変性"が特徴であり、また勘定設置によって、そのゆがみの意味合いを常に経営に投げ掛ける"発信性"を発揮します。異常から普通の道程で、環境にあわせ経営管理態勢を変化させ、「新局面」に巧みに"軟着陸"するようスプレッドバンキングの設計を行うことが重要なのです。

これは商品別という「管理商品ユニット」に対する評価基準の組上げに限りません。「収益帰属ユニット」に対しても、いかに"責任移転"させるか

の責任構造の"総点検"も、これからの「新局面」を展望して行うことが肝要です。銀行・地域金融機関の経営運行として自然と抱えることになっているさまざまなリスクとリターンを総合的に俯瞰して、経営として"もれなく責任会計を設定"しているか、総ざらいで点検することが必要です。

スプレッドバンキングは、単に収益を"仕切る"のではなく、預貸取引や各種取引に潜在するリスクと収益を結びつけ、「金融因数分解」を施し、管理する部署へと"責任移転"させる体系です。したがって、「預貸スプレッド収益」「ALM長短ミスマッチ収益」「ALMベーシスリスク収益」といった"収益リスク状況の捕捉"のみならず、具体的に"どこの部署"が"何の収益とリスク"を守り、運営し、評価されるかを『もれなく全規定』することが重要です。各種収益とリスクに関し完全無比に定義しても、それを運営する"主役"を決定しない限り、単なる数値計測でしか管理会計は機能しません。管理責任者の設定がスプレッドバンキング実効力の"肝"となるのです。

インセンティブ運営を営業統括セクションが担うのであれば、"インセンティブ補整損益"を逆勘定として設置する必要があります。一方、「顧客ユニット」別の収益リスク評価においても、インセンティブ運営の整合的な組上げが必要です。【ゼロ金利】という一過性の異常事態をそのまま顧客評価につなげてよいのか、「インセンティブ手法」による損益補填をして「顧客ユニット」の収益リスク評価をすべきではないか等、しっかりとした議論を行い、スプレッドバンキングを組み上げることが重要です。「インセンティブ手法」を採用することにより、【勘定数値】としてそのインセンティブ運営の必要性を継続的に経営に問いかけるとともに、「新局面」への移行過程で、インセンティブ運営のさらなる強化の必要性や解除時期に関して、経営議論が形成されることが制度構造的に担保されるようになるのです。

(2) 「マトリックス経営」の新たな創造

　"責任経営"において、"重複管理態勢"は問題ではありません。

　大事な守備門は1つの部隊ではなく、複合部隊にて防衛するのは当然です。攻めにおいても同様です。現に銀行・地域金融機関組織をみると、「個人営業支援セクション」「法人営業支援セクション」「個人商品開発セクション」「法人商品開発セクション」など、営業店を支援する専門セクションが多数存在します。これらのセクションに対して"総点検"を実施し、新たに「収益帰属ユニット」として定義することが有効であると考えます。スプレッドバンキングにより、預貸金一本一本の明細において、【収益⇔リスク】の紐づけがなされるので、後はその明細を「顧客ユニット」別にてさまざまにくくることにより、"顧客視点"での収益帰属ユニットが自由自在に組成できます。従来の支店立地ベースでの顧客マネジメントから、「顧客ユニット」を軸とした営業推進セクションを立ち上げることが可能となります。

　たとえば「無店舗個人ユニット」に特化した本部の営業推進ユニットを戦略形成したり、「業歴の浅い法人」「都市圏との経済連関が伸張している法人」「特定ミドル（特定格付×業種×規模）法人」「20代個人」「30代世帯主」「50代社員」など、強化したい顧客セグメントを自由にユニット化し、今年はこのセグメントの深耕を行おう、という柔軟・機敏な経営が実行可能となります。その新たな顧客くくりでの【TierⅠ収益】が計測されることから、前年比でいかなる発展を具体的に計上できたかを"収益勘定"として確認でき、リソース投入の合理的な判断基準として機能します。そして、このような「マトリックス・スプレッドバンキング」は、①すべてのユニット・カテゴリーで形成する必要がないこと（メッシュの歯抜けは当然）、②単年度の組織運営としてアカウントを形成することができること、を大きな特徴としています。

図表5－9　マトリックス経営

1　すべてのマトリックス・ユニットで形成する必要がない（当然）
2　単年度の組織運営として収益アカウントが形成できる

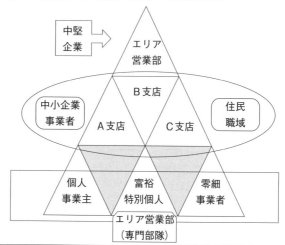

『スプレッドバンキング』により、〝預貸金一本一本〟の明細において、
【収益⇔リスク】の紐づけがなされているので、後はその明細を「顧客ユニット」別にて
さまざまにくくることにより、〝顧客視点〟での『収益帰属ユニット』が自由自在に
組成できる。支店ベースでの顧客マネジメントから、「顧客ユニット」を軸とした
『マトリックス経営』が可能となる。

　〝商品企画〟を担っているのであれば、〝売れる商品〟を考案すべきで、その〝販売実績〟にて当該セクションを評価するのは、異業種の競争企業においてはまったくもって当たり前のことでしょう。相続対策やM&A等の〝営業支援〟を担う本部セクションにおいても、〝営業支援による販売実績〟が最も重要です。成果なき支援サービスは、営業上もサービスの質向上においても意味がないものだからです。

　また、〝営業第一線〟においても、新しい収益帰属ユニットの形成が必要と考えます。支店という地理的なマネジメント態勢は依然有用ですが、それだけではない新しい視点からの収益帰属ユニットの設営を積極化する時期にあると思います。

複数の支店を統括する「エリア営業部」を機動的に立ち上げ、特に中堅法人においては集中管理させる——。一定規模以下の法人先は現場支店の責任管理とする「マトリックス経営」は有効であるばかりでなく、顧客にとっても効果的なサービスを享受できるものとなるでしょう。さらに、支店体制では十分に対応できないさらなる小規模企業・個人事業主に対しては、「エリア営業部」に"スモール第一先"の専門セクションを設け、新しい人材、新しい商品で顧客営業を実行することも期待されます（図表5－9参照）。

重要なのは、それらをきちんと"収益勘定"として採算認識することです。「戦略機動的な営業部隊の組成により、具体的にいくらの収益力を去年対比で増強できたか」「この顧客セグメントの営業効率はどうで、来年も部隊を維持するか」「新しい切り口で成長セグメントを組成し営業部隊を投入しよう」——そのようなことが、"収益勘定"の客観結果を確認しながら、積極的に実行できるようになるのです。

(3) 「ALM部門収益」と「ALM収益帰属ユニット」の新規創設

ALM部門収益の必要性と重要性に関しては、前章までに何度も詳述しました。あらためての付言は必要ないでしょう。スプレッドバンキングの組上げにより、金利リスクはALMセクションに"集中移転"されるので、その運営次第によっては、預貸業務がうまくいっても、銀行全体として収益水準が悪化する可能性があります。その運営状況をきちんと評価できるように、『ALM部門収益』を新規に創設することが何よりも重要です。"守るべき収益"が定義されなければ、適切な部署を立ち上げても、経営としてのミッションを付与することができないからです。そして、その「ALM部門収益」に対して、『だれが守るか』の収益帰属ユニットの新規創設、組織改正がさらに重要なものとなります（図表5－10参照）。これを成し遂げなければ、スプレッドバンキングは形つくれども魂入らず、の事態になります。

図表 5 –10 「ALM収益帰属ユニット」の新規創設

```
┌─────────────────────────────────────────┐
│  ┌───────────────────────────────────┐  │
│  │    ALM（長短リスク）セクション        │  │
│  │    ┌───────────────────────────┐  │  │
│  │    │ ALM（長中リスク）セクション   │  │  │
│  │    ├───────────────────────────┤  │  │
│  │    │ ALM（短リスク）セクション    │  │  │
│  │    └───────────────────────────┘  │  │
│  └───────────────────────────────────┘  │
│                                         │
│  ┌───────────────────────────────────┐  │
│  │ ALM（短プラベーシスリスク）セクション    │  │
│  └───────────────────────────────────┘  │
│                                         │
│  ┌───────────────────────────────────┐  │
│  │ ALM（流動性ベーシスリスク）セクション   │  │
│  └───────────────────────────────────┘  │
│                                         │
│  ┌ ─ ─ ─ ─ ─ ─ ─ ─ ─ ─ ─ ─ ─ ─ ─ ─ ┐  │
│    ALM（定期預金・ベーシスリスク）セクション   │
│  └ ─ ─ ─ ─ ─ ─ ─ ─ ─ ─ ─ ─ ─ ─ ─ ─ ┘  │
└─────────────────────────────────────────┘
```

　地方銀行・地域金融機関においては、"A&Lとして収益責任があるALM部署は組織として存在しない"場合がほとんどです。「資金証券セクション」は、「経営企画セクション」が設定するなんらかの算式で決定される"本支店レート"にて"アセットマネジメント"する片翼のAM運営となっているのが一般的です。自律管理できない〔本支店レート〕という負債レートでは、収益責任をもった合理的なアセットマネジメントは現実的に不可能です。預貸構造をベースとした【全体最適のALM】[23]とは決してならないのです。本来の『ALMセクション』は、TPにより体現される預金の調達期間構造とその持ち値、そして貸金の運用期間構造とその持ち値を総合勘酌し、銀行全体が【全体最適】となるように有価証券を組み上げるのが組織ミッションです。

　「長短ミスマッチ収益」は、当然ながら単年度決算ではなく、複数年度においてそのパフォーマンスが現れます。足元の収益が高くても、将来に反対の影響が出るポジション運営も当然ながらありえます。「ALM（長短リス

---

[23] 詳しくは、大久保豊［監修］／森本祐司・栗谷修輔・野口雅之・松本崇［著］『【全体最適】の銀行ALM』（金融財政事情研究会、2010年7月）をご参照ください。

ク）セクション」の組織運営上の重要なチャレンジは、一般的な収益責任セクションのような単純・ストレートな評価が行えないことにあります。また収益の裏側には必ずリスクが存在するので、預貸構造から形成される"骨格的な金利リスク"に対していかに考え、それを維持あるいは変更し、リターンをねらうかのリスクアペタイトの経営樹立が重要となります。金利はすでに完全自由化しており、今後の物価上昇と呼応する金利胎動の「新局面」において、リスクアペタイトに基づくALMの樹立は必須です。収益リスク管理態勢の"総点検"において、「ALM収益帰属ユニット」の新組織対応は必ず実行しなければなりません。

　間接金融は、"間接"ゆえに、市場金利そのものではなく、自行・自機関が設定する"基準金利"である短プラや預金の店頭掲示レートにて、顧客交渉する取引がほとんどです。このような基準金利と市場金利の動向差異から生じる"ベーシス金利リスク"は、長短ミスマッチ・リスクとは性向が大きく異なり、リスクというよりは、間接金融機関だからこそもちうる"特別な消化酵素"であることを述べてきました。顧客との関係や競争環境によって、この"特別な消化酵素"の効能は時代とともに変化していきます。そして、短プラにしても普通預金金利にしても、その市場金利との連動ルールは"曖昧模糊"としたものであり、特に今後の「新局面」においては、【ゼロ金利】へと低下した階段を単純に上れるとは限りません。

　『ベーシスリスク収益』の勘定は、"特別な消化酵素"の効能度合いや競争環境を示す"温度計"のようなものです。長短ミスマッチ・リスクを管理するALMセクションとは違い、それらを総合俯瞰できるセクションである「経営管理セクション」を収益帰属先とするのがよいと考えます（図表5-11参照）。

図表５−11　"特別な消化酵素"の効能度合いを示す『ベーシスリスク収益』

・ベーシスリスクは、リスクというより、銀行・地域金融機関が間接金融業を営むうえでの、リスク消化上の"特別な消化酵素"として自ら生み出したものです。長短ミスマッチ・リスクの衝撃を緩和するサスペンションのように機能します。
・バランスのよい"消化効力"を維持しうるかを注視し、適時適切に短プラ等の指標基準金利の運営を理論をもって再構築する力が、金利胎動する「新局面」には必要です。

(4) 「新局面」を想定した戦略的な「インセンティブ運営」

　預金の収益性は、市場での資金調達対比、いかに低廉に受け入れられるかで決まります。しかし、現下の異常な【ゼロ金利】の状態では、"マイナス金利"でも設定しない限り、そもそも市場金利より低く預金を受け入れるのに限界があります。預金の収益性は、金利が下がるとゼロ化する"金利変動リスク"を内包しています。現在の預金スプレッドは、店舗コスト、システムコスト、人件費を勘案すれば大赤字の状態です。支店を閉鎖し、市場調達でまかなえば全体の収益力は向上するでしょう。しかし、それは"短期的には"という条件つきです。【ゼロ金利】という異常事態が終わり、金利が上昇すれば、預金の収益性は大幅に改善します。特に流動性預金の"超収益化"は顕著なものとなるでしょう。

したがって現下の異常状態での単純な収益性評価では、中長期的な顧客評価において、大きな誤りを生じさせる可能性があります。異常事態を終えた「新局面」にて想定される預金収益性で現場や顧客評価ができるよう、短期に流されず中長期視野で顧客価値を考え評価するよう、戦略的な「インセンティブ運営」の検討が、現下のスプレッドバンキングの設計においては重要です。

(5) 「信用原価表」としての信用TPの実行

『信用リスク』の消化TPである「信用コストTP手法」は、各種貸金に潜在している信用リスクに対し、"貸出プライシング"にてリスク⇔リターン消化するTP手法です。いうなれば「信用原価表」です。【PD】×【LGD】のマトリックスにて「信用コストスプレッドTP」の計算処理をするものです。

現在のデフォルト発生はとても低位で安定していますが、これは一時的なものです。この20年間、連続して経験したデフォルト率のサイクル現象は、その度に銀行・地域金融機関の経営を大きく揺さぶりました。デフォルト率は今後も必ず変動します。厳しい長期デフレ過程で行き着いた現下の貸金薄鞘状況──。優良先への過当な金利競争によって、貸出期間を見渡し、適正な信用原価が確保されているか覚束ない状況にあります。

現在のきわめて低位なデフォルト率は今後必ず上昇するのです。その際、信用ポートフォリオの正味内容は自己資本や決算において維持可能な状態にあるのか、しっかりとした計測がとても重要です。同じ過ちや金融システムの機能障害を二度と起こしてはなりません。信用TPを"信用原価"として機能するよう実践適用することが、スプレッドバンキング"総点検"においてとても重要なポイントとなります。

顕在化する信用リスクの状況を「信用原価表」の変動にて"感知"し、さらにその信用TP処理により、顧客プライシングへと適用する信用リスクの

図表5-12 「信用原価表」としての信用TP

スコア階層別の実績デフォルト率

	R1	R2	R3	R4	R5	R6	R7	R8
	0.12%	0.22%	0.36%	0.65%	1.18%	1.94%	3.54%	11.01%
差異		+0.10%	+0.24%	+0.53%	+1.06%	+1.82%	+3.42%	+10.89%

- 債務者格付と案件格付の組合せにより、それぞれの格のPDとLGDを掛け合わせたものが信用コスト(EL)となる
- (例) R1(最上位格)向け無担保・無保証貸出の信用コスト
  (PD)0.12% × (LGD)54.50% = (EL)0.07%

		回収率	LGD
無担保・無保証	L0	45.50%	54.50%
保全率 A%超	L1	48.83%	51.17%
B%以上 C%未満	L2	60.78%	39.22%
C%以上 D%未満	L3	73.82%	26.18%
D%以上 E%未満	L4	78.31%	21.69%
E%以上	L5	84.28%	15.72%

⇒

債務者格付

案件格付	R1	R2	R3	R4	R5	R6	R7	R8
L0	0.07%	0.12%	0.20%	0.35%	0.64%	1.06%	1.93%	6.00%
L1	0.06%	0.11%	0.18%	0.33%	0.60%	0.99%	1.81%	5.63%
L2	0.05%	0.09%	0.14%	0.25%	0.46%	0.76%	1.39%	4.32%
L3	0.03%	0.06%	0.09%	0.17%	0.31%	0.51%	0.93%	2.88%
L4	0.03%	0.05%	0.08%	0.14%	0.26%	0.42%	0.77%	2.39%
L5	0.02%	0.03%	0.06%	0.10%	0.19%	0.30%	0.56%	1.73%

消化方法の確立は、"漸次不断"の信用リスク消化を"自動安定化装置"のように銀行・金融機関内に駆動させます。この自動安定化装置が機能する限り、非期待損失事象の発生においても、自己資本の水準が存続危機以下に低下しない頑健さも招来することでしょう（図表5－12参照）。

第 7 節

詳細組立て

　銀行・地域金融機関においては、提供する"商品"こそが事業体としての存立基盤であり、その"商品"を通して、預金者と借入人の"相いれない"資金ニーズを調停します。したがって、"調停仲介物"である"商品"のなかにさまざまなリスクが内在し、そのリスクの消化にあたり、"一つひとつの性向"に即し、TP処理を行うことがスプレッドバンキング設計上の骨格となります。以下、「管理商品ユニット」に対する具体的なTP適用から、スプレッドバンキングの詳細組立てに関し考察を深めます。

(1)　定期性預金

　「大口定期」「スーパー定期」に関しては、すでに"スプレッド評価"を実施している銀行・地域金融機関は多数存在します。預入期間に対応した市場金利を「採算金利」とし、「採算金利」－「約定金利」を預金スプレッドとして収益確定するものです。しかしながら、ALMセクションがその「採算金利」にて定期預金資金をALM管理する"移転価格制度"まで発展していないケースや、「採算金利」を市場金利から大きくゆがめ規制時代の遺物である期間属性のない〔本支店レート〕にて運営しているケースが見受けられます。"総点検"にて、預金の収益評価の現状を理解し、しっかりとしたスプレッドバンキングの設計をしましょう。
　そして【ゼロ金利】という異常事態から普通金利へと向かう「新局面」において、「市場金利手法」を採択しながら、"中長期的な視点"に立ち、インセンティブを付与する「インセンティブ手法」の戦略適用がとても重要であ

ることを述べてきました[24]。

"中長期視点"のインセンティブは、まさに経営事項であることから、この"インセンティブの補填損益勘定"は、「経営管理セクション」に設置するのがよいと考えます。なおインセンティブ発動において、「制限事項」の設定は大変有効です。インセンティブを与えた際、適用金利に"緩み"が生じます。競争対応のため必要なインセンティブを適用することが目的ですが、副作用として必ず"緩み"が生じます。その"緩み"を制御するため、"上限(下限)金利"を設定し、その制限を超えた場合はインセンティブ付与(収益帰属ユニットへの収益補填)をゼロとしたり、減額調整したりする制限事項の設営は効果的です。

運用のプロでもある商社や大企業の財務部門が、彼らのホットマネーをより有利な運用へと預金先の選好を行う裁定取引があります。金利胎動が"普通"となった段階においては、日中において、彼らの獰猛(どうもう)な裁定行動を受けることになります(実際、1990年代はそうでした)。銀行・地域金融機関は、当然金融のプロであり、金融が本業ですから、それらが適切なビジネス取引となるよう対処することが必須です。

第2章にて解説したとおり、「市場金利手法」においては、TPレートを一日の始まりに決定し、顧客に対し一括適用する"一般型"と、超大口定期や大口市場連動貸のようなホットマネーに対し、資金証券セクションが市場とのリアルタイムのやりとりにて確認し、指値を出す"個別型"があります。預金取引において、ある一定金額を超える預貸金取引においては、「ALM(長短リスク)セクション」による"個別指値方式"を採用する必要があります。特に期間の長い預金に関しては、ALM金利観に基づく積極調

---

[24] 【ゼロ金利】という異常事態に対して、中長期視野での収益性評価をするのであれば、インセンティブを与える土台として、「市場金利手法」をとらず、「ベーシススプレッド手法」をとればよい、そのほうがわかりやすい、という経営判断もあるでしょう。詳細は第2章第4節(2)を参照してください。

達、消極調達双方観点から、その指値を戦略化することが重要です。

　その他の定期預金として、「期日指定定期」があります。この期日指定定期は、かつては銀行・地域金融機関の主力商品でした。一方、ALM管理において、一段と高度な対応が必要な商品でした。1年複利で1年経過後はペナルティなしで解約自由、かつ預入期間が長くなると金利がステップアップする『特殊オプション』内包の商品です。顧客にとっては大変魅力的な商品でした。しかしながら、その特殊オプション性から、ALM運営として合理的なプライシングが困難なこともあり、現在は中途解約のペナルティ条項も強化され、結果、銀行・地域金融機関の主力商品ではなくなりました。そもそも期日指定定期は郵便貯金の"定額貯金"への対抗商品として銀行界が導入したものです。

　商品ご本家の"定額貯金"は、預入日から起算して6カ月経過後は払戻し自由で、預入れ後3年までは6カ月ごとのステップアップ金利が適用され、さらに10年間半年複利の大変優れた商品です。かつては民間銀行から、商品の経済合理性に関し、多方面から疑義が出されましたが、郵貯残高縮小のなかであまり議論されなくなったうえ、そもそもの対抗商品であった期日指定定期が民間銀行の主力定期預金ではなくなっています。

　ゆうちょ銀行が定額貯金を主力調達資金として、国債等の債券運用にて高収益でかつ安定的な財務を保っている現状にかんがみると、純然たる民間金融機関においても、預金者に喜ばれ利便性のある"新定期預金"の開発が望まれます。魅力ある預金商品、それは特殊オプションをお客様に提供することです。銀行・地域金融機関は金融のプロとして、顧客の利便性を消化するALM技法を探求し、金融社会の発展に寄与してもらいたいと望んでいます。

　複雑な特殊オプション内包の商品も、スプレッドバンキングの枠組みは基本的にまったく同じです。その『特殊オプション・プレミアム』を勘案のうえ、ALMセクションがベースレートを提示し、定期預金スプレッドを約定金利との差額で確定すればよいのです。ALMセクションはその提示レート

でその資金の収益管理を行います。オプション見合い分をベースレートへ織り込む、すなわち、大口定期・スーパー定期のALMベースレートより、ある水準（β）だけ低めに設定したベースレートを期日指定定期や顧客利便性に資する新定期預金のTPとして適用します。

　同じことが、「変動金利定期」にもいえます。信託銀行のビッグなど変動金利の商品性をふまえ、普通銀行が導入した自由化商品です。しかしながら、導入過程での期待とは裏腹に現在の変動金利定期は"品揃え"の位置づけとなっています。それは、変動金利定期の開発導入後、信託銀行自身が主力調達商品であるビッグ等の金銭信託の金利設定ルールを従来の旧長プラから、より短期金利の割合を高めた金利運営へと大きな変革を行ったことによります。

　結果、高利回りが魅力であった信託銀行の「金銭信託商品」と普通銀行の主力調達商品である「大口定期・スーパー定期」間の競争格差が大幅に是正され、あえて対抗商品として積極的な業務推進をしなくてもよい事態となったことが背景にあります。それと歩調をあわせるかたちで、変動金利定期の商品性において、"6カ月ごとの金利更改なので、「6カ月物」の市場金利をベースに金利設定を行う"ことで決着がつき、3年預入れしても、預入れ時点では3年物スーパー定期に比べかなり見劣りし、さらに現在の【ゼロ金利】が拍車をかけ、顧客にとって魅力がないものとなっています。

　現状の商品性、すなわち『6カ月ごとの金利更改で"6カ月物の市場金利"をベースに店頭掲示レートを決定』する商品性においては、ALMセクションは新規取組みおよび金利更改のつど、その時点の6カ月物の市場金利での資金引受け・収益管理が基本となります。「6カ月物の大口定期・スーパー定期」と管理手法が同じ「市場金利手法」での対応となります。しかしながら、厳密には若干相違します。それは"6カ月物"の大口定期・スーパー定期と違い、変動金利定期においては、その預入期間が"3年"であり、中期資金としての安定調達の価値があることです。変動預金の預入期間

の長さにより適用される"期間プレミアム金利"に関しては、"便益"を享受するALMセクションが負担するのが一般的でしょう[25]。

　その他の預金として、「福祉定期」があります。導入当初は、4.15％と高レートとなっており、その"福祉分"は銀行経営としての「社会対応上のコスト」と考えられました。したがって、営業店での損失負担は適切ではないことから、営業店へは一定スプレッドを付与する「インセンティブ手法」の適用が有効です。現在は、ほとんどの銀行・地域金融機関においてあまり積極的な評価がなされておらず、残念に思っています。

　ただし、ゆうちょ銀行においては、「ニュー福祉定期貯金」を取り扱っています。障害基礎年金、遺族基礎年金などをお受取りの方などに対し預入期間1年の定期貯金で、一般金利に年＋0.25％を上乗せするものです。さすがである、と感心しました。労働金庫においても、「ろうきん福祉定期」があります。銀行・地域金融機関は、地域経済・社会の思想リーダーとして、できうる範囲内での積極的な福祉商品の発売を期待したいものです。この「インセンティブ手法」における損益補填勘定は当然ながら、「経営管理セクション」での設置となります。

　次に、定期預金の『中途解約補正利息』の取扱いに関して議論を進めます。これは、定期預金が満期前に解約されることにより生じる、それまでの"財務会計計上の支払利息（当初の定期預金金利）"と"解約金利での利息"との差額を補正するもので、当然、収益上"プラス"となります。『中途解約』は、預金者のプット・オプションの行使にほかありません。今後金利が

---

[25] リテール預金に関しては、満期到来後もロールオーバーする性向が高く、6カ月物の大口定期やスーパー定期も変動定期とまったく同等の価値があるという意見があります。また、銀行自身の"信用リスクプレミアム"の適正な算出に関してはさまざまなイシューが存在します。したがって、一概にALMセクションがそのコストを負担すべきではないという意見がありますが、残高も小さく今後も主力商品とは期待されていないことから、ALMセクションの負担としてまず問題はないでしょう。

上昇すれば、ペナルティ金利である解約利率で定期を解約し、再預入れしたほうが得となるケースが多発するでしょう。したがって、中途解約のオプション対価としての"解約利率"の設定がALM上重要となります。しかし、ほとんどの定期預金の解約において普通預金金利の適用であることから、銀行・地域金融機関が損をしない設定になっています。

　さて、この定期預金における『中途解約補正利息』の収益帰属先ですが、定期預金をその期間資金にてTP収益管理する「ALM（長短リスク）セクション」に帰属させることが一般的です。預金者のプット行使により経済影響を受けるのは、「ALM（長短リスク）セクション」だからです。預入期間に応じた市場金利TPでの資金調達が、中途解約により突如存在しなくなるからです。これからの金利上昇局面と厳しい預金金利競争にかんがみると、現行の中途解約金利を大幅に見直す必要が出てくるかもしれません。その際、どこまで預金者に対し有利に設定するかの具体的な計算は、オプション理論の実務適用であることから、やはり「ALM（長短リスク）セクション」に当該収益を帰属させることがよいのです。

　この『中途解約補正利息』はある程度の額に達しており、現状、営業部門収益に計上されている場合が多いことから、「営業店統括セクション」は、ALMセクションでの収益計上に難色を示すかもしれません。預金者のすべてが合理的に行動するとは想定できず、その"ペナルティ収益"においても、"営業見合い"があるはずだという主張です。オプション商品の顧客への売却であると考えれば、ALMセクションが計上すべき収益はその"卸値"であり、その"卸値"と顧客契約との差額は『オプション対顧業務収益』として、営業部門にて利益計上されるべきものであるという主張です。よって、『中途解約補正利息』のすべてをALMセクションへ計上することは経営管理の枠組み上、適正ではない、という意見です。

　しかしながら、"営業見合い"といっても、そこには"能動努力"が介在していないこと、そして何よりも"中途解約ペナルティ"の設定が今後の大きな商品差別化のイシューになると想定されることから、やはり、「ALM

（長短リスク）セクション」に収益帰属させることが有効であると考えます。なお、「預金スプレッド収益」においては、解約日まで、営業部門にスプレッド収益計上され、過去にさかのぼり取り消されることはありません。

　次に『複利補正利息』の収益帰属先についての議論に進みます。これは、期間経過とともに、複利計算により約定金利が上昇するもので、その利率と当初預入れ時点の金利、すなわち"単利"利率の差額が財務会計上"マイナス"として計上される補正利息です。このマイナスの収益補正が"悪いもの"かといえばそうではなく、要は顧客に対し、"税払いの繰延べ"という利得性を提供することにより、実質の運用利率の向上を実現するもので、銀行にとってはキャッシュの利払いが生じないことから、バランスシート上の損益資金勘定が改善するものです。

　したがって、『複利補正利息』によるマイナス収益効果は、仕組みとして、銀行・地域金融機関の損益資金のキャッシュ尻の改善、すなわち無利息調達資金増による運用利息の増加によって基本相殺されるものです。当初預入金利と損益改善資金の運用利率の差というベーシスリスクは存在しますが、仕組みとして見合う枠組みが構築されているので、営業店へこの『複利補正利息』を帰属させるべきではなく、損益資金勘定を収益管理する「経営管理セクション」へ収益帰属させることが適切です。

　『中途解約補正利息』にしろ、『複利補正利息』にしろ、大変細かい議論ですが、顧客への利便性や魅力ある商品の提供から、結果として生じる損益尻で、その動向をよく観察することにより、はじめて商品改良の具体的な設計ができるうえ、新商品開発の"発想の種"が体現されている大変重要な収益勘定です。これからの金利上昇局面において、『中途解約補正利息』は増勢となるでしょう。そのことが銀行・地域金融機関の経営に何を意味するのか考える必要があるうえ、この現在のペナルティ金利（普通預金）の戦略妥当性に関しても思慮深い議論が必要です。

期日経過の定期預金に関しては、適用金利が普通預金であることから、次項で説明する「普通預金」と同一の設計にて、整合性を確保する必要があります。

(2) 流動性預金

　流動性預金のTP手法に関しては、すでに第2章第4節(3)にて詳しく述べましたので本項での説明は省略し、「貯蓄預金」に関するTP設定に関し少し付言します。

　「貯蓄預金」は流動性預金ですが、準定期の性格も帯びる商品です。そのため、"短期定期預金"と商品代替の関係にあり、"決済性"をもつ点でより顧客ニーズが高く、また期日管理コストも削減できる優れた商品です。したがって、代替商品である短期定期預金と収益評価基準をあわせる必要があります。

　短期定期預金に対し、「市場金利手法」を適用するのであれば、貯蓄預金も同じ「市場金利手法」にて、市場金利1カ月物を営業店のベースレートとして適用します。貯蓄預金は現在、50万円未満、300万円未満、1,000万円未満、それ以上など金額階層に応じたプライシングとなっていますが、残高は伸び悩み、預金全体の数％である金融機関がほとんどです。ともすれば、預金金利の自由化は「社会対応上のコスト」であり、単なる"品揃えの一環"という消極的な対応となっているきらいがあります。

　しかしながら、"自由化とは新たなビジネス・チャンス"のはずです。貯蓄預金のみを対象とせず、完全な"決済・引出機能"がある普通預金の実質的な"満期"を調査・研究することも重要です。給与振込みや公共料金の口座振替えをセットした場合、そしてそれなりの金利を提供したら、資金として何年の歩留まりが期待されるのか？を調査・研究するのです。普通預金の30％は最低1年残高を維持できるのであれば、1年物金利30％、1カ月物70％の加重平均レートをALMベースレートとして、口座メイン化の度合いに

あわせた普通預金金利の提示も一考に値すると思います。

　定期預金の期日管理の人件費や通信コストをふまえれば、決済口座として口座をメイン化し、資金集中を図ったほうが利益性が高く、預金者がより高利回りを期待する場合は投信へとシフトさせ、手数料ビジネスを増強するなど、そういったしなやかな預金戦略の立案は、流動性預金が"待機資金"として大幅な増加を示している現在において、大変重要な経営事項となっていると考えます。

(3) 短プラ連動金利貸金

　貸金に対し詳細設計を行う際、まず"金利連動特性"に応じた分類を行う必要があります。預金においては、必要な金利連動の特性は、「大口定期」「スーパー定期」「変動金利定期」等の"財務会計上の商品分類"から直接得られました。一方、貸金において、財務会計上の分類は、「手形貸付」「証書貸付」「当座貸越」などの"契約形態別"の分類であることから、これらをTP適用ができるよう金利連動特性別に再分類する必要があります。

　ただし、大多数の銀行では、ALMマチュリティ・ラダーの作成や"自動連動貸金（短プラが変われば契約条項に即し金利が自動更改）"の浸透により、すでに必要な商品分類がなされているケースが一般的で、商品分類とその金利連動特性の確認を行う程度で、実務的に困難な作業ではありません。とはいえ、残高は小さいものの商品種類が多数ある公的制度融資に関しては、商品分類上の工夫が必要な場合があります。

　変動金利貸金のTP設計において重要になるのが、何の金利に連動するかの『連動金利区分』別の商品分類です。一般の銀行・地域金融機関においては、変動金利貸金のほぼすべてが"短プラ連動"です。一部の銀行には長プラ連動（旧興長銀）がありますが、とても残高が少ないものでしょう。「短プラ連動金利貸金」に関しては、第2章で詳述したとおり、「ベーシススプレッド手法」の適用が基本です。

ところで、短プラ連動において同一でも、商品内容に応じ、"a"水準を変えるべきでしょうか？　たとえば、短プラ法人貸金と住宅ローンとでは、"更改変動ルール"が相違します。法人向け貸金においては、"次回の利払日"にて更改連動する金利満期である場合がほとんどであり、証書貸付の場合は毎月利払いが大宗で、後は３カ月ごとがほとんどでしょう。一方、住宅ローンにおいては年２回の基準月（４月・10月）時点の短プラを適用するもので、さらに「参照月」と「金利適用更改月」のズレが生じる場合もあります。

　厳密にいえば、同じ金利連動でも金利更改ルールの相違にて、"aスプレッド"の設定を変える必要があります。しかし、そのズレも単年度で収まること、【法人⇔個人】での裁定取引が存在しないことをふまえると、同じ短プラaでよいと考えます。そもそもそのような、さまざまな資金使途や金利更改に対し、一括して適用する基準金利が短プラです。さまざまなベーシスリスクを総合的に消化する、単一の消化酵素が短プラであることから、同じ"aスプレッド"の設定がむしろ理に適っています。

　次に"aスプレッド"の更改運営方法に関して考察します。

　この更改運営方法の策定は、まず現時点のaスプレッドの"水準"を決定するところから始まります。まず、"始まり"が決まらなければ更改しようがないからです。"aスプレッド"すなわち"短プラ・ストレート水準での目標粗利益スプレッド"を、経営として"いくらに定めるか"です。

　そのためにまず、『短プラベーシスリスク収益』を$a = 0$として算出します。したがって、算出される収益は、｜現行短プラ水準－（短プラ貸金のALM（長短）ベースレートの残高加重平均値）｜となりますので、ずばり"短プラ・ストレート水準での粗利益（実績）"となります。その収益総額を総残高で割って得られるのが、『（実績）短プラaスプレッド』です。その数値にかんがみ、切りのよい数値に丸めて"aスプレッド"を設定することになります。

大事なのは、『(実績) 短プラαスプレッド』をふまえ、"今後いくらに設定したいか" = "短プラ・ストレート水準での目標粗利益スプレッド" にて、数値を決定することです。たとえば、現在は＋1.2％であるが、これからの金利胎動期に＋1.3％まで高めたいといった"経営方針"の明確化です。そうすることにより、設定されるαスプレッド水準に経営の意思が宿ることになります。もちろん、競争環境から単独での短プラ改定は簡単ではないことは理解します。しかし重要なのは、"経営方針"という"軸"が入った"αスプレッド"により、はじめて『短プラベーシスリスク収益』はその達成状況を表す"バロメータ"として機能するようになるのです。

　いったん"αスプレッド"が決定されると、その後の市場金利と短プラの関係変化から、『短プラベーシスリスク収益』が変動することになります。【実績】そのもので"αスプレッド"を決定すれば、最初は当然収益ゼロとなります。しかし翌月市場金利が上昇し、短プラが更改されなければ、当該収益勘定は赤字となります。今後の金利上昇においては、この赤字勘定が増加していき、それをオフセットするよう短プラの引上げを行う必要がありますが、【赤字損益÷総残高】にて、短プラの引上げ幅を理論的に"逆算"できるようになります。現在の短プラと市場金利の関係なら、具体的にいくら短プラを引き上げるべきかの客観運営ができるようになるのです。

　その際、【赤字損益】をどこまでの"範囲"とするかで引上げ幅は変わってきます。赤字になってからの"累計値"とするのか、"過去1年間"とするのか等です。それらのいくつかのシナリオを設定し、それぞれのスコープでの引上げ幅を経営に報告し、採決を得る方法もあるでしょう。しかし、短プラ引上げ時の"説明責任"を考えると、事前に文書化された範囲設定が必要と考えます。借入人全員に影響を与えることをふまえると、短プラは"社会的なもの"であると考えるからです。運営の主観性で収益の積増しをねらう対象ではないと思います。

　したがって、更改ルールの事前明文化は必要と考えます。①赤字(黒字)勘定が累積でいくらの規模になったら短プラ改定の"検討"に入るか (社会

への検討開始のアナウンスと平仄があえばベスト)、そして、②赤字(黒字)の累積実績がいくらに到達したら短プラの引上げ(引下げ)を行うのか、③その際の刻み幅をいくらと設定するかなど、を事前に文書化し、短プラ更改の客観運営を実現していくのです。

　競争環境により、独立独歩の短プラ運営は困難でしょう。しかし、運調構造がもはや大きく相違するメガバンクの短プラに"盲従"することが、自行・自機関の経営安定を招来するとは限りません。短プラの決定権限は約定上、個別銀行・個別地域金融機関に存在します。本来であれば、短プラをいくらに更改すべきかは、自行・自機関の短プラ・ポートフォリオに照らし内部計算にて策定すべきものです。もはや金利は完全自由化されています。これからの金利上昇においては、自分自身でしっかり守る、短プラ運営が重要となります。

　"受動"から"能動"へと行動改革するためには"行動する意思の準備"が必要です。この「短プラ改定」に関しては、次章にて、具体的な数値を交えたケーススタディを行い、考察を深めていきます。

(4) 市場金利連動貸金等

　TIBOR、LIBORといった市場金利に一定の上乗せスプレッドの約定をした変動金利貸金である「市場金利連動貸金」に関しては、当然ながら「市場金利手法」の適用となります。1年の市場金利連動貸金で3カ月ごとの金利更改であれば、更改時点の3カ月物市場金利にてTPします。この市場連動貸金に関しては、すでにスプレッド評価を実施している銀行がほとんどでしょう。その枠組みをそのまま利用すればよいのです。ただし留意すべき点は、そのベースレートにてALMセクションへきちんと"移転"させることです。

　"個別対応"商品である「市場金利連動貸金」と"マクロ対応"商品である「短プラ連動金利貸金」の販売棲み分けは近年、重要なイシューとなって

います。「短プラ連動金利貸金」には「ベーシススプレッド手法」、「市場金利連動貸金」には「市場金利手法」を適用すると、評価基準の相違から、"裁定取引"が生じる環境が形成されます。

その際、この2つの貸金商品の販売に関しなんら規則を設けないと、大きな営業上のゆがみが生じる可能性があります。大口預金の裁定機会は、【一日店晒し（たなざらし）vs. 日中変動】の一日の裁定機会ですが、「短プラ連動金利貸金」と「市場金利連動貸金」の裁定機会は、短プラが更改されるまでの"恒常的"なものとなります。短プラという市場連動が緩慢なうえ、変動刻みが離散的な商品と常時市場に連動する貸金においては、大きな"裁定機会"が発生し、"借入先のみならず営業部門双方の利害が一致した裁定取引"が生じる可能性もあります。

たとえば、市場金利6カ月物が0.275％で、短プラが1.475％で短プラαが＋1.0％である金利環境を想定しましょう。対顧金利が短プラ適用である短プラ連動貸の貸金スプレッドはもちろん＋1.0％です。一方、同じ対顧金利で市場連動貸を行う場合の貸金スプレッドは（1.475－0.275）の＋1.2％となり、この環境では、「短プラから市場金利貸へと裁定シフト」することにより、借入先と現場営業双方に｜0.2％｜の裁定機会が生じます。したがって、対顧金利を0.1％下げて1.375％とし、短プラから市場連動貸へと商品代替すれば、現場営業部門のスプレッドは＋1.1％となり、双方にとって経済利益を得ることができます。この裁定取引のそもそもの原因は何でしょうか？

それは、顧客にとっては同じ資金特性の借入れでも、銀行・地域金融機関の都合により、提供する商品が相違するその根本矛盾が原因です。短プラ連動貸という"マクロ対応"の顧客商品と、透明なプライシングしか納得しないホールセール企業に対する"個別対応"の商品という2本立ての商品提供にあります。競争環境が進展し完全化に近づけば、やはり透明な"個別対応"の商品である「市場金利連動貸金」へと収斂するはずです。

現在の市場規模・通信IT技術を俯瞰すれば、すべてのリテール企業にお

いても、お客様が望む変動ルールにて「市場金利連動貸金」を実行しうるでしょう。メガバンクにおいては、この10年で「市場金利連動貸金」の割合が増えていると聞いています。これは短プラと市場連動貸の安易な裁定取引を認めているのではなく、むしろ注力顧客に対し、取引拡大・深耕のため、低利な市場連動貸を提供する総合営業にあると思います。お客様が望む金利連動ルールにて、それも市場金利という透明な基準にてプライシングされる市場連動貸の提供は、21世紀の銀行・地域金融機関の進むべき未来であると思います。「短プラ連動金利貸金」と「市場金利連動貸金」の"裁定取引"の発生は、適用TP手法の差異というより、そもそも同じ資金特性の貸金を2本立てで提供する構造矛盾にあるのです。

　スプレッドバンキングの"総点検"においては、「短プラ連動金利貸金」と「市場金利連動貸金」の提供方針に関し、しっかりとした議論と規則づくりが重要です。いまから、すべての貸出において、「市場金利連動貸金」を推奨しようとは論じていません。当然ながら、すべてのお客様がそのような機敏な貸金を望まず、短プラのような緩慢な金利変動を望むお客様のほうが多いでしょう。

　しかし、そのようなお客様にも"選択肢"を提供するのも金融サービス充実の観点から重要です。ある"一定のステージ"、たとえば預貸総合取引規模、売上規模、信用格付等がある一定基準を超えたお客様には、「市場金利連動貸金」の"選択肢"を営業ルールとして明確化して提供する。その際、その"一定ステージ"を複層構造とし、借入可能金額を段階的に増やしていく成長過程を設営することも有用だと考えます。

　金利変動貸出におけるその他のタイプとして、「定期預金金利連動貸金」があります。個人のお客様の主力商品である総合口座による当座貸越、定期預金を担保した一般当座貸越等があります。このような、過去に預入れされた定期預金金利をベースに、スプレッドを乗せて貸し出す商品性はALMの観点からは非常に不合理で、適正な上乗せスプレッド算出には複雑なオプ

ション・モデルの構築と過去データの整備が必要となります。

　個人の総合口座貸越に関しては、残高が大きくなく、主力商品として拡販するものではないことから、担保預金金利の上乗せ幅を勘案した一定スプレッド a と設定する「ベーススプレッド手法」の適用がよいと考えます。

　一方、法人向けの定期預金担保による一般当座貸越に関しては、短プラ a での「ベーススプレッド手法」がより好ましいと考えます。法人向けには、過去の金利を現在の貸出実行の際のベースとする不合理な適用とせず、"担保として"定期を押さえるものの、金利は短プラを採用する形態が望ましいからです。個人向けの総合口座貸越に関しては、不合理な特性を"商品として"認めていることから、その責がない営業店へは一定スプレッドを還元すべきと考えます[26]。

　『長期プライム（旧興長銀）変動貸出』に対する、スプレッドバンキング設計上のポイントは、前掲の短プラ変動貸と同じですが、もはや残高がほとんどないのが実態でしょう。

(5) 固定金利貸金

　「固定金利貸金」に対しては、「市場金利手法」を適用します。

　元金一括返済の固定貸金に関しては、定期預金と同様の「ALM（長短）ベースレート」の適用となります。すなわち、5年の期限一括返済の固定金利貸金のベースレートとしては5年物の市場金利を用い、貸出満了まで対顧約定金利との差額を確定スプレッドとして営業店に固定還元します。ALMセクションはそのベースレートで資産管理を行うものです。

　一方、償還型の固定金利貸金の場合は、「ALM（償還）ベースレート」に

---

[26] 総合口座貸越に関しては、担保定期預金に対し、「市場金利手法」による確定スプレッドを還元していることから、上乗せスプレッドから定期預金のスプレッドを差し引いたレベルで"一定スプレッド a"を付与する必要があります。総合的に斟酌すると、この a はゼロでもよいと思われます。

てTP適用します。貸金元本の内入れスケジュールにあわせ、当該貸出を複数の貸出と解釈し、各期間対応の市場金利の加重平均レートを営業店のベースレートとするものです。毎月元金均等返済、1年ごと均等返済など、償還の型に応じたTP設定を検討する必要があります。特に長期固定の住宅ローンに関しては別建ての償還TPレートの設定が必要です。

　ほとんどの住宅ローンが元利均等返済型であることから、そのような長期固定貸金には、「ALM（固定住宅ローン元利均等）ベースレート」を適用します。一部のお客様は早く返済をすませたいことから元金均等型を選択される場合があります。この場合は元利均等に対して大きくキャッシュフローが相違することから、「ALM（固定住宅ローン元金均等）ベースレート」の設定が必要です。また、近年、〔固定⇔変動〕選択型の商品も販売されています。この商品には、「ALM（固変選択住宅ローン元利均等）ベースレート」の設定が必要です。営業店にとっては、約定金利とベースレートの差額が確定スプレッド収益として、貸出満了まで固定還元され、ALMはそのベースレートにて資産管理を行います。

　大口の固定貸金に関しては、大口定期の議論と同様、TPは"個別対応"での指値方式となります。したがって、この場合は、「ALMマイグレートTP」の適用となります。

　さて、法人向けの固定金利貸金においても、「短プラ連動金利貸金」と「市場金利連動貸金」間の"裁定取引"と相似の問題があります。変動か固定かは相違しますが、貸出期間が同一の場合があります。現在の販売戦略においては、特別なお客様には「固定金利貸金」となっています。「市場金利連動貸金」の販売戦略と同様に、どのようなお客様には固定金利という"選択肢"を提供するのか、経営としてのしっかりとした議論が必要です。特に、今後の金利上昇局面を想定すると、固定金利借入れのニーズは増大することは必定です。現在の市場規模、通信IT技術をふまえれば、当然ながら銀行・地域金融機関は固定金利借入れのニーズに応えられるはずです。

すべてのお客様に、「固定金利貸金」の"選択肢"をいまから提供しようとは論じていません。"一定のステージ"に達したお客様には「固定金利貸金」の"選択肢"を営業ルールとして明確化し提供していく。また、『募集型』で小口の固定金利貸出を実行できる態勢を整える。一定期間のキャンペーン商品とし、一定残高を販売限度とすることにより、一定のステージに達していないお客様にも、金利上昇のヘッジ機会を提供していくことはとても大事なことです。

(6) その他貸金等

その他の貸金として、地方公共団体（地公体）の制度融資である『預託金付制度融資貸金』があります。地公体が政策融資実行の見合いとして預託金を積み、金融機関にて低利の融資を促すものです。この貸金には、"一定スプレッド"の「ベーシススプレッド手法」を適用します。"わかりやすい収益管理"を実践するため、低利預託金のスプレッド収益を加味した貸出スプレッド収益を設定するものです。預託金の営業店スプレッドを"0"として、その収益分を営業統括セクションに移転させるとともに、貸出単体での実際の赤字スプレッドと一定付与するαスプレッドとの差額を営業統括セクションへ移転させ、本部での預託金付制度融資の集中損益管理を行うものです。

その他貸金に、『本部貸金』と呼ばれるものがあります。職員向けの低利貸出である「住宅社内貸付」「共済会貸付」等があります。これらの貸出は営業努力から生じるものではなく、別途の管理が必要です。営業店スプレッドが"0％"の「ベーシススプレッド手法」の適用が妥当と考えられます。たとえば、ALMには1カ月物の資産として管理させ、"【約定利回り】－【一定スプレッド】－【1カ月物市場金利】"の「その他収益」は「経営管理セクション」での計上・管理が一般的でしょう。

『債権流動化』分に関しては、営業店の意思とは関係なく、本部の判断か

ら実行されることから、営業店には流動化後も"貸出が残存しているものとした収益評価"が必要となります。営業店で計上した流動化分のスプレッド収益を営業統括セクションの本部収益として"マイナス計上"します。これにより財務会計収益と一致するとともに、本部での"流動化"に伴うコスト意識が確立することになります。売却を行うので、ALMでの資産管理は不要となり、ALMセクションへのTP処理はなくなります。

　固定金利貸出の売却にあたっては、ALMベースレートを持ち値とした売却時点の「正味価値」分をALMセクションの売買損益として計上する必要があります。営業統括セクションは、流動化時点の実際の売買損益から、このALMセクション計上の売買損益を控除した分を、管理損益として流動化時点で計上します。仮にそれでも売買益を営業店統括セクションが計上できれば、それがその後生じる、本部のマイナス・スプレッド収益の原資となるのです。この本部勘定をきちんとフォローすれば、債権流動化に伴う損益インパクトを継続的にモニターできるようになります。

　現下のように預貸率が悪化し、貸出需要の乏しい経営環境においては、地方銀行・地域金融機関において、債権流動化はすぐには発生しないでしょうが、将来そのようなシーンは到来するものと想定し、思考準備をすることも大切です。

　『貸金の補正利息』は営業店スプレッド収益に計上します。たとえば、起算日でのレート変更に伴う補正利息や両端利息徴求による補正利息は対顧折衝・商慣習から発生したもので、営業店での収益計上が妥当です。また、約定利率と決算計上利率の差額は、なんらかの理由により積数利息とキャッシュでの受取利息等が相違しているもので、この差額も営業店損益として計上すべきものです。ただし、固定金利貸金の中途返済に伴うペナルティ利息の徴求分は、定期預金の中途解約補整利息と同等の取扱いが基本です。固定期間に即して、ALM（長短）セクションが見合いのヘッジ取引を組み上げているからです。突然のヘッジ対象資産の消失は片側のヘッジ取引のみを残すことになるからです。

したがって、固定金利貸出の中途返済に伴うペナルティ利息の徴求分は、ALMセクションへ収益移転します。またこれは合理的で競争優位のペナルティ条項の設計に資するものとなります。有効なペナルティ条項が設定できない場合は、やはり対顧金利にそのオプション・プレミアム分を内包させる商品設計が必要となります。住宅ローンの長期固定金利は最たる事例でしょう。

『不良債権貸金』のTP設計上のイシューとしては、大きく分けて2つあります。第一は不良債権の『キャリング・コスト負担先』、第二は『金利リスク帰属先』の議論です。

当然の意見として、営業部門が不良債権にかかわるキャリング・コストを負担すべきという意見があります。融資営業の結果生じたのですから、営業店がその痛みを感じ、早期回収を推進するという考えです。しかしながら、営業店にキャリング・コストを負担させることには、デメリットも存在します。"直接償却"を行った営業店収益は、その後大きく改善することです。帳簿上、貸金をライトオフすることから、スプレッド収益はいっさい計上されなくなるからです。

反対に、"間接償却"においては、キャリング・コストが依然計上されることになり、償却形態での不公平が生じます。また、直接償却するたびに「営業部門収益」が改善する一方、自己資本の運用益を計上する「経営勘定収益」が突然悪化することになります。不良債権償却が、1つの管理主体によって継続的にモニターされないデメリットもあります。そして、"死んだ貸出"の影響から、現在の営業店のコア・パフォーマンスが誤解され、マーケティング戦略上、ミスジャッジする危険性もあります。

以上のデメリットをふまえると、『不良債権貸金に係るスプレッド収益は一律"0％"とする一定スプレッド』の「ベーシススプレッド手法」の適用がよいと考えます。支店長のモラルハザードの観点から、二の足を踏む考えもありますが、営業店のモラルを維持するには、収益評価上のペナルティ運営より、業績評価のほうがより効果的と考えます。

第二の議論は、不良貸金に関する『金利リスクの帰属先』です。ALMセクションにとってはいつ回収されるかが不明なため、スプレッドバンキングの設計上は、まずは１カ月物の市場金利資産として収益・リスク管理を行うのが妥当でしょう。１カ月物市場金利のキャリング・コストは、「経営管理セクション」にて計上します。

(7) 預貸金以外の運調勘定

　スプレッドバンキングは、預金・貸金のみならず、銀行・地域金融機関が保有する"すべての"資産・負債に対してTP適用を実行し、ALMセクションは各取引の資金属性に応じ、市場金利に準拠して、全資産・負債を洗い替え収益リスク管理を行うものです。したがって、ALMセクションが管理するバランス残高は銀行・地域金融機関全体と同じ残高となります。

　投資有価証券やコール・マネー等の市場での運用・調達は、ALMセクションの"プロパー資金"として位置づけ、約定財務レートそのものでの収益管理となります。預貸金以外の取引に関しては、『ALMのプロパー資産・負債』かどうかを吟味することが重要です。ALMのプロパー資産・負債でないということは、"スプレッド収益"が存在することを意味し、その帰属先をきちんと定義することが必要です。

　ALMのプロパー資産・負債としては、コール・ローン、コール・マネー、CD、買入手形、売渡手形、CP、投資債券、市中借入金（除く劣後債務)、円転、円投、スワップ等のオフバランス取引があげられます。

　商品有価証券等の『ディーリング・セクション』に関しては、資産・負債に対して能動かつ機動的な運営を行っていることから、『全体ALM』とは分別した管理が必要です。ディーリング・セクションは、その運調尻に対し、「ALM（長短リスク）セクション」に〔行内オーダー〕を発注できる体制を構築することが重要です。それにより、より効果的なディーリング業務が展開できるからです。

投資債券のなかで『私募債』をALMのプロパー資産と位置づけるかどうか、については議論があります。たとえば貸金の変形と考え、営業店へスプレッド収益を還元すべきだとする意見があります。間接金融と直接金融の狭間にある取引ですから、主張が分かれるところです。私論をいえば、貸金変形の色彩が依然強いことから、スプレッド収益を営業店へ還元すべきと考えます。その際は、競合商品である固定金利貸金と収益性の評価基準をあわせる必要があります。債券発行に伴う各種手数料を期間按分し、私募債の最終利回りと見合市場金利の差である表面スプレッドに加算し、私募債のスプレッド収益を営業店へ固定還元します。

私募債発行という、顧客・銀行双方にとって労力がかかる金融取引が、手続が至って簡単な「固定金利貸金」と比べ、十分な利鞘が確保されていない場合が散見されます。手前で一括計上される手数料収入に目が奪われ、総合収益性の低い取引を実行している可能性があります。

「ALM（長短リスク）セクション」の"組織内"でのTP設計も重要なポイントです。投資有価証券を中心に長期金利資産を管理する現行の資金証券セクションと預貸関連のALMをいかに融合させるかの設計です。3年以上の長期預金部分と長期固定金利貸金部分といった預貸金の"長期ポジション"は、投資債券ポジションと同様の資金属性を呈しています。長期預貸金と投資債券に関し、"総合的なポジション運営"ができるよう「ALM（"長中"リスク）セクション」をALM内部にて構成するのも有効と考えます。財務勘定科目の区分けを超えた資金属性の観点からの「ALMセクション」の複層立上げが、これからの金利上昇局面においてさらに重要となります。

『その他の資産・負債』、すなわち"その他スプレッド収益"が存在するものに以下のようなものがあります。『保有現金』『日銀準備預金』に関しては、日々残高が変動することから、ALMセクションは1カ月物市場金利での資産管理とし、そのコストを営業店が支払う「市場金利手法」とします。

『日銀借入金』『転換社債』に関し、ALMセクションがその金利で調達管理すれば、低利調達の利得を努力なしで享受することになります。厳密な取扱いとしては、市場金利1カ月物の移転価格で資金管理させ、スプレッド収益を「経営管理セクション」へ計上させる「市場金利手法」が妥当と考えられます。ただし、日々の資金繰り管理をALMセクションが行っていることから、それらのスプレッド収益をALMセクションへ付与する、すなわち「ALMのプロパー調達」としてもよいと考えます。

　逆に、高コストの調達として『従業員預り金』があります。ALMセクションは1カ月物の市場金利調達として収益管理を行い、〔1カ月物市場金利－従業員預り金利〕の差額コストは「経営管理セクション」にて計上することが妥当ですが、もはやその優遇幅も大きく圧縮されていることから、そのまま「ALMセクション」のプロパー調達としても問題ないでしょう。

　BIS規制遵守のための『劣後債務』については、ALMセクションは、その高コスト負担の義務はないことから、金利サイクルにあわせた市場金利での引受け・管理が適切です。市場金利と劣後債務金利の差額コストは、「経営管理セクション」での計上が妥当です。BISリスクアセット運営の責務がある各営業部門にそのコストを按分負担させる考え方もありますが、毎期の利益計上に伴う自己資本勘定の改善に伴う運用益を営業部門に配賦していないことから、劣後債務コストに関しては、「経営管理セクション」での負担が適切であると考えます。

　『仮払金』『仮受金』『本店勘定』に関しては、「市場金利手法」を適用し、スプレッドを「経営管理セクション」に計上します。『動産・不動産』に関するキャリング・コストについても、「経営管理セクション」での計上が妥当と考えます。それは、①動産・不動産は営業活動維持のための資産であり、その分を自己資本でまかなうものと考えられること、②簿価ベースのキャリング・コストを各営業店に経費配賦すると、新店舗と旧店舗、賃貸店舗と買取店舗間での評価上のゆがみが生じるからです。営業店に対しては別

途、"経費配賦"にて動産・不動産コストを賦課していきます。ALMセクションは1カ月物の市場金利で資産管理を行い、そのコストは「経営管理セクション」での負担とします。

『保有株式』に関しては、「政策投資」の部分と「クロス取引株式益出しによる簿加増」の部分を分別して、TP適用すべきでしょう。「政策投資」部分に関しては、「市場金利手法」を適用し、キャリング・コストは営業店の負担とする考えが一般的です。その際、当然ながら政策投資の株式配当収入は営業店に帰属します。BIS規制の対応から、銀行・地域金融機関の政策投資は大きく減少しています。たしかに上場大手企業との株式持合いのための政策投資に関しては縮小の方向でしょう。一方、地場の非上場企業の事業承継や新たな起業の後押しのため、銀行・地域金融機関における政策投資機能の拡充は、これからの「新局面」においてとても重要なものと思います。政策投資を経営として今後どう位置づけるかをしっかりと議論したうえで、スプレッドバンキングの設計を行うことが有効でしょう。デットの供給機能のみならず、エクイティの提供機能が、これからの事業の柱となるのではないでしょうか。

「クロス取引株式益出しによる簿加増」のキャリング・コストに関しては、「経営管理セクション」での計上が適切です。不良債権の処理原資として、経営判断から益出しを行い、同量の買戻しを行うことによって生じる簿価アップは、まさに経営判断によるものだからです。益出し分は"実現益"として自己資本勘定の改善となりますが、40％程度の税流失が生じます。買戻しを行えば、その税流失分だけ"バランスシートを傷める"ことになります。

『自己資本・損益勘定』の運用益に関しては、「経営管理セクション」での計上が妥当でしょう。自己資本・損益資金、動産・不動産、保有株式、現金保有など、明確な資金満期が存在しないTP処理において、いかなるTP期間を設定するかのイシューは、流動性預金におけるTP期間設定とまったく同じ問題です。それら明確な資金満期のない資金ポジションを総合把握し

て、いかなるポジション運営をするかが、「ALM（ベーシスリスク）セクション」の最大のミッションとなるのです。

　以上、「管理商品ユニット」に対する具体的なTP設計に関し考察を深め、スプレッドバンキングの組立てに関して理解を進めてきました。さまざまな営業活動、ALM運営に関し、思いをめぐらせ、経営の思念を念写するようスプレッドバンキングを設計していくことが重要です（スプレッドバンキングの組立てについては図表5‐13、図表5‐14参照）。

図表 5-13 スプレッドバンキングの組立て① —預貸金—

[預金商品]

管理商品ユニット		行内移転価格手法（TP手法）	能動プライシング（あり=○）	スプレッド収益	長短ミスマッチ収益	ベーシスリスク収益	収益帰属先ユニット 能動プライシング	収益帰属先ユニット 信用コスト収益	その他収益 中途解約精算	その他収益 権利補整	その他収益 延利ほか	ALM長短レート	TPレート ALMベースレート（αスプレッド）	TPレート 水準	TPレート 更改	信用TPレート
流動性預金	当座預金	ベーシススプレッド手法	—	営業店	ALM（長短）	ALM（ベーシス）	—	—	—	—	—	市場金利1カ月	α当座預金	0.35	不定	—
	普通預金	ベーシススプレッド手法	—	営業店	ALM（長短）	ALM（ベーシス）	—	—	—	—	—	市場金利1カ月	α普通預金	0.33	不定	—
	貯蓄預金	市場金利手法	—	営業店	ALM（長短）	—	—	—	—	—	—	市場金利1カ月	—	—	—	—
	通知預金	ベーシススプレッド手法	—	営業店	ALM（長短）	ALM（ベーシス）	—	—	—	—	—	市場金利1カ月	α通知預金	0.33	不定	—
	別段預金	ベーシススプレッド手法	—	営業店	ALM（長短）	ALM（ベーシス）	—	—	—	—	—	市場金利1カ月	α別段預金	0.35	不定	—
	納税準備預金	ベーシススプレッド手法	—	営業店	ALM（長短）	ALM（ベーシス）	—	—	—	—	—	市場金利1カ月	α納税準備	0.32	不定	—
定期性預金	大口定期預金 10億円以上	市場金利手法（個別）	—	営業店	ALM（長短）	—	—	—	ALM（長短）	—	—	市場金利（ダイレクト）	—	—	—	—
	〃 3億〜10億円未満	市場金利手法	○	営業店	ALM（長短）	—	営業統括	—	ALM（長短）	—	—	市場金利（日中）	—	—	—	—
	〃 3億円未満	市場金利手法	○	営業店	ALM（長短）	—	営業統括	—	ALM（長短）	—	—	市場金利（日次）	—	—	—	—
	預託金	ベーシススプレッド手法	—	営業店	ALM（長短）	営業統括	—	—	ALM（長短）	—	—	市場金利（日次）	α預託金	0	不定	—
	スーパー定期 300万円以上	市場金利手法	○	営業店	ALM（長短）	—	営業統括	—	ALM（長短）	—	—	市場金利（日次）	—	—	—	—
	〃 300万円未満	市場金利手法	○	営業店	ALM（長短）	—	営業統括	—	ALM（長短）	—	—	市場金利（日次）	—	—	—	—
	預託金	ベーシススプレッド手法	—	営業店	ALM（長短）	営業統括	—	—	ALM（長短）	—	—	市場金利（日次）	α預託金	0	不定	—

管理商品ユニット	行内移転価格手法（TP手法）	能動プライシングレッド（あり=○）	スプレッド収益	長短ミスマッチ収益	収益帰属先ユニット ベーシスリスク収益	能動プライシング	信用コスト収益	その他収益 中途解約補整	複利補整	延利ほか	ALM長短レート	TPレート ALMベーシスレート（αスプレッド）	（適用ルール）水準	更改	信用TPレート
変動金利定期	市場金利手法	—	—	ALM（長短）	—	—	—	ALM（長短）	—	—	市場金利（日次）6M	—	—	—	—
年金定期	市場金利手法	○	—	ALM（長短）	—	営業統括	—	ALM（長短）	—	—	市場金利（日次）	—	—	—	—
定期性預金 福祉定期	ベーシススプレッド手法	—	営業店	ALM（長短）	経営管理	—	—	ALM（長短）	—	—	市場金利（日次）	α福祉定期	0.1	不定	—
積立定期（含む財形）	市場金利手法	—	—	ALM（長短）	—	—	—	ALM（長短）	—	—	市場金利（日次）	—	—	—	—
期日指定定期（含む財形・積立）	ベーシススプレッド手法	—	営業店	ALM（長短）	—	—	—	ALM（長短）	—	—	市場金利（日中）	—	—	—	—
期日後定期	ベーシススプレッド手法	—	営業店	ALM（長短）	ALM（ベーシス）	—	—	—	経営管理	—	市場金利1カ月	α普通預金	0.33	不定	—

〔信用コスト〕は営業部門収益から控除せず、内数表示。ただし、当該"信用コスト収益"を（融資企画セクション）においても収益管理（保険料収入概念として）

〔貸金商品〕

管理商品ユニット		行内移転価格手法（TP手法）	能動プライシングレッド（あり=○）	スプレッド収益	長短ミスマッチ収益	収益帰属先ユニット ベーシスリスク収益	能動プライシング	信用コスト収益	その他収益 中途解約補整	複利補整	延利ほか	ALM長短レート	TPレート ALMベーシスレート（αスプレッド）	（適用ルール）水準	更改	信用TPレート
商業手形		ベーシススプレッド手法	○	営業店	ALM（長短）	ALM（ベーシス）	営業統括	融資企画	ALM（長短）	—	融資企画	市場金利（日次）	α短プラ	1.20	不定	法人PD×LGD
事業性貸金	手形貸付 短プラ連動	ベーシススプレッド手法	○	営業店	ALM（長短）	ALM（ベーシス）	営業統括	融資企画	ALM（長短）	—	融資企画	市場金利（日次）	α短プラ	1.20	不定	法人PD×LGD
	〃 スプレッド貸出 短プラ連動	市場金利手法	—	営業店	ALM（長短）	—	—	融資企画	ALM（長短）	—	融資企画	市場金利（日中）	—	—	—	法人PD×LGD
	〃 一般															

管理商品ユニット		行内移転価格手法（TP手法）	能動プライシング（あり⇒○）	収益帰属先ユニット								ALM長短レート	TPレート			信用TPレート
				スプレッド収益	長短ミスマッチ収益	ベーシスリスク収益	能動プライシング	信用コスト収益	その他収益				ALMベースレート（αスプレッド）	水準	適用（ルール）変改	
									中途解約補整	複利補整	延利ほか					
事業性資金 手形貸付	スプレッド貸出 大口	市場金利手法（個別）	—	営業店	ALM（長短）	—	—	融資企画	ALM（長短）	—	—	市場金利（ダイレクト）	—	—	—	法人 PD×LGD
〃	預金担保	ベーシススプレッド手法	—	営業店	ALM（長短）	ALM（ベーシス）	—	融資企画	—	—	—	市場金利（日次）	α短プラ	1.20	不定	法人 PD×LGD
〃	制度融資	ベーシススプレッド手法	○	営業店	ALM（長短）	ALM（ベーシス）	営業統括	融資企画	—	—	—	市場金利（日次）	α預託金融資	0.10	不定	法人 PD×LGD
当座貸越（一般） 短プラ連動	預金担保	ベーシススプレッド手法	○	営業店	ALM（長短）	ALM（ベーシス）	営業統括	融資企画	ALM（長短）	—	—	市場金利 1カ月	α短プラ	1.20	不定	法人 PD×LGD
当座貸越（特殊） スプレッド貸出	預金担保	市場金利手法（個別）	○	営業店	ALM（長短）	—	営業統括	融資企画	ALM（長短）	—	—	市場金利 1カ月	α短プラ	1.20	不定	法人 PD×LGD
〃	一般	ベーシススプレッド手法	○	営業店	ALM（長短）	ALM（ベーシス）	営業統括	融資企画	—	—	—	市場金利（日中）	α短プラ	1.20	不定	法人 PD×LGD
証書貸付（変動） 短プラ連動	大口	市場金利手法（個別）	○	営業店	ALM（長短）	—	営業統括	融資企画	—	—	—	市場金利（日次）	—	—	—	法人 PD×LGD
〃	預金担保	ベーシススプレッド手法	—	営業店	ALM（長短）	ALM（ベーシス）	—	融資企画	—	—	—	市場金利（ダイレクト）	α短プラ	1.20	不定	法人 PD×LGD
〃	制度融資	ベーシススプレッド手法	○	営業店	ALM（長短）	ALM（ベーシス）	営業統括	融資企画	—	—	—	市場金利（日次）	α預託金融資	0.10	不定	法人 PD×LGD
〃	その他連動	ベーシススプレッド手法	—	営業店	ALM（長短）	ALM（ベーシス）	—	融資企画	—	—	—	市場金利（日次）	αその他変動	1.50	不定	法人 PD×LGD

	管理商品ユニット		行内移転価格手法（TP手法）	能動プライシング（あり⇒○）	収益帰属先ユニット							ALM長短レート	TPレート			信用TPレート
					スプレッド収益	長短ミスマッチ収益	ベーシスリスク収益	能動プライシング	信用コスト収益	その他収益				ALMベーシスレート（αスプレッド）	適用（ルール）	
										中途解約補填	複利補整	延利ほか			水準	変更	
事業性資金	証書貸付（固定）	期限一括返済	市場金利手法	—	営業店	ALM（長短）	—	—	融資企画	ALM（長短）	—	融資企画	市場金利（日中）	—	—	—	法人 PD×LGD
	〃	元利均等	市場金利手法	—	営業店	ALM（長短）	—	—	融資企画	ALM（長短）	—	融資企画	市場金利（元利）	—	—	—	法人 PD×LGD
	〃	元利均等	市場金利手法	—	営業店	ALM（長短）	—	—	融資企画	ALM（長短）	—	融資企画	市場金利（元利）	—	—	—	法人 PD×LGD
	〃	制度融資	ベーシススプレッド手法	○	営業店	ALM（長短）	営業統括	—	融資企画	ALM（長短）	—	融資企画	市場金利（元利）	α預託金融資	0.10	不定	法人 PD×LGD
	手形貸付	短プラ連動	ベーシススプレッド手法	—	営業店	ALM（長短）	ALM（ベーシス）	—	融資企画	—	—	融資企画	市場金利（日中）	α短プラ	1.20	不定	個人 PD×LGD
	〃	スプレッド貸出	市場金利手法	—	営業店	ALM（長短）	—	—	融資企画	ALM（長短）	—	融資企画	市場金利（日次）	—	—	—	個人 PD×LGD
	〃	預金担保	ベーシススプレッド手法	—	営業店	ALM（長短）	ALM（ベーシス）	—	融資企画	—	—	融資企画	市場金利（日中）	α短プラ	1.20	不定	個人 PD×LGD
	当座貸越（一般）	預金連動	ベーシススプレッド手法	○	営業店	ALM（長短）	営業統括	営業統括	融資企画	—	—	融資企画	市場金利（日次）	α総合口座	0.0	不定	個人 PD×LGD
	当座貸越（特殊）	短プラ連動	ベーシススプレッド手法	○	営業店	ALM（長短）	ALM（ベーシス）	営業統括	融資企画	ALM（長短）	—	融資企画	市場金利 1カ月	α短プラ	1.20	不定	個人 PD×LGD
	証書貸付（変動）	カードローン	市場金利手法	○	営業店	ALM（長短）	ALM（ベーシス）	—	融資企画	—	—	融資企画	市場金利 1カ月	α短プラ	1.20	不定	個人 PD×LGD
消費性資金	〃	住宅ローン	ベーシススプレッド手法	—	営業店	ALM（長短）	—	—	融資企画	ALM（長短）	—	融資企画	市場金利（日中）	—	—	—	個人 PD×LGD
	〃	一般	市場金利手法	—	営業店	ALM（長短）	ALM（ベーシス）	—	融資企画	—	—	融資企画	市場金利（日次）	α短プラ	1.20	不定	個人 PD×LGD
	〃	預金担保	ベーシススプレッド手法	—	営業店	ALM（長短）	—	—	融資企画	ALM（長短）	—	融資企画	市場金利（日次）	—	—	—	個人 PD×LGD
	〃	その他連動	ベーシススプレッド手法	—	営業店	ALM（長短）	ALM（ベーシス）	—	融資企画	—	—	融資企画	市場金利（日次）	αその他変動	1.50	不定	個人 PD×LGD
	証書貸付（固定）	住宅ローン	市場金利手法	—	営業店	ALM（長短）	—	—	融資企画	ALM（長短）	—	融資企画	市場金利（住宅元金）	—	—	—	個人 PD×LGD

管理商品ユニット			行内移転価格手法（TP手法）	能動プライシング（あり⇒○）	スプレッド収益	長短ミスマッチ収益	ベーシスリスク収益	能動プライシング	信用コスト収益	中途解約補整	その他収益		ALM長短レート	TPレート			信用TPレート
											複利補整	延利ほか		ALMベーシスレート（αスプレッド）	適用		
															水準	ルール変更	
消費性資金	証書貸付（固定）	元利均等	住宅ローン	市場金利手法	—	営業店	ALM（長短）	—	—	融資企画	ALM（長短）	—	融資企画	市場金利（住宅元利）	—	—	—	個人 PD×LGD
	〃	固定変動選択型	住宅ローン	市場金利手法	—	営業店	ALM（長短）	—	—	融資企画	ALM（長短）	—	融資企画	市場金利（固定変動選択）	—	—	—	個人 PD×LGD
	〃	その他固定		市場金利手法	—	営業店	ALM（長短）	—	—	融資企画	ALM（長短）	—	融資企画	市場金利（その他固定）	—	—	—	個人 PD×LGD
	手形貸付	短プラ連動		ベーシススプレッド手法	—	経営管理	ALM（長短）	ALM（ベーシス）	—	融資企画	ALM（長短）	—	融資企画	市場金利（日次）	α短プラ	1.20	不定	本部 PD×LGD
	〃	スプレッド貸出（一般）		市場金利手法	—	経営管理	ALM（長短）	—	—	融資企画	ALM（長短）	—	融資企画	市場金利（日次）	—	—	—	本部 PD×LGD
	〃	預金担保		ベーシススプレッド手法	—	経営管理	ALM（長短）	ALM（ベーシス）	—	融資企画	ALM（長短）	—	融資企画	市場金利（日中）	α短プラ	1.20	不定	本部 PD×LGD
	証書貸付（変動）	短プラ連動		ベーシススプレッド手法	—	経営管理	ALM（長短）	ALM（ベーシス）	—	融資企画	ALM（長短）	—	融資企画	市場金利（日次）	α短プラ	1.20	不定	本部 PD×LGD
	〃	スプレッド貸出（一般）		市場金利手法	—	経営管理	ALM（長短）	—	—	融資企画	ALM（長短）	—	融資企画	市場金利（日次）	—	—	—	本部 PD×LGD
	〃	預金担保		ベーシススプレッド手法	—	経営管理	ALM（長短）	ALM（ベーシス）	—	融資企画	ALM（長短）	—	融資企画	市場金利（日次）	α短プラ	1.20	不定	本部 PD×LGD
	〃	その他連動		ベーシススプレッド手法	—	経営管理	ALM（長短）	—	—	融資企画	—	—	融資企画	市場金利（日次）	αその他変動	1.50	不定	本部 PD×LGD
本部管理資金ほか	証書貸付	期限一括返済		市場金利手法	—	経営管理	ALM（長短）	—	—	融資企画	ALM（長短）	—	融資企画	市場金利（日中）	—	—	—	本部 PD×LGD
	〃	元金均等		市場金利手法	—	経営管理	ALM（長短）	—	—	融資企画	ALM（長短）	—	融資企画	市場金利（元金）	—	—	—	本部 PD×LGD
	〃	元利均等		市場金利手法	—	経営管理	ALM（長短）	—	—	融資企画	ALM（長短）	—	融資企画	市場金利（元利）	—	—	—	本部 PD×LGD
	不良債権				—	経営管理	ALM（長短）	—	—	融資企画	—	—	融資企画	市場金利 1カ月	—	—	—	本部 PD×LGD

図表5-14 スプレッドバンキングの組立て② ―その他資産・負債―

管理商品ユニット		行内移転価格手法(TP手法)	能動プライシング(あり⇒○)	スプレッド収益	長短ミスマッチ収益	収益帰属先ユニット ベーシスリスク収益	能動プライシング収益	信用コスト収益	その他収益 中途解約補整	複利補整	延利ほか	ALM長短レート	TPレート ALMベーシスレート(αスプレッド)	水準	適用ルール 更改	信用TPレート
保有現金		市場金利手法	―	営業店	ALM(長短)	―	―	―	―	―	―	市場金利1カ月	―	―	―	―
日銀預け金		市場金利手法	―	営業店	ALM(長短)	―	―	―	―	―	―	市場金利1カ月	―	―	―	―
定期預金預け金		ALM(長短)フロパー資金	―	―	ALM(長短)	―	―	―	―	―	―	―	―	―	―	―
流動性預金預け金		ALM(長短)フロパー資金	―	―	ALM(長短)	―	―	―	―	―	―	―	―	―	―	―
譲渡性預金預け金		ALM(長短)フロパー資金	―	―	ALM(長短)	―	―	―	―	―	―	―	―	―	―	―
コールローン		ALM(長短)フロパー資金	―	―	ALM(長短)	―	―	―	―	―	―	―	―	―	―	―
その他資産 買入手形		ALM(長短)フロパー資金	―	―	ALM(長短)	―	―	―	―	―	―	―	―	―	―	―
CP		ALM(長短)フロパー資金	―	―	ALM(長短)	―	―	―	―	―	―	―	―	―	―	―
その他買入金銭債権		ALM(長短)フロパー資金	―	―	ALM(長短)	―	―	―	―	―	―	―	―	―	―	―
商品有価証券		ALM(長短)フロパー資金	―	―	ALM(長短)	―	―	―	―	―	―	―	―	―	―	―
金銭の信託		ALM(長短)フロパー資金	―	―	ALM(長短)	―	―	―	―	―	―	―	―	―	―	―
国債		ALM(長短)フロパー資金	―	―	ALM(長短)	―	―	―	―	―	―	―	―	―	―	―
地方債	公募地方債	ALM(長短)フロパー資金	―	―	ALM(長短)	―	―	―	―	―	―	―	―	―	―	―

管理商品ユニット		行内移転価格手法 (TP手法)	能動プライシング (あり⇒○)	収益帰属先ユニット					その他収益			TPレート				信用TPレート
				スプレッド収益	長短ミスマッチ収益	ベーシスリスク収益	能動プライシング	信用コスト収益	中途解約補整	複利補整	延利ほか	ALM長短レート	ALMベーシスレート (αスプレッド)	TPレート (適用)		
														水準	ルール変改	
地方債	縁故地方債	ALM (長短) プロパー資金	—	—	ALM (長短)	—	—	—	—	—	—	—	—	—	—	—
公社・公団債	政府保証債	ALM (長短) プロパー資金	—	—	ALM (長短)	—	—	—	—	—	—	—	—	—	—	—
〃	非政府保証債	ALM (長短) プロパー資金	—	—	ALM (長短)	—	—	—	—	—	—	—	—	—	—	—
金融債	利付債	ALM (長短) プロパー資金	—	—	ALM (長短)	—	—	—	—	—	—	—	—	—	—	—
〃	割引債	ALM (長短) プロパー資金	—	—	ALM (長短)	—	—	—	—	—	—	—	—	—	—	—
事業債	公募債	ALM (長短) プロパー資金	—	—	ALM (長短)	—	—	—	—	—	—	—	—	—	—	—
〃	私募債	ベーシススプレッド手法	営業店	営業統括	ALM (長短)	—	融資企画	ALM (長短)	—	融資企画	市場金利 (日次)	α 私募債	0.50	不定	法人 PD×LGD
〃	転換社債	ALM (長短) プロパー資金	—	—	ALM (長短)	—	—	—	—	—	—	—	—	—	—	—
〃	ワラント債	ALM (長短) プロパー資金	—	—	ALM (長短)	—	—	—	—	—	—	—	—	—	—	—
株式	上場	市場金利手法	営業店	—	ALM (長短)	—	—	—	—	—	市場金利 1カ月	—	—	—	—	—
〃	非上場	市場金利手法	営業店	—	ALM (長短)	—	—	—	—	—	市場金利 1カ月	—	—	—	—	—
その他債権		ALM (長短) プロパー資金	—	—	ALM (長短)	—	—	—	—	—	—	—	—	—	—	—
仮払金		市場金利手法	経営管理	—	ALM (長短)	—	—	—	—	—	市場金利 1カ月	—	—	—	—	—
動産・不動産		市場金利手法	経営管理	—	ALM (長短)	—	—	—	—	—	市場金利 1カ月	—	—	—	—	—

管理商品ユニット		行内移転価格手法（TP手法）	能動プライシングレッド収益（あり＝○）	収益帰属先ユニット							TPレート				信用TPレート
				長短ミスマッチ収益	ベーシスリスク収益	能動プライシング収益	信用コスト収益	その他収益			ALM長短レート	ALMベーシスレート（αスプレッド）	TPレート（適用ルール）		
								中途解約補整	複利補整	延利ほか			水準	更改	
その他資産	その他資産	市場金利手法	－	経営管理	ALM（長短）	－	－	－	－	－	－	市場金利1カ月	－	－	－	－
	円投	ALM（長短）プロパー資金	－	－	ALM（長短）	－	－	－	－	－	－	－	－	－	－	－
	日銀借入れ	ALM（長短）プロパー資金	－	－	ALM（長短）	－	－	－	－	－	－	－	－	－	－	－
	コールマネー	ALM（長短）プロパー資金	－	－	ALM（長短）	－	－	－	－	－	－	－	－	－	－	－
	売渡手形	ALM（長短）プロパー資金	－	－	ALM（長短）	－	－	－	－	－	－	－	－	－	－	－
	その他借入金	ALM（長短）プロパー資金	－	－	ALM（長短）	－	－	－	－	－	－	－	－	－	－	－
その他負債	譲渡性預金 インターバンク	ALM（長短）プロパー資金	－	－	ALM（長短）	－	－	－	－	－	－	市場金利（日次）	－	－	－	－
	〃 対顧販売	市場金利手法	－	営業店	－	－	－	－	－	－	－	－	－	－	－	－
	社債	ALM（長短）プロパー資金	－	－	ALM（長短）	－	－	－	－	－	－	市場金利（日次）	－	－	－	－
	転換社債	市場金利手法	－	経営管理	ALM（長短）	－	－	－	－	－	－	市場金利（日次）	－	－	－	－
	劣後ローン	市場金利手法	－	経営管理	ALM（長短）	－	－	－	－	－	－	市場金利1カ月	－	－	－	－
	仮受金	市場金利手法	－	経営管理	ALM（長短）	－	－	－	－	－	－	市場金利1カ月	－	－	－	－
	従業員預り金	市場金利手法	－	経営管理	ALM（長短）	－	－	－	－	－	－	市場金利1カ月	－	－	－	－
	自己資本・損益資金	市場金利手法	－	経営管理	ALM（長短）	－	－	－	－	－	－	市場金利1カ月	－	－	－	－

管理商品ユニット		行内移転価格手法（TP手法）	能動プライシング（あり⇒○）	収益帰属先ユニット					その他収益			TPレート				信用TPレート
				スプレッド収益	長短ミスマッチ収益	ベーシスリスク収益	能動プライシング収益	信用コスト収益	中途解約補整	複利補整	延利ほか	ALM長短レート	ALMベーシスレート（aスプレッド）	適用ルール		
														水準	更改	
その他負債 円投		市場金利手法	―	経営管理	ALM（長短）	―	―	―	―	―	―	市場金利1カ月	―	―	―	―
金利スワップ（払い）	個別ヘッジ 変動	ALM（長短）フロー／資金	―	―	ALM（長短）	―	―	―	―	―	―	―	―	―	―	―
	固定	ALM（長短）フロー／資金	―	―	ALM（長短）	―	―	―	―	―	―	―	―	―	―	―
	マクロヘッジ 変動	ALM（長短）フロー／資金	―	―	ALM（長短）	―	―	―	―	―	―	―	―	―	―	―
	固定	ALM（長短）フロー／資金	―	―	ALM（長短）	―	―	―	―	―	―	―	―	―	―	―
	経営ALM（内部取引） 変動	ALM（長短）フロー／資金	―	―	ALM（長短）	―	―	―	―	―	―	―	―	―	―	―
	固定	ALM（長短）フロー／資金	―	―	ALM（長短）	―	―	―	―	―	―	―	―	―	―	―
金利スワップ（受け）	個別ヘッジ 変動	ALM（長短）フロー／資金	―	―	ALM（長短）	―	―	―	―	―	―	―	―	―	―	―
	固定	ALM（長短）フロー／資金	―	―	ALM（長短）	―	―	―	―	―	―	―	―	―	―	―
	マクロヘッジ 変動	ALM（長短）フロー／資金	―	―	ALM（長短）	―	―	―	―	―	―	―	―	―	―	―
	固定	ALM（長短）フロー／資金	―	―	ALM（長短）	―	―	―	―	―	―	―	―	―	―	―
	経営ALM（内部取引） 変動	ALM（長短）フロー／資金	―	―	ALM（長短）	―	―	―	―	―	―	―	―	―	―	―
	固定	ALM（長短）フロー／資金	―	―	ALM（長短）	―	―	―	―	―	―	―	―	―	―	―

> 経営ALM（内部取引）の金利スワップ勘定は、「流動性預金ポジション」や「その他資産・負債ポジション」に対して、全体ALMの観点から、経営ヘッジあるいは経営ライクポジションを形成するための勘定。
> たとえば、「流動性預金ポジション」をALM（長短）セクションでTPする一方で、金利スワップオペレーションとして1Mものと5年ものを固める場合、別途、残高の半分をALM（長短）セクションに、その分をALM（長短）セクション（経営管理セクション）より発注する取引。

第 8 節

【実践】スプレッドバンキング

　本章の締めくくりとして、前述してきた「収益リスク管理会計制度」であるスプレッドバンキングの基本機能、詳細設計のポイント、具体的な組立方法をふまえ、【収益⇔リスク】を関係づけ、金融因数分解と積分により、リスク源泉別・顧客源泉別の経営管理の枠組みを体現する帳票事例を提示し、自行・自機関にとっての"ベスト・フィット"の（実践設計）に資するよう、考察を深めていきます。

(1)　「スプレッドバンキング組上げ管理帳票」

　図表 5 - 15は、TP処理により実現される、【収益⇔リスク】の関係づけを集約総括する「スプレッドバンキング組上げ管理帳票」です。

　縦軸には、第 4 節にて詳述した「管理商品ユニット」を順列します。次に、それを横方向に展開します。横軸の始めは"財務会計"です。財務会計の【平残】【利回り】【受取・支払利息】を表記し、それをスプレッドバンキングによる金融因数分解を行うものです。したがって、横方向に財務会計を、〔営業部門スプレッド収益〕+〔ALM（長短）部門TP収益〕+〔ALM（ベーシス）スプレッド収益〕+〔（経営管理）スプレッド収益〕に金融因数分解するものです。

　また〔営業部門スプレッド収益〕は、与信商品に内在する"信用コスト（PD×LGD×信用リスクプレミアム）"を因数分解のうえ、経費配賦を行い、【信用コスト控除後】【経費控除後】【信用コスト＋経費控除後】にて収益把握します。

図表5-15 「スプレッドバンキングの組上げ管理帳票」

財務会計	営業部門スプレッド収益

財務会計側の項目:
- 短プラ連動(短期貸金)
  - (一般)短プラ短期貸金
  - (一般)当座貸越
  - (マル保)短期貸金
- 市場金利連動短期貸金
- その他(預金金利等)
- 短期貸金(法人)
- 短プラ連動(長期貸金)
  - (一般)短プラ連動長期貸金
  - 即日連動型
  - 次回約定連動型
  - 非自動連動
  - (マル保)短プラ連動長期貸金
  - 即日連動型
  - 次回約定連動型
  - 非自動連動
- 市場金利連動長期貸金
- その他(預金金利等)
- 長期変動貸金(法人)
  - (元金均等)長期固定金利貸金
  - (一般)長期固定
  - マクロヘッジ長期固定
  - 個別ヘッジ長期固定
  - (マル保)制度融資
  - (元利均等)長期固定
  - (期間一括)長期固定
- 長期固定貸金(法人)
- 長期貸金(法人)
- 短プラ連動(短期ローン)
  - (一般)短プラ短期
  - カードローン
- 市場金利連動短期ローン
- 総合口座当座貸越
- 短期貸金(個人)
- 住宅ローン
  - 短プラ連動変動型
  - 固定⇔変動選択型
  - 固定金利型
- 一般長期ローン
  - 短プラ連動変動型
  - 市場連動変動型
  - 固定金利型
  - その他(預金金利等)
- 長期貸金(個人)
- 未収不計上貸金
  - ウチ 個人
  - ウチ 法人
- 本部管理貸金
  - ウチ 本部管理プロパー
  - ウチ 従業員向け貸金等
- 貸出金 合計
- 正常債権 合計
- 割引手形
- 手形貸付
- 証書貸付
- 当座貸越等
- ウチ短プラ連動貸金(長短合計)
- ウチ固定金利貸金(長短合計)
- ウチ(マル保)貸金(長短合計)
- ウチ延滞貸金

列項目(財務会計): 平残 / 利回り / 受取利息あるいは支払利息

列項目(営業部門スプレッド収益):
- (粗利益)スプレッド収益: スプレッドa / 上乗せ
- インセンティブ控除後: インセンティブ / スプレッド
- 収益
- 信用コスト(a): PD / LGD / プレミアム
- 経費(b): 人件費 / 物件費 / その他
- ①-(a) 信用コスト控除後スプレッド
- ①-(a) 信用コスト控除後収益
- ①-(a)-(b) 信用コスト経費控除後スプレッド
- ①-(a)-(b) 信用コスト経費控除後収益

※スプレッドバンキング

営業店に付与する「インセンティブ」あるいは「ディスインセンティブ」を本部の営業統括セクションで反転計上
・【インセンティブ】は本部でマイナス計上
・【ディスインセンティブ】は本部でプラス計上

"上乗せ"は、貸金の場合は短プラや市場金利対比の上乗せ幅、預金の場合は店頭掲示レート対比の上乗せ幅

同一レイアウトで、①営業店別、②エリア別、③業種属性別、④規模別、⑤信用格付別、⑥個社別等を算出

同一レイアウトで、①当月実績、②期中(累計)実績、③前期比(前月比)、④前年同期比、⑤計画比等を算出

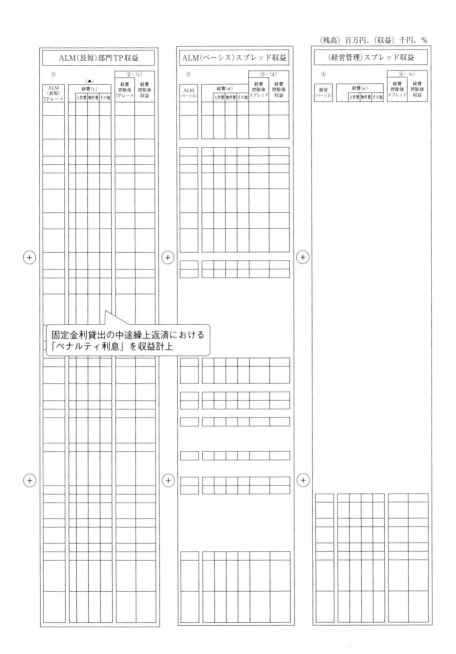

財務会計					営業部門スプレッド収益									
					(粗利益)スプレッド収益 ①				経費 (b) ▲			①-(b)	
	平残	利回り	受取利息あるいは支払利息		スプレッド(粗利) α 上乗せ	インセンティブ控除後	スプレッド控除	スプレッド収益		人件費	物件費	その他	経費控除後スプレッド	経費控除後収益
流動性預金(法人)														
当座預金(法人)														
普通預金(法人)														
その他流動性(法人)														
10億円以上														
3億円以上														
1億円以上														
5,000万円以上														
1,000万円以上														
300万円以上														
300万円未満														
定期性預金(法人)														
大口定期(法人)														
10億円以上														
3億円以上														
1億円以上														
5,000万円以上														
1,000万円以上														
小口定期(法人)														
スーパー定期300														
スーパー定期														
その他定期預金														
期日後定期預金														
流動性預金(個人)														
当座預金(個人)														
普通預金(個人)														
貯蓄預金(個人)														
その他流動性(個人)														
10億円以上														
3億円以上														
1億円以上														
5,000万円以上														
1,000万円以上														
300万円以上														
300万円未満														
定期性預金(個人)														
大口定期(個人)														
10億円以上														
3億円以上														
1億円以上														
5,000万円以上														
1,000万円以上														
小口定期(個人)														
スーパー定期300														
スーパー定期														
変動金利定期														
財形預金														
積立預金														
福祉定期														
その他定期預金														
期日後定期預金														
預託金														
預金　合計														
1カ月物														
3カ月物以下														
6カ月物以下														
1年物以下														
3年物以下														
5年物以下														
5年物超														
期日後定期預金														
ウチ　法人預金														
ウチ　個人預金														
ウチ　地公体預金														
ウチ　金融法人預金														

（矢印：スプレッドバンキング）

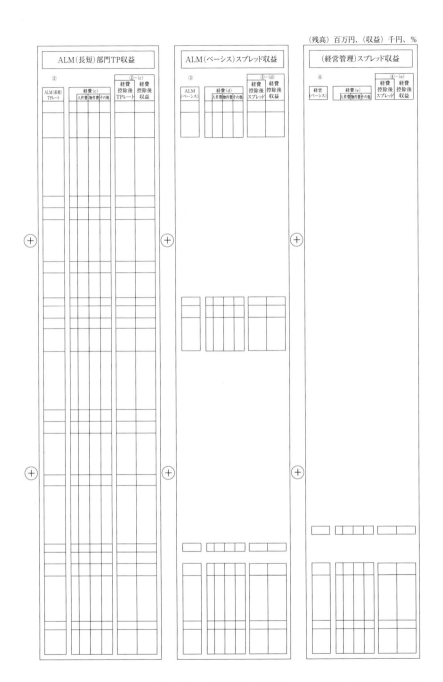

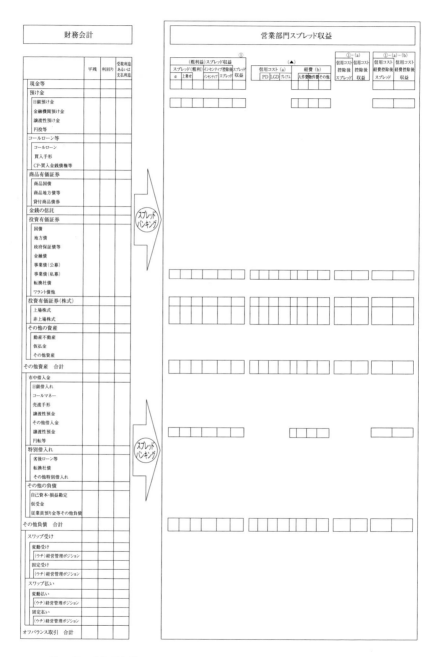

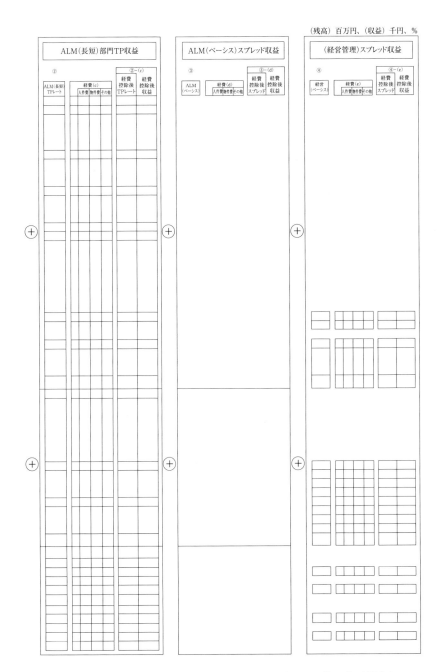

また、中期的な顧客戦略から、インセンティブ運営を実行する場合は、そのインセンティブ損益勘定を明確にします。
　さまざまな経営思想や戦略を管理会計に組み込み、詳細設計したスプレッドバンキングは、この「スプレッドバンキング組上げ管理帳票」にて"経営念写"されるのです。

(2)　「全体収益構造総括表」

　前記の「スプレッドバンキング組上げ管理帳票」は、「収益リスク管理会計制度」の"鳥瞰基盤図"です。この基盤図から、各種経営目的に則した管理帳票を案出していきます。
　第一の管理帳票は、「全体収益構造総括表」です（図表5－16参照）。
　これは、【全体収益】を、①〔営業部門〕＝【TierⅠ収益】、②〔ALM部門〕＝【TierⅡ収益】、③〔経営管理部門〕＝【TierⅢ収益】にて構造総括するものです。もちろん、この3部門の合計は"財務会計"と一致します。
　この表の計画値を策定することにより、新管理会計制度での"予算運営"が樹立されます。【収益とリスク】を関係づけ、所管する部署をもれなくアサインするTP処理をミクロ原理とし、その集積実績と計画を対比することで、能動的で合目的な予算運営を実現するのです。
　また、同表実績を前年のみならず、前回中期計画策定時と対比分析することにより、自行・自機関の"収益構造メカニズムの変容"を客観分析できます。次章にて、第一地銀の統計データを用いた収益構造メカニズムの変容分析を行っていきますが、この15年間で大きな変貌をとげています。現在までに至る収益構造メカニズムの変容をしっかりと押さえ、これからの「新局面」の諸様相を"想像"し、必要となる新たなアクションを"創造"する、その思考着火を、この経営念写された「全体収益構造総括表」からあぶり出しすることを目的としています。

図表5-16 「全体収益構造総括表」

第5章 "詳細設計"「収益リスク管理会計制度」

⑶ 「(営業部門)収益構造分析表」

　図表5－17は「(営業部門)収益構造分析表」です。
　間接金融を営む銀行・地域金融機関において、やはり収益（リスク）の大黒柱は、【TierⅠ収益】である〔営業部門〕の収益です。預貸率の低い銀行・地域金融機関においても、全体収益の60％程度は〔営業部門〕から計上されているはずです。
　激しい預貸プライシング競争、伸び悩む貸金ボリューム等、営業部門における未来はさまざまな視点から課題が投げ掛けられています。"事業の継続性"が議論され始めた昨今、将来の営業部門収益の見通しはとても重要なものとなっています。この「(営業部門)収益構造分析表」は、自行・自機関の営業の要となっている具体的な客先や顧客セグメントを客観論理にてあぶり出すものです。

　まずは、法人大口貢献先のポートフォリオでしょう。収益貢献の第1位から順列し、100社、300社、500社のポートフォリオによる収益貢献額と比率を掌握します。個人取引においては、預貸合計3億円以上、1億円以上、5,000万円以上での先数・収益貢献額を計測します。トップライン・トップの収益構造を認識するということです。これらのお客様の取引をいかにして守り守れるか、それは競合他行・他社との競争のみならず、お客様自体の"存続性"も多分に重要となるでしょう。お客様の未来があってこそ、間接金融機関の未来があります。そのための具体的なアクションとして、【お客様銘柄】の掌握がとても重要なのです。

　次に、【業種】×【規模】などの『法人顧客セグメント・メッシュ』にて、収益貢献額（比率）を算出し、その上位順列（表では上位8メッシュ）にて貢献額を順列表記します。前述の法人大口貢献先を除いたメッシュにて集

計します。自行・自機関の法人顧客セグメントの、どのお客様グループが自行・自機関の収益メカニズムの骨格を形成しているかを客観的に掌握するものです。個人に関しては、預貸ボリューム3,000万円以上、1,000万円以上にて集計します。

　第三層はそれ以外の収益貢献層です。表では、法人は企業規模で、個人は年齢層別にその収益貢献額を集計しています。

　「収益構造分析表」においては、さまざまな視点から経営確認することが重要となります。まず算出する収益基準ですが、「〔粗利益基準〕での順列はどうか？」「〔経費差引き後基準〕での順列はどうか？」「〔信用コスト差引き後〕ではどうか？」「〔信用コスト経費差引き後〕でどうか」など、さまざまな切り口で貢献分析を行うことが重要です。

　お客様を満足させ、またお客様の事業継続に貢献するためには、金融のプロとしてのサービス態勢強化は必須です。その企画にあたって、〔粗利益〕のトップライン顧客に現状いかなる経費投入を行っているか、その経費投入とリターンの関係は望ましいものなのか、また高い粗利益の裏に潜む信用リスクの状況はどうか、悪化していないか、顧客の事業継続性は揺るぎないか等、重要な経営選択である“経費投入”“信用リスクテイク”の観点から、【TierⅠ顧客】の収益構造を綿密に検証する必要があります。

　また、【TierⅠ顧客】の【銘柄変容】もとても重要な視点です。これは単年度ではなかなか感知できないでしょうが、前回中期計画時点と比較すると有効な分析ができるでしょう。収益の屋台骨が変化しているのに、そのお客様を支える営業態勢や各種ノウハウの醸成は現状十分であるのか等、優れたかつ有効な分析が必要です。屋台骨の屋台骨、その内情とその維持のためのメンテナンス経費とその実行状況、この分析には最大限注力しなければなりません。まずは守るは屋台骨です。屋台骨を認識する——それはスプレッドバンキングの効能の第一ではないでしょうか。

図表5－17　営業部門「収益構造分析表」

			全店	地域別	営業店別	①+②+③ 収益	(全体収益比) 比率 (累計)	(営業部門比) 比率 (累計)
収益貢献最上位	(TierⅠ顧客)	法人上位先	100社					
			101～300社					
			301～500社					
		個人預貸計	（3億円以上）					
			（1億以上3億円未満）					
			（5,000万以上1億円未満）					
貢献上位セグメント	(TierⅡ顧客)	法人（上位セグメント）	（業種）	（規模）				
			自動車関連	中				
			コンシューマ電気	小				
			ソフトウェア	中				
			医療福祉	大				
			自動車関連	小				
			不動産	中				
			小売り	中				
			飲食	大				
		個人	(3,000万円以上)					
			(1,000万円以上)					
フォローアップセグメント	(TierⅢ顧客)	法人		大中小				
		個人	30歳以下					
			40歳以下					
			50歳以下					
			60歳以下					
			60歳超					
	営業部門　収益合計							

> 除く、(TierⅠ顧客)

> 「営業店」「地域別」のくくりでも出力し、営業拠点における〝顧客貢献収益構造分析〟を行う。

> そもそも、「営業部門収益」の全体収益への貢献比率が劣化している可能性がある。

貸金			預金			手数料等		
ボリューム	収益①	比率(累計)	ボリューム	収益②	比率(累計)		収益③	比率(累計)
	〔粗利益〕のトップライン顧客に現状いかなる経費投入を行っているか、その経費投入とリターンの関係は望ましいものなのか、また高い粗利益の裏に潜む信用リスクの状況はどうか、悪化していないか、顧客の事業継続性は揺るぎないか等、重要な経営選択である〝経費投入〟〝信用リスクテイク〟の観点から、【TierⅠ顧客】の収益構造を綿密に検証する必要がある。							
	粗利益ベース		経費差引き後ベース			経費および信用コスト差引き後ベース		
	同表を(水準実績)のみならず、「前年比」や「5年前比」を出力することにより、自行・自機関の「収益構造メカニズム」の変容を客観透徹することができる。上位100社等の銘柄の変遷や貢献上位セグメントの変容やその比率のモニタリングは、将来経営の〝持続可能性〟の経営検証において有用である。							

第5章 "詳細設計"「収益リスク管理会計制度」

(4)　「(営業部門) 収益構造メッシュ分析表」

　世の中は常に変容し、とどまることを知りません。社会においても新陳代謝は当然の理(ことわり)であり、むしろ新陳代謝がないことは老齢退化を意味します。【TierⅡ顧客】は背骨ではないのですが、重要な収益骨格を形成するとともに、将来の【TierⅠ収益】の候補先です。この割合が目減りすることは"骨粗鬆症"のようなもので、自行・自機関の未来の老齢化を顕著に示す指標となります。

　したがって、上位8位に入らなくても、近年"順位をおおいに上げている"セグメントの洗出し分析は重要です。地盤顧客の"新陳代謝力"をあぶり出すためにも、また自行・自機関の収益貢献ポートフォリオの変容と将来性を客観評価するためにも、【業種】×【規模】×【業歴】×【格付】等の多眼構造視点（メッシュ）から、収益構造を分析することは、とても有用です。図表5－18はその事例です。【業種】×【規模】×【業歴】の多眼視点で収益ポートフォリオを総括します。どのセグメントが、どのように収益骨格を形成しているか、が総観できます。また収益水準の切り口のみならず、「社数」「預貸ボリューム」「前年比」等、多様な視点から計数把握することも大事です。前回の中期経営計画策定時との比較は、必ず実行すべき経営所作でしょう。

　このメッシュ分析において、信用リスクの観点からの組上げも有効です（図表5－19参照）。〔信用格付別〕の収益貢献を、【格付】×【業種】×【規模】のメッシュでポートフォリオ評価します。「信用コスト構造」を客観把握することにより、自行・自機関の信用リスクの特徴や弱点を理解する、そして経年変化を時系列にて評価することにより、信用リスクの動向管理も強化されます。

　また、貸出プライシングにおいていかなる問題が発生しているかについて

は、「信用コスト控除後低スプレッド先」の切り口から同表を算出し、プライシング適正化の行動起点とします。一方、近年の地公体向け与信の急増をふまえると、リスク評価の対象外となっている信用リスク管理態勢の課題が浮彫りとなり、地公体向けの格付手法の構築に着手すべきであると認識を新たにすることでしょう。

　スプレッドバンキングの優れた点は、【預貸金明細】の一本一本に対して、【収益⇔リスク】をTPする経営手法から、お客様、一社・一者に対してさまざまな視点から計測できることにあります。さまざまな切り口から、自行・自機関の全取引先に対して序列化でき、もちろん営業店別の序列も可能です。その際、前述したとおり、【粗利益】での業績動向のみならず、【信用コスト控除後】【経費控除後】【信用経費控除後】といった"複眼的な視点"で収益貢献構造をしっかりと評価することが大事です。

　図表5-20はメッシュ分析による"序列表"です。左列の数値はさまざまな収益基準に基づく"順位"を表記しています。下位順列から出力し、"取引改善先"をあぶり出すのも効果的です。また「信用コスト控除後」での"赤字スプレッド先"あるいは"低スプレッド先"にて出力し、行き過ぎた貸出プライシングの現状を、具体的な銘柄、社数・ボリューム等により客観的に洗い出します。

　また営業店評価においては、従来型店舗のみならず、今後戦略展開がますます重要となる「軽量店舗」「無人店舗」、そして「Web店舗」に対して、同じ収益評価基準にて業績を評価し、その順位序列と効率性に関して客観評価を実行します。

図表5－18　営業部門「収益構造メッシュ分析表」

		(売上規模)⇒	30億円以上				10億円以上				5億円以上		
		(業歴)⇒	20年	10年	5年	計	20年	10年	5年	計	20年	10年	5年
事業法人	コンシューマ電気製造業 自動車・関連製造業 重工業 化学産業 資源エネルギー・関連業 医薬品・関連製造業 卸売業 小売業 建設業 飲食業 不動産業 ソフトウェアサービス業 ゲームソフトウェア業 医療福祉業 農林関連業 漁業関連業 旅行関連業 教育関連業 金融保険業 その他サービス業等												
	(合計)												
個人事業者	個人事業者(士族) 個人事業者(不動産) 個人事業者(一般)												
	(合計)												
公的部門	公的部門(政府関連) 公的部門(都道府県) 公的部門(市町村) 公的部門(特殊法人) 公的部門(その他)												
	(合計)												

表中に記載：「粗利益」「信用コスト控除後」「経費控除後」「信用経費控除後」

		(年齢層)⇒	70歳以上			60歳以上			50歳以上			40歳以上	
		(性別)⇒	男	女	計	男	女	計	男	女	計	男	女
家族	大家族 核家族 DINKS 自由単身												
地域	地元地域A 地元地域B 地元地域C 地元外地域												
取引振り	ネット顧客 給与・自振セット 住宅ローン顧客 カードローン顧客												
	(合計)												

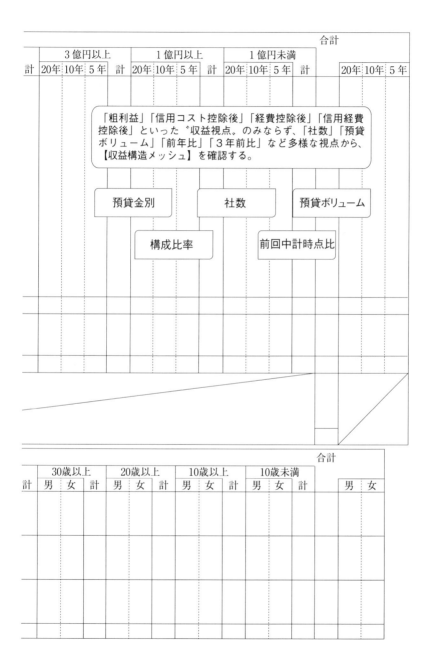

図表5−19 「信用リスク構造メッシュ分析表」

		第1格				第2格				・・・・		
	(信用格付) ⇒ (EAD) ⇒	1億円	5億円	5億超円	計	1億円	5億円	5億超円	計	1億円	5億円	5億超円
事業法人	コンシューマ電気製造業											
	自動車・関連製造業											
	重工業											
	化学産業											
	資源エネルギー・関連業											
	医薬品・関連製造業											
	卸売業											
	小売業											
	建設業											
	飲食業											
	不動産業											
	ソフトウェアサービス業											
	ゲームソフトウェア業											
	医療福祉業											
	農林関連業											
	漁業関連業											
	旅行関連業											
	教育関連事業											
	金融保険業											
	その他サービス業等											
	(合計)											
公的部門	公的部門(政府関連)											
	公的部門(都道府県)											
	公的部門(市町村)											
	公的部門(特殊法人)											
	公的部門(その他)											
	(合計)											

「信用コスト」

「信用コスト控除後低スプレッド先」

「EAD」

急増する公的部門への与信

		第1格				第2格				・・・・		
	(信用格付) ⇒ (EAD) ⇒	5M	30M	30M超	計	5M	30M	30M超	計	5M	30M	30M超
個人事業者	個人事業者(士族)											
	個人事業者(不動産)											
	個人事業者(一般)											
	(合計)											
個人	個人カードローン											
	住宅ローン											
	その他ローン											
	(合計)											

		要管理				破綻懸念				破綻			合計			
計	1億円	5億円	5億超円	計	1億円	5億円	5億超円	計	1億円	5億円	5億超円	計		1億円	5億円	5億超円

- 「信用コスト」の構造を客観把握することにより、自行・自機関の信用リスクの特徴や弱点を理解する。
- 貸出プライシングにおいて、いかなる問題が発生しているかを、「信用コスト控除後低スプレッド先」の切り口から同表を算出し、プライシングの適正化の行動起点とする。
- 同表の経年変化をとらえ、信用ポートフォリオの変容を掌握する。
- 今後は、昨今与信残高が急増している地公体向けの信用格付の構築が急務である。

構成比率　　　　前回中計時点比

		要管理				破綻懸念				破綻			合計			
計	5M	30M	30M超	計	5M	30M	30M超	計	5M	30M	30M超	計		5M	30M	30M超

図表5−20　「収益貢献メッシュ序列順位表」
――【営業店別】【個社別】【顧客セグメント別】

(順位序列)

① 粗利益	④ 信用引後	⑤ 経費引後	⑥ 経信引後	営業店別	① 収益 (A)+(B)+(C)	(全体収益比) 比率 (累計)	(営業部門比) 比率 (累計)	ボリューム	貸金 収益(A)	比率 (累計)
23	25	19	22	地域エリアA						
8	5	12	8	支店A						
18	22	18	20	支店B						
⋮	⋮	⋮	⋮	⋮						
45	48	55	51	地域エリアB						
55	67	57	59	支店G						
32	35	42	38	支店H						
⋮	⋮	⋮	⋮	⋮						
77	33	28	25	軽量特殊店舗						
70	31	30	26	軽量店α						
85	36	31	29	無人店β						
31	39	42	40	Web店舗						
34	46	58	41	受信						
25	45	44	45	与信						

【粗利益】での業績動向のみならず、【信用コスト控除後】【経費控除後】【信用経費控除後】といった〝複眼的な視点〟で収益貢献構造をしっかりと評価する。

従来型店舗のみならず、今後戦略展開がますます重要となる【軽量店舗】【無人店舗】そして【Web店舗】に対して、同じ収益評価基準にて業績を評価する。

(上位序列)

① 粗利益	④ 信用引後	⑤ 経費引後	⑥ 経信引後	個社別	格付	業歴	業種	売上規模	① 収益 (A)+(B)+(C)	(全体収益比) 比率 (累計)	(営業部門比) 比率 (累計)	ボリューム	貸金 収益(A)	比率 (累計)
1	3	2	2	日本自動車	1+	35	自動車製造	300億						
2	2	3	3	日本コンシューマ	1−	15	スマホ製造	500億						
3	1	1	1	大福工業所	1+	20	金型製造	800億						
⋮	⋮	⋮	⋮	⋮	⋮	⋮	⋮	⋮						

逆に下位順列にて出力し、〝取引改善先〟をあぶり出すのも効果的。また、「信用コスト控除後」での〝赤字スプレッド先〟あるいは〝低スプレッド先〟にて出力し、行き過ぎた貸出プライシングの現状を、具体的な銘柄、社数・ボリューム等により客観的に洗い出す。

(上位序列)

① 粗利益	④ 信用引後	⑤ 経費引後	⑥ 経信引後	顧客セグメント別	格付	業歴	業種	売上規模	① 収益 (A)+(B)+(C)	(全体収益比) 比率 (累計)	(営業部門比) 比率 (累計)	ボリューム	貸金 収益(A)	比率 (累計)
1	2	2	2	⇒	2	30	自動車製造	大						
2	1	2	1		2	20	金型製造	中						
3	5	3	3		1	30	コンシューマ	大						

どの〝顧客セグメント〟により、自行・自機関の収益メカニズムの屋台骨が形成されているか、またその増勢劣勢状況はいかなるものかを客観把握する。その際、【格付】【業歴】【業種】【売上規模】等の〝属性メッシュ〟の組合せで構造理解することが有効。

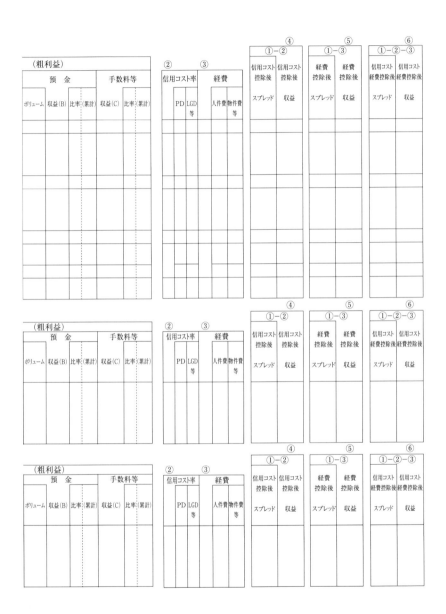

⑸ 「(ALM部門) 期間ポジション構造表」

　図表5-21は、「ALM期間ポジション構造表」です。
　「ALM (長短) セクション」は、すべての資産・負債を資金属性に則し市場金利TPにて洗い替え、総合ALM管理を担うものです。預貸スプレッドという"お肉"の部分は営業店にトランスファーし、"金利リスクの骨格部分"をALM管理するものです。
　その長短ポジションは単純なる長短構成ではなく、通常の間接金融機関では、短期運用：大、中期調達：大、長期運用：大の凹型のポジション構成となっているのが一般的です。これは貸出金の大宗が短プラ連動貸金であり、金利満期のデュレーションが平均で3カ月以下程度である一方、定期預金は1年以上の中期が主体であり、預超分を主に長期の国債にて運用する形態が一般的なことに起因しています。
　しかし、これも、巨額の増勢となっている〔流動性預金〕の"TP期間の設定"により様変わりします。第2章で詳述したとおり、流動性預金は〔要求払い〕である一方、〔安定滞留〕の特別な調達商品であり、そもそも"合理的な一定のマチュリティは存在しない"ことから、いかなる『ALMの経営意思』において、TP期間を設定するかにより、【ALM長短ポジションは受動的に決定されるもの】であるからです。
　自行自機関の流動性預金の動向を〔動態モニタリング〕によりタイムリーに実態把握し、〔中長期ALM運営方針〕との二段組合せにより、流動性預金のTP期間を戦略策定する必要があるのです。図表5-21の「ALM期間ポジション構造表」を総合俯瞰しながら、『ALMの経営意思』を投影するようにALMポジション・ポートフォリオを戦略的に組成していくのです。

　またその際、単に〔残存のマチュリティ〕にてこのポジション表を作成するのではなく、そもそもの取入れ時のマチュリティである〔オリジナル・マ

チュリティ〕ごとのメッシュでポジション管理することも重要です。間接金融の特徴は、預貸金の【取引継続性】にあります。繰り返される預貸金ポジションを構造理解し、それらに対して的確な有価証券投資をあてがう。そのためには、もともとの"源流"となる〔オリジナル・マチュリティ〕でのメッシュ・ポジション管理が重要なのです。

　さらに、この〔オリジナル・マチュリティ〕の構造ポジションを理解し、たとえば1年未満のポジションに関しては、『ALM（短）セクション』を組織形成し、"ディーリング・セクション"としてプロフィットセンター化することも有用でしょう。1年未満のポジションですから、仮に相場観が外れても、単年度決算で表出し吸収できる特性があります。これからの「新局面」において、短期イールドでも金利が勾配化すれば、有効な収益機会となることが期待されます。そして、経営として運行するALMは、より長期に影響が出るポジションに限定し、『ALM（長中）セクション』として位置づけます。

　なお、『短プラベーシス・ポジション構造表』に関しては、次章にて、短プラ更改運営の具体的な手法の解説の際に提示します（第6章第3節(5)）。

図表5−21 「ALM期間ポジション構造表」

【オリジナルマチュリティ】

(短期ポジション)　　　　　　　　　　　　　　　　　(長期ポジション)

運用		期間	調達		ギャップ		運用		期間
金額	レート		金額	レート	金額	レート	金額	レート	
		0M							〜1Y
		1M							2Y
		2M							3Y
		3M							4Y
		4M							5Y
		5M							6Y
		6M				⊕			7Y
		7M							8Y
		8M							9Y
		9M							10Y
		10M							15Y
		11M							20Y
		12M							20Y超
		合計							合計

【残存マチュリティ】

(短期ポジション)　　　　　　　　　　　　　　　　　(長期ポジション)

運用		期間	調達		ギャップ		運用		期間
金額	レート		金額	レート	金額	レート	金額	レート	
		0M							〜1Y
		1M							2Y
		2M							3Y
		3M							4Y
		4M							5Y
		5M							6Y
		6M				⊕			7Y
		7M							8Y
		8M							9Y
		9M							10Y
		10M							15Y
		11M							20Y
		12M							20Y超
		合計							合計

(長短合算)

調達		ギャップ			運用		期間	調達		ギャップ	
金額	レート	金額	レート		金額	レート		金額	レート	金額	レート
							～1M				
							2M				
							3M				
							6M				
							1Y				
							2Y				
					=		3Y				
							5Y				
							7Y				
							10Y				
							15Y				
							20Y				
							20Y超				
							合計				

(長短合算)

調達		ギャップ			運用		期間	調達		ギャップ	
金額	レート	金額	レート		金額	レート		金額	レート	金額	レート
							～1M				
							2M				
							3M				
							6M				
							1Y				
					=		2Y				
							3Y				
							5Y				
							7Y				
							10Y				
							15Y				
							20Y				
							20Y超				
							合計				

第6章

"総点検"「スプレッドバンキング」
―ケーススタディによる
　現状認識（1999年⇒2013年）と将来展望―

アベノミクスの発動、日銀の異次元緩和を機縁に、日本経済は【ゼロ金利】【ゼロ信用リスク】という"異常環境"から、物価上昇率２％という「新局面」、過去の日本の歴史に照らせば「普通の経済局面」を迎えようとしています。その時、市場金利は常識的には１～２％の間へと上昇過程に入るはずです。

　金利上昇の"号砲"を受け、"合理的な無知"の状態から目覚め、ＩＴリテラシーのきわめて高い全国津々浦々の個人・法人の厳しい商品選好・金融機関選別の開始がなされるものと展望します。努力しなくとも勝手に集まると感じられている預金の増加は、もっぱら流動性預金によるもので、このほぼゼロ金利の調達に対し国債の長期運用をあてがう、きわめて危うい運調構造が現下の銀行・地域金融機関経営なのです。

　本章では、資産・負債構造の大変化とそれに伴う"収益構造メカニズム"の変容を、ケーススタディにより確認していきます。初めて全国銀行ベースで"預超"となった1999年（98年度決算）から、2013年（12年度決算）の地方銀行の比較財務データをベースに、仮想的に『スプレッドバンキング』をあてがい、さまざまな変容やそれに基づく将来展望を"想像"していきます。また、現下の普通に戻る過程の"異次元緩和"、長期国債利回りが0.30％を割り込むさらなる【ゼロ金利化】が"長期化"するシナリオがまさに"最悪"であり、"異次元緩和"の長期化は、きわめて深刻な事態を銀行・地域金融機関にもたらすことも検証していきます。何が何でも「新局面」への扉を開かなければなりません。

　ケーススタディの基礎データは地方銀行ですが、第二地銀、信金・信組・労金・農林漁業協同組合において、資産・負債構造比率の差異はありますが、構成商品や動静はまったく同様のものかと思います。本章の"総点検"の視点は、すべての銀行・地域金融機関に対して有効なものと認識します。

　いかにして顧客基盤を維持しながら、収益メカニズムをつくり変え、"経営を創造転換する"のか――銀行・地域金融機関は大きな変革の"潮目"にいます。

第 1 節

大変容している資産・負債構造

　本稿執筆時点から約15年前に当たる1999年は、もちろん1000年代の最後の年でしたが、金融業界においても大きな節目の年でした。同年2月に、日本銀行が金融システムの構造不安を防ぐため、無担保コール翌日物の金利を史上最低の0.15％にまで下げ、当時の速水優総裁の「翌日物金利はゼロでもよい」との発言を受け、その後「ゼロ金利政策」と呼ばれる一連の金融政策が発動した年でした。

　また、金融再生委員会は大手銀行15行に7兆4,592億円の公的資金注入を正式承認し、8月には第一勧銀・富士銀行・日本興業銀行が全面的統合による新しい総合金融グループの結成を発表、現在のみずほグループが組成されました。間髪入れず10月には、住友銀行とさくら銀行の2002年4月までの合併が発表されるなど、銀行大合併の号砲が鳴り響いた年でもありました。

　そして、全国銀行ベースで初めて【預超】となった、まさに大構造転換の年でした。

　図表6－1はこの15年間の資産・負債の構造変化を、全国銀行ベースで取りまとめたものです。貸出金は、手貸・当貸の大幅な落込みを証書貸付の増加で補い、微減のほぼ横ばいの状況です。これは、図表6－2が示すとおり、〔法人向け貸出〕の減少を〔住宅ローン〕と〔公的部門貸出〕の増勢により、なんとか残高維持を果たしている構図です。一方、資産構成比率でみますと、2013年における貸出金合計の総資産比率は1999年比、▲21％の大幅な地盤沈下の状況にあります。

　一方、預金においての構造変化はきわめて顕著なものがあります。普通預

図表6-1　全国銀行の資産・負債構造の変容（1999年⇒2013年）

【全国銀行ベース】　　　　　　　　　（単位：億円）【同年総資産比率】　　　【1999年総資産比率】

	1999年3月	2013年3月	(増減)	1999年3月	2013年3月	(増減)	1999年3月	2013年3月	(増減)
貸出金	4,896,000	4,787,000	▲109,000	91%	70%	▲21%	91%	89%	▲2%
手貸・当貸等	1,772,000	795,000	▲977,000	33%	12%	▲21%	33%	15%	▲18%
証書貸付	3,124,000	3,992,000	+868,000	58%	58%	+0%	58%	75%	+16%
有価証券	1,220,000	2,790,000	+1,570,000	23%	41%	+18%	23%	52%	+29%
国債	316,000	1,631,000	+1,315,000	6%	24%	+18%	6%	30%	+25%
地方債	96,000	131,000	+35,000	2%	2%	+0%	2%	2%	+1%
社債	178,000	297,000	+119,000	3%	4%	+1%	3%	6%	+2%
株式	427,000	205,000	▲222,000	8%	3%	▲5%	8%	4%	▲4%
その他証券	203,000	526,000	+323,000	4%	8%	+4%	4%	10%	+6%
短期市場運用(△調達)等	△957,000	△883,000	+74,000	▲18%	▲13%	+5%	▲18%	▲16%	+1%
動不動産等	197,000	150,000	▲47,000	4%	2%	▲1%	4%	3%	▲1%
預金	4,916,000	6,409,000	+1,493,000	92%	94%	+2%	92%	120%	+28%
流動性預金	1,518,000	3,479,000	+1,961,000	28%	51%	+22%	28%	65%	+37%
当座預金	206,000	376,000	+170,000	4%	5%	+2%	4%	7%	+3%
普通預金等	1,312,000	3,103,000	+1,791,000	24%	45%	+21%	24%	58%	+33%
定期性預金	3,398,000	2,930,000	▲468,000	63%	43%	▲21%	63%	55%	▲9%
自己資本等	440,000	435,000	▲5,000	8%	6%	▲2%	8%	8%	▲0%
総資産合計	5,356,000	6,844,000	+1,488,000	100%	100%	+0%	100%	128%	+28%

（資料）　筆者が全国銀行協会各種統計資料、日本銀行統計等を用いて試算。

金の大増勢による〔流動性預金〕のなんと"+200兆円"の大増加です。貸出金の総資産比率減少▲21%とは真逆の+22%の上昇を示しています。残高は152兆円から348兆円と、なんと2.3倍にまでジャンプ成長しています。何パーセント増というスケールではない尋常ではない負債構造の変化が生じているのです。

　他方、〔定期性預金〕は▲50兆円と大幅な減少を記録しています。1999年

には〔流動性預金〕の2倍以上あった預金調達の主役の座を追われ、現在では〔流動性預金〕の0.8倍にまで縮小しています。総資産の"半分強"を一過性の流動性預金にて調達している、きわめて異形の、そして不安定な資産負債構造が確認されます。

そして1999年に初めて転じた【預超】現象はそれから一気に拡大し、2013年には160兆円の水準にまで達しています。これは99年の総資産対比30%にも及ぶ猛烈なものです。一方、この15年間、〔自己資本〕等のバランスが増えていないことが確認できます。総資産が28%増えていることから、やはり銀行・地域金融機関の自己資本の強化は引き続き必要なものといえます。

図表6-2　全国銀行および信用金庫の貸出金増減内訳（2000年⇒2012年）

① 「全国銀行」

(末残ベース：億円)

	貸出金合計	法人等				個人				国・地公体等
			中小	中堅	大企業		住宅	消費財	その他	
2000年	4,752,649	3,658,615	2,348,199	263,933	1,046,466	960,476	708,338	110,906	141,232	133,558
12年	4,239,440	2,727,387	1,705,373	122,738	899,253	1,201,841	1,091,465	71,512	38,864	310,212
(増減)	▲513,209	▲931,228	▲642,826	▲141,195	▲147,213	+241,365	+383,127	▲39,394	▲102,368	+176,654

(2000年総残高対比構成比)

2000年	100%	77%	49%	6%	22%	20%	15%	2%	3%	3%
12年	89%	57%	36%	3%	19%	25%	23%	2%	1%	7%
(増減)	▲11%	▲20%	▲14%	▲3%	▲3%	+5%	+8%	▲1%	▲2%	+4%

② 「信用金庫」

(末残ベース：億円)

	貸出金合計	法人等				個人				国・地公体等
			中小	中堅	大企業		住宅	消費財	その他	
2000年	679,261	475,968				192,525	123,528	29,035	39,962	10,768
12年	634,876	409,898				182,456	152,239	16,174	14,043	42,522
(増減)	▲44,385	▲66,070				▲10,069	+28,711	▲12,861	▲25,919	+31,754

(2000年総残高対比構成比)

2000年	100%	70%				28%	18%	4%	6%	2%
12年	93%	60%				27%	22%	2%	2%	6%
(増減)	▲7%	▲10%				▲1%	+4%	▲2%	▲4%	+5%

(資料)　筆者が日本銀行統計を用いて作成。2012年は9月の数値。

15年という長い時間をかけての変遷は、単年度感覚ではあまりわからないものですが、こうして時点比較をしてみると"驚愕"することとなります。そして、このような預貸構造、すなわち"大預超"という資産・負債構造の変化を受けて、銀行・地域金融機関は、【国債】を主軸とする【有価証券】運用を構造的に増大させました。

　銀行全体で1999年には30兆円程度であった国債投資が、2013年には160兆円までジャンプしています。"大預超"の、そのほとんどを国債運用にあてがうALM構造であることが確認されます。そして、その運用増加の源資が、【流動性預金】の増大に頼ったものであるという、きわめて異形で不安定な資産・負債構造のうえに、銀行・地域金融機関の経営は存立しているのです。図表6－3は、1999年⇒2013年の資産・負債構造の変容を地方銀行にて取りまとめたものです。ストーリーはまったく同じで、"異形の大変容"を呈していることが確認されます。金融界はこの15年の間に尋常ではない大変容を遂げているのです。

　以上の資産・負債構造の大変化を受けて、"収益構造メカニズム"も当然ながら変容を遂げているはずです。図表6－4は同期間の「地銀業態」の決算内訳の増減対比です。

　最下段の(A)－(B)の経常利益は、不良債権処理等に関連した特別な損益を除外したものです。1999年には1兆3,742億円の収益力が、2013年には1兆2,790億円と、▲1,000億円程度の減少にあり、▲7％の収益メカニズムの劣化が確認されます。一時的な嵐である不良債権処理の決算要因を除いた収益計上の実力ベースにおいて、1割ほど劣化していることが確認できます。

　もちろん、そのような状況下において、スルガ銀行や福岡銀行のように、逆に独自の顧客・商品・地域戦略により"能動的な資産・負債の構造変化"を達成し、きわめて良好な収益力を誇る銀行もあります。一方で、この平均的な劣化よりももっと厳しい経営状況に置かれている地域金融機関もあります。ただ確実にいえるのは、業界全体においては収益力が構造劣化している、ということです。

図表6-3 地方銀行の資産・負債構造の変容（1999年⇒2013年）

（単位：億円）

	1999年3月	2013年3月	（増減）	【同年総資産比率】 1999年3月	2013年3月	（増減）	【1999年総資産比率】 1999年3月	2013年3月	（増減）
貸出金	1,385,000	1,674,000	+289,000	75%	69%	▲6%	75%	90%	+16%
手形・当貸等	532,000	270,000	▲262,000	29%	11%	▲18%	29%	15%	▲14%
証書貸付	853,000	1,404,000	+551,000	46%	58%	+12%	46%	76%	+30%
有価証券	349,000	694,000	+345,000	19%	29%	+10%	19%	38%	+19%
国債	106,000	352,000	+246,000	6%	15%	+9%	6%	19%	+13%
地方債	61,000	103,000	+42,000	3%	4%	+1%	3%	6%	+2%
社債	87,000	159,000	+72,000	5%	7%	+2%	5%	9%	+4%
株式	50,000	46,000	▲4,000	3%	2%	▲1%	3%	2%	▲0%
その他証券	45,000	34,000	▲11,000	2%	1%	▲1%	2%	2%	▲1%
短期市場運用	59,000		▲59,000	3%	0%	▲3%	3%	0%	▲3%
動不動産等	57,000	54,000	▲3,000	3%	2%	▲1%	3%	3%	▲1%
預金	1,724,000	2,286,000	+562,000	93%	94%	+1%	93%	124%	+30%
流動性預金	527,000	1,240,000	+713,000	28%	51%	+23%	28%	67%	+39%
当座預金	54,000	92,000	+38,000	3%	4%	+1%	3%	5%	+2%
普通預金等	473,000	1,148,000	+675,000	26%	47%	+22%	26%	62%	+36%
定期性預金	1,197,000	1,046,000	▲151,000	65%	43%	▲22%	65%	57%	▲8%
自己資本等	126,000	136,000	+10,000	7%	6%	▲1%	7%	7%	+1%
総資産合計	1,850,000	2,422,000	+572,000	100%	100%	+0%	100%	131%	+31%

（資料）　筆者が全国銀行協会各種統計資料、日本銀行統計等を用いて試算。

　さて、その構造劣化の〔内訳〕に関して分析を進めてみると、さらにその深刻さが確認されます。▲7％の収益力減は、営業経費の合理化△10％と役務取引等粗利益＋7％や国債等債券売買償還損益により穴埋めされてもなお足りないものであり、その根源は【資金粗利益▲29％】の大幅減によるものです。1999年の【資金粗利益】は3兆4,856億円に対し、2013年は3兆872億円と、実に▲4,000億円も目減りしています。これは明白に、銀行・地域金融機関の"収益力の大幅劣化"を証左するものです。では、それがいかなるメカニズムで生じているのでしょうか？

図表6-4　地方銀行の決算変容（1999年⇒2013年）　（単位：億円）

		1999年3月	2013年3月	（増減）	99年の（除くその他経常利益）経常利益比
資金運用益		+43,503	+32,441	▲11,062	
	貸出金利息	+34,026	+25,905	▲8,121	
	有価証券利息配当金等	+9,477	+6,536	▲2,941	
資金調達費用（預金利息）		▲8,647	▲1,569	△7,078	
資金粗利益		+34,856	+30,872	▲3,984	▲29.0%
役務取引等粗利益		+2,937	+3,897	+960	+7.0%
特定取引粗利益		+38	+44	+6	
その他業務粗利益		+1,285	+1,962	+677	+4.9%
	国債等債券売買償還損益	+1,144	+1,456	+312	
その他経常利益（B）		▲22,746	▲2,387	+20,359	
	株式等売却益等	▲42	▲534	▲492	
	貸倒引当関連純損益	▲20,516	▲2,406	+18,110	
業務粗利益合計		+16,370	+34,388	+18,018	
営業経費		▲25,374	▲23,985	△1,389	△10.1%
	人件費	▲13,609	▲12,337	△1,272	△9.3%
	物件費	▲10,461	▲10,532	+71	
経常利益（A）		▲9,004	+10,403	+19,407	
（除くその他経常利益）経常利益（A）-（B）		+13,742	+12,790	▲952	▲6.9%

（資料）　筆者が全国銀行協会各種統計資料、日本銀行統計等を用いて試算。

　調達費用に対し運用収入の減り方が大きいことは、決算項目の比較にて理解できますが、それよりは深くは理解できません。
　「流動性預金の比率が高まったということは低利の資金調達が構造上可能となったことを意味し、むしろ収益力上プラスの結果が出るはずだが？」
　「国債を積み増して収益水準を維持していることは十分理解しているが、それでも足りないということか？」
　「国債保有には多大な"金利上昇リスク"が存在する、はたしていまの収益水準自体、安全なものなのか？」

「今後、金利が上昇するとどのような収益メカニズムが駆動するのであろうか？」

「法人のみならず、個人ローンでも激しい金利ダンピング競争を余儀なくされているが、将来に大変な負担を残すことになるのではないか？」

「貸出金利の引下げ競争はどのくらい収益力の構造劣化を招いているのであろうか？」

「そもそも、預金と貸金、どちらが収益貢献しているのか？ ▲4,000億円に及ぶ収益劣化は預貸金のどちらによるものであるのか？」

そして、もっと重要な「今後の経営運行において、何を注意し、何を主眼とすべきなのか？」ということが、図表6－4のような分析では導出できないのです。まして、現在の決算に『潜伏するリスク』、"預超"の受け皿で現在の収益貢献の主役である【国債保有】の裏側に存在する"金利リスク"、あるいは増強には成功しているが薄利多売の【住宅ローン】に潜在する"信用リスク"が、足元の『収益額』に対して適切なバランスとなっているのかという"リスク⇔リターン"の観点からの収益構造分析は、決算諸表からは実行することはできないのです。

そこで、【スプレッドバンキング】の管理会計となるのです。

次節において、地方銀行のマクロデータに対し、【スプレッドバンキング】を適用し、銀行・地域金融機関の〔収益構造メカニズム〕の変容に関して、考察を深めていきます。

第 2 節

スプレッドバンキングによる「地銀業態」の収益構造分析

　図表6－5は、地方銀行の全体像に対してスプレッドバンキングを試算適用したものです。銀行収益は、『預貸金スプレッド収益』を主体とした【TierⅠ収益】、ALM部門収益である【TierⅡ収益】、そして経営管理部門の【TierⅢ収益】に"金融因数分解"されます。

　当然ながら、全体収益尻である最下段の「経常利益（除くその他経常利益）」は、前掲の財務決算尻と同数となります。地方銀行が15年の時間経過でたどった収益構造メカニズムの変容をスプレッドバンキングでみてみると、さまざまな"客観的な事実"があぶり出されます。

　『営業部門収益』である【TierⅠ収益】は、粗利益ベースでの収益貢献比率において、1999年79.2％、2013年79.4％とまったくの同水準であり、ほぼ8割を形成する収益メカニズムの基幹中の基幹であることが確認されます。一方、増減額でみてみると▲1,806億円の減少で、増減率も▲5.8％と構造劣化が認められます。粗利益ベースの全体収益の減少率▲6.0％は、もっぱら本業である営業部門収益の縮小を受けて構造発生していることが確認され、【TierⅠ収益】の貢献比率の不変は、営業部門の"縮小"による結果的不変であることが確認されます。【TierⅠ収益】の減少額を、1999年の全体収益対比でみてみると、経費差引き後で▲13.1％にも及んでいます。

　次に、【TierⅠ収益】の構造内訳を確認していきます。

　【貸金スプレッド収益】は、収益メカニズムにおいて大黒柱であることが確認されます。粗利益ベースでの収益貢献比率において、1999年60.9％、2013年64.2％と、＋3.3％の貢献増となっています。増減額においてはほぼ横ばいであり、大黒柱の構造劣化は確認されません。

図表６－５　地方銀行のスプレッドバンキングによる収益構造変容分析
　　　　　（1999年⇒2013年）　　　　　　　　　　　　　　　　　（単位：億円）

	1999年3月	構成比	2013年3月	構成比	構成増減	増減額	(増減率)	増減の99年全体収益比 経費差引き前	増減の99年全体収益比 経費差引き後
【Tier Ⅰ収益】	+30,990	79.2%	+29,184	79.4%	+0.1%	▲1,806	▲5.8%	▲4.6%	▲13.1%
貸出金合計	+23,832	60.9%	+23,612	64.2%	+3.3%	▲221	▲0.9%	▲0.6%	▲1.6%
法人貸出	+15,809	40.4%	+14,510	39.5%	▲1.0%	▲1,299	▲8.2%	▲3.3%	▲9.5%
住宅ローン	+3,403	8.7%	+5,437	14.8%	+6.1%	+2,034	+59.8%	+5.2%	+14.8%
その他	+4,620	11.8%	+3,665	10.0%	▲1.8%	▲956	▲20.7%	▲2.4%	▲7.0%
預金合計	+4,221	10.8%	+1,676	4.6%	▲6.2%	▲2,545	▲60.3%	▲6.5%	▲18.5%
流動性預金	+3,217	8.2%	+1,314	3.6%	▲4.6%	▲1,902	▲59.1%	▲4.9%	▲13.8%
定期性預金	+1,004	2.6%	+361	1.0%	▲1.6%	▲643	▲64.0%	▲1.6%	▲4.7%
役務取引等粗利益	+2,937	7.5%	+3,897	10.6%	+3.1%	+960	+32.7%	+2.5%	+7.0%
【Tier Ⅱ収益】ALM長短ミスマッチ収益	+7,614	19.5%	+7,478	20.3%	+0.9%	▲135	▲1.8%	▲0.3%	▲1.0%
【Tier Ⅲ収益】自己資本運用益等	+512	1.3%	+112	0.3%	▲1.0%	▲400	▲78.1%	▲1.0%	▲2.9%
業務粗利益（除くその他経常利益）	+39,116	100.0%	+36,775	100.0%		▲2,341	▲6.0%	▲6.0%	▲17.0%
営業経費	▲25,374		▲23,985			+1,389	△5.5%		△10.1%
経常利益（除くその他経常利益）	+13,742		+12,790			▲952	▲6.9%		▲6.9%

金融因数分解

（資料）　筆者が全国銀行協会各種統計資料、日本銀行統計等を用いて試算。

　しかしながら、大黒柱の構成内容は大きく変容してきています。法人貸出においては、▲1,299億円、▲8.2％の減益であり、この増減額の1999年の全体収益対比では、経費差引き後で▲9.5％と顕著な構造劣勢が確認されます。一方、住宅ローンは、収益貢献比率において、99年は8.7％であったものが、2013年には14.8％と＋6.1％の貢献増となっており、増減額においても＋2,034億円、＋59.8％と"突出した好業績"を示しています。

この収益増を、1999年全体収益比で確認すると、経費差引き後で＋14.8％を記録し、新たな収益メカニズムの大黒柱となりつつあることが確認されます。これは一連の小泉改革によるものです。2007年に住宅金融公庫が廃止され住宅金融支援機構へと改組、"民間でできることは民間で"というスローガンのもと、民間による貸付が困難な分野にのみ直接融資を限定し、民間が長期固定金利の住宅ローンが提供できるよう、フラット35に代表される証券化支援業務や融資保険業務に事業を特化するものでした。結果、以前までは住宅ローン事業において、強力なライバルであった住宅金融公庫が消滅し、真逆の補完サポーターとなった"政治制度影響"による収益構造メカニズムの変容であると理解されます。

　以上のとおり、【貸金スプレッド収益】は内容構成の変貌があるものの、全体としては横ばいを示しています。それでは、何が【TierⅠ収益】の不振の原因なのでしょうか？
　図表6-5をみれば一目瞭然です。【預金スプレッド収益】の不調です。【預金スプレッド収益】は、粗利益ベースでの収益貢献比率において、1999年は10.8％であったのが、2013年には4.6％と半分以下の大変厳しい状況になっています。減少額も、住宅ローンの収益増を大きく打ち消す▲2,545億円にも及んでおり、流動性預金・定期性預金を問わず顕著な不振が確認されます。この減少額の1999年全体収益対比では、経費差引き後で▲18.5％と猛烈な構造劣化となっています。

　一方、『ALM長短ミスマッチ収益』である【TierⅡ収益】は、全体収益に対する貢献比率において1999年は19.5％、2013年は20.3％とほぼ変わらず、増減額もゼロに近く、収益貢献の担い手としての実力は構造維持されていることが確認されます[27]。

『経営管理部門収益』である【TierⅢ収益】の全体収益に対する貢献比率は、1999年は1.3%、2013年は0.3%と悪化しています。減少額▲400億円、減少率にして▲78.1%にも達しています。これは【ゼロ金利】による自己資本運用益の減少が主因です。

　次に、各【Tier収益】ごとに、その変容内実を確認していきます。

　図表6-6は【TierⅠ収益】をスプレッドバンキングにより、さらに金融因数分解したものです。スプレッドバンキングにより、預貸金取引は、そのさまざまな"資金特性"に応じてTP処理され、営業（含む信用コスト）見合いの〔預貸スプレッド収益〕に精製分離されます。結果、表が示すとおり、〔預貸スプレッド収益〕は【残高】×【スプレッド】にて端的明瞭に計測されるようになります。1999年と2013年のTierⅠ収益構造の変化を確認するうえで、表右列の【残高要因】と【利鞘要因】への分解分析は有効です。

　【TierⅠ収益】▲1,806億円の減少は、【残高要因】においては、預貸金合算で85兆1,000億円のボリューム増加により、＋6,352億円と大変好調であったものの、【利鞘要因】で▲8,158億円の大幅な悪化が生じ、その穴埋めがかなわなかったことによるものです。

　〔貸出金スプレッド収益〕は▲221億円とほぼ横ばいでした。ただし、【残高要因】と【利鞘要因】に因数分解すると、＋4,076億円、▲4,297億円と大きな変動を示しています。貸出金の構造内訳に対し、この【残高要因】と【利鞘要因】にて深掘りしていきましょう。

---

27 『ALMベーシスリスク収益』に関しても、もちろんALM部門収益の重要勘定ですが、本来このベーシスリスク収益は、"損益ゼロ"となるよう各種"αスプレッド"を逆算定し、当該勘定の損益状況を監視しながら、短プラや流動性預金などの基準金利を機動的に変更するものです。ここでの〔収益構造メカニズム〕の変容考察においては、ニュートラルなものとし〔収益ゼロ〕と前提します。具体的な【ベーシスリスク収益】と【基準金利】の関係マネジメントの技法に関しては本章第3節(5)にて詳述します。

図表6-6　地方銀行の【Tier I 収益】の変容分析（1999年⇒2013年）

	1999年3月		収益	比率（全収益比）	2013年3月	
	（残　高）	（スプレッド）			（残　高）	（スプレッド）
【Tier I 収益】	3,109,000	＋0.997	＋30,990	＋79.2%	3,960,000	＋0.737
貸出金合計	1,385,000	＋1.721	＋23,832	＋60.9%	1,674,000	＋1.410
法人貸出	1,066,181	＋1.483	＋15,809	＋40.4%	1,076,946	＋1.347
中小企業	684,304	＋1.643	＋11,245	＋28.7%	673,390	＋1.562
中堅・大企業	381,877	＋1.195	＋4,564	＋11.7%	403,556	＋0.990
個人貸出	279,898	＋2.775	＋7,767	＋19.9%	474,563	＋1.722
住宅ローン	206,421	＋1.649	＋3,403	＋8.7%	430,980	＋1.262
カードローン	32,320	＋10.751	＋3,475	＋8.9%	28,237	＋8.400
事業主等	41,157	＋2.160	＋889	＋2.3%	15,346	＋2.352
国・地公体	38,921	＋0.659	＋257	＋0.7%	122,491	＋0.761
預金合計	1,724,000	＋0.245	＋4,221	＋10.8%	2,286,000	＋0.073
流動性預金	527,000	＋0.705	＋3,217	＋8.2%	1,240,000	＋0.106
法人	287,789	＋0.705	＋1,757	＋4.5%	428,054	＋0.106
個人	225,760	＋0.705	＋1,378	＋3.5%	778,938	＋0.106
公金	13,451	＋0.705	＋82	＋0.2%	33,009	＋0.106
定期性預金	1,197,000	＋0.084	＋1,004	＋2.6%	1,046,000	＋0.035
10M以上	689,770	＋0.044	＋304	＋0.8%	481,802	＋0.000
3M以上	230,830	＋0.183	＋423	＋1.1%	310,930	＋0.056
3M未満	276,399	＋0.100	＋278	＋0.7%	253,268	＋0.082
役務取引等粗利益			2,937	＋7.5%		

（資料）　筆者が全国銀行協会各種統計資料、日本銀行統計等を用いて試算。

　法人貸金の減益▲1,299億円のほとんどが、貸出スプレッドの悪化▲0.135％（スプレッド＋1.483％⇒＋1.347％）による減益▲1,343億円によるものです。優良中堅・中小向けの厳しい金利競争の結果を端的に表しているものと

(単位：億円)

	(全収益比)			(増減)		
収 益	比 率	(残 高)	(スプレッド)	収 益	残高要因	利鞘要因
＋29,184	＋79.4%	＋851,000	▲0.212	▲1,806	＋6,352	▲8,158
＋23,612	＋64.2%	＋289,000	▲0.310	▲221	＋4,076	▲4,297
＋14,510	＋39.5%	＋10,765	▲0.135	▲1,299	＋44	▲1,343
＋10,516	＋28.6%	▲10,914	▲0.082	▲729	▲170	▲559
＋3,994	＋10.9%	＋21,679	▲0.205	▲570	＋215	▲784
＋8,170	＋22.2%	＋194,665	▲1.053	＋403	＋1,883	▲1,480
＋5,437	＋14.8%	＋224,558	▲0.387	＋2,034	＋2,833	▲799
＋2,372	＋6.4%	▲4,082	▲2.351	▲1,103	▲343	▲760
＋361	＋1.0%	▲25,811	＋0.193	▲528	▲607	＋79
＋932	＋2.5%	＋83,570	＋0.101	＋675	＋636	＋39
1,676	＋4.6%	＋562,000	▲0.172	▲2,545	＋1,261	▲3,806
＋1,314	＋3.6%	＋713,000	▲0.599	▲1,902	＋1,254	▲3,157
＋454	＋1.2%	＋140,265	▲0.599	▲1,303	＋421	▲1,724
＋826	＋2.2%	＋553,177	▲0.599	▲552	＋800	▲1,352
＋35	＋0.1%	＋19,558	▲0.599	▲47	＋33	▲81
＋361	＋1.0%	▲151,000	▲0.049	▲643	＋6	▲649
▲20	▲0.1%	▲207,968	▲0.044	▲324	▲20	▲304
＋174	＋0.5%	＋80,100	▲0.127	▲248	＋45	▲293
＋207	＋0.6%	▲23,132	▲0.019	▲70	▲19	▲52
3,897	＋10.6%			＋960	＋1,015	▲55

推測され、中堅・中小ともに貸金スプレッドは縮小しています。住宅ローンの＋2,034億円は、【残高要因＋22兆5,000億円のボリューム増】で＋2,833億円より達成されたビジネス拡大によるものと評価されます。

一方、量的拡大競争の陰として、住宅ローンのスプレッドが▲0.387％も低下しており、【利鞘要因】で▲799億円の減益となっています。これも営業現場の認識とよく符号するものでしょう。スプレッドバンキングは、預貸金一本一本の明細に対してTP処理をするものですから、"既存住宅ローン"と"新規住宅ローン"で貸金スプレッド収益の動向をきちんと因数分解できます。"新規先"への過当競争が、ストック取引である"既存先"への"借換競争"にまで飛び火している状況が的確に捕捉できるようになります。【ボリューム増↑】でも【利鞘縮小↓】のどの辺りに経営を定めるのか、重要な分析が必要となっています。

　さらに、この貸金スプレッドは、"いま"の収益性であり、このスプレッドには、〔信用リスク〕が内在しています。特に住宅ローンは超長期にわたるもので、現在の収益性で事業評価するのはきわめて危険です。『信用コスト＝$PD \times LGD$』を差し引いたスプレッドにてしっかりと評価すべきです。現時点の住宅ローンスプレッドは＋1.262％です。これは粗利益ベースですから、これから営業および審査等のコストを差し引き、さらに与信期間20年に及ぶ【信用コスト】を控除したネットの収益性は大変厳しいものと想像されます。〔新規先〕へのダンピングは〔既存先〕の"借換え"という現象も招いています。"根本的な収益構造メカニズムの劣化"をすでに招来していることを、計数として認識しなければなりません。"総点検"スプレッドバンキングにおいて、真っ先に経営マインドを集中すべき事象でしょう。

　カードローンは、法令上限金利の引下げ、過払金問題、景気の低迷を受け、【残高要因】【利鞘要因】双方の観点から構造劣化しています。ただし、スプレッドの絶対水準が＋8.4％にも及ぶことから、キメの細かい経営展開にて依然、収益貢献有望先として位置づけられるものでしょう。

　気になるのは、〔中小企業〕〔個人事業主〕向けのボリューム縮小です。特に地方経済においては、雇用の主体は〔中小企業〕〔個人事業主〕であることから、この顧客層のポートフォリオ劣化は中長期の経営維持の観点から注視すべきものです。

一方、この15年の間に【残高要因】【利鞘要因】ともに順調に推移している顧客セグメントが存在します。【地公体向けの与信】です。残高も収益も３倍以上に増えています。これからの社会インフラ更新投資等を展望しますと、地公体は借入実需先として非常に有望なものと想像されます。

　ただし、問題となるのは地方自治体の財政健全性です。暗黙の国家保証、自己資本比率規制上のゼロリスクから、あたかも"信用リスクがゼロ"と想定している銀行・地域金融機関の風潮に危険を感じます。信用リスクは存在します。地方分権化・財源移譲の流れは大きな社会方向として後戻りしないものでしょう。しかしこの方向は、地方自治体の責任財政と表裏一体です。権限の委譲は責任の移譲も必ずや伴うはずです。国の100％完全債務保証から、80％となる将来は十分に想像できるものでしょう。地公体向けのリスクアセットは行政上ゼロであっても、実際はゼロではないのです。

　地方銀行・地域金融機関の地公体向け与信ビジネスは今後も成長が見込まれます。大事なことは、地元の市町村財政に対し、"経営としてきちんと評価"し、地域財政と表裏一体である地域経済の健全性維持のための諸施策を地方銀行・地域金融機関が地公体と一緒に能動的に考えなければならないということです。

　〔預金スプレッド収益〕ですが、1999年⇒2013年で▲2,545億円の巨額の減益となっています。【残高要因】【利鞘要因】に因数分解してみると、＋1,261億円、▲3,806億円となっています。預金ボリュームは＋56兆2,000億円の増加で、内訳でみると、流動性預金＋71兆円、定期性預金▲15兆円によるものです。流動性預金＋71兆円の約80％が個人預金の増加です。法人流動性預金も堅調な増加＋14兆円を示しています。一方の定期性預金は、大口預金の▲21兆円が減少の主体です。これは【ゼロ金利】による、預金者の"商品選択の中断"を意味していると考えます。定期性預金に預けるにしろ、普通預金に預けるにしろ、ほとんど金利が変わらず、【定期預金⇔普通預金】の商品選択が"無意味"なことを合理的に理解し、"商品選択の中断"を行い、待機資金として普通預金に滞留していると解します。

2倍以上にふくれ上がった流動性預金の行き先、これが「新局面」において大変重要なものとなります。定期預金金利が0.5％を超える事態になれば、激しい商品シフトが生じるのみならず、他行商品への大移動が懸念されます。預金ポートフォリオは、貸金よりも大きな変容を遂げているのです。そして、「新局面」において大きく胎動することは必至なのです。

　"待機資金"の滞留により、足元は【残高要因】として、＋1,261億円の増益となっています。一方、【利鞘要因】の▲3,806億円ですが、これは貸金と違い受動的な結果です。第２章「金利リスク収益管理会計」で詳述したとおり、預金スプレッドには、市場金利に対する"下方縮減性"が存在します。貸金スプレッドのように市場金利より上方に利鞘を形成するものではなく、下方にスプレッドを抜くことによります。金利水準が下がれば下がるほど、預金スプレッドはその活動エリアを狭め、現在のような【ゼロ金利】においては、もはや順鞘スプレッドを確保するのはきわめて困難なものとなっています。結果、1999年の流動性預金スプレッド、定期性スプレッドがそれぞれ、＋0.705％、＋0.084％であったのが、2013年には、＋0.106％、＋0.035％まで縮小しています。この現象は住宅ローンの過当競争とはまったく異なるもので、預金ビジネス自体に存在する"金利リスク"、預金スプレッドの下方縮減の金利リスクなのです。

　このことをふまえますと、預金のスプレッドは、今後の金利上昇局面において"構造的に水準改善"することが期待されます。ただし、「新局面」でのネットバンキング業者との激烈な競争、"商品選択の中断"をしていた預金者の合理的な選別行動を視野に入れると、その"構造"自体が今後変容する可能性を秘めているのです。

　図表６－７は、【TierⅡ収益】と【TierⅢ収益】の内容分析表です。
　【TierⅡ収益】である『ALM長短ミスマッチ・リスク収益』は、前述のとおり約２割の粗利益を稼ぎ出す立派な"稼ぎ頭"です。7,478億円の利益をあげ、そのパフォーマンスも安定しています。ALM（長短リスク）セク

ションは、銀行の"全資産・全負債"に対してTP処理されたALM持ち値にて〔収益⇔リスク管理〕を担うものです。図表が示すとおり、〔ALM資産〕は、【貸出金見合いTP運用】＋【有価証券】＋【動不動産等その他資産TP運用】、一方、〔ALM調達〕は、【預金見合いTP調達】＋【自己資本等その他TP調達】にて構成され、ともに残高は等しくなります。1999年においては185兆円、2013年は242兆円です。

そして『ALM長短ミスマッチ・リスク収益』は、それぞれの利回り差にて創出されます。1999年は【ALM総資産利回り1.157％－ALM総調達利回り0.746％】により＋0.412％、2013年は【ALM総資産利回り0.450％－ALM総調達利回り0.142％】により＋0.309％です。ALMスプレッドは▲0.103％減少し、【利鞘要因】で▲3,333億円の大幅な減益となっています。一方、ALM総資産ボリュームは＋57兆円の大幅増加を記録しており、結果、【残高要因】で＋3,198億円を計上し、ほぼ増減ゼロの状態となっていることが構造理解できます。

ALM資産の増大は主に国債＋25兆円の長期運用にてレバレッジされており、このことは、『ALM長短ミスマッチ・リスク収益』の水準が2期間において同様でも、その裏に潜む"長短ミスマッチ・リスク"は同様ではないことを暗示します。加えて、この資産増の"調達源資"は前述のとおり、"待機資金"である流動性預金の＋71兆円により成り立っていることを俯瞰すると、現在のALM収益構造は15年前に比べ、きわめて大きく構造劣化しているのです。

今後の「新局面」においては、調達構造の脆弱性と金利上昇リスクをふまえた、より繊細で機敏なALM戦略の樹立が待ったなしであることが理解できます。

【TierⅢ収益】ですが、＋512億円から＋112億円と▲400億円の減益となっています。これはもっぱら市場金利低下による「自己資本運用益」の【利鞘要因】▲755億円によるものです。市場金利が上昇すれば、改善が予期

第6章 "総点検"「スプレッドバンキング」 293

図表6－7　地方銀行の【TierⅡ＆Ⅲ収益】の変容分析（1999⇒2013年）

		1999年3月			（全収益比）	
		（残　高）	（運調利回り）	収　益	比　率	（残　高）
	【TierⅡ収益】	1,850,000	＋0.412	＋7,614	＋19.5%	2,422,000
A L M 長 短 運 用	貸出金見合いTP運用	1,385,000	＋0.736	＋10,194		1,674,000
	有価証券（ALMプロパー）	408,000	＋2.323	＋9,477		694,000
	国債	106,000	＋2.250	＋2,385		352,000
	地方債	61,000	＋2.357	＋1,438		103,000
	社債	87,000	＋2.602	＋2,264		159,000
	株式	50,000	＋1.895	＋948		46,000
	その他証券	104,000	＋2.349	＋2,443		34,000
	動不動産等その他資産TP運用	57,000	＋0.736	＋420		54,000
A L M 長 短 調 達	預金見合いTP調達	1,724,000	▲0.747	▲12,872		2,286,000
	流動性預金見合いTP	527,000	▲0.736	▲3,879		1,240,000
	当座預金TP	54,000	▲0.736	▲397		92,000
	普通預金等TP	473,000	▲0.736	▲3,481		1,148,000
	定期性預金見合いTP	1,197,000	▲0.751	▲8,994		1,046,000
	自己資本等その他TP調達	126,000	▲0.736	▲927		136,000
	特定取引粗利益			＋38	＋0.1%	
	その他業務粗利益			＋1,285	＋3.3%	
	国債等債権売買償還損益			＋1,144	＋2.9%	
	短プラベーシスリスク収益					
	流動性ベーシスリスク収益					

（ALM総運用）　1.157%
（ALM総調達）　0.746%

(単位：億円)

(ALM総運用)	0.450%						
(ALM総調達)	0.142%						
2013年3月		(全収益比)			(増減)		
(運調利回り)	収　益	比　率	(残　高)	(運調利回り)	収　益	残高要因	利鞘要因
+ 0.309	+ 7,478	+ 20.3%	+ 572,000	▲ 0.103	▲ 135	+ 3,198	▲ 3,333
+ 0.137	+ 2,293		+ 289,000	▲ 0.599	▲ 7,900	+ 396	▲ 8,296
+ 0.942	+ 6,536		+ 286,000	▲ 1.381	▲ 2,941	+ 2,934	▲ 5,875
+ 0.869	+ 3,058		+ 246,000	▲ 1.381	+ 673	+ 2,137	▲ 1,464
+ 1.003	+ 1,034		+ 42,000	▲ 1.353	▲ 404	+ 421	▲ 826
+ 1.039	+ 1,652		+ 72,000	▲ 1.563	▲ 612	+ 748	▲ 1,360
+ 1.390	+ 639		▲ 4,000	▲ 0.506	▲ 308	▲ 56	▲ 253
+ 0.452	+ 154		▲ 70,000	▲ 1.897	▲ 2,289	▲ 316	▲ 1,973
+ 0.137	+ 74		▲ 3,000	▲ 0.599	▲ 346	▲ 4	▲ 341
▲ 0.142	▲ 3,245		+ 562,000	△ 0.605	+ 9,628	▲ 798	+ 10,425
▲ 0.137	▲ 1,699		+ 713,000	△ 0.599	+ 2,180	▲ 977	+ 3,157
▲ 0.137	▲ 126		+ 38,000	△ 0.599	+ 271	▲ 52	+ 323
▲ 0.137	▲ 1,573		+ 675,000	△ 0.599	+ 1,909	▲ 925	+ 2,833
▲ 0.148	▲ 1,546		▲ 151,000	△ 0.604	+ 7,448	+ 223	+ 7,224
▲ 0.137	▲ 186		+ 10,000	△ 0.599	+ 741	▲ 14	+ 755
	+ 44	+ 0.1%			+ 6	+ 6	
	+ 1,962	+ 5.3%			+ 677	+ 677	
	+ 1,456	+ 4.0%			+ 312	+ 312	

		99年3月			(全収益比)	
		(残　高)	(運調利回り)	収　益	比　率	(残　高)
【TierⅢ収益】		69,000	+0.742	+512	+1.3%	82,000
	自己資本・損益資金運用益	126,000	+0.736	+931		136,000
	動不動産等調達コスト	57,000	▲0.736	▲420		54,000
	インセンティブ運営損益					
	預金全体インセンティブ					
	預金個別インセンティブ					
	住宅ローンインセンティブ					
	住宅ローン個別インセンティブ					
	経営管理損益					
	戦略支援取引					
	その他経営					

（資料）　筆者が全国銀行協会各種統計資料、日本銀行統計等を用いて試算。

される収益構造です。【TierⅢ収益】の構成内容に、「インセンティブ運営損益」があります。「インセンティブ手法」やその発動の経営背景に関しては、第2章の「金利リスク収益管理会計」にて詳述しました。"預金スプレッドには金利の下方縮減性"が存在します。現下の異常な【ゼロ金利】下での"預金の超低スプレッド性"を、そのまま預金業務・顧客評価として絶対視することは、"将来世代への禍根"や"顧客基盤の劣化"を生じさせる可能性があります。

　この問題に対し経営判断し、中期的な視点から現行の預金スプレッドを調節するのが、この「インセンティブ運営損益」です。当然マイナスの損益が計上され、現場付与のインセンティブ・スプレッドと合算することで消却され、財務会計収益と一致するものとなります。これが表中では「預金全体インセンティブ」に当たります。一方の「預金個別インセンティブ」は、競争上、特定顧客や特別なシーズンに預金金利を戦略的に上乗せする際のインセ

13年3月		(全収益比)		(増減)			
(運調利回り)	収 益	比 率	(残 高)	(運調利回り)	収益	残高要因	利鞘要因
＋0.137	＋112	＋0.3％	＋13,000	▲0.599	▲400	＋14	▲413
＋0.137	＋186		＋10,000	▲0.599	▲745	＋10	▲755
▲0.137	▲74		△3,000	△0.599	＋346	＋4	＋341

ンティブ損益勘定です。ここでは、「経営管理セクション収益」としましたが、もちろん「営業本部セクション」の管理収益とするのが一般的です。

「経営管理損益」の内容に関しては、前章の「収益リスク管理会計制度の詳細設計」にて詳述しました。経営として支援しなければならない重要再生先や、福祉定期等の社会貢献等の営業現場に負担させることが適正ではない、経営で管理すべき取引の損益勘定です。これらの取引においては具体的な数値が収集できないので、図表上は斜線としています。

第 3 節

"総点検"スプレッドバンキング

　本節では、【第1節】の「大変容している資産・負債構造」、【第2節】の「スプレッドバンキングによる「地銀業態」の収益構造分析」をふまえ、これからの「新局面」に対し、"総点検"すべき経営事項に関して論述していきます。"答え"を提示するものではありません。答えが出る単純な事項であれば、『経営判断』は必要ないでしょう。問題はわかるが、その問題を解くのがむずかしい——そのような"総点検"すべき経営事項を以下論述していきます。ぜひとも自行・自機関なりに『経営判断』を加え、有効な行動を生起されることを望みます。

(1) はたして預貸金取引は"儲かっているのか？"

　はたして預貸金取引は"儲かっているのか？"
　それは儲かっているに違いありません。決算は増益を更新しているのですから。ですが、「どれくらい儲かっているのか？」「今後もその儲かり具合は維持可能なものなのか？」「また、預金と貸金はどちらが儲かっているのか？」「実は、国債を中心とした金利リスクテイクで好決算を実現しているのではないか？」といった疑問は尽きません。
　"儲け"という言葉は、間接金融機関においてあまり好ましい言葉ではありません。私にとっても積極的に好きな言葉の範疇に入りません。しかし、ここであえて"儲け"という言葉を使用したのは、あらためて"預貸金の収益性"に関し、"ドキッ"として"総点検"してもらいたいからです。本書で詳述してきた【スプレッドバンキング】の実践により、時系列で、客観的

な預貸金に対する収益性評価が実現されます。そして、【スプレッドバンキング】は預貸金一本一本に対して実行されることから、その取引明細を個社別・企業規模別・業種別・年齢階層別・世帯形成別等のさまざまな視点から集計することで、預貸金取引における"収益性"を、多眼的な視点から構造確認できるのです。

　これからの「新局面」においては、金利上昇に伴い、"実効的なプライシング・エリア"が拡大します。イールドカーブは形状を変えながら変動するでしょう。そこでは、さまざまな預貸商品にて"ニッチのプライシング・エリア"が発生します。そこに、ネットバンクからの機敏で局所的な激しい競争が展開されるものと想定します。自行・自機関の得意な分野、顧客セグメント、商品セグメントに関し、より経費効率を高めて対処しなければ、きわめてコストレスである新規参入者やメガバンクに対し、競争上の優位は維持できません。現下の金利水準においては、個人も企業も"商品選択の中断"をしているにすぎません。"水準として"ゼロに近く、定期も普通預金も利回りが変わらないのであれば、とりあえず"待機資金"として流動性預金に滞留させるのです。借入金利も1％を切る水準ですから、文句はいいません。しかし、金利が上昇し貸出金利もある一定水準以上になれば、合理的な選択を、企業も考えるようになります。これからの「新局面」においては、現在の"儲かっている商品"が今後も儲かるとは限らない、ということです。預貸金の収益性は融合的競争、金利環境により今後大きく変容するのは必至であると展望します。

　そのような問題意識のもと、本項は考察を深めていきます。

　〔現状〕の預貸金収益性を確認し、いまに至るまでの〔過去〕の推移に関して、【スプレッドバンキング】の適用により再確認し、その理解のうえで〔将来〕の動向を展望する"総点検"を以下行っていきます。

　はたして預貸金取引は"儲かっているのか？"　どちらが"儲かるのか？"

この問いの基本は、やはり『経費差引き後の収益性分析』でしょう。
　管理会計上の『経費管理』の要点に関しては、【第4章】の"総点検"「経費管理会計」にて論述しました。「経費管理会計」の状況を"総点検"し、粗利益である預貸金のスプレッド収益から、経費を差し引いた『経費差引き後の預貸金スプレッド収益』を計測、それをもとに具体的な業務戦略・営業戦略・経費戦略の立案をしていくのです。
　ここでは、個別金融機関の経費に関する詳細情報が入手困難であることから、仮説前提のもと、『経費差引き後の預貸金スプレッド収益』の状況を試算し、その試算値を通して、現在の銀行・地域金融機関の収益メカニズムの特徴を"類推"していきます。したがって、その試算値に意味があるのではなく、その仮説思考をふまえ、自行・自機関の実際の経費構造をあてがい、はたして預貸金取引は"儲かっているのか？""どちらがどれくらい儲かるのか？""今後はいかなる動向を呈するのか？"――を経営想像するための"種火"であると理解して、読み進めてください。

　【TierⅠ収益】の経費を類推するにあたり、逆に、【TierⅡ収益】【TierⅢ収益】に関する経費を類推し、その残額を【TierⅠ収益】にあてがう思考を以下にしてみます。【TierⅢ収益】の内訳は自己資本運用益や動不動産調達コスト等から構成される〔経営管理部門〕であることから、本部の主計課等の決算管理や資本調達を担う総合企画セクション、保有動産・不動産管理の総務部セクション等の経費が賦課されるものとなります。また、経営遂行のためのインフラコスト、たとえば取締役会や執行役員会議、各種委員会の運営コストも賦課されるものでしょう。どこまでを経営管理部門の経費として、どこからは営業部門やALM部門の経費とするかの線引きは各銀行・地域金融機関で相違するものでしょう。以下の事例では、総経費の"3％"が【TierⅢ収益】に対する賦課経費としました。意訳すれば、"33人に1人"が経営管理セクションのイメージです。
　一方、【TierⅡ収益】であるALM部門に対する配賦経費ですが、総経費

の"5％"としました。"20人に1人"がALMセクションのイメージです。

2013年度の国家公務員は63.9万人、地方公務員は276.9万人、合計で340.8万人。14年5月の就業者数は6,397万人ですので、日本の公務員比率は5.3％です。【TierⅡ収益】【TierⅢ収益】の総経費は〔5＋3＝8％〕ですから、直感的には十分な重みを賦課した経費配賦であると考えます。【TierⅠ収益】の配賦経費は、この8％部分の残額92％です。経費配賦に関しては、【第4章】の"総点検"「経費管理会計」に則し、本来厳密で合理的に算定されるべきですが、データ制約と前述目的のもと、本項では〔預貸金残高比例〕での経費配賦としました。

結果は図表6－8のとおりです。驚きの結果です。

ALM部門収益（2013年）は経費差引き後で＋49.1％と、"全体収益の半分"をたたき出します。前項の粗利益分析では約2割（1999年19.5％、2013年20.3％）の貢献比率でした。しかし、経費差引き後では50％の収益貢献構造です。これは、薄々想定していた仮説ではないでしょうか？ 地方銀行におけるALM部門の陣容は、資金証券セクションと総合企画ALMセクションの総勢でも50人に及ばないのではないでしょうか？ また、その運行に必要なシステム等の物件費を総計しても、総経費の5％には到達していないのではないでしょうか？ そうであるならば、ALM収益である【TierⅡ収益】の経費効率は預貸金取引の営業部門対比がきわめて高効率であるものと展望されていたはずです。ALM部門は、すでに立派な"プロフィットセンター"であると理解できます。

一方、銀行・地域金融機関の主業である"預貸金取引"ですが、粗利益ベースでは8割の収益貢献であったところが、経費差引き後においては55.7％と、ALM部門と同等の収益貢献となっています。2013年の預貸内訳でみてみると、貸出金で＋115.5％、預金でマイナスの▲81.2％の構造となっており、手数料収益の＋21.3％で営業部門合計でなんとか50％の収益貢献を維持している構図となっています。

図表6－8 【経費勘案後】スプレッドバンキングによる収益構造分析〔試算1〕

〔試算1〕				
92.0%を【TierⅠ部門】に経費賦課				
5.0%を【TierⅡ部門】に経費賦課		1999年3月	経費差引き後	（全収益比）
3.0%を【TierⅢ部門】に経費賦課	（粗利益）	（経費）	収益	比率
【TierⅠ収益】	30,990	23,344	＋7,646	＋55.6%
（貸出スプレッド収益　合計）	23,832	10,007	＋13,826	＋100.6%
法人貸出	15,809	7,703	＋8,106	＋59.0%
中小企業	11,245	4,944	＋6,301	＋45.9%
中堅・大企業	4,564	2,759	＋1,805	＋13.1%
個人貸出	7,767	2,022	＋5,744	＋41.8%
住宅ローン	3,403	1,491	＋1,912	＋13.9%
カードローン	3,475	234	＋3,241	＋23.6%
事業主等	889	297	＋591	＋4.3%
国・地公体	257	281	▲25	▲0.2%
（預金スプレッド収益　合計）	4,221	12,456	▲8,235	▲59.9%
流動性預金	3,217	3,808	▲591	▲4.3%
法人	1,757	2,079	▲323	▲2.3%
個人	1,378	1,631	▲253	▲1.8%
公金	82	97	▲15	▲0.1%
定期性預金	1,004	8,649	▲7,644	▲55.6%
10M以上	304	4,984	▲4,679	▲34.1%
3M以上	423	1,668	▲1,245	▲9.1%
3M未満	278	1,997	▲1,720	▲12.5%
（手数料収益）				
役務取引等粗利益	2,937	881	2,056	＋15.0%
【TierⅡ収益】	7,614	1,269	＋6,345	＋46.2%
【TierⅢ収益】	512	761	▲249	▲1.8%
全体収益	39,116	25,374	＋13,742	＋100.0%

（注）　【経費率】は預貸金等は残高対比、手数料は手数料粗利益対比。
（資料）　筆者が全国銀行協会各種統計資料、日本銀行統計等を用いて試算。

(単位:億円)

	2013年3月			経費差引き後	(全収益比)
(粗利益)	(経費)	(経費率)	(純利益率)	収益	比率
29,184	22,066	0.557%	+ 0.180%	+ 7,118	+ 55.7%
23,612	8,834	0.528%	+ 0.883%	+ 14,778	+ 115.5%
14,510	5,683	0.528%	+ 0.820%	+ 8,827	+ 69.0%
10,516	3,554	0.528%	+ 1.034%	+ 6,963	+ 54.4%
3,994	2,130	0.528%	+ 0.462%	+ 1,864	+ 14.6%
8,170	2,504	0.528%	+ 1.194%	+ 5,665	+ 44.3%
5,437	2,274	0.528%	+ 0.734%	+ 3,163	+ 24.7%
2,372	149	0.528%	+ 7.872%	+ 2,223	+ 17.4%
361	81	0.528%	+ 1.825%	+ 280	+ 2.2%
932	646	0.528%	+ 0.233%	+ 285	+ 2.2%
1,676	12,063	0.528%	▲ 0.454%	▲ 10,388	▲ 81.2%
1,314	6,544	0.528%	▲ 0.422%	▲ 5,229	▲ 40.9%
454	2,259	0.528%	▲ 0.422%	▲ 1,805	▲ 14.1%
826	4,110	0.528%	▲ 0.422%	▲ 3,285	▲ 25.7%
35	174	0.528%	▲ 0.422%	▲ 139	▲ 1.1%
361	5,520	0.528%	▲ 0.493%	▲ 5,158	▲ 40.3%
▲ 20	2,542	0.528%	▲ 0.532%	▲ 2,562	▲ 20.0%
174	1,641	0.528%	▲ 0.472%	▲ 1,466	▲ 11.5%
207	1,337	0.528%	▲ 0.446%	▲ 1,129	▲ 8.8%
					+ 0.0%
3,897	1,169	30.000%	+ 70.0%	2,728	+ 21.3%
7,478	1,199	0.050%	+ 0.259%	+ 6,279	+ 49.1%
+ 112	720	0.878%	▲ 0.741%	▲ 607	▲ 4.7%
+ 36,775	23,985	0.606%	+ 0.323%	+ 12,790	+ 100.0%

本書において再三論述してきたとおり、預金スプレッド収益には市場金利に対して"下方縮減性"が存在します。13年の粗利益ベースにて、預金全体スプレッドは＋0.073％ときわめて薄鞘です。残高比例で経費を賦課すると経費率は0.528％となり、経費差引き後の預金スプレッドは▲0.454％の大幅な逆鞘となってしまいます。

　一方、貸出スプレッドは2013年の粗利益ベース＋1.410％と1999年比▲0.310％の大幅減少となっていますが、依然"収益メカニズムの主柱"であり、経費差引き後でも＋0.883％の利鞘が確保されています。なかでもカードローンは高収益性であることが確認されます。卓越した経営パフォーマンスで群を抜いた高い評価を受けているスルガ銀行の収益力が、他行の追随を許さない高い貸出スプレッド収益によることがよく理解できます。いかに貸出スプレッドの縮減を抑制し、ボリュームの拡大を図るか——"貸出ポートフォリオ戦略"が何よりも重要となります。

　手数料収益は経費差引き後で＋21％を形成します。この状況もセブン銀行をはじめとした新興銀行の収益性の高さとも符合しますし、今後の経済胎動・株価上昇に伴う長期安定的な投資信託商品の開発と相まって、さらに発展が予期されます。

　さて、ALM部門収益が50％を構成する収益メカニズムの概観に対し、その実体性を、もう少し考察してみましょう。【TierⅡ収益】が"ゼロ"となる経費配賦率はいくらであるか？　それを逆算したのが図表6－9の〔試算2〕です。

　【TierⅡ収益】に対して全体経費の31.2％を配賦すると、ALM部門収益は"ゼロ"となります。実に"3人に1人"がALMセクションである計算です。やはり、ALM部門は間違いなく、立派な"プロフィットセンター"であることが理解できます。そして重要なことは、そのような経費配賦でも、預金スプレッド収益はマイナス53％の赤字収益貢献です。経費差引き後の預金スプレッドは▲0.296％の逆鞘を呈しています。

さて、【貸金】と【預金】では、当然ながら経費効率が相違します。
　ぜひ自行・自機関の経費構造の特質を反映させて、しっかりとした評価をしてください。ここでは〔単純残高配賦〕としたので、残高に対する経費率は預貸金ともに同等にて試算しています。営業経費は、業務推進にかかわる人件費と物件費に大別されます。物件費の大きな部分はシステム経費により構成されます。貸出業務にかかわるシステム経費と定期預金業務に関するシステム経費は、そのシステム体系によるものでしょうが、同等ぐらいのものではないでしょうか。貸出業務においては、債務者格付から始まる一連の審査業務のシステム経費が、定期預金よりは多めに経費負担されるものでしょう。一方、定期預金のシステム処理件数は多く、またその他の経費として預金保険料率負担（2014年度0.081％）があり、両業務においてどのくらいの経費率差異があるか、確認を要するところです。
　一方、当座・普通預金等の流動性預金にかかわるシステム経費に関しては、単に預金業務として完全賦課することは有用ではなく、"決済業務"として位置づけ、それが「貸出業務」「定期預金（預り資産）業務」の"共有負担サービス"と位置づけるのも有効であると考えます。銀行・金融機関のオンライン障害の甚大性と社会性から、この決済業務には、二重三重の安全化策がシステム上も態勢上もとられており、大きな経費負担となっています。
　この"決済業務"はなぜ重要で必須な業務であるかを考えると、銀行・金融機関の間接金融機関としての"本質的絶対優位なサービス"であることに行き着きます。いつでも、どこでも、払出し可能で、また毎回手続をしなくても自動引落しという、先進国でも類例の少ない"信用決済業務"を日本の銀行・地域金融機関は確立しています。この決済業務は個人の生活の場面で、また企業の商取引の場面で同等の価値を提供しています。
　個人においては、給与振込口座から始まり、その後のさまざまな生活にかかわる決済、水道光熱費から電話代、クレジットカード決済、振込取引の基盤となっていますし、住宅ローンや各種個人ローンの元利金の自動引落し取

図表6－9 【経費勘案後】スプレッドバンキングによる収益構造分析〔試算2〕

〔試算2〕 65.8%を【TierⅠ部門】に経費賦課 31.2%を【TierⅡ部門】に経費賦課 3.0%を【TierⅢ部門】に経費賦課	1999年3月		経費差引き後	（全収益比）
	（粗利益）	（経費）	収益	比率
【TierⅠ収益】	30,990	16,701	＋14,289	＋104.0%
（貸出スプレッド収益　合計）	23,832	7,048	＋16,785	＋122.1%
法人貸出	15,809	5,425	＋10,384	＋75.6%
中小企業	11,245	3,482	＋7,763	＋56.5%
中堅・大企業	4,564	1,943	＋2,620	＋19.1%
個人貸出	7,767	1,424	＋6,343	＋46.2%
住宅ローン	3,403	1,050	＋2,353	＋17.1%
カードローン	3,475	164	＋3,310	＋24.1%
事業主等	889	209	＋679	＋4.9%
国・地公体	257	198	＋59	＋0.4%
（預金スプレッド収益　合計）	4,221	8,773	▲4,552	▲33.1%
流動性預金	3,217	2,682	＋535	＋3.9%
法人	1,757	1,464	＋292	＋2.1%
個人	1,378	1,149	＋229	＋1.7%
公金	82	68	＋14	＋0.1%
定期性預金	1,004	6,091	▲5,086	▲37.0%
10M以上	304	3,510	▲3,206	▲23.3%
3M以上	423	1,175	▲752	▲5.5%
3M未満	278	1,406	▲1,129	▲8.2%
（手数料収益）				
役務取引等粗利益	2,937	881	2,056	＋15.0%
【TierⅡ収益】	7,614	7,912	▲298	▲2.2%
【TierⅢ収益】	512	761	▲249	▲1.8%
全体収益	39,116	25,374	＋13,742	＋100.0%

（注）【経費率】は預貸金等は残高対比、手数料は手数料粗利益対比。
（資料）筆者が全国銀行協会各種統計資料、日本銀行統計等を用いて試算。

(単位:億円)

2013年3月				経費差引き後	(全収益比)
(粗利益)	(経費)	(経費率)	(純利益率)	収益	比率
29,184	15,787	0.399%	+ 0.338%	+ 13,397	+ 104.7%
23,612	6,179	0.369%	+ 1.041%	+ 17,432	+ 136.3%
14,510	3,975	0.369%	+ 0.978%	+ 10,535	+ 82.4%
10,516	2,486	0.369%	+ 1.193%	+ 8,031	+ 62.8%
3,994	1,490	0.369%	+ 0.621%	+ 2,504	+ 19.6%
8,170	1,752	0.369%	+ 1.352%	+ 6,418	+ 50.2%
5,437	1,591	0.369%	+ 0.892%	+ 3,846	+ 30.1%
2,372	104	0.369%	+ 8.031%	+ 2,268	+ 17.7%
361	57	0.369%	+ 1.983%	+ 304	+ 2.4%
932	452	0.369%	+ 0.391%	+ 479	+ 3.7%
1,676	8,438	0.369%	▲ 0.296%	▲ 6,763	▲ 52.9%
1,314	4,577	0.369%	▲ 0.263%	▲ 3,263	▲ 25.5%
454	1,580	0.369%	▲ 0.263%	▲ 1,126	▲ 8.8%
826	2,875	0.369%	▲ 0.263%	▲ 2,050	▲ 16.0%
35	122	0.369%	▲ 0.263%	▲ 87	▲ 0.7%
361	3,861	0.369%	▲ 0.335%	▲ 3,500	▲ 27.4%
▲ 20	1,779	0.369%	▲ 0.373%	▲ 1,798	▲ 14.1%
174	1,148	0.369%	▲ 0.313%	▲ 973	▲ 7.6%
207	935	0.369%	▲ 0.287%	▲ 728	▲ 5.7%
					+ 0.0%
3,897	1,169	30.000%	+ 70.0%	2,728	+ 21.3%
7,478	7,479	0.309%	▲ 0.000%	▲ 0	▲ 0.0%
+ 112	720	0.878%	▲ 0.741%	▲ 607	▲ 4.7%
+ 36,775	23,985	0.606%	+ 0.323%	+ 12,790	+ 100.0%

引も実行されます。法人においてもまったく同様であり、商取引の資金決済、従業員給与決済、水道光熱費から電話代等の各種経費支払、そして借入金の元利金支払の取引基盤となっています。

　したがって、流動性預金の経費配賦においては、流動性預金自体の『預り資産業務』と、貸出・預金共有利用の『決済業務』に分別して実行することも有用であると考えます。決済業務においては、『貸出業務配賦決済経費』と『預り資産業務配賦決済経費』に分別し、前者は貸出業務へ、後者は定期預金や投資信託業務へ配賦適用することも一考の価値があるかと思います。この経費分別の割合は銀行・地域金融機関の特徴により大きく相違するものであり、そもそも客観的な正しい配賦の考え方は存在せず、"経営判断"を要するイシューです。

　先に述べたとおり、この15年間の資産負債構造の変容で特質すべきことは流動性預金残高の急増です。全国銀行ベースで＋200兆円の異常な増大を呈しています。これをALM源資として国債運用の増強を図り、ALM長短ミスマッチ収益の水準維持を形成している経営構図に関しては本章の冒頭から述べました。"金の卵"である流動性預金の残高をどう維持するか、「新局面」に挑む銀行・地域金融機関経営者は身構え、実効的な戦略プランを立てる必要があります。

　この流動性預金の他行・他機関への流出警戒はもちろんのこと、強力なライバルとして成長しているネットバンク等の新銀行に対抗するため、【流動性預金⇒定期性預金＋投資信託】への"能動的な預り資産振替え"も必要であると考えます。さもなくば、バランスシートの急速な縮減を招き、ALM運営のみならず、さまざまな取引へのマイナスの影響が発生するでしょう。流動性預金の経済価値を再考する、その際、経費配賦の経営判断においても研ぎ澄ませることが重要となります。

　さて、貸金と預金の経費配賦ですが、以上の流動性預金の"決済業務"にかかわる貸出業務への経費配分を想起すると、残高対比、貸出業務への配賦

ウェイトが預金業務対比大きくなることが想定されます。それが1.5倍となるか、2倍、3倍となるかは、各銀行・地域金融機関の特質によるものでしょう。ここでは、前述の〔試算2〕、すなわちALM部門収益をゼロとする経費配賦のもと、預金業務が"収益トントン"となるよう、貸出業務の配賦経費ウェイトに関して、"逆算思考"で分析してみました。その結果が図表6-10の〔試算3〕です。

なんと、ALM部門収益を"ゼロ"とするよう営業部門収益への経費負担を減じたケースでも、預金スプレッド収益が"収益トントン"になるためには、貸出業務の経費配賦を残高対比"10倍"まで重くしなければならない結果となりました。"現時点の預貸スプレッド収益性"を考察するに、やはり貸出業務の優位性が顕著であることがあらためて確認されます。

以上、さまざまな視点から、経費差引き後の収益構造に関して分析してきました。本項最後の締めくくりとして、ALM部門収益の位置づけに関してさらに考察を深めます。

前述のとおり、【TierⅡ収益】に対して全体経費の31.2%を配賦すると、ALM部門収益は"ゼロ"となります。実に"3人に1人"がALMセクションである計算ですが、これは当然実情と相違します。

ALM部門の運用経費は陣容にしても、システム経費においても、もっと小さいものでしょう。ALM収益は高水準であり、高効率であると想起されます。しかしながらこの見方に対し、ALM業務はそもそも預貸業務の基盤のうえに構成される"派生ビジネス"であって、それをそのままの評価として受け止めるには"違和感"がある、との意見があります。

預貸業務の基盤のうえに構成される"派生ビジネス"である認識に関しては、まったくもって異論ありません。しかしながら、それが預貸金業務の"従属ビジネス"であるかというと、そうではない、と確信します。

なぜなら、ALMの長短ミスマッチは預貸構造を受けてポジション構成されますが、それに対してALM部門が適時的確なるポジション変更、ヘッジ

図表6－10 【経費の貸出傾斜配賦】による収益構造分析〔試算3〕
　　　　　―貸出の経費を預金対比10倍かかるとして算定―

〔試算3〕 65.8%を【TierⅠ部門】に経費賦課 ㉛.2%を【TierⅡ部門】に経費賦課 3.0%を【TierⅢ部門】に経費賦課	（粗利益）	1999年3月 （経費）	経費差引き後 収益	（全収益比） 比率
【TierⅠ収益】	30,990	16,701	＋14,289	＋104.0%
（貸出スプレッド収益　合計）	23,832	14,212	＋9,621	＋70.0%
法人貸出	15,809	10,940	＋4,869	＋35.4%
中小企業	11,245	7,022	＋4,223	＋30.7%
中堅・大企業	4,564	3,919	＋645	＋4.7%
個人貸出	7,767	2,872	＋4,895	＋35.6%
住宅ローン	3,403	2,118	＋1,285	＋9.4%
カードローン	3,475	332	＋3,143	＋22.9%
事業主等	889	422	＋467	＋3.4%
国・地公体	257	399	▲143	▲1.0%
（預金スプレッド収益　合計）	4,221	1,608	＋2,613	＋19.0%
流動性預金	3,217	492	＋2,725	＋19.8%
法人	1,757	268	＋1,488	＋10.8%
個人	1,378	211	＋1,167	＋8.5%
公金	82	13	＋70	＋0.5%
定期性預金	1,004	1,117	▲112	▲0.8%
10M以上	304	643	▲339	▲2.5%
3M以上	423	215	＋207	＋1.5%
3M未満	278	258	＋20	＋0.1%
（手数料収益）				
役務取引等粗利益	2,937	881	2,056	＋15.0%
【TierⅡ収益】	7,614	7,912	▲298	▲2.2%
【TierⅢ収益】	512	761	▲249	▲1.8%
全体収益	39,116	25,374	＋13,742	＋100.0%

（注）　【経費率】は預貸金等は残高対比、手数料は手数料粗利益対比。
（資料）　筆者が全国銀行協会各種統計資料、日本銀行統計等を用いて試算。

(単位：億円)

	2013年3月			経費差引き後	（全収益比）
（粗利益）	（経費）	（経費率）	（純利益率）	収益	比率
29,184	15,787	0.399%	+ 0.338%	+ 13,397	+ 104.7%
23,612	13,004	0.777%	+ 0.634%	+ 10,608	+ 82.9%
14,510	8,366	0.777%	+ 0.571%	+ 6,145	+ 48.0%
10,516	5,231	0.777%	+ 0.785%	+ 5,285	+ 41.3%
3,994	3,135	0.777%	+ 0.213%	+ 859	+ 6.7%
8,170	3,686	0.777%	+ 0.945%	+ 4,483	+ 35.1%
5,437	3,348	0.777%	+ 0.485%	+ 2,089	+ 16.3%
2,372	219	0.777%	+ 7.623%	+ 2,153	+ 16.8%
361	119	0.777%	+ 1.576%	+ 242	+ 1.9%
932	952	0.777%	▲ 0.016%	▲ 20	▲ 0.2%
1,676	1,614	0.071%	+ 0.003%	+ 61	+ 0.5%
1,314	876	0.071%	+ 0.035%	+ 439	+ 3.4%
454	302	0.071%	+ 0.035%	+ 151	+ 1.2%
826	550	0.071%	+ 0.035%	+ 275	+ 2.2%
35	23	0.071%	+ 0.035%	+ 12	+ 0.1%
361	739	0.071%	▲ 0.036%	▲ 377	▲ 2.9%
▲ 20	340	0.071%	▲ 0.075%	▲ 360	▲ 2.8%
174	220	0.071%	▲ 0.015%	▲ 45	▲ 0.4%
207	179	0.071%	+ 0.011%	+ 28	+ 0.2%
					+ 0.0%
3,897	1,169	30.000%	+ 70.0%	2,728	+ 21.3%
7,478	7,479	0.309%	▲ 0.000%	▲ 0	▲ 0.0%
+ 112	720	0.878%	▲ 0.741%	▲ 607	▲ 4.7%
+ 36,775	23,985	0.606%	+ 0.323%	+ 12,790	+ 100.0%

取引を行いながら収益を達成するものであり、また"預貸金ポジション"は、〔オリジナル・マチュリティ〕×〔残存マチュリティ〕にて、構造分解され、預貸金が仮になくとも、"市場取引において同等の金利リスク・ポートフォリオ"は再現可能であるということです。

【スプレッドバンキング】により金利リスクに関して"因数分解"されることを通じて、同等のポジションを疑似構成できるようになります。市場金利を基準とする「ALM長短ベースレート」にてTP組成されたALMポジションですから、市場運用・調達の組合せにより、同様な〔オリジナル・マチュリティ〕×〔残存マチュリティ〕のポートフォリオを"同じ持ち値"にて生成可能なのです。"始まりは預貸ポジション"であっても、そこから"能動的にポートフォリオ運営する"ことがALM業務であり、預貸金業務の従属ビジネスではないのです。

それでは、図表6-8〔試算1〕の50％の収益貢献がALM部門（【TierⅡ収益】）の妥当な評価なのでしょうか？ この点に関して、もう少し深く考察します。

ALMポジションは、預貸取引がなくとも"再現可能"であると述べましたが、それは"理論上"においてのことです。なぜならば、預金という"キャッシュとしての安定調達"がなければ、簡単にはポジション組成はできません。市場からみて万全な自己資本が存在すると評価されれば、信認を得られ、理論どおりのポジション組成は可能でしょう。しかし、日本の銀行・地域金融機関の自己資本の現状にかんがみるに、現実組成上はさまざまな制約を受けるものとなります。また市場の動向によっては、信認が急激に揺らぎ、マチュリティを迎えた市場調達の継続組成が困難となり、資産サイドの予期せぬ売却が必要となる可能性もあります。預金構造という"安定基盤"がなければ、継続的で実効的なALM運営は困難なものです。預金がALM部門の必須基盤であること、それをどう経済価値として理解するかがこの問題の本質です。

営業部門が永年の取引にて築き上げている"安定キャッシュ調達"、この

経済価値はいかなるものか？　管理会計においては、そのキャッシュの経済価値をふまえた『流動性プレミアム』を"市場金利に上乗せ"してTPするということになります。図表6−11〔試算4〕は、『流動性プレミアム』を上乗せして、経費差引き後の収益構造分析をしたものです。

ALM部門収益がゼロとなる『流動性プレミアム』を逆算すると、〔0.275％〕となります。これは視点を変えれば、このプレミアムを支払って市場でALMポジションを組成する際の現時点での"損益分岐点"の流動性プレミアムであると解せます。ただし預金は、この流動性プレミアムを加算してもなお▲0.179％の逆鞘となっています。

次に、この『流動性プレミアム』の数値と貸出取引の預金対比の『傾斜経費率（残高対比）』のマトリックスで、収益構造を算定します。結果は図表6−12の〔試算5〕のとおりです。

『流動性プレミアムなし』の場合は、〔貸出経費配賦倍率5倍〕でも、預金スプレッド収益は赤字を計上します。『流動性プレミアム0.125％』の場合で、〔貸出経費配賦倍率〕が5倍になると、経費差引き後収益はプラスに転じます。『流動性プレミアム0.175％』では、〔貸出経費配賦倍率〕が3倍から預金スプレッド収益は経費差引き後でもプラスに転じます。

『流動性プレミアム0.250％』においては、ALM部門収益は経費割合の5％と同等のものとなり、〔貸出経費配賦倍率〕が3倍で預金スプレッド収益の全体収益貢献比率は＋16％とそれなりの存在感となります。

しかし、いかんせん預金の収益性はとても低いものです。それは何度も述べているとおり、「預金スプレッド収益の市場金利に対する下方縮減性」によるものです。したがって、【ゼロ金利】という"最悪の一時点"をとって預金ビジネスの収益性を評価すること自体に分析上の問題があるということです。貸出ビジネスには"信用リスク"が存在しますが、預金ビジネスには"金利リスク"が存在し、その最悪リスクが発露している状況なのです。

図表6-11 【流動性プレミアム勘案】スプレッドバンキングによる収益構造分析〔試算4〕

〔試算4〕					
92.0%を【TierⅠ部門】に経費賦課					
5.0%を【TierⅡ部門】に経費賦課			1999年3月	経費差引き後	（全収益比）
3.0%を【TierⅢ部門】に経費賦課		（粗利益）	（経費）	収益	比率
【TierⅠ収益】		30,990	23,344	＋7,646	＋55.6%
（貸出スプレッド収益　合計）		23,832	10,007	＋13,826	＋100.6%
法人貸出		15,809	7,703	＋8,106	＋59.0%
	中小企業	11,245	4,944	＋6,301	＋45.9%
	中堅・大企業	4,564	2,759	＋1,805	＋13.1%
個人貸出		7,767	2,022	＋5,744	＋41.8%
	住宅ローン	3,403	1,491	＋1,912	＋13.9%
	カードローン	3,475	234	＋3,241	＋23.6%
	事業主等	889	297	＋591	＋4.3%
国・地公体		257	281	▲25	▲0.2%
（預金スプレッド収益　合計）		4,221	12,456	▲8,235	▲59.9%
流動性預金		3,217	3,808	▲591	▲4.3%
	法人	1,757	2,079	▲323	▲2.3%
	個人	1,378	1,631	▲253	▲1.8%
	公金	82	97	▲15	▲0.1%
定期性預金		1,004	8,649	▲7,644	▲55.6%
	10M以上	304	4,984	▲4,679	▲34.1%
	3M以上	423	1,668	▲1,245	▲9.1%
	3M未満	278	1,997	▲1,720	▲12.5%
（手数料収益）					
役務取引等粗利益		2,937	881	2,056	＋15.0%
【TierⅡ収益】		7,614	1,269	＋6,345	＋46.2%
【TierⅢ収益】		512	761	▲249	▲1.8%
全体収益		39,116	25,374	＋13,742	＋100.0%

(注)　【経費率】は預貸金等は残高対比、手数料は手数料粗利益対比。
(資料)　筆者が全国銀行協会各種統計資料、日本銀行統計等を用いて試算。

- 流動性プレミアム・コストとして0.275％＝6,287億円をALM部門に賦課
- 貸出の経費を預金と同一と前提

(単位：億円)

		2013年3月			経費差引き後	（全収益比）
（粗利益）	オファービッド	（経費）	（経費率）	（純利益率）	収益	比率
29,184	6,287	22,066	0.557%	＋0.338%	＋13,405	＋104.8%
23,612		8,834	0.528%	＋0.883%	＋14,778	＋115.5%
14,510		5,683	0.528%	＋0.820%	＋8,827	69.0%
10,516		3,554	0.528%	＋1.034%	＋6,963	＋54.4%
3,994		2,130	0.528%	＋0.462%	＋1,864	＋14.6%
8,170		2,504	0.528%	＋1.194%	＋5,665	＋44.3%
5,437		2,274	0.528%	＋0.734%	＋3,163	＋24.7%
2,372		149	0.528%	＋7.872%	＋2,223	＋17.4%
361		81	0.528%	＋1.825%	＋280	＋2.2%
932		646	0.528%	＋0.233%	＋285	＋2.2%
1,676	6,287	12,063	0.528%	▲0.179%	▲4,101	▲32.1%
1,314	3,410	6,544	0.528%	▲0.147%	▲1,819	▲14.2%
454	1,177	2,259	0.528%	▲0.147%	▲628	▲4.9%
826	2,142	4,110	0.528%	▲0.147%	▲1,143	▲8.9%
35	91	174	0.528%	▲0.147%	▲48	▲0.4%
361	2,877	5,520	0.528%	▲0.218%	▲2,282	▲17.8%
▲20	1,325	2,542	0.528%	▲0.257%	▲1,237	▲9.7%
174	855	1,641	0.528%	▲0.197%	▲611	▲4.8%
207	696	1,337	0.528%	▲0.171%	▲433	▲3.4%
						＋0.0%
3,897		1,169	30.000%	＋70.0%	2,728	＋21.3%
7,478	▲6,287	1,199	0.050%	▲0.000%	▲7	▲0.1%
＋112		720	0.878%	▲0.741%	▲607	▲4.7%
＋36,775		23,985	0.606%	0.323%	＋12,790	＋100.0%

第6章 "総点検"「スプレッドバンキング」

図表6-12 【流動性プレミアム】【貸出経費傾斜配賦】と預金収益性〔試算5〕

○預金スプレッド（経費差引き前） 0.073　　○貸出スプレッド（経費差引き前） 1.410

92.0%を【TierⅠ部門】に経費賦課										
5.0%を【TierⅡ部門】に経費賦課	流動性プレミアム⇒	0.000%			0.000%			0.000%		
3.0%を【TierⅢ部門】に経費賦課	貸出経費配賦倍率⇒	0.0倍			3.0倍			5.0倍		
		収益	スプレッド	比率	収益	スプレッド	比率	収益	スプレッド	比率
	【TierⅠ収益】	+7,118	+0.180%	+56%	+7,118	+0.180%	+56%	+7,118	+0.180%	+56%
	（貸出スプレッド収益）	+14,778	+0.883%	+116%	+8,033	+0.480%	+63%	+6,589	+0.394%	+52%
	（預金スプレッド収益）	▲10,388	▲0.454%	▲81%	▲3,643	▲0.159%	▲28%	▲2,199	▲0.096%	▲17%
	【TierⅡ収益】	+6,279	+0.259%	+49%	+6,279	+0.259%	+49%	+6,279	+0.259%	+49%
	流動性プレミアム⇒	0.125%			0.125%			0.125%		
	貸出経費配賦倍率⇒	0.0倍			3.0倍			5.0倍		
		収益	スプレッド	比率	収益	スプレッド	比率	収益	スプレッド	比率
	【TierⅠ収益】	+9,976	+0.252%	+78%	+9,976	+0.252%	+78%	+9,976	+0.252%	+78%
	（貸出スプレッド収益）	+14,778	+0.883%	+116%	+8,033	+0.480%	+63%	+6,589	+0.394%	+52%
	（預金スプレッド収益）	▲7,530	▲0.329%	▲59%	▲785	▲0.034%	▲6%	+659	+0.029%	+5%
	【TierⅡ収益】	+3,422	+0.141%	+27%	+3,422	+0.141%	+27%	+3,422	+0.141%	+27%
	流動性プレミアム⇒	0.175%			0.175%			0.175%		
	貸出経費配賦倍率⇒	0.0倍			3.0倍			5.0倍		
		収益	スプレッド	比率	収益	スプレッド	比率	収益	スプレッド	比率
	【TierⅠ収益】	+11,119	+0.281%	+87%	+11,119	+0.281%	+87%	+11,119	+0.281%	+87%
	（貸出スプレッド収益）	+14,778	+0.883%	+116%	+8,033	+0.480%	+63%	+6,589	+0.394%	+52%
	（預金スプレッド収益）	▲6,387	▲0.279%	▲50%	+358	+0.016%	+3%	+1,802	+0.079%	+14%
	【TierⅡ収益】	+2,279	+0.094%	+18%	+2,279	+0.094%	+18%	+2,279	+0.094%	+18%
	流動性プレミアム⇒	0.250%			0.250%			0.250%		
	貸出経費配賦倍率⇒	0.0倍			3.0倍			5.0倍		
		収益	スプレッド	比率	収益	スプレッド	比率	収益	スプレッド	比率
	【TierⅠ収益】	+12,833	+0.324%	+100%	+12,833	+0.324%	+100%	+12,833	+0.324%	+100%
	（貸出スプレッド収益）	+14,778	+0.883%	+116%	+8,033	+0.480%	+63%	+6,589	+0.394%	+52%
	（預金スプレッド収益）	▲4,673	▲0.204%	▲37%	+2,072	+0.091%	+16%	+3,516	+0.154%	+27%
	【TierⅡ収益】	+564	+0.023%	+4%	+564	+0.023%	+4%	+564	+0.023%	+4%

（資料）　筆者が全国銀行協会各種統計資料、日本銀行統計等を用いて試算。

(2) 預貸金取引の"長期間の本来的収益性は？"

　前項においては、いまの【ゼロ金利】の状態で、預貸金の収益性に関し、さまざまな仮説視点から考察してきました。さて本項では、いまの現時点ではなく、過去の時系列推移から、預貸金取引の"長期間の本来的収益性"を検証していきます。
　まず貸出業務に関して考察します。
　貸出業務には、『信用コスト』という重大なコストが存在し、貸金の収益性はその変動をまともに受けるボラタイルなものです。【第３章】"総点検"「信用リスク収益管理会計」で詳述したとおり、『信用コスト（PD）×（LGD）』を形成する主元素である実績デフォルト率は図表６-13のとおり

図表６-13　RDB企業デフォルト率の推移（2001年３月～2013年12月）再掲

【信用リスク】の水準が時とともに〝大きく変動する〟ことは明白な事実

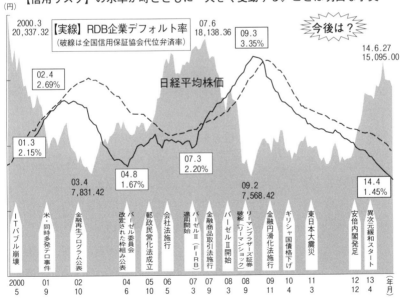

第６章　"総点検"「スプレッドバンキング」

大きく変動し、この15年間で"3回"ものデフォルトピークを形成しています。"金利は変動しなかったが、信用リスクは大きく変動した"ということです。

この信用リスクの"波状変動"を受け、図表6－14が示すとおり、銀行・地域金融機関の期間損益は大きく変動し、赤字決算を余儀なくされた、きわめて深刻な時期も経験しました。本来は、貸出金利の"プライシング機能"によって、信用リスクの変動を吸収し、貸出スプレッド収益の安定が図られるべきですが、"現行の貸出プライシング慣行"においては、信用コストの変動とはまったく無関係に、貸出金利の一方的な低下が進んでいます（図表6－15参照）。

現時点ではたしかに貸出業務が"稼ぎ頭"であるのには間違いないのですが、いまの一時点の収益性が未来永劫続くものではありません。銀行業態において、1996年から2012年にかけて、▲60兆円を超える不良債権処理を行ってきました。地銀業態においては、年平均▲8,179億円の信用コストを計上しており、これは貸出スプレッドにおいて▲0.489％にも及びます。

貸出粗利益スプレッド＋1.410％からこの『平均信用コスト率』を差し引いた"＋0.922％"が、預金スプレッドと比較すべき経費差引き前の貸金スプレッドとなります。残高単純按分で、ALM部門総経費5％、経営管理セクション3％での経費配賦とした場合の貸出スプレッドは"＋0.394％"となります。

一方、この間、信用コストが最大を記録した1998年においては、地銀業態のみで処理損が▲2兆507億にも及び、信用コスト率において▲1.225％となり、信用コスト差引き後の貸出スプレッドは、経費差引き前ですでに＋0.185％と収支ギリギリの水準となっており、残高単純按分での経費差引き後のスプレッドは"▲0.342％"と大幅な赤字となっています。

これに対して、信用コストが最小を記録した2011年においては、処理損が▲1,422億円、信用コスト率▲0.085％にとどまり、信用コストおよび経費差引き後の貸出金スプレッドは"＋0.798％"となっています。

図表6-14　貸出収益の正負を受けた全体期間損益の大変動

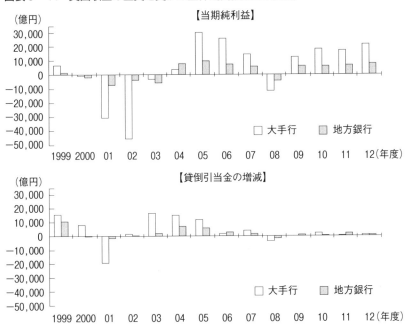

図表6-15　信用リスクとは無関係に下がり続ける貸出金利

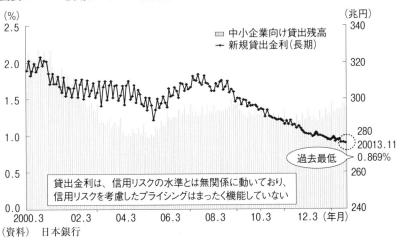

（資料）　日本銀行

1996～2012年の17年間、貸出スプレッドは、信用コストと経費差引き後で【▲0.342％⇔＋0.394％⇔＋0.798％】という大変大きな振幅を示しており、全体収益もその影響をまともに受けて【▲7,717億⇔＋4,611億⇔＋11,367億】の大きな変動構造を呈し、その下限振幅においては巨額の赤字決算を招く甚大さです。"現時点のゼロ信用リスク"から、知らず知らずの"予定調和思想"で貸出業務の収益性を固定観念化してはならないということです。信用リスクは過去のトレンドが示すとおり、将来もサイクリカルに変動するものと想定しなければならないのです。

信用コストと経費差引き後の貸金スプレッド【▲0.342％⇔＋0.394％⇔＋0.798％】に関し、"預金の流動性プレミアム"と"貸出業務の預金対比の経費負担プレミアム"を勘案したシナリオにて、貸金と預金の収益性を分析したのが図表6－16です。

『平均信用コスト』のシナリオで、仮に貸出業務の所要経費が預金対比3倍かかるとすれば、すでに現在の貸出金利において▲0.009％の逆鞘であることが確認されます。これは衝撃的な試算値です。現在は"ゼロ信用リスク"により、貸金は収益メカニズムの大黒柱として機能していますが、これがずっと続くものと誤解・慢心していることを戒めるものです。過去17年間の平均信用コストにおいて、現在の薄鞘のスプレッド水準では、貸出事業は"赤字"である可能性を試算値は示しているのです。

そして何よりも驚くのは、過去の『平均信用コスト』のシナリオでは、現時点で「預貸金スプレッド収益」はすでに"赤字"であるということです。預金の経費差引き後スプレッドは▲0.454％であり、貸出の「信用コスト」および経費差引き後のスプレッド＋0.394％では吸収しきれず、▲1,061億円の赤字構造となっており、もっぱら『ALM（長短）ミスマッチ収益』が収益（＋136％）を担う異常事態となっています。

現下の貸出金利の引下げ競争は、過去の「信用コスト」を勘案すると、すでに行き過ぎている可能性があります。さらに2013～14年の直近1年間の貸

図表 6－16　地方銀行の「信用コスト率」の変動と貸出収益性の構造分析

信用コスト(億円)		0		
流動性プレミアム		0.000%		
全体収益	貸出経費配賦倍率	信用コスト率		
	+12,790	0.0倍	0.000%	
		収益	スプレッド	比率
【Tier I 収益】		+7,118	+0.180%	+56%
(貸出スプレッド収益)		+14,778	+0.883%	+116%
(預金スプレッド収益)		▲10,388	▲0.454%	▲81%
【Tier II 収益】		+6,279	+0.259%	+49%

貸出スプレッド（経費差引き前）　1.410
預金スプレッド（経費差引き前）　0.073

92.0%を【Tier I 部門】に経費賦課
5.0%を【Tier II 部門】に経費賦課
3.0%を【Tier III 部門】に経費賦課

(単位：億円)

信用コスト(億円)	(最小)	▲1,422	2011年	(平均)	▲8,179	1996～2012年	(最大)	▲20,507	1998年
流動性プレミアム		0.000%			0.000%			0.000%	
全体収益 / 貸出経費配賦倍率 / 信用コスト率	+11,367	0.0倍	▲0.085%	+4,611	0.0倍	▲0.489%	▲7,717	0.0倍	▲1.225%
	収益	スプレッド	比率	収益	スプレッド	比率	収益	スプレッド	比率
【Tier I 収益】	+5,696	+0.144%	+50%	▲1,061	▲0.027%	▲23%	▲13,389	▲0.338%	
(貸出スプレッド収益)	+13,355	+0.798%	+117%	+6,599	+0.394%	+143%	▲5,729	▲0.342%	
(預金スプレッド収益)	▲10,388	▲0.454%	▲91%	▲10,388	▲0.454%	▲225%	▲10,388	▲0.454%	
【Tier II 収益】	+6,279	+0.259%	+55%	+6,279	+0.259%	+136%	+6,279	+0.259%	

信用コスト(億円)	(最小)	▲1,422	2011年	(平均)	▲8,179	1996～2012年	(最大)	▲20,507	1998年
流動性プレミアム		0.125%			0.125%			0.125%	
全体収益 / 貸出経費配賦倍率 / 信用コスト率	+11,367	3.0倍	▲0.085%	+4,611	3.0倍	▲0.489%	▲7,717	3.0倍	▲1.225%
	収益	スプレッド	比率	収益	スプレッド	比率	収益	スプレッド	比率
【Tier I 収益】	+8,553	+0.216%	+75%	+1,796	+0.045%	+39%	+10,531	▲0.266%	
(貸出スプレッド収益)	+6,611	+0.395%	+58%	▲146	▲0.009%	▲3%	+12,474	+0.745%	
(預金スプレッド収益)	▲785	▲0.034%	▲7%	▲785	▲0.034%	▲17%	▲785	▲0.034%	
【Tier II 収益】	+3,422	+0.141%	+30%	+3,422	+0.141%	+74%	+3,422	+0.141%	

信用コスト(億円)	(最小)	▲1,422	2011年	(平均)	▲8,179	1996～2012年	(最大)	▲20,507	1998年
流動性プレミアム		0.175%			0.175%			0.175%	
全体収益 / 貸出経費配賦倍率 / 信用コスト率	+11,367	3.0倍	▲0.085%	+4,611	3.0倍	▲0.489%	▲7,717	3.0倍	▲1.225%
	収益	スプレッド	比率	収益	スプレッド	比率	収益	スプレッド	比率
【Tier I 収益】	+9,696	+0.245%	+85%	+2,939	+0.074%	+64%	▲9,388	▲0.237%	
(貸出スプレッド収益)	+6,611	+0.395%	+58%	▲146	▲0.009%	▲3%	▲12,474	▲0.745%	
(預金スプレッド収益)	+358	+0.016%	+3%	+358	+0.016%	+8%	+358	+0.016%	
【Tier II 収益】	+2,279	+0.094%	+20%	+2,279	+0.094%	+49%	+2,279	+0.094%	

(注)　表中の斜線部分は、全体収益が"マイナス"となることから、貢献比率もそのマイナスに対するものとなるので斜線表記している。
(資料)　筆者が全国銀行協会各種統計資料、日本銀行統計等を用いて試算。

出金利の低下はいっそう深刻です。この15年間で起きた貸出プライシングの劣化を、わずか1年間の劣化が大きく上回る、きわめて深刻な事態となっています。足元の史上最低の信用リスクの状態が見通しを甘くし、将来に"禍根"を残す"非合理な貸出金利の引下げ"を引き起こしている懸念が高まっています。"信用原価"の概念をしっかりと経営実装すべきです。

　非合理で将来採算のメドが立たない"盲目的な金利引下げ競争"を、金融システムとして、業界として、抑止するために、「信用TP」による"信用原価"の経営実装は必須急務であると考えます。もちろん、個別銀行・金融機関において信用コストの状況や所要経費は相違するので、一般的な見解であるとは思っていませんが、以上の観点から早急に"総点検"すべき経営事項であることが確認されます。

　次に、預金の収益性に関する"時系列評価""金利水準との連関"に関して考察を深め、預金の"長期間の本来的収益性"に関して、その実像を俯瞰してみます。

　本書において何度も述べたとおり、預金のスプレッド収益においては、市場金利に対し"下方縮減性"が存在します。市場のイールドカーブより下にスプレッドを抜く収益特性から、この性向は避けがたい構造的なものです。【ゼロ信用リスク】下の貸出収益性とは真逆で、【ゼロ金利】は、預金ビジネスにとって"最悪の環境"であるといっても過言ではありません。下にスプレッドを抜きたいが、抜きようがないということです。そこで、現在の最悪の預金ビジネス状態のみに着眼しないよう、過去の市場金利の動向と預金スプレッドの変動関係を分析してみます。

　図表6-17は、1995〜2014年の20年間にわたる、市場金利と〔普通預金〕〔大口定期〕〔小口定期〕の店頭掲示レートをもとに、各預金商品の期間別スプレッド収益の推移を試算したものです。図表のとおり、預金スプレッドには、市場金利に対し"下方縮減性"が存在することが明快に確認できます。

〔普通預金〕に関しては、"期間満期のない商品"であることから、収益性評価にあたり、第2章のとおり『ALM運営方針』により、TP期間に関して意思決定が必要となります。ここでは、普通預金の収益性計測において、市場金利の【1カ月物、1年物、5年物】と対比しました。それぞれのTP切り口での20年間の平均スプレッドは、【+0.281％⇔+0.454％⇔+0.995％】となっています。貸出金の信用コスト控除後粗利益スプレッド【+0.185％⇔+0.922％⇔+1.326％】に対して大きな遜色はなく、"流動性プレミアム"を勘案すれば同等のものとも評価できます。

　経費差引き前の貸出スプレッド【+0.185％⇔+0.922％⇔+1.326％】は、【最悪信用コスト率、平均コスト率、最小コスト率】にて表記しており、「信用リスク」による振幅を表しています。一方、前掲の〔普通預金〕のスプレッド収益は、ALMによる見合い運用期間の選定（「ALM運営方針」）による収益性の振幅を示しており、「金利リスク」による振幅ではありません。仮に、〔普通預金〕のALM見合い運用を"1年物"と戦略決定した場合、〔普通預金〕の収益性は【+0.107％⇔+0.454％⇔+1.163％】の振幅となり、この場合も貸金に遜色のないものとなっています。この振幅がまさに「金利リスク」によるもので、普通預金の収益性は貸金と比較して、その裏側にあるリスク（預金は「金利リスク」、貸出金は「信用リスク」）をふまえても同等相似のものであると認識されます。

　仮に、ALMの戦略運営として、普通預金の見合い運用を"5年物"市場運用とした際の収益性は【+0.315％⇔+0.995％⇔+2.674％】と貸出を凌駕するものとなっています。実は、この長期運用のALM戦略は、流動性預金の増加をコア預金基盤増大として位置づけ、長期の国債投資によるインカムゲインをねらった、ここ数年のすべての銀行・地域金融機関でといってよいほど実際に行われたALM運営そのものです。それが、財務会計においては国債利息の増収としか理解されていないのです。図表中"網掛け"をつけた部分が過去の最大・最小のスプレッドです。市場金利と対比することで、流動性預金スプレッドの"下方縮減性"が明快に確認されます。

図表6-17 預金スプレッドの時系列推移

(単位：%)

	[市場金利]					(短プラ)		(普通預金)		[預貸金スプレッド]				(大口預金)	
	3M	12M	36M	60M	3M比	1M比	1Y比	5Y比	1カ月物	3カ月物	6カ月物	1年物	3年物	5年物
1995年	1.269	1.325	2.072	2.835	+1.005	+1.122	+1.163	+2.674	+0.335	+0.297	+0.266	+0.197	+0.238	+0.285
96	0.616	0.876	1.788	2.495	+1.009	+0.455	+0.776	+2.395	+0.205	+0.266	+0.310	+0.387	+0.636	+0.566
97	0.631	0.738	1.253	1.800	+0.994	+0.514	+0.638	+1.700	+0.264	+0.281	+0.311	+0.366	+0.431	+0.438
98	0.778	0.780	0.891	1.250	+0.811	+0.582	+0.680	+1.150	+0.378	+0.454	+0.460	+0.452	+0.468	+0.545
99	0.281	0.366	0.693	1.231	+1.120	+0.156	+0.293	+1.158	+0.117	+0.148	+0.185	+0.183	+0.375	+0.716
2000	0.294	0.395	0.817	1.281	+1.126	+0.177	+0.326	+1.212	+0.157	+0.201	+0.217	+0.226	+0.547	+0.862
01	0.164	0.179	0.308	0.596	+1.240	+0.107	+0.142	+0.559	+0.092	+0.112	+0.111	+0.099	+0.182	+0.395
02	0.092	0.113	0.237	0.475	+1.283	+0.067	+0.109	+0.471	+0.058	+0.073	+0.083	+0.082	+0.169	+0.334
03	0.087	0.108	0.285	0.496	+1.288	+0.064	+0.107	+0.495	+0.055	+0.072	+0.077	+0.078	+0.225	+0.396
04	0.087	0.116	0.371	0.749	+1.288	+0.061	+0.115	+0.748	+0.052	+0.072	+0.080	+0.086	+0.311	+0.649
05	0.090	0.118	0.371	0.702	+1.285	+0.062	+0.117	+0.701	+0.053	+0.075	+0.082	+0.088	+0.311	+0.602
06	0.309	0.480	1.009	1.377	+1.165	+0.181	+0.434	+1.331	+0.152	+0.230	+0.265	+0.314	+0.701	+0.940
07	0.732	0.884	1.165	1.399	+1.101	+0.447	+0.699	+1.215	+0.397	+0.497	+0.506	+0.499	+0.631	+0.707
08	0.851	0.947	1.085	1.250	+0.999	+0.518	+0.761	+1.064	+0.464	+0.611	+0.601	+0.557	+0.545	+0.565
09	0.594	0.728	0.707	0.879	+0.885	+0.332	+0.688	+0.839	+0.266	+0.488	+0.539	+0.490	+0.372	+0.457
10	0.391	0.540	0.484	0.629	+1.084	+0.188	+0.510	+0.599	+0.168	+0.340	+0.452	+0.462	+0.350	+0.416
11	0.339	0.466	0.413	0.550	+1.136	+0.160	+0.446	+0.530	+0.151	+0.310	+0.417	+0.428	+0.337	+0.454
12	0.331	0.452	0.317	0.392	+1.144	+0.160	+0.432	+0.372	+0.155	+0.306	+0.408	+0.422	+0.266	+0.319
13	0.241	0.351	0.268	0.387	+1.234	+0.135	+0.331	+0.367	+0.130	+0.216	+0.314	+0.326	+0.228	+0.327
14	0.217	0.326	0.221	0.335	+1.258	+0.127	+0.306	+0.315	+0.122	+0.192	+0.287	+0.301	+0.181	+0.275
(平均)	0.420	0.514	0.738	1.056	+1.123	+0.281	+0.454	+0.995	+0.189	+0.262	+0.298	+0.302	+0.375	+0.512
(最大)	1.269	1.325	2.072	2.835	+1.288	+1.122	+1.163	+2.674	+0.464	+0.611	+0.601	+0.557	+0.701	+0.940
(最小)	0.087	0.108	0.221	0.335	+0.811	+0.061	+0.107	+0.315	+0.052	+0.072	+0.077	+0.078	+0.169	+0.275

(単位：％)

| | [市場金利] | | | | [小口定期預金スプレッド] | | | | | | | |
| | | | | | (スーパー定期300) | | | | (スーパー定期) | | | |
	3M	12M	36M	60M	1ヵ月物	3ヵ月物	6ヵ月物	1年物	3年物	5年物	1ヵ月物	3ヵ月物	6ヵ月物	1年物	3年物	5年物
1995年	1.269	1.325	2.072	2.835	+0.381	+0.354	+0.320	+0.233	+0.284	+0.333	+0.425	+0.398	+0.366	+0.280	+0.402	+0.383
96	0.616	0.876	1.788	2.495	+0.255	+0.316	+0.346	+0.425	+0.686	+0.615	+0.305	+0.366	+0.396	+0.472	+0.736	+0.665
97	0.631	0.738	1.253	1.800	+0.314	+0.331	+0.359	+0.414	+0.481	+0.488	+0.364	+0.381	+0.409	+0.464	+0.531	+0.538
98	0.778	0.780	0.891	1.250	+0.409	+0.504	+0.510	+0.495	+0.514	+0.591	+0.459	+0.554	+0.560	+0.545	+0.564	+0.641
99	0.281	0.366	0.693	1.231	+0.117	+0.158	+0.199	+0.200	+0.434	+0.765	+0.124	+0.165	+0.206	+0.208	+0.458	+0.815
2000	0.294	0.395	0.817	1.281	+0.157	+0.200	+0.228	+0.238	+0.569	+0.884	+0.157	+0.200	+0.228	+0.238	+0.617	+0.934
01	0.164	0.179	0.308	0.596	+0.092	+0.112	+0.116	+0.104	+0.199	+0.433	+0.092	+0.112	+0.116	+0.104	+0.214	+0.461
02	0.092	0.113	0.237	0.475	+0.058	+0.073	+0.083	+0.082	+0.169	+0.359	+0.058	+0.073	+0.083	+0.082	+0.177	+0.375
03	0.087	0.108	0.285	0.496	+0.055	+0.072	+0.077	+0.078	+0.225	+0.396	+0.055	+0.072	+0.077	+0.078	+0.225	+0.396
04	0.087	0.116	0.371	0.749	+0.052	+0.072	+0.080	+0.086	+0.311	+0.649	+0.052	+0.072	+0.080	+0.086	+0.311	+0.649
05	0.090	0.118	0.371	0.702	+0.053	+0.075	+0.082	+0.088	+0.311	+0.602	+0.053	+0.075	+0.082	+0.088	+0.311	+0.602
06	0.309	0.480	1.009	1.377	+0.152	+0.230	+0.278	+0.336	+0.754	+0.994	+0.152	+0.230	+0.278	+0.336	+0.778	+1.024
07	0.732	0.884	1.165	1.399	+0.397	+0.497	+0.536	+0.549	+0.681	+0.757	+0.397	+0.497	+0.536	+0.549	+0.731	+0.807
08	0.851	0.947	1.085	1.250	+0.464	+0.611	+0.631	+0.607	+0.590	+0.615	+0.464	+0.611	+0.631	+0.607	+0.640	+0.665
09	0.594	0.728	0.707	0.879	+0.266	+0.488	+0.566	+0.540	+0.407	+0.507	+0.266	+0.488	+0.566	+0.540	+0.457	+0.557
10	0.391	0.540	0.484	0.629	+0.170	+0.343	+0.456	+0.484	+0.377	+0.458	+0.170	+0.343	+0.456	+0.484	+0.393	+0.499
11	0.339	0.466	0.413	0.550	+0.151	+0.310	+0.417	+0.437	+0.355	+0.474	+0.151	+0.310	+0.417	+0.437	+0.355	+0.492
12	0.331	0.452	0.317	0.392	+0.155	+0.306	+0.408	+0.424	+0.276	+0.339	+0.155	+0.306	+0.408	+0.424	+0.276	+0.349
13	0.241	0.351	0.268	0.387	+0.130	+0.216	+0.314	+0.326	+0.238	+0.347	+0.130	+0.216	+0.314	+0.326	+0.238	+0.357
14	0.217	0.326	0.221	0.335	+0.122	+0.192	+0.287	+0.301	+0.191	+0.295	+0.122	+0.192	+0.287	+0.301	+0.191	+0.305
(平均)	0.420	0.514	0.738	1.056	+0.198	+0.273	+0.315	+0.322	+0.403	+0.545	+0.208	+0.283	+0.325	+0.332	+0.430	+0.576
(最大)	1.269	1.325	2.072	2.835	+0.464	+0.611	+0.631	+0.607	+0.754	+0.994	+0.464	+0.611	+0.631	+0.607	+0.778	+1.024
(最小)	0.087	0.108	0.221	0.335	+0.052	+0.072	+0.077	+0.078	+0.169	+0.295	+0.052	+0.072	+0.077	+0.078	+0.177	+0.305

(資料) 筆者が日本銀行統計等を用いて試算。

次に、「定期性預金」のスプレッド動向を確認します。

〔大口定期〕は、20年の平均で、【３Ｍ＋0.262％、１Ｙ＋0.302％、３Ｙ⇔＋0.375％】のスプレッド収益となっており、貸出ほどではありませんが優良な利鞘を呈し、特に"大口"という金階優遇を考えると貸出に対して大きな劣後のない収益性でしょう。預金スプレッドの"下方縮減性"も明快に確認されます。

アメリカ同時多発テロ、ＩＴバブル崩壊による国内経済の低迷を受けた金融緩和期（2001～05年）にかけて、厳しい預金スプレッドの状態になっています。また、金利上昇に伴いスプレッドが拡大されていることもしっかりと確認されます。05年から実行段階に入る小泉改革により、経済は上向き、金利も胎動を開始しました。大口定期３Ｍのスプレッドは、05年の0.075％から、06年0.230％、07年0.497％、08年0.611％まで大きく改善しています。"過去の法則"が成り立つのであれば、金利が上昇すれば、〔大口定期〕も十分儲かる商品となることが確認されます。

小口定期においても、まったく同様のことが確認されます。〔スーパー定期300〕は、20年平均で【３Ｍ＋0.273％、１Ｙ＋0.322％、３Ｙ⇔＋0.403％】、最大スプレッドで【３Ｍ＋0.611％、１Ｙ＋0.607％、３Ｙ⇔＋0.754％】の好収益性であり、〔スーパー定期〕においては、平均で【３Ｍ＋0.283％、１Ｙ＋0.332％、３Ｙ⇔＋0.430％】、最大スプレッドで【３Ｍ＋0.611％、１Ｙ＋0.607％、３Ｙ⇔＋0.778％】を記録します。しかも特筆すべきは、この最大スプレッドを記録した時点の市場金利は"１年物で0.947％"であることです。

物価上昇率２％を目指した異次元緩和により、近い将来、１年物の市場金利は１％に到達するものと展望します。すぐそばの将来、預金ビジネスの環境は大きく"構造改善"し、現在（2013年）の預金スプレッド【流動性預金＋0.106％、定期性預金＋0.035％】から、【流動性預金＋0.761％、定期性預金＋0.607％】へと７～17倍にも拡大するのです。

"いまの預金収益性で預金ビジネスを評価してはならない"ということであり、現場営業の活動閉塞が生じているのであれば、「インセンティブ手法」により、預金に対して、『インセンティブ収益』を付与する経営判断は客観・合理的なものなのです。

さて、本項の主題である、預貸金の"長期間の本来的収益性"に関して、総括します。

貸出スプレッドには『信用リスク』が、預金スプレッドには『金利リスク』が内在しています。そのリスクを受けて、両者ともに収益性は過去の時系列において大きく変動しています。したがって、現時点の収益性のみで、それらのビジネスを評価することは非常に危険です。

【ゼロ金利】という特殊環境があまりに長く続いたため、"預金は儲からない"と誤解されている懸念が強く、一方【ゼロ信用リスク】という特殊環境から、貸出に関して、"薄鞘ながら安定的"と総観するのはとても危険です。

アベノミクスが成功した暁には、日本経済は再生胎動を開始し、あたかも"心停止"のようであった市場金利は1％水準へと上昇していくでしょう。そして、20年間に及ぶ長く低迷していた経済状況から脱出し、当然ながらある程度の好不況の"胎動"を示しながら、2020年の東京オリンピックに向けて、日本経済は活力を増していくのです。これから迎えるのは、"異常"から"普通"への回帰であり、その長期展望のもと、"総点検"のスプレッドバンキングを行うことが経営としてとても重要なのです。

図表6−18は過去20年の"【最大】預金スプレッド"における収益構造分析です。"最大"といっても、"1年物の市場金利で1％程度"の時であり、今後の「新局面」をふまえれば、至って〔普通の状況〕であると考えます。

預金スプレッド収益は、現時点の赤字スプレッド（▲0.454％）から黒字スプレッド（＋0.370％）へと"＋0.824％"も改善し、全体収益における貢献比率も、『平均信用コスト』のシナリオにおいて、【▲225％⇒＋36％】と劇的に改善することが確認されます。

図表6-18 【最大預金スプレッド】による収益構造分析

(経費差引き前 スプレッド)

貸出スプレッド	1.410			
預金スプレッド	(流動性預金)	(大口定期)	(スーパー300)	(スーパー定期)
【最大】	1.163	0.557	0.607	0.607

92%を【TierⅠ収益】に、5%を【TierⅡ収益】に、3%を【TierⅢ収益】へ経費配賦

(単位：億円)

	信用コスト		(最小)	▲1,422	2011年	(平均)	▲8,179	1996～2012年	(最大)	▲20,507	1998年
全体増益率	流動性プレミアム		+166%	0.000%		+106%	0.000%		▲2%	0.000%	
全体増益	貸出経費配賦倍率	信用コスト率	+18,855	0.0倍	▲0.085%	+12,098	0.0倍	▲0.489%	▲230	0.0倍	▲1.225%
			収益	スプレッド	比率	収益	スプレッド	比率	収益	スプレッド	比率
【TierⅠ収益】			+24,550	+0.620%	+81%	+17,793	+0.449%	+76%	+5,466	+0.138%	+49%
(貸出スプレッド収益)			+13,355	+0.798%	+44%	+6,599	+0.394%	+28%	▲5,729	▲0.342%	▲51%
(預金スプレッド収益)			+8,467	+0.370%	+28%	+8,467	+0.370%	+36%	+8,467	+0.370%	+76%
【TierⅡ収益】			+6,279	+0.259%	+21%	+6,279	+0.259%	+27%	+6,279	+0.259%	+56%

	信用コスト		(最小)	▲1,422	2011年	(平均)	▲8,179	1996～2012年	(最大)	▲20,507	1998年
全体増益率	流動性プレミアム		+166%	0.125%		+106%	0.125%		▲2%	0.125%	
全体増益	貸出経費配賦倍率	信用コスト率	+18,855	0.0倍	▲0.085%	+12,098	0.0倍	▲0.489%	▲230	0.0倍	▲1.225%
			収益	スプレッド	比率	収益	スプレッド	比率	収益	スプレッド	比率
【TierⅠ収益】			+27,408	+0.692%	+91%	+20,651	+0.521%	+88%	+8,324	+0.210%	+75%
(貸出スプレッド収益)			+13,355	+0.798%	+44%	+6,599	+0.394%	+28%	▲5,729	▲0.342%	▲51%
(預金スプレッド収益)			+11,325	+0.495%	+37%	+11,325	+0.495%	+48%	+11,325	+0.495%	+102%
【TierⅡ収益】			+3,422	+0.141%	+11%	+3,422	+0.141%	+15%	+3,422	+0.141%	+31%

	信用コスト		(最小)	▲1,422	2011年	(平均)	▲8,179	1996～2012年	(最大)	▲20,507	1998年
全体増益率	流動性プレミアム		+166%	0.125%		+106%	0.125%		▲2%	0.125%	
全体増益	貸出経費配賦倍率	信用コスト率	+18,855	2.0倍	▲0.085%	+12,098	2.0倍	▲0.489%	▲230	2.0倍	▲1.225%
			収益	スプレッド	比率	収益	スプレッド	比率	収益	スプレッド	比率
【TierⅠ収益】			+27,408	+0.692%	+91%	+20,651	+0.521%	+88%	+8,324	+0.210%	+75%
(貸出スプレッド収益)			+7,829	+0.468%	+26%	+1,072	+0.064%	+5%	▲11,255	▲0.672%	▲101%
(預金スプレッド収益)			+16,851	+0.737%	+56%	+16,851	+0.737%	+72%	+16,851	+0.737%	+151%
【TierⅡ収益】			+3,422	+0.141%	+11%	+3,422	+0.141%	+15%	+3,422	+0.141%	+31%

(注) 表中の「全体増益率」および「全体増益」は、2013年の全体収益より、最小「信用コスト」▲1,422億を勘案した収益対比の増減率。

(資料) 筆者が全国銀行協会各種統計資料、日本銀行統計等を用いて試算。

『平均信用コスト』の貸出スプレッド（＋0.394％）とほぼ同値の収益性を示し、さらに預金ボリュームのほうが貸金より多いことから、収益貢献の主役が交代し、預金ビジネスがNo.1の"稼ぎ頭"となります。全体収益も2013年の収益から『最小信用コスト』を差し引いた足元対比、なんと"＋106％の大増益"となり、収益水準は"倍増"します。いままで足を引っ張っていた預金ビジネスの収益が改善することにより、"預貸両輪"での収益メカニズムが駆動することが確認されます。さらに、『最悪信用コスト』のシナリオにおいても、預金スプレッド収益の大増益＋1兆8,855億円がショックを吸収し、2013年収益の横ばいでの収益力となります。また、仮に現在の『最小信用コスト』で推移しながら、市場金利が1％を超えれば、全体収益は現在の"2.7倍"の水準にも達する見込みです。

預金の【流動性プレミアム】として＋0.125％をALM部門収益よりTP移転させた場合は、預金スプレッド収益は〔＋0.495％〕とさらに良好な数値を示し、押しも押されもせぬ収益No.1の地位となります。最下欄は、それに【貸出への傾斜経費配賦2倍】を前提としたもので、ここにおいては、現時点の収益貢献と"真逆"となることがわかります。貸金はこの前提では、『平均信用コスト』シナリオで＋0.064％とほぼゼロ収益となります。

この20年間の日本経済は、産業構造の劇的な変化を受け、多くの企業が倒産する大変化の時代でした。企業デフォルト率はかつてない大きなうねりをもって高水準に達しました。したがって、この20年間の『平均信用コスト』は、将来前提としては高めであることが思慮されます。｜2012年の最小値▲0.085％⇔平均値▲0.489％｜の間と考えると、貸出スプレッド収益は信用コスト・経費差引き後で〔＋0.394％〜＋0.798％〕の間となり、＋0.6％辺りが将来の収益性の中心軸なのかもしれません。そうこう考えるうちに、『普通の経営環境』であれば、預貸金ともに"同様の収益パフォーマンス"を示す可能性が高いことが展望されるのです。

図表6－19 【平均預金スプレッド】による収益構造分析

(経費差引き前　スプレッド)

```
貸出スプレッド    1.410
預金スプレッド          (流動性預金)  (大口定期)  (スーパー300)  (スーパー定期)
【17年間の年平均】      0.454        0.302       0.322          0.332

92%を【Tier I 収益】に、5%を【Tier II 収益】に、
3%を【Tier III 収益】へ経費配賦
```

↓

(単位：億円)

	信用コスト		(最小)	▲1,422	2011年	(平均)	▲8,179	1996〜2012年	(最大)	▲20,507	1998年
全体増益率	流動性プレミアム		+64%	0.000%		+4%	0.000%		▲104%	0.000%	
全体増益	貸出経費配賦倍率	信用コスト率	+7,250	0.0倍	▲0.085%	+494	0.0倍	▲0.489%	▲11,834	0.0倍	▲1.225%
			収益	スプレッド	比率	収益	スプレッド	比率	収益	スプレッド	比率
【Tier I 収益】			+12,946	+0.327%	+70%	+6,189	+0.156%	+52%	▲6,138	▲0.155%	
(貸出スプレッド収益)			+13,355	+0.798%	+72%	+6,599	+0.394%	+56%	▲5,729	▲0.342%	
(預金スプレッド収益)			▲3,137	▲0.137%	▲17%	▲3,137	▲0.137%	▲26%	▲3,137	▲0.137%	
【Tier II 収益】			+6,279	+0.259%	+34%	+6,279	+0.259%	+53%	+6,279	+0.259%	
	信用コスト		(最小)	▲1,422	2011年	(平均)	▲8,179	1996〜2012年	(最大)	▲20,507	1998年
全体増益率	流動性プレミアム		+64%	0.125%		+4%	0.125%		▲104%	0.125%	
全体増益	貸出経費配賦倍率	信用コスト率	+7,250	0.0倍	▲0.085%	+494	0.0倍	▲0.489%	▲11,834	0.0倍	▲1.225%
			収益	スプレッド	比率	収益	スプレッド	比率	収益	スプレッド	比率
【Tier I 収益】			+15,804	+0.399%	+85%	+9,047	+0.228%	+76%	▲3,281	▲0.083%	
(貸出スプレッド収益)			+13,355	+0.798%	+72%	+6,599	+0.394%	+56%	▲5,729	▲0.342%	
(預金スプレッド収益)			▲280	▲0.012%	▲2%	▲280	▲0.012%	▲2%	▲280	▲0.012%	
【Tier II 収益】			+3,422	+0.141%	+18%	+3,422	+0.141%	+29%	+3,422	+0.141%	
	信用コスト		(最小)	▲1,422	2011年	(平均)	▲8,179	1996〜2012年	(最大)	▲20,507	1998年
全体増益率	流動性プレミアム		+64%	0.125%		+4%	0.125%		▲104%	0.125%	
全体増益	貸出経費配賦倍率	信用コスト率	+7,250	2.0倍	▲0.085%	+494	2.0倍	▲0.489%	▲11,834	2.0倍	▲1.225%
			収益	スプレッド	比率	収益	スプレッド	比率	収益	スプレッド	比率
【Tier I 収益】			+15,804	+0.399%	+85%	+9,047	+0.228%	+76%	▲3,281	▲0.083%	
(貸出スプレッド収益)			+7,829	+0.468%	+42%	+1,072	+0.064%	+9%	▲11,255	▲0.672%	
(預金スプレッド収益)			+5,247	+0.230%	+28%	+5,247	+0.230%	+44%	+5,247	+0.230%	
【Tier II 収益】			+3,422	+0.141%	+18%	+3,422	+0.141%	+29%	+3,422	+0.141%	

(注1) 表中の「全体増益率」および「全体増益」は、2013年の全体収益より、最小「信用コスト」▲1,422億を勘案した収益対比の増減率。
(注2) 表中の斜線部分は、全体収益が"マイナス"となることから、貢献比率もそのマイナスに対するものとなるので斜線表記している。
(資料) 筆者が全国銀行協会各種統計資料、日本銀行統計等を用いて試算。

図表 6 −19は過去17年間の"(平均)預金スプレッド"による収益貢献分析です。預金スプレッドは、現時点の赤字スプレッド（▲0.454％）を大きく縮小させますが、依然赤字（▲0.137％）となります。しかし、この預金スプレッドの改善が"＋0.317％"の大幅なものとなり、全体収益も大幅に改善します。2013年の収益から『最小信用コスト』を差し引いた、足元対比『最小信用コスト』シナリオで全体損益は＋64％の大増益となります。『平均信用コスト』のシナリオでも、足元対比、横ばいの収益力です。これは「信用コスト」の悪化▲6,757億円（＝▲8,179億円−▲1,422億円）が、預金スプレッド収益の改善＋7,250億円にて吸収されることによります。また『最悪信用コスト』の発生においても、ギリギリ収支トントンの収益力を呈し、赤字決算を回避できる可能性が高まります。

また、【流動性プレミアム＋0.125％】を加算すると、預金スプレッドは収支トントンの状態となり、【貸金への傾斜経費配賦2倍】の前提では＋0.230％の安定水準の純鞘となります。

将来の金利上昇局面においては、"いかに預金スプレッド収益の構造増益、「上方拡張性」を実現するか"が大変重要な経営事項となるうえ、"大変明るい未来"を期待させるものです。

問題は、「新局面」においても"預金ビジネスの改善"が過去の法則どおり成り立つか、ということです。

(3) 預金は「新局面」においても"過去の法則"を呈するか？

金利上昇を伴う「新局面」において、預金スプレッドの"上方拡張性"が"過去の法則"どおり成立するのでしょうか？ 金利上昇による"預金ビジネスの改善"が構造発現するのであれば、これほど経営にとってありがたいことはありません。問題は過去の延長線上で「新局面」も想定できるかということにあります。

図表6-20　全国銀行の預金の「金額階層ポートフォリオ」の構造変化

① 【2000〜14年】〔流動性預金〕金額階層構成　増減　　（末残ベース。単位：億円、件数：万件）

	流動性預金 増減	一般法人	個人	公金
300万円未満	+ 195,435	▲ 6,191	+ 202,011	▲ 236
1,000万円未満	+ 509,762	+ 2,575	+ 507,673	▲ 260
1億円未満	+ 613,497	+ 66,098	+ 550,448	▲ 1,749
3億円未満	+ 107,294	+ 68,115	+ 40,695	▲ 1,362
10億円未満	+ 115,030	+ 93,354	+ 15,176	+ 4,506
10億円以上	+ 545,593	+ 378,412	+ 10,508	+ 115,293
(合計)	+ 2,086,610	+ 602,363	+ 1,326,512	+ 116,192
〔口座数〕	▲ 2,149	+ 1,082	▲ 1,873	+ 4

（残高構成比）　2000年流動性総残高増対比

	流動性預金 増減	一般法人	個人	公金
300万円未満	+ 11.6%	▲ 0.4%	+ 12.0%	▲ 0.0%
1,000万円未満	+ 30.2%	▲ 0.2%	+ 30.1%	▲ 0.0%
1億円未満	+ 36.4%	+ 3.9%	+ 32.7%	▲ 0.1%
3億円未満	+ 6.4%	+ 4.0%	+ 2.4%	▲ 0.1%
10億円未満	+ 6.8%	+ 5.5%	+ 0.9%	+ 0.3%
10億円以上	+ 32.4%	+ 22.4%	+ 0.6%	+ 6.8%
(合計)	+ 123.8%	+ 35.7%	+ 78.7%	+ 6.9%

【2014年3月】　金額階層別残高水準　　（末残ベース。単位：億円、件数：万件）

	流動性預金 残高	一般法人	個人	公金
300万円未満	683,047	36,375	646,121	376
1,000万円未満	816,654	62,633	753,018	518
1億円未満	1,008,596	287,378	713,729	3,285
3億円未満	254,984	194,461	50,275	5,292
10億円未満	244,995	203,921	18,872	3,919
10億円以上	764,016	560,585	13,325	127,331
(合計)	3,772,326	1,345,364	2,195,349	150,728
〔口座数〕	31,581	1,413	30,106	36

（残高構成比）　2000年流動性総残高対比

	流動性預金 残高	一般法人	個人	公金
300万円未満	40.5%	2.2%	38.3%	0.0%
1,000万円未満	48.4%	3.7%	44.7%	0.0%
1億円未満	59.8%	17.0%	42.3%	0.2%
3億円未満	15.1%	11.5%	3.0%	0.3%
10億円未満	14.5%	12.1%	1.1%	0.8%
10億円以上	45.3%	33.3%	0.8%	7.6%
(合計)	223.8%	79.8%	130.2%	8.9%

（資料）　筆者が日本銀行統計を用い作成。

② 【2000～14年】〔定期性預金〕金額階層構成 増減　　　（末残ベース。単位：億円、件数：万件）

	定期性預金 増減	一般法人	個人	公金
300万円未満	▲ 90,387	▲ 12,142	▲ 80,538	▲ 182
1,000万円未満	+ 164,914	▲ 16,871	+ 179,785	▲ 601
1億円未満	▲ 223,125	▲ 85,819	▲ 129,993	▲ 13,903
3億円未満	▲ 85,935	▲ 47,996	▲ 21,370	▲ 19,487
10億円未満	▲ 73,798	▲ 55,779	▲ 6,227	▲ 17,128
10億円以上	▲ 36,069	▲ 8,512	+ 16	▲ 52,626
（合計）	▲ 344,403	▲ 227,120	▲ 58,328	▲ 103,926
〔口座数〕	▲ 9,156	▲ 810	▲ 56,017	+ 11

（残高構成比）　2000年定期性総残高対比

300万円未満	▲ 3.1%	▲ 0.4%	▲ 2.8%	▲ 0.0%
1,000万円未満	+ 5.6%	▲ 0.6%	+ 6.2%	▲ 0.0%
1億円未満	▲ 7.6%	▲ 2.9%	▲ 4.5%	▲ 0.5%
3億円未満	▲ 2.9%	▲ 1.6%	▲ 0.7%	▲ 0.7%
10億円未満	▲ 2.5%	▲ 1.9%	▲ 0.2%	▲ 0.6%
10億円以上	▲ 1.2%	▲ 0.3%	+ 0.0%	▲ 1.8%
（合計）	▲ 11.8%	▲ 7.8%	▲ 2.0%	▲ 3.6%

【2014年3月】　金額階層別残高水準　　　（末残ベース。単位：億円、件数：万件）

	定期性預金 残高	一般法人	個人	公金
300万円未満	788,852	21,604	764,643	69
1,000万円未満	707,540	28,658	675,841	198
1億円未満	604,246	120,000	471,720	3,934
3億円未満	110,967	79,292	19,044	7,681
10億円未満	92,318	67,438	5,838	10,930
10億円以上	271,432	180,007	5,328	34,505
（合計）	2,575,368	497,004	1,942,419	57,322
〔口座数〕	47,754	2	68	23

（残高構成比）　2000年定期性総残高対比

300万円未満	27.0%	0.7%	26.2%	0.0%
1,000万円未満	24.2%	1.0%	23.1%	0.0%
1億円未満	20.7%	4.1%	16.2%	0.1%
3億円未満	3.8%	2.7%	0.7%	0.3%
10億円未満	3.2%	2.3%	0.2%	0.4%
10億円以上	9.3%	6.2%	0.2%	1.2%
（合計）	88.2%	17.0%	66.5%	2.0%

第6章 "総点検"「スプレッドバンキング」

そこで本項では、この15年間に発現した「預金ポートフォリオ」の構造変化に関して、内容考察を行います。それは図表6－20が示すとおり、驚きの内容となっています。

　〔2000～14年〕の間、「流動性預金」は全国銀行ベースでなんと【＋209兆円】も増大し、00年対比＋2.2倍まで膨張しています。結果、残高水準も"377兆円"を記録し、「定期性預金」の残高258兆円を大幅に凌駕しています。00年においては、流動性預金残高169兆円で、定期性預金は292兆円ですから、預金ポートフォリオにおける構成地位はこの15年間で"大逆転"し、流動性預金の総預金構成比率は、00年の37％から14年の59％まで上昇しています。流動性預金の異常な残高膨張を伴った地位逆転、それがこの15年間の非常に特筆すべき銀行・地域金融機関の負債構造の変化です。

　それでは、この大変容が「新局面」においても"延長"するのでしょうか？　その中身をよくみてみると、とても"延長するとは思えません"。

　〔2000～14年〕の「流動性預金」＋209兆円の増大は、〔（個人流動性残高）300万円以上～1,000万円未満で＋51兆円〕、〔（個人流動性）1,000万円以上～1億円未満で＋55兆円〕＝106兆円（増加貢献比率50％）により形成されていることが確認されます。要すれば、"個人顧客の残高階層300万円～1億円"という、流動性預金ではありえない金額階層にて流動性預金が劇的に膨張したということです。とても不思議な現象です。

　勤勉な日本の貯蓄者が、"お金は貯めるが決済資金口座にて貯める"という現象です。従来の常識では考えられないものです。将来の支出や夢に備え、"ガッチリ"と定期預金で貯蓄するのが"常識"です。しかし、数値は真逆の結果となっています。これは非合理な消費者行動の所産ではありません。きわめて"合理的なもの"です。このことは本書において随所で注意喚起してきました。現在の【普通預金金利0.020％⇔大口定期1年0.025％】では金利差はわずか0.005％、"1,000万円の1年利息の差異は500円"しか変わりません。預金者は現在の【ゼロ金利】に対して、"商品選択の合理的な中断行動"を採択しているのです。

"お金は貯めるが決済資金口座に貯める"の裏側には、"決済資金を貯めているのではなく、『待機資金』としての預入れを余儀なくされている"という事情があるのです。個人流動性預金の口座数はこの15年間で▲1,873万件の減少です。新規開設者によるボリューム増ではないのは明らかです。この膨大な『待機資金』が、「新局面」の金利上昇の"号砲"を受け、大規模な地殻変動を起こすことは火をみるより明らかなのです。

　一方、個人顧客の"選択中断"を受けて、「定期性預金」は、〔個人定期300万円以上1,000万円未満〕の金額階層を唯一の例外とし、法人・個人を問わず、ほぼすべての金額階層で残高減少が生じています。預金総量は増えているのに、定期性預金残高は"全体縮小"しています。

　流動性預金として残置するのは、明らかに非合理であろう金額階層である【個人流動性300万円以上1億円未満⇒106兆円】+【法人3億円以上47兆円】+【公金＋11兆円】で＋164兆円の増加であり、増加貢献の80％を形成しています。この『巨大なマグマだまり』をどう理解し、マネージしていくかが、「新局面」の最重要経営課題であることがあらためて浮彫りになります。

(4)　「流動性預金の大移動」と将来経営見通し

　そこで本項では、残高400兆円にも及ぶ"待機化"した流動性預金の"大移動"に関して、シナリオ分析を行います。巨大な"マグマだまり"となった流動性預金の未来動向はとても心配です。流動性預金シフトに関し、具体的なシナリオを置き、その際の経営影響を俯瞰します。

　"預金スプレッドの上方拡張性"が実現できれば、未来は明るいものであると展望しましたが、「流動性預金の大移動」を想定しても明るいものなのでしょうか？　まずは金額階層の内容考察から、図表6－21の『流動性預金シフト』のシナリオを想定します。

図表6-21 「新局面」における『流動性預金シフト』(シナリオ設定)

(単位:億円)

【新局面】	流動性預金減少↓	一般法人	個人	公金
300万円未満	▲100,000	+0	▲100,000	+0
1,000万円未満	▲400,000	+0	▲400,000	+0
1億円未満	▲450,000	+0	▲450,000	+0
3億円未満	▲30,000	+0	▲30,000	+0
10億円未満	▲60,000	▲50,000	▲10,000	+0
10億円以上	▲360,000	▲300,000	▲10,000	▲50,000
(合計)	▲1,400,000	▲350,000	▲1,000,000	▲50,000

(単位:億円)

(シフト後残高)	流動性残高	一般法人	個人	公金
300万円未満	583,047	36,375	546,121	376
1,000万円未満	416,654	62,633	353,018	518
1億円未満	558,596	287,378	263,729	3,285
3億円未満	224,984	194,461	20,275	5,292
10億円未満	184,995	153,921	8,872	13,919
10億円以上	404,016	260,585	3,325	77,331
(合計)	2,372,326	995,364	1,195,349	100,728

　金利が【ゼロ】から離れ、普通への道筋へと胎動し始める時、流動性残置が非合理であろう金額階層に関して、"流動性から定期性へと預金のシフトが生じる"具体的な想定です。流動性預金は足元残高比▲37％の構造縮小となり、その資金が同一金額階層の定期性預金に流入するというシナリオです。個人流動性▲100兆円、法人流動性▲35兆円、公金流動性▲5兆円の合計▲140兆円の流動性預金が定期性預金にシフトする想定です。

　これはこの15年間で積み上がった"待機資金"の70％(個人75％、法人60％、公金40％)が流動化する前提です。結果、定期性預金の残高は流動性預金を抜き、その1.7倍の400兆円となります。これは2000年の流動性⇔定期性のボリューム比率とほぼ同じです。スーパー定期：+13％、スーパー定期

(単位:億円)

【新局面】	定期性預金 増加↑	一般法人	個人	公金
300万円未満	+ 100,000	+ 0	+ 100,000	+ 0
1,000万円未満	+ 400,000	+ 0	+ 400,000	+ 0
1億円未満	+ 450,000	+ 0	+ 450,000	+ 0
3億円未満	+ 30,000	+ 0	+ 30,000	+ 0
10億円未満	+ 60,000	+ 50,000	+ 10,000	+ 0
10億円以上	+ 360,000	+ 300,000	+ 10,000	+ 50,000
(合計)	+ 1,400,000	+ 350,000	+ 1,000,000	+ 50,000

(単位:億円)

(シフト後残高)	定期性残高	一般法人	個人	公金
300万円未満	888,852	21,604	864,643	69
1,000万円未満	1,107,540	28,658	1,075,841	198
1億円未満	1,054,246	120,000	921,720	3,934
3億円未満	140,967	79,292	49,044	7,681
10億円未満	152,318	117,438	15,838	10,930
10億円以上	631,432	480,007	15,328	84,505
(合計)	3,975,368	847,004	2,942,419	107,322

300:+57%、大口定期:+83%、定期性預金合計で+54%の増加となります(図表6-22参照)。

　この「流動性預金シフト」の収益影響は、流動性預金から定期性預金へとシフトすることによる利鞘縮小のみならず、すべてが自行・自機関内での預金組替えになるとは限らないことです。イールドカーブの各期間別の上昇を受けて、ネットバンクや新規参入銀行は、より局所的でエモーショナルな広告宣伝を通し、一気に残高を積み上げることが予期されます。ふくれ上がった"流動性マグマ"は噴火のタイミングを待っており、一度爆発すると活発な商品・金融機関選別が始まります。

図表6-22 「流動性預金シフト」と（各定期預金増加率）

流動性預金	▲37%			

定期性預金				
【シフト捕捉率】	（300万円未満）	（1,000万円未満）	（1,000万円以上）	定期計
〔100％捕捉〕	＋13％増	＋57％増	＋83％増	＋54％増
〔80％捕捉〕	＋10％増	＋45％増	＋67％増	＋43％増
〔50％捕捉〕	＋6％増	＋28％増	＋42％増	＋27％増

（注）　定期預金の増減率は、各定期の残高対比の比率。

　いかにして、この流動性マグマの流れを自行・自機関に導くか、マーケティング力を総動員した預金奪取の革新競争が、インターネット等の新媒体もフルに活用しながら、全国津々浦々で生起するものと想定します。そして、そのなかで、新しいメガバンクやメガリージョナルバンクが勃興するかもしれません。それほど、「新局面」の預金ビジネスは"熱い"ものであると想像します。自行・自機関の流動性預金をいかにして守るか？　いかに定期性預金へといざなうか？　知恵と工夫の見せ所なのです。

　「流動性預金シフト」の経営インパクトに関して考察を深めるため、流動性大シフトを自行・自機関では100％捕捉できないケースも想定し、「新局面」の銀行・地域金融機関の収益メカニズムをみてみることにします。定期性での"捕捉率"を〔100％、80％、50％〕のシナリオにて、その経営影響を考察していきます。「流動性預金シフト」のすべてを定期性預金で吸収できず、他行・他機関へ流出する場合の収益影響は、もちろん「預金スプレッド収益」の減少として表れますが、"ALM運用資産の縮小"としても表れるはずです。ここでは、預金の減少分を国債運用の縮小として収益影響を算定しました。結果は図表6-23のとおりです。

この20年間の〔平均預金スプレッド〕の水準にて、「流動性預金シフト」が発生する場合は、「足元の全体損益 {2013年全体損益に（最低信用コスト）勘案ベース。経費配賦（営業92％・ALM5％・経営3％。経費預貸単純残高割)}」対比、「信用コスト」が足元横ばいならば、定期性預金にて100％捕捉の場合＋58％、80％捕捉で＋48％、50％捕捉で＋34％の"大幅な増益基調"となります。

　【平均信用コスト】が「新局面」で発生した場合、つまり足元の【ゼロ信用リスク】から平均的な「信用コスト」の発生（▲1,422億円から▲8,179億円へ）が生じる場合は、この「信用コスト」増加分で▲60％の減益となりますが、100％の捕捉のシナリオでは預金スプレッドの拡大＋58％がそのショックを吸収、なんと"横ばい"の収益力となります。定期性預金での捕捉率80％で▲11％、50％で▲25％の減益となるものの、深刻な収益状況とはならない見通しです。一方、【最悪信用コスト】の場合は、不良債権処理損を吸収しきれず大幅な赤字決算を余儀なくされます。

　一方、〔最大預金スプレッド〕の水準、すなわち市場金利が1％程度の時に「流動性預金シフト」が発生する場合は、「足元全体損益」対比「信用コスト」が横ばいであるならば、100％捕捉で＋142％、80％捕捉で＋130％、50％捕捉でも＋113％と"収益が倍増以上に拡大"の見通しです。

　【平均信用コスト】の場合でも、100％捕捉で＋83％、80％捕捉で＋71％、50％捕捉でも＋53％と"収益倍増基調"となります。さらに【最悪信用コスト】の場合でも、なんと赤字決算に陥らず、しっかりとした黒字基調となります。

　以上のとおり、「流動性預金の大シフト」が生じ、自行・自機関内の定期性預金で半分しか吸収できなくとも、〔平均預金スプレッド〕で {信用コスト最小＋34％、平均▲25％} であり、〔最大預金スプレッド〕では {信用コスト最小＋113％、平均＋53％} となり、収益力は大幅改善の方向に進むと展望されます。

図表6-23 「流動性預金シフト」による収益影響

① 預金スプレッド平均のケース

(単位：億円)

	信用コスト	(最小)	▲1,422	2011年	(平均)	▲8,179	1996〜2012年	(最大)	▲20,507	1998年
全体増益率	預金増益	+58%	0%	+6,589	▲1%	0%	+6,589	110%	0%	+6,589
定期捕捉率	預金減少率 信用コスト率	100		▲0.085%	100		▲0.489%	100		▲1.225%
		収益	スプレッド	比率	収益	スプレッド	比率	収益	スプレッド	比率
【Tier I 収益】		+12,285	+0.310%	+68%	+5,528	+0.140%	+49%	▲6,799	▲0.172%	
(貸出スプレッド収益)		+13,355	+0.798%	+74%	+6,599	+0.394%	+59%	▲5,729	▲0.342%	
(預金スプレッド収益)		▲3,798	▲0.166%	▲21%	▲3,798	▲0.166%	▲34%	▲3,798	▲0.166%	
【Tier II 収益】		+6,279	+0.259%	+35%	+6,279	+0.259%	+56%	+6,279	+0.259%	

	信用コスト	(最小)	▲1,422	2011年	(平均)	▲8,179	1996〜2012年	(最大)	▲20,507	1998年
全体増益率	預金増益	+48%	▲4%	+6,304	▲11%	▲4%	+6,304	119%	▲4%	+6,304
定期捕捉率	預金減少率 信用コスト率	80		▲0.085%	80		▲0.489%	80		▲1.225%
		収益	スプレッド	比率	収益	スプレッド	比率	収益	スプレッド	比率
【Tier I 収益】		+12,000	+0.303%	+71%	+5,243	+0.132%	+52%	▲7,084	▲0.179%	
(貸出スプレッド収益)		+13,355	+0.798%	+79%	+6,599	+0.394%	+65%	▲5,729	▲0.342%	
(預金スプレッド収益)		▲4,084	▲0.179%	▲24%	▲4,084	▲0.179%	▲40%	▲4,084	▲0.179%	
【Tier II 収益】		+5,480	+0.226%	+32%	+5,480	+0.226%	+54%	+5,480	+0.226%	

	信用コスト	(最小)	▲1,422	2011年	(平均)	▲8,179	1996〜2012年	(最大)	▲20,507	1998年
全体増益率	預金増益	+34%	▲10%	+5,876	▲25%	▲10%	+5,876	134%	▲10%	+5,876
定期捕捉率	預金減少率 信用コスト率	50		▲0.085%	50		▲0.489%	50		▲1.225%
		収益	スプレッド	比率	収益	スプレッド	比率	収益	スプレッド	比率
【Tier I 収益】		+11,572	+0.292%	+76%	+4,815	+0.122%	+57%	▲7,513	▲0.190%	
(貸出スプレッド収益)		+13,355	+0.798%	+88%	+6,599	+0.394%	+78%	▲5,729	▲0.342%	
(預金スプレッド収益)		▲4,512	▲0.197%	▲30%	▲4,512	▲0.197%	▲53%	▲4,512	▲0.197%	
【Tier II 収益】		+4,280	+0.177%	+28%	+4,280	+0.177%	+50%	+4,280	+0.177%	

② 預金スプレッド最大のケース (単位：億円)

	信用コスト		(最小)	▲1,422	2011年	(平均)	▲8,179	1996～2012年	(最大)	▲20,507	1998年
全体増益率	預金減少率	預金増益	+142%	0%	+16,145	+83%	0%	+16,145	▲26%	0%	+16,145
定期捕捉率		信用コスト率	100	▲0.085%	100		▲0.489%	100		▲1.225%
			収益	スプレッド	比率	収益	スプレッド	比率	収益	スプレッド	比率
【TierⅠ収益】			+21,841	+0.552%	+79%	+15,084	+0.381%	+73%	+2,757	+0.070%	+33%
(貸出スプレッド収益)			+13,355	+0.798%	+49%	+6,599	+0.394%	+32%	▲5,729	▲0.342%	▲68%
(預金スプレッド収益)			+5,758	+0.252%	+21%	+5,758	+0.252%	+28%	+5,758	+0.252%	+68%
【TierⅡ収益】			+6,279	+0.259%	+23%	+6,279	+0.259%	+30%	+6,279	+0.259%	+74%

	信用コスト		(最小)	▲1,422	2011年	(平均)	▲8,179	1996～2012年	(最大)	▲20,507	1998年
全体増益率	預金減少率	預金増益	+130%	▲4%	+15,617	+71%	▲4%	+15,617	▲38%	▲4%	+15,617
定期捕捉率		信用コスト率	80	▲0.085%	80		▲0.489%	80		▲1.225%
			収益	スプレッド	比率	収益	スプレッド	比率	収益	スプレッド	比率
【TierⅠ収益】			+21,312	+0.538%	+81%	+14,555	+0.368%	+75%	+2,228	+0.056%	+31%
(貸出スプレッド収益)			+13,355	+0.798%	+51%	+6,599	+0.394%	+34%	▲5,729	▲0.342%	▲81%
(預金スプレッド収益)			+5,229	+0.229%	+20%	+5,229	+0.229%	+27%	+5,229	+0.229%	+74%
【TierⅡ収益】			+5,480	+0.226%	+21%	+5,480	+0.226%	+28%	+5,480	+0.226%	+77%

	信用コスト		(最小)	▲1,422	2011年	(平均)	▲8,179	1996～2012年	(最大)	▲20,507	1998年
全体増益率	預金減少率	預金増益	+113%	▲10%	+14,823	+53%	▲10%	+14,823	▲55%	▲10%	+14,823
定期捕捉率		信用コスト率	50	▲0.085%	50		▲0.489%	50		▲1.225%
			収益	スプレッド	比率	収益	スプレッド	比率	収益	スプレッド	比率
【TierⅠ収益】			+20,519	+0.518%	+85%	+13,762	+0.348%	+79%	+1,435	+0.036%	+28%
(貸出スプレッド収益)			+13,355	+0.798%	+55%	+6,599	+0.394%	+38%	▲5,729	▲0.342%	▲112%
(預金スプレッド収益)			+4,436	+0.194%	+18%	+4,436	+0.194%	+25%	+4,436	+0.194%	+87%
【TierⅡ収益】			+4,280	+0.177%	+18%	+4,280	+0.177%	+25%	+4,280	+0.177%	+84%

(注) 表中の「全体増益率」は、2013年の全体収益より、最小「信用コスト」▲1,422億を勘案した収益対比の増減率。
(資料) 筆者が全国銀行協会各種統計資料、日本銀行統計等を用いて試算。

それでは、収益力の改善はなぜ生じるのでしょうか？　流動性預金から定期性預金へのシフト、他機関への預金流出にもかかわらず収益力が改善するのは、やはり『預金スプレッドの市場金利に対する上方拡張性』にあります。相対的に収益性が低い定期性預金残高へのシフトも、定期性預金スプレッド自体の"絶対水準での改善"により十分に吸収されるのです。いかんせん現在の預金採算性は粗利ベースでもほぼ"０"であることから、必ず改善に向かうということです。いままで収益上の"お荷物"であった預金が力強く収益力のコア商品として復活していくのです。"預金スプレッドの拡大"がすべての問題を解決してくれるのです。赤字から黒字への180度の業績改善により、【預金＆貸金】という２頭立ての収益エンジンが駆動するようになるのです。

　こうしてみてみますと、銀行・地域金融機関の将来は"明るいもの"であると客観展望します。したがって、ぜひ安心して、そして喜びをもって、"総点検"【スプレッドバンキング】を実行してもらいたいと願っています。

　しかし、"過去の法則"が成り立つかは、預金ボリュームのポートフォリオ構成の視点だけからではもちろん不十分です。やはり、『預金のプライシング』が最も重要となります。『預金スプレッドの上方拡張性』は、"過去と同等の預金金利が形成されたなら"の前提条件つきであることです。住宅ローンにおいて発現した異常な金利競争が、今後、預金にまで波及するならば、「預金スプレッドの上方拡張性」は大きく制約され、現下の低収益性を引きずる可能性を秘めているのです。金利の上昇を受け、定期預金の店頭掲示レートを、いかに普通預金対比、戦略的に決定し、なおかつ【期間別】×【金額階層】×【顧客属性】のマトリックスに対して、どのような戦略方針にて機動的かつ差別的な金利設定とするのか、〔ALM運営〕の力量が経営として問われることになるのです。

　現在、NISAや国債販売において、あるいは投信とのセットで定期性預金の法外な水準での金利優遇の販促活動が一部の金融機関で見受けられます。金利上昇の"号砲"は、このような局所的な競争が広汎多岐にわたり発生す

図表6-24 預金者の"商品選択の中断"はいつ解除されるのか？ (単位:%、円)

年	【大口定期店頭掲示】				(年間利息：元金1,000万)			
	3M	12M	36M	60M	3M	12M	36M	60M
1995	0.972	1.128	1.834	2.551	97,239	112,761	183,389	255,058
96	0.350	0.489	1.152	1.929	35,000	48,851	115,213	192,942
97	0.350	0.372	0.821	1.362	35,000	37,190	82,144	136,151
98	0.324	0.328	0.423	0.705	32,412	32,848	42,326	70,494
99	0.132	0.184	0.318	0.515	13,231	18,350	31,775	51,539
2000	0.093	0.169	0.270	0.418	9,291	16,868	27,003	41,841
01	0.052	0.080	0.126	0.202	5,183	8,030	12,560	20,168
02	0.019	0.031	0.069	0.140	1,883	3,092	6,896	14,019
03	0.015	0.030	0.060	0.100	1,500	3,000	6,000	10,000
04	0.015	0.030	0.060	0.100	1,500	3,000	6,000	10,000
05	0.015	0.030	0.060	0.100	1,500	3,000	6,000	10,000
06	0.078	0.166	0.308	0.438	7,822	16,605	30,794	43,756
07	0.234	0.384	0.534	0.692	23,423	38,423	53,423	69,211
08	0.240	0.390	0.540	0.685	24,000	39,000	54,000	68,500
09	0.106	0.238	0.335	0.422	10,567	23,825	33,503	42,231
10	0.050	0.079	0.134	0.213	5,039	7,851	13,435	21,342
11	0.029	0.038	0.076	0.096	2,906	3,812	7,624	9,624
12	0.025	0.029	0.051	0.073	2,500	2,942	5,118	7,344
13	0.025	0.025	0.040	0.060	2,500	2,500	4,000	6,000
14	0.025	0.025	0.040	0.060	2,500	2,500	4,000	6,000

る合図となり、多種多様なプライシング合戦が展開されるのでしょう。〔局所〕〔局所〕の広がりは、複雑で厳しい競争が〔全面化〕することを意味します。この流れは止めることはできないでしょう。それが円熟した高度な日本の金融システムの先進性・顧客利得性を後押しするものだからです。お客様の利益とバランスをとり、いかに合目的に預金プライシングをしていくか、「新局面」の経営の舵取りは大変むずかしいものとなるのです。そこで、【動態モニタリング】による預金の戦略プライシングの方法に関して、次章で解説することにします。

　預金者の"商品選択の中断"はいつ解除されるのか？　その際の参考となるよう、図表6-24で1995～2014年の大口定期預金の店頭掲示金利および年間利息額をまとめたので参照してください。

(5) 「新局面」において、やはり重要なALM運営は万全か？

　「新局面」の収益環境は、預金スプレッドの"上方拡張性"により"良好なもの"となることが十分期待されます。〔異常から普通〕への「新局面」は、銀行・金融機関にとって、"フォローの風"であるようです。
　ところが、以下のような疑問をもたれる方々も多いと思います。
　「金利が上昇し、預金のスプレッド収益は拡大するにしても、調達金利、すなわち預金金利は上昇するのだから、全体収益はアゲインストの風を受けるのではないか？」
　前掲の「新局面」の収益構造分析においては、【TierⅡ収益】は経費差引き前で＋7,478億円、ALM長短リスク・スプレッド＋0.309％と現状（2013年度）の収益力と同値としました。これは、『金利上昇に対し、機動的で有効なALMが発揮され、現在と同一のALM収益を計上できる』という"仮説"のもとでの将来展望です。やはり、「新局面」において、ALM運営の成功は、引き続きとても重要なことであると認識されます。
　一方、1999年のALM収益力と現在を比べてみると、ほとんど同水準であることが確認されます。これは、【ゼロ金利】環境によりイールドカーブのフラット化が進み、ALM長短スプレッドは▲0.103％低下する一方、流動性預金増による国債運用の積増しを主因とした残高増＋30.9％により、収益影響が相殺し合ったことによりました。今後の金利上昇は、たしかに調達金利の上昇によりコスト圧力がかかりますが、イールドカーブの勾配化により長短スプレッドがより厚鞘になることが期待されます。当然ながら、金利上昇過程で国債長期運用の"含み損問題"が発生します。金利上昇過程でいかに国債運用の"洗替え"をうまく行うかが、ALM運営において最大の関心事となります。
　バブル崩壊により大きく毀損した日本の銀行・地域金融機関の収益力・自己資本に対し、政府は【ゼロ金利】政策により、多大な債券運用の含み益を

創出させ、それを原資に100兆円にも達した不良債権処理を断行してきました。金融政策は、銀行・地域金融機関の経営を"支援"してきたのです。

　一方、これからの金利上昇局面では、"逆のメカニズム"が働きます。そこで日銀は異次元緩和により、銀行・地域金融機関保有の国債に対し大量買上げを実行しています。これはよくできた金融政策で、〔異常から普通〕への"転換痛"である保有国債価値の下落に対し、日銀が"避難先"を設営してくれているのです。『日銀を一時避難先とした国債運用の機動的洗替え』をすませれば、ALM長短スプレッドは拡大することが予想されます。したがって、「新局面」に向かって、ALM部門はもちろん巧みな運営が必要ですが、収益環境は「新局面」移行時には改善する展望となります[28]。

　「金利上昇は、預金金利の上昇を招き、全体収益においてはアゲンストではないか？」の疑問に対しては、以前よりさまざまな場面でモデル銀行によるALMシミュレーションを行いました。一時的な有価証券の含み損問題は生じますが、「期間損益」は"一貫した安定増益基調"となることが確認されています[29]。これは、「預金スプレッド収益」の"上方拡張性"に加え、「変動金利貸金」による"金利上昇転嫁機能"が両輪のごとく働くことによるものです。市場金利の上昇に歩速をあわせ、"既存ストック"の貸出金利がスムーズに更改されるアセット特性によるものです。すなわち『短プラ連動貸金』の存在です。

　銀行・地域金融機関の貸出の大宗は、住宅ローンを含め『短プラ連動貸金』です。次回の元利払日に"金利満期"を迎える短プラ連動の変動金利貸金であり、法人証書貸付は1カ月、手形貸付は3カ月、住宅ローンは6カ月

---

[28]　ALM収益の裏側には当然ながら"金利リスク"が存在します。したがって、ALM運営において〔収益〕は第一義的な目標ですが、同時に〔リスク〕の適正運営も重要です。銀行・地域金融機関の具体的なALM運営の方法論に関しては、前掲・大久保〔監修〕／森本ほか〔著〕『【全体最適】の銀行ALM』、大久保豊〔編著〕／山野ほか〔著〕『【実践】銀行ALM』（金融財政事情研究会、2006年2月）をご参照ください。

[29]　金利上昇は銀行収益において"プラス"に働くことは、拙著『不完全なVaR』（金融財政事情研究会、2008年1月）、前掲・『【実践】銀行ALM』そして『【全体最適】の銀行ALM』にて幾度にもわたり詳述しています。

以内に金利適用の満期を約定上迎え、新たな短プラにて"洗替え"が実行されます。したがって、市場金利の上昇に対して、"短期のうちに持ち値がすべて洗い替えられる"という、金利リスクに対してきわめて"免疫"が効いた特殊な資産構造となっているのが、日本の銀行・地域金融機関の大きな特徴なのです。

　この【短プラ】と【市場金利】のベーシスリスクを"収益勘定"として計測するものが、【スプレッドバンキング】による「ベーシススプレッド手法」でした。短プラ"αスプレッド"を経営として設定することにより、その"αスプレッド"の水準が、「いまの短プラ水準で確保されているのか、どのくらい儲かっているか、あるいは損をしているか？」「設定のαスプレッドを達成するためには、いくら短プラを上下に更改させるべきか？」を合理的に算出する方法が、「ベーシススプレッド手法」でした。短プラに対して、適切に更改するALM態勢を樹立できれば、日本の銀行・地域金融機関に内在する金利リスクは大きく免疫化されることになるのです。

　さて、この『短プラ』に関しては、5年以上更改した経験がなく、本格的な引上げ局面においては現在の経営者を含め経験がないのが実情であり、それこそがまさに問題なのです。そこで本項では、『短プラ更改に関する具体的な運用方法』について論述します（図表6-25参照）。市場金利の変動に対して、いかに呼応するかの論理メカニズムに関する考察です。

　メガバンク、地方銀行、地域金融機関の運調構造はもはや同質ではなく、メガバンクや上位地銀のプライム運営を鵜呑みにし、プライステイカーとして追随することが、自行・自機関の経営安定をもたらすことはまったくもって保証されていません。"顧客約定"として自らが能動決定できる短プラ運営において経営の自律性を確保することは、金融完全自由化の環境下、必須のことであると考えます。その自律運営の岩盤基礎をなすのが、「ベーシススプレッド手法」により設置される『（ALM）短プラベーシススプレッド収益』です。

図表6-25 『短プラ』更改ルールの制度化

更改トリガー規程の制定	・事前にALM策定した〝ある水準（①検討開始水準）〟に、『短プラベーシススプレッド収益』の累積勘定（＋or－）が達したら、【短プラ】更改を行うかどうかに関してALM委員会へ『検討開始』を発議。 ・検討を開始した旨の社会アナウンス・スキームの構築もあわせて行うことが有効。 ・事前にALM策定した〝ある水準（②更改水準）〟に、『短プラベーシススプレッド収益』の累積勘定（＋or－）が達したら、事前策定の〝更改方式〟に従って、『短プラ』を更改。	（ALM）短プラベーシススプレッド収益  損益実績 『短プラベーシススプレッド収益』の勘定を管理会計にて設置することにより、短プラの更改方針に関し、合理的な経営運営が可能となる。金利変動時にいくら短プラを変更させるべきかの客観数値を得ることができる。
損益【ゼロ】への短プラ更改幅の逆算算定	・『短プラベーシススプレッド収益』の勘定を、〝ゼロ〟とする短プラ更改幅を逆算。 ・その際、【過去の累積分】を〝どこまで解消するか〟〝将来のどの時点までを解消対象とするか〟等の複数シナリオを事前に検討のうえ、更改原則の制定を行う。	

【残存マチュリティ】にて将来の残存影響を把握のうえ、【オリジナル・マチュリティ】情報から、【将来のロールオーバー取引】と【新規取引】を想定し、【現在のイールドカーブ】から将来金利【インプライド・フォワード・レート】を算出のうえ、『短プラベーシススプレッド収益』の将来動向を計数化する。

これがすべての基本 → 〝αスプレッド〟の経営設定 → 「ベーシススプレッド手法」スプレッドバンキング

　この収益勘定の〝累積損益〟が、どの水準値（＋or－）に達したら、短プラ更改に関し〝検討開始〟をALM会議に付議するか、の〝トリガー条件〟を事前にALM委員会にて制定します。市場金利が胎動すれば、当然一方向の動きとはならず、上下変動を繰り返す場合もあるでしょう。そのような金利胎動のつど短プラを更改することは、顧客取引上も社会慣習上も現実的ではありません。とすれば、この短プラ損益勘定の〝累積値〟をメーターとして観察し、それが上下に振れるのを毎月モニタリングしながら、〔ある一定の閾値〕を超えた場合に、〝制度自動的に〟短プラ更改の〝要否〟をALM

委員会に付議する制度づくりを推奨します。このALM運営の仕組みを設けることにより、短プラ運営は構造的に経営にビルトインされるのです。議論の結果、他行・他社との競合上「更改見送り」とすることも有効なALM意思決定です。大事なのは、自行・自機関の内情に従い、"自律的に"短プラ更改の要否を経営決定することにあります。

そして、その検討の際は、"過去損益の累積値"という〔実績値〕のみならず、現状のまま短プラと市場金利が推移したら当該損益がどうなるかの〔将来値〕もあわせて算定し、ALM意思決定することが肝要です。なぜならば、能動変更可能といえども、毎月の上下更改に関して社会の理解が得られにくく、これから6カ月程度の将来動向をも俯瞰して決定することが必要だからです。

〔将来値〕は、①既存取組み分の残存影響を、「残存平残マチュリティ（残存ベーシススプレッド×残存平残）」にて把握し、②その将来期落ちに関するロールオーバー取引（継続残高×将来ベーシススプレッド）や、③新規取引（新規残高×将来ベーシススプレッド）を前提に算定していきます。

〔将来ベーシススプレッド〕の設定においては、現在の金利イールドカーブに内包されるインプライド・フォワード・レートにてスプレッド算定し、将来損益の動向を予測します（図表6－26参照）。

そして、その予測された『短プラベーシススプレッド収益』が"0"となる短プラの更改幅を"逆算算定"します。この逆算にあたっては、どのくらいの過去分の累積損益まで更改により解消するか、また将来のいつ時点までに累積損益を"0"とするか、の複数の"経営シナリオ"のもと、｛ゼロ逆算する算定基準｝をALMにて事前決定し規程化します。

こうして決定された"更改発議トリガー条件""更改決定トリガー条件""更改算出基準"の規程に則し、ALM委員会に付議のうえ、経営決定される運営メカニズムを構築していきます。

図表6-26 インプライド・フォワード・レート

> インプライド・フォワード・レート（IFR）とは、現時点の市場金利から理論的に計算される将来時点スタートの金利の期待値のこと。
> 　（例）現在の1年物市場金利：0.5％
> 　　　　現在の2年物市場金利：1.0％
>
> 1年後スタートの1年物市場金利：x％と仮定する。
>
>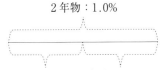
>
> 2年物金利で2年運用する場合と、1年物金利と先スタートの1年物金利で2年を複利運用する場合で、経済価値が等価となるようなx％がIFRである。
>
> 　　$(1+1.0\%)^2 = (1+0.5\%) \times (1+x\%) \Rightarrow x = 1.5\%$
> つまり、1年後スタートの1年物IFRは1.5％と計算される。
> この手法によって各将来時点における各マチュリティのIFRを計算し、将来時点のイールドカーブの作成を行うもの。

　図表6-27は短プラ更改運営のケーススタディを示したものです。

　短プラ連動資産が1兆円の金融機関を想定します。市場金利の上昇（3M物0.189％⇒0.795％）を受け、『（ALM）短プラベーシススプレッド収益』は、足元の単月収益＋54.6億円から翌月には▲59.3億円と一気に悪化し、そのまま短プラを変更しないと毎月▲400億円の赤字を計上することになります。このように、足元の金利上昇を受けて、短プラを更改しなければ具体的にいくらの損失となるかをALM委員会に客観報告します。また、当該勘定において、いままで累積でいくらの損益（損失）となっているかを報告します。

　事例は、期初時点で過去累積損益が合計で＋3,426億円蓄積されているものです。

図表6-27 短プラ更改のシナリオと要改理論値の逆算

(単位:残高・億円、収益・百万円)

	3月 (実績)	2015年 4月	5月	6月	7月 ☆	8月	9月	10月 ☆	11月	12月	16年 1月	2月 ☆	3月
(残高)	10,573.0	10,000.0	10,000.0	10,000.0	10,000.0	10,000.0	10,000.0	10,000.0	10,000.0	10,000.0	10,000.0	10,000.0	10,000.0
営業店BR	0.275%	0.275%	0.275%	0.275%	0.275%	0.275%	0.275%	0.275%	0.275%	0.275%	0.275%	0.275%	0.275%
ALM長短BR	0.213%	0.346%	0.595%	0.681%	0.735%	0.739%	0.751%	0.763%	0.768%	0.773%	0.778%	0.784%	0.789%
(ベーシススプレッド)	+0.062%	▲0.071%	▲0.320%	▲0.406%	▲0.460%	▲0.464%	▲0.476%	▲0.488%	▲0.493%	▲0.498%	▲0.503%	▲0.509%	▲0.514%
ベーシスリスク見合い収益	+54.6	▲59.3	▲266.4	▲338.1	▲383.3	▲386.9	▲396.9	▲406.7	▲410.4	▲414.6	▲419.0	▲423.9	▲428.6
(A) 前回短プラ変更以降損益累積	+3,426.0	+3,366.7	+3,100.3	+2,762.2	+2,378.9	+1,991.9	+1,595.0	+1,188.3	+777.9	+363.2	▲55.7	▲479.6	▲908.2
プライム更改理論値 (6カ月換算)	△0.324%	△0.673%	△0.620%	△0.552%	△0.476%	△0.398%	△0.319%	△0.238%	△0.156%	△0.073%	+0.011%	+0.096%	+0.182%
(B) 足元1年分損益累積	+1,515.0	+1,455.7	+1,189.3	+851.2	+467.9	+80.9	▲316.0	▲722.7	▲1,133.1	▲1,547.8	▲1,966.7	▲2,390.6	▲2,819.2
プライム更改理論値 (6カ月換算)	△0.143%	△0.291%	△0.238%	△0.170%	△0.094%	△0.016%	+0.063%	+0.145%	+0.227%	+0.310%	+0.393%	+0.478%	+0.564%
(C) 足元6カ月分損益累積	+555.0	+495.7	+229.3	▲108.8	▲492.1	▲879.1	▲1,276.0	▲1,682.7	▲2,093.1	▲2,507.8	▲2,926.7	▲3,350.6	▲3,779.2
プライム更改理論値 (6カ月換算)	△0.052%	△0.099%	△0.046%	+0.022%	+0.098%	+0.176%	+0.255%	+0.337%	+0.419%	+0.502%	+0.585%	+0.670%	+0.756%

(注)「営業店BR(ベースレート)」「ALM長短BR」「ベーシススプレッド」は新規適用分。
「ベーシスリスク見合い収益」はストック分(残存分)割算後の単月収益額。

【ゼロ金利】のもと、短プラを1.475%に据え置き、下げ渋った利益金が蓄積されているということであり、その具体的な"貯金額"をALM委員会に報告します。現在の市場金利で予想される将来金利（インプライド・フォワード・レート）で推移した場合、いくら短プラを引き上げないと、『（ALM）短プラベーシススプレッド収益』の勘定が"0"とならないかを"逆算算定"したのが【プライム更改理論値】の欄です。〔過去累積の全損益尻〕も加味してその勘定を"0"にする、換言すれば、短プラ・ストレートの貸出に関して、粗利益スプレッドで+1.2%（すなわち"aスプレッド"）を確保するためには、どのタイミングで、どのくらい引き上げなければならないかを示しているのが（A）欄です。

この"逆算算定"において、『引上げ後、何カ月で損益尻をゼロとするか』で上げ幅も変わってきます。事例では引上げ後、"半年で当該勘定の収支をゼロとする"前提にて算出しています。過去の短プラ下げ渋りによる潤沢な貯金から、金利上昇後も足元9カ月は引き上げる必要がなく、要引上げ幅が0.1%近辺になるのは翌年の2月であることが示されています。

一方、当該勘定の過去累積損益のすべてを｛ゼロ逆算｝の対象とせず、たとえば過去1年分、6カ月分のみを対象としたのが（B）欄、（C）欄です。〔過去1年分〕で6カ月後から、〔過去6カ月分〕では3カ月後から累積損益が赤字となり、短プラの引上げのタイミングはそれぞれ10月、7月となります。

ALM委員会において、このような経営前提やシナリオのもと、具体的に将来のいつの時点で、いくらほど短プラの引上げが必要となるかを毎月確認できるようになり、またその時期を予期することにより、顧客への説明やさまざまな準備を前もって計画的に行うことができるのです。

⑹ "最悪"のシナリオは「異次元緩和の長期化」である

　以上、1999年と2013年における収益構造の変容を足掛かりに、金利胎動が予期される「新局面」での収益動向に関して展望してきました。"預金スプレッドの上方拡張性"が実現できれば、銀行・地域金融機関経営の未来は本当に明るいものであると期待がふくらんでいます。しかし、そのためには、第一の大きな"関門"があります。『異次元緩和』の"出口"です。

　異次元緩和により、短期のみならず5年物国債までもマイナス金利をつけ、長期国債の流通利回りは0.1％台を記録しました。金利のゼロ化は貸出金利競争のいっそうの激化の下地となり、貸出金利はさらに低下を続けています。"信用原価"なきままの盲目的な引下げ競争は、将来の禍根となることがもはや必至の状態であると心配しています。現下の〔ゼロ金利〕〔ゼロ信用リスク〕により、市場金利のみならず、貸出金利、預金金利と、さまざまなプライシングに大きなゆがみが生じています。短プラ引下げではない、対顧適用金利の引下げは、顧客に対する"優遇"の恒常化をもたらす危険性もはらんでいます。現在のゼロ信用リスクが将来も続くという"暗黙の予定調和"でのプライシングはとても危ういものがあります。

　そこで本項では、現下の『異次元緩和』の出口がみえず長期化した際の、銀行・地域金融機関に与える影響を考察します。

　まず、第一の影響は国債等の有価証券運用利回りの低下です。足元、長期国債利回りは0.2％台で推移しており、この状態が長期化する試算として、国債運用総残高利回りを0.3％とし、投資債券運用利回りの低下を織り込みます。

　次に貸出利回りです。大変厳しい状況が続いています。前掲の2013年の収益分析は、〔12年4月から13年3月〕の決算データを使用したものでしたが、その後の貸出金利の低下は目に余るものがあります。

第一地銀の貸出約定平均金利（ストック総合）は、2014年11月に1.274％であり、これは〔12年4月～13年3月平均〕の1.488％から、▲0.214％もの急激な低下を示しています。貸金スプレッド収益に直接のダメージとなっていることが推察されます。

　この二つの要因を足元2013年の収益構造に付帯させて分析したのが図表6－28です。貸出スプレッド収益の減少で▲28％、ALM長短ミスマッチ収益の減少で▲28％と、まさに"ダブルパンチ"で収益力が〔半減〕することが確認されます。

図表6－28　"最悪"のシナリオである『異次元緩和の長期化』
　　　　　―信用コスト勘案前―

（単位：億円）

		2013年3月	構成比	異次元緩和長期化	構成比	構成増減	増減額	（増減率）	増減の内訳	
									経費差引き前	経費差引き後
【TierⅠ収益】		+ 29,184	79.4%	+ 25,608	86.5%	+ 7.1%	▲ 3,577	▲ 12.3%	▲ 9.7%	▲ 28.0%
	貸出金合計	+ 23,612	64.2%	+ 20,035	67.6%	+ 3.4%	▲ 3,577	▲ 15.1%	▲ 9.7%	▲ 28.0%
	法人貸出	+ 14,510	39.5%	+ 12,209	41.2%	+ 1.8%	▲ 2,301	▲ 15.9%	▲ 6.3%	▲ 18.0%
	住宅ローン	+ 5,437	14.8%	+ 4,516	15.2%	+ 0.5%	▲ 921	▲ 16.9%	▲ 2.5%	▲ 7.2%
	その他	+ 3,665	10.0%	+ 3,310	11.2%	+ 1.2%	▲ 355	▲ 9.7%	▲ 1.0%	▲ 2.8%
	預金合計	+ 1,676	4.6%	+ 1,676	5.7%	+ 1.1%	+ 0	+ 0.0%	+ 0.0%	+ 0.0%
	流動性預金	+ 1,314	3.6%	+ 1,314	4.4%	+ 0.9%	+ 0	+ 0.0%	+ 0.0%	+ 0.0%
	定期性預金	+ 361	1.0%	+ 361	1.2%	+ 0.2%	+ 0	+ 0.0%	+ 0.0%	+ 0.0%
	役務取引等粗利益	+ 3,897	10.6%	+ 3,897	13.2%	+ 2.6%	+ 0	+ 0.0%	+ 0.0%	+ 0.0%
【TierⅡ収益】ALM長短ミスマッチ収益		+ 7,478	20.3%	+ 3,900	13.2%	▲ 7.2%	▲ 3,579	▲ 47.9%	▲ 9.7%	▲ 28.0%
【TierⅢ収益】		+ 112	0.3%	+ 112	0.4%	+ 0.1%	+ 0	+ 0.0%	+ 0.0%	+ 0.0%
（除くその他経常利益）業務粗利益		+ 36,775	100.0%	+ 29,619	100.0%		▲ 7,155	▲ 19.5%	▲ 19.5%	▲ 55.9%
営業経費		▲ 23,985		▲ 23,985			▲ 0	+ 0.0%		+ 0.0%
（除くその他経常利益）経常利益		+ 12,790		+ 5,634			▲ 7,155	▲ 55.9%		▲ 55.9%

（利益ゼロとなる信用コスト率）⇒　0.337%　←（1996～2012年平均）0.489%

【LGD】を20％と想定すると収益ゼロとなるデフォルト率は　1.683%

（資料）　筆者が全国銀行協会各種統計資料、日本銀行統計等を用いて試算。

現下の『異次元緩和』の出口がみえず長期化した際の、銀行・地域金融機関に与える影響は甚大なのです。
　この15年間、厳しい経営環境下でなんとか経費差引き後で▲7％の減益にて耐え忍んでいた収益構造が、『異次元緩和』の長期化と『"信用原価"なきままの貸出金利引下げ競争』により、"山岳崩壊"する懸念が高まっているのです。異次元緩和は、営々と築き上げてきた銀行・地域金融機関のビジネスモデルや収益メカニズムを根底から溶かし、破壊させるものなのです。
　"最悪"のシナリオは『異次元緩和の長期化』なのです。
　そもそも異次元緩和は、寝たきり状態となっている日本経済に、驚きのカンフル剤を処方するもので、その薬には当然強い副作用があります。異常な長短全期間のゼロ金利化により、預貸金のプライシング・メカニズムが崩壊する深刻な副作用を伴うのです。
　"半減"した収益力において、現下のゼロ信用リスクからデフォルトが胎動する事態になると、一気に赤字決算となる銀行・地域金融機関が続出することになるでしょう。"利益ゼロ"の〔損益分岐信用コスト率〕は0.337％であり、これはLGDを20％と低めに設定しても、実績デフォルトが1.7％程度で軒並み赤字決算となります。過去のデフォルト率の推移を確認すれば、この1.7％は低い水準であることが確認されます。異次元緩和の長期化は、営々と築き上げてきた収益メカニズムの構造を山岳崩壊させるにとどまらず、信用リスクへの経営耐性をも根本から弱めるものです。
　図表6－29は、異次元緩和の長期化がもたらす、信用リスクおよび金利リスクに対する耐性劣化を確認するものです。過去に経験した平均的な信用コスト▲8,179億円においては、大幅な赤字決算▲2,545億円を余技なくされる収益体質に構造劣化することが確認できます。平均的な信用リスクの発露で大幅な構造赤字。金融システム・リスクとなることが容易に推察されます。異次元緩和の長期化が、〔TierⅠ収益〕のスプレッド（信用コスト勘案前）を0.089％にまで圧縮崩壊させます。0.1％に満たない利鞘で、どうやって信用リスクに備えることができるのでしょうか。

図表6-29 異次元緩和長期化による信用リスクおよび金利リスクへの耐性劣化

2013年比（信用コスト最小）増減率	信用コスト額	▲50%	0		▲63%	（最少）▲1,422		▲122%	（平均）1996～2013年 ▲8,179		▲231%	（最大）▲20,507
全体収益	信用コスト率	+5,634	0.000%		+4,212	▲0.085%		▲2,545	▲0.489%		▲14,872	▲1.225%
		収益	スプレッド	比率	収益	スプレッド		収益	スプレッド		収益	スプレッド
【TierⅠ収益】		+3,541	+0.089%	+63%	+2,119	+0.054%		▲4,638	▲0.117%		▲16,965	▲0.428%
（貸出スプレッド収益）		+11,201	+0.669%	+199%	+9,779	+0.584%		+3,022	+0.181%		▲9,306	▲0.556%
（預金スプレッド収益）		▲10,388	▲0.454%	▲184%	▲10,388	▲0.454%		▲10,388	▲0.454%		▲10,388	▲0.454%
（手数料収益）		+2,728		+48%	+2,728			+2,728			+2,728	
【TierⅡ収益】		+2,700	+0.111%	+48%	+2,700	+0.111%		+2,700	+0.111%		+2,700	+0.111%
【TierⅢ収益】		▲607	▲0.741%	▲11%	▲607	▲0.741%		▲607	▲0.741%		▲607	▲0.741%

　さらに日銀にマグマだまりのように蓄積されている200兆円を優に超える長期国債の存在が、債券市場の不安定化を醸成し、債券価格の乱高下を引き起こす可能性を秘めています。ALMの運用スプレッドもわずか0.111％。これでどうやって金利リスクに備えることができるのでしょうか。

　〔信用リスク＋債券価格変動リスク〕の発生により、多くの金融機関が破綻に追い込まれる金融システム・リスクへと発展する懸念が、異次元緩和の長期化により日々刻々高まっているのです。この究極カンフル剤の状態を早く終わらせなければなりません。異次元緩和の副作用は長引けば長引くほど最悪となります。政府、日銀、産業界、そして金融界が一致団結して、異次元緩和の出口を形成し、明るい「新局面」を"想像"し、"創造"しなければならないのです。

日本経済が再生できなければ"収益半減"、復活し「新局面」を迎えれば"収益倍増"――銀行・地域金融機関経営は大変な岐路に立っているのです。

　何としてもアベノミクスを成功させ、経済を復活させなければならないのです。マネタリーベースの潤沢な資金供給が将来の物価上昇や金利上昇に直結するとは限りません。やはり、実態経済における投資意欲や資金需要が高まらなければ長続きしないでしょう。従来の客先からの申出やヒアリングでの案件発掘や審査態勢では、デフレ脱却のための十分な投資意欲と資金需要が積み上がらないものと考えます。

　銀行・地域金融機関は、自らが率先してイノベーションを起こし、従来にないやり方で、デフレ脱却に必要な投資意欲と資金需要を"喚起"し、それもバブルとならないよう"安全喚起"させる必要があるのです。そこで最終章では、現行の〔収益⇔リスク〕管理会計の"静態性"に関する弱点を指摘し、「新局面」の勝者となるため、そして日本経済を刺激し再生させるためには、【動態モニタリング】というイノベーションが必要であることを論述し、その具体的な提案を行います。

第7章

"イノベーションシップ・バンキング"
―【動態】収益⇔リスク運営―

「制度会計（財務会計、税務会計）」とは、預金者、出資者、監督当局といったステークホルダーとの「法規制」にのっとった義務的なコミュニケーションであるのに対し、『管理会計』は"考える"ための会計です。

『管理会計』は、もっぱら内部利用のための戦略情報であり、"意思決定"の基盤となる経営インフラです。"過去実績"より"将来航路"の発案に資するもので、その態様・運用において制約するものは基本存在しません。

『管理会計』を規定するもの、それは"どう経営したいかの意思"に尽きます。したがって、本来であれば銀行・地域金融機関の数だけ『管理会計』が存在するはずです。そこで本書では、『管理会計』の具体的手法に関し"科学思考"の産物として"構造化"し、各金融機関の経営環境や経営意思に適合するよう"自由錬成"できるフレームワークとなるよう論述してきました。どの手法が適切か"考える"、何を計算すべきかを"考える"、計測結果を"考える"――。"考える"ことの「科学的苗床」が『スプレッドバンキング』なのです。

ところで、『管理会計』には「制度会計」では担うことのできない、もう1つの重要な役割があります。それは"未来会計"です。

貸出業務には、その特質から原価を事前に決定しえない「不確実性」がつきまといます。ALM業務には、リターンに関しての「不確実性」がつきまといます。過去実績に依拠した運行が未来を保証するものではないのです。したがって、銀行・地域金融機関の『管理会計』は、未来を科学的に透徹し、不確実性のリスクをいち早く認識のうえ、その情報をお客様と共有し、"お客様をデフォルトさせない"よう、機敏で未来透徹の【動態モニタリング】や、不確実性を柔軟巧みに消化する【動態プライシング】というお客様とのリレーション・ベクトルの動態調整機能の具備も必要なものとなります。

"未来を科学的に予見し、お客様と共有のうえ、不確実性リスクを両者の能動事前行動により回避する"よう、『スプレッドバンキング』に【動態魂】

を内蔵することが「新局面」の金融機関経営には必須であると考えます。

　そこで本書の締めくくりとして、【管理会計】【収益⇔リスク管理】を、"静態から動態"へと導くコア・メカニズムに関し、『イノベーションシップ・バンキング』と称し、論述します。

　これから述べることは、"いますぐ実現可能なこと"です。

　銀行・地域金融機関の"最大の経営資源"は、常時電子化のうえ、自動蓄積される〔顧客との取引データ〕です。勘定系システムに自動的に日々形成され、自動更新されている『口座取引明細履歴情報』です。この内部資産をIT適用すれば、その果実が得られるのです。

　そう、本章の『イノベーションシップ・バンキング』はいますぐ実現できることなのです。

第 1 節

【動態モニタリング】

(1) 【動態モニタリング】の目的と革新性

　かつて金融機関のIT化が進んでいなかった頃は、来店や集金活動による振込伝票や各種手形の受領という"場面"を通し、自然とその企業の商取引の"実態"や"動態"が目の前で、それも対話を通し確認することができました。しかし現在においては、業務の抜本的IT化、集金活動の廃止、現場陣容の削減、そして取り扱う商品の多様化による職員負担増も相まって、顧客の"商取引のいま"を体感したり、そのための情報収集や整理を現場部門が行ったりすることは、体力的にも環境的にも事実上困難な状況にあります。IT革命は、業務処理における正確性、費用効率をおおいに高める一方、顧客に関する情報理解力の低下を引き起こしているという現実があります。

　そして、このような"現場理解力の空洞化"に対し、「債務者格付制度」がすっぽりと穴埋めし、「格付評価」が与信判断上も営業判断上も"絶対的な地位"を占めるに至り、いわば"格付至上主義"といった様相を呈しています。もちろん「債務者格付制度」は、第3章で詳しく考察したとおり、紛れもない信用リスク管理の"コア・メカニズム"です。「信用原価」算出のうえでも、また〔UL〕である「信用リスク（狭）」の計量のためにも、最重要なコア・メカニズムです。そして"決算書は企業から提示されるエビデンス"である根本特性から、決算書を基盤とした「債務者格付制度」は信用リスク管理における"腰骨"であり、それは今後も変わることはありません。

しかし、日常業務におけるIT革命や現場陣容の大幅削減・若年化による"現場理解力の空洞化現象"という環境下において、結果として生じている"格付至上主義"には、以下の"解決されるべき"構造問題が存在します。

　第一の問題は、「債務者格付制度（以下、「内部格付」とも表記）」が基本、年に1度更新の〔定点観測〕であることです。日々動きのある顧客の状況を期中連続的に信用評価する方法がなく、資金ニーズの発生時にあらためて状況調査が必要となり、その際、的確な調査ポイントが構成できない問題があります。

　第二の問題は、〔タイムラグの発生〕です。決算締め後3カ月後に受け取る決算書ではタイムラグが構造的に発生し、受領直前ではそのラグが21カ月にも及びます。その時々の顧客の立場に立った経営理解ができず、タイムリーな提案ができないといった構造問題が存在します。

　第三の問題は、〔差別性のない個社情報〕の問題です。決算書は、顧客から提供される"受動的な情報"で、競合他行と"同じ情報"となることから、競争上の差別化源泉とはなりません。さらにB/S項目中心の説明変数となる内部格付モデルでは、格付結果において、どの金融機関においても大きな相違がないものとなっています。その結果、"決算受領時期という同じタイミングで同じ顧客評価のマーケティング"から、"単線的な金利交渉"に陥る、出口のみえない営業上の構造限界にあります。

　好業績先への集中的な金利競争と不良先への一斉行動といった"群れる"行動が、金融機関のみならず、取引先企業の経営不安定化も惹起します。また、財務データが格付の基本説明変数となることから、企業がつながる仕入先・売上先の商流動態を総合俯瞰しておらず、対象企業のみを「点」とした単体評価となってしまうのです。企業は経済社会とのかかわり合い、ビジネスのなかで事業を営んでいます。対象企業が属する"商流"の大きな変化、上流・下流企業の業績向上や不振による商流影響をタイムリーに感知することは、現行の「債務者格付制度」では困難なものとなっています（図表7－1参照）。

図表7-1 「内部格付制度」の"克服すべき課題"

〝決算書〟は企業から提出される"エビデンス"であり、
銀行・金融機関の「内部格付制度」は、今後も〔決算書評価〕が基盤となる。
しかしながら、決算書を重要視しすぎる現状では、以下のような課題を抱えている。

構造的な課題

【定点的な観測】
・年1度の決算情報による内部格付制度では、日々動きがある顧客の状況を期中連続的に信用評価する方法がない。
・結果として、資金ニーズ発生時には、あらためて状況調査が必要となるが、的確な調査ポイントがわからない。

【タイムラグの発生】
・決算締め後3カ月後に受け取る決算書では、決算期中の業況確認において〝9～21カ月〟の構造的な恒常ラグが生じている。
・結果として、その時々の顧客の立場に立った経営理解ができず、タイムリーな提案ができない。

【差別性のない個社情報】
・決算書は、顧客からの"受動的"な他行・他機関と"同じ情報"であり、差別化につながらない。
・当該企業がつながる仕入先、売上先の商流動態を総合俯瞰しておらず、個社独立での格付評価となっている。

（多忙） （知識・経験不足） 営業現場では （優秀な教育者不足） （商品多様化）

・〝決算受領時期という同じタイミングで同じ顧客評価のマーケティング〟から、"単線的な金利交渉"に陥る。
・好業績先への集中的な金利競争と不良先への一斉行動といった"群れる"行動が金融システムを不安定化。
・顧客経営の"いま"に対して有効な提案がタイムリーにできない。
　一部の支店長、行員の"能力"に頼ることに。

もう1つのエビデンス「預金口座動態情報」　現状のマンパワーでは克服できない　コンピュータ処理　動態モニタリングモデル

イノベーションシップ・バンキング　〝口座取引明細履歴情報〟をテコとした【動態モニタリング】により、これら「内部格付制度」の弱点を解決補完する

そこで、【動態モニタリング】なのです。
　金融機関内で"日々自動的"に蓄積・更新される『口座取引明細履歴情報』を活用することで、これらの問題点を解決する方法が【動態モニタリング】です。
　金融機関にとって、『口座取引明細履歴情報』こそが"ビッグデータ"であり、それも他社から買う必要のない、自然と蓄積され、競合他行に対し競争優位を形成できる"黄金情報"なのです。業務のIT化が生み出した"電子化データ"を逆手にとってモニタリング能力を飛躍的に高めるものです。
　生産・販売・労働・消費といった経済活動の結果は、資金移動によって"結"を迎えます。その"結"は、現代の電脳社会においては、金融機関口座に電子ログとして記帳されます。その電子データに対し"正規化処理"と"数理処理"を施し、活躍する経済主体の"いま"をタイムリーに客観捕捉し、将来動向をも推測するイノベーションです。加えて、その【推測結果】の事後検証を可能とする「動態エビデンス」として機能させる科学方法が【動態モニタリング】なのです。『口座取引明細履歴情報』は、決算データでは捕捉しえない、"お客様のいま（経営状態のいま）"を、そして"お客様同士のいま（商流のいま）"を表す、"リアル"で"リアルタイム"の"常時自動更新"の「動態エビデンス」なのです（図表7－2参照）。

　RDBでは、『口座取引明細履歴情報』を、【動態モニタリング】の観点から"再構造化"（4層）し、常時多機能モニタリングできるよう、『動態データベース』を論理形成しています。各社バラバラの縦方向の口座入出金記録を、商流連関分析に資するよう、横方向の"連関情報"を付帯する処理に加え、資金使途・源資、取引の新規性・通常性等の"取引情報"を、そして資金移動の背後にある"商品選択情報（時間名寄せ）"を総合モデル化した〔理論仕訳〕により、基盤となる動態データベースを形成します[30]。
　そして、そのデータベース上に、〔数理センサー〕としての『動態モニタリング・モデル』を駆動させ、日々発生する膨大な口座ログを自動追尾し、

図表7-2 すでに存在する"口座取引明細履歴情報"をテコとした【動態モニタリング】

毎日繰り返される資金決済とその移動
『口座取引明細履歴情報』は、すでに電子化情報として存在する
【即時性】【常時更新性】【明細性】【商流連関性】

- 企業・個人の経済活動は、最終的には資金の決済授受で完結し、そのほとんどが、銀行・地域金融機関口座を介して行われています。この『口座取引明細履歴情報』は、"お客様のいま"（経営状態のいま）を、そして、"お客様同士のいま"（商流のいま）を表す"リアル"で、"リアルタイム"で、"常時自動更新"の「動態エビデンス」である。
- それらを"正規化処理"と"数理処理"を施し、汎用動態データベースとして基盤格納し、動態時系列にて"科学自動モニタリング"する科学手法が【動態モニタリング】である。
- 企業・個人の"いまの経済状態"や【商流ネットワーク】という"お客様同士のいま"を"仮説をもって推察"することが"不断に"できるようになる。
- コンピュータ数理が、お客様の"ニュース"を常時自動組成し、現場に発信するとともに、その口座動態の裏に潜む可能性を"仮説スクリプト"（動態モニタリング・シート）として現場提供し、営業力の強化、信用リスク管理の革新を招来する。また、新たな営業の担い手の陣容組成、能力開発といった『ピープル・エンパワーメント』を革新実行するイノベーションである。

① 各社バラバラの口座取引記録情報を、資金移動情報に加工することで、商流連関情報も付帯して明細データとして格納。

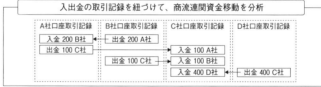

② さらに資金使途、原資、取引継続性に応じて、動態連関データに対し、論理仕訳を実施。

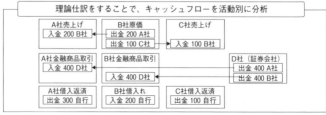

〈特許〉 特許 第5054249号 資金移動情報提示システム　特許 第5096642号 経済活動指標提示システム

新たな発見と情報組成を行っています。口座取引の１レコードごとに「事業性に係る入出金」の特定を行い、その動向を追うことで、直近業況やその延長線上にある来期の決算見込みを予測するための一連のデータ処理を行ったり、入出金における相手先企業情報を紐づけ「企業間ネットワーク」をデータベース化したりするもので、決算情報の"遅行性"・"単独性"・"非差別性"を抜本是正するイノベーションです。

　そして、従来の「業種」という概念とは異なる、顧客企業を取り巻く「商環境」の状態を動態把握していきます。もちろん、従来の「業種」コードでくくれば、その業態の"動態商流"を確認し評価できるものとなります。顧客に対する視野や理解度が一気に高まるイノベーションシップ・バンキングなのです。

　決算情報に基づく「債務者格付制度」は、金融システムを"道路交通システム"にたとえると、そこに走行する"車"に対して「車検査定」するものです。各車（社）のエンジン駆動（売上げ）および制御システム（経費）の状況、タイヤの磨耗（設備）状況、またドライバー（労務管理）の免許状況等を車保有者からの"提出情報"に基づき査定するものです。

　一方、銀行・地域金融機関は、東名・四国・九州や首都高速等の各幹線道路の"道路運営主体"、いわばNEXCO（Nippon EXpressway COmpany Limited：高速道路株式会社）に当たります。道路という資金循環網を維持し、その上を各車が安全に運行するよう管理するものです。道路利用にあたっては車に対する「査定」を行い、適格車以外の乗入れを制限し、事故を未然に防ぎます。また監督当局は、「自己資本比率規制」等により、道路運営主体である銀行・地域金融機関に対して、道路運営能力や道路維持財務力、また事故時対応力に関する評価確認を行うとともに、道路網に隠れたる

30　日本リスク・データ・バンク㈱（RDB）とデータ・フォアビジョン㈱の共同研究により開発された科学手法で、関連する特許（「資金移動情報提示システム」「経済活動指標提示システム」）も取得されており、すでに実務適用が開始されています。

瑕疵が大きな事故の原因とならないか等を検査するものです。

　このような観点で日本の金融システムをみてみると、明らかに"足りない"ものがあります。それは【N-システム】（自動車ナンバー自動読取装置）です。

　【N-システム】とは、現代の交通社会をふまえ、道路運行状況に関して

図表7-3　【動態モニタリング】と"動態収益⇔リスク管理"

・【動態モニタリング】とは、口座のログデータに対し、取引相手、資金使途、源資、取引の新規性・通常性、取引順列（時間名寄せ）を総合モデル化した〔理論仕訳〕により、"再構造化"を図り、常時モニタリングできる『動態データベース』を論理形成し、その上に、〔数理センサー〕としての『動態モニタリング・モデル』を駆動させ、日々発生する膨大な口座ログを自動追尾し、新たな発見と情報組成を行うものである。
・これにより、「内部格付制度」の弱点を『口座入出金動向による動態信用リスク管理』と『商流ネットワーク動向による動態信用リスク管理』による"2構造"から解決補完し、加えて「新局面」における預金者の急激な預替え行動の〔動態センサー〕として機能する画期的なイノベーションである。

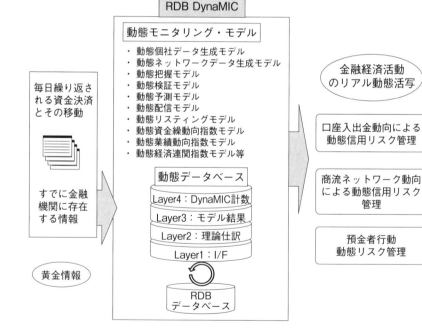

警察が常時モニタリングする社会システムです。1980年代後半から全国の道路網に順次配備され、通過した車両すべてを自動記録し、警察の監視対象車両リストとコンピュータ照合のうえ、自動追尾や、重大犯罪時には不審車両の洗出しに使われています。

【動態モニタリング】は、いわば金融システムにおける【Ｎ－システム】です。銀行・地域金融機関が形成する"金融道路"のいまの運行状況（商流動態）、各車両のスピード（売上げ）や渋滞状況（資金繰り）を、各車両のリアルでリアルタイムの走行ログ（『口座取引明細履歴情報』）から科学探知するものです。【動態モニタリング】は、「内部格付制度」の弱点を、『口座入出金動向による動態信用リスク管理』と『商流ネットワーク動向による動態信用リスク管理』による"２構造"から解決補完し、加えて「新局面」における預金者の急激な預替え行動の〔動態センサー〕として機能するものです（図表７－３参照）。

以下、具体的に考察していきます。

(2)【動態モニタリング】による"動態信用リスク管理"

"動態信用リスク管理"とは、『口座入出金動向による動態信用リスク管理』と『商流ネットワーク動向による動態信用リスク管理』の"２構造"から、現行の「内部格付制度」の弱点である【定点観測性】【評価タイムラグ】【非差別性情報】を解決補完するものです。

a 「口座入出金動向による動態信用リスク管理」

RDBでは信用リスク管理高度化の観点から、2005年より"預金口座情報"の活用に関し、協力銀行の実データを用いて試作モデルを構築、その有効性に関して検証してきました。

「RDB財務格付モデル」の説明力（AR値[31]）が、預金口座の動態情報を用いて再構成することにより、どのような向上を示すかを検証したもので

図表7−4 『口座入出金動向による動態信用リスク管理』

①

- 流動性預金残高の季節性および経年波調に関する動態情報
- 事業性入出金の増減波調
- 振込・被振込銘柄の順位変動情報
- 預貸比率の変動情報等

→ "動態実測値" × "動態モデル"

- アーリー・ウォーニング
- 決算端境期の動態評価
- 業績好転先リストアップ
- 次回格付までの予備審査

対称		預貸金履歴モデルのAR				預貸金履歴モデルの良化幅			
分類	水準	銀行A	銀行B	銀行C	全体	銀行A	銀行B	銀行C	全体
売上規模	〜1億円	59.5	54.3	59.1	56.3	7.1	5.9	9.1	7.5
	1億〜3億円	62.1	58.5	50.1	57.5	4.1	4.1	5.6	4.9
	3億〜10億円	60.0	59.6	68.4	60.8	4.0	4.3	7.3	5.6
	10億〜	57.8	44.1	58.8	51.2	4.3	0.6	1.9	2.8
業種	建設業	59.2	65.5	59.7	62.0	5.6	6.3	10.2	7.5
	卸売業	53.9	49.3	58.4	51.0	3.8	2.2	9.1	4.0
	不動産業	78.5	63.3	51.0	64.1	8.3	8.0	-3.5	7.3
	小売飲食業	59.0	48.6	64.7	54.6	6.2	3.5	6.8	5.6
	その他サービス業	64.1	53.7	54.9	57.2	5.9	6.1	4.3	5.7
	製造業	59.3	52.6	52.5	55.0	4.2	2.7	4.2	4.2
	その他	73.8	40.5	67.8	57.3	6.5	-1.1	9.0	4.3
預金シェア	〜10%	58.5	43.0	46.3	49.4	6.1	4.2	8.1	6.4
	10〜50%	61.0	58.8	54.1	58.1	4.1	4.6	4.5	4.8
	50%〜	66.4	61.1	56.7	60.0	6.6	5.0	3.1	5.3
貸金シェア	〜10%	67.4	59.2	55.5	61.1	5.6	5.2	11.4	6.6
	10〜50%	52.5	46.0	65.3	51.2	4.5	3.1	6.6	5.2
	50%〜	63.3	62.0	58.1	60.8	5.6	4.2	6.4	5.4
全体		61.0	55.5	60.3	57.7	5.3	4.3	6.8	5.7

【動態モニタリング】により改善する内部格付モデルの説明力(AR)

- 現行の内部格付モデルを補完補強する手段として有効。
- 企業規模によらず、効果を発揮。
- 預金シェア、貸金シェアによらず、効果を発揮。
- 銀行ごとの特徴に大きな相違はみられない。
- モデル構造の高度化・細分化により、補完能力のパワーアップが期待される。

(注) RDB信用リスクモデルにて検証。

す。その結果は図表7−4①のとおりで、財務格付モデルを補強する手段として有効であることが確認されました。

企業の売上規模によらず向上効果を発揮し、また預金取引シェア、貸金取

---

31 信用スコアリングモデルの序列性能(悪い先をより悪く、よい先をよりよく評価する能力)を評価する際に最も基本となる統計量。理想的なモデル(パーフェクトモデル)を100、よい先と悪い先をまったく区別できないモデル(ランダムモデル)を0として、当該モデルがどの程度の能力を有しているのかを表すものです。AR値の数理的な説明および序列性能の具体的な評価方法に関しては、前掲・大久保[監修]/尾藤[著]『ゼロからはじめる信用リスク管理』のPart 3「スコアリングモデルの基礎」を参照してください。

②

格付	件数 全体	件数 デフォルト	デフォルト率(%)	低リスク←「口座動態信用リスクモデル」→高リスク									
				0	1	2	3	4	5	6	7	8	9
1格	86	0	0.00	0.00	0.00	0.00	0.00	0.00	0.00	0.00	0.00	0.00	0.00
2格	248	0	0.00	0.00	0.00	0.00	0.00	0.00	0.00	0.00	0.00	0.00	0.00
3格	342	0	0.00	0.00	0.00	0.00	0.00	0.00	0.00	0.00	0.00	0.00	0.00
4格	387	0	0.00	0.00	0.00	0.00	0.00	0.00	0.00	0.00	0.00	0.00	0.00
5格	325	3	0.92	0.00	0.00	0.00	0.00	2.13	0.00	0.00	5.56	11.11	0.00
6格	477	5	1.05	0.00	0.00	0.00	0.00	0.00	1.82	1.41	4.44	0.00	12.50
7格	385	12	3.12	0.00	0.00	0.00	0.00	4.76	1.61	4.26	4.76	7.89	0.00
8格	251	19	7.57	0.00	0.00	0.00	6.67	10.53	3.57	6.52	8.11	3.33	28.57	14.29
9格	102	8	7.84	0.00	0.00	0.00	10.00	7.69	0.00	14.29	6.67	0.00	22.22
正常値	1,865	8	0.43	0.00	0.00	0.00	0.00	0.49	0.67	0.72	3.23	1.61	5.88
要注意先	738	39	5.34	0.00	0.00	2.70	7.04	2.94	4.90	8.08	4.60	12.33	10.71
全体	2,603	47	1.81	0.00	0.00	0.59	1.73	1.30	2.34	3.78	3.89	7.35	8.89

- 縦軸は「内部格付」(1〜6格が正常先、7〜9格が要注意先)。
  横軸は「口座動態信用リスクモデル」(10段階評価でランク0に向けて低リスク、ランク9に向けて高リスク)。
- 口座モニタリングモデル評価の結果、ランク9に近づくほど、デフォルト率が高くなり、モデルの実務有効性が確認された。
- 口座動向を動態モニタリングすることで、実線枠(正常先)に該当した業績の悪化企業を早期に発見し、改善指導へと結びつけることができる。
- 一方、点線枠に該当する企業には、過小資本等、B/Sが脆弱ながら事業性CFの成長・回復傾向や安定性が評価されている先が多く含まれている(反転融資の対象先)。

(注)RDB信用リスクモデルにて検証。

引シェアの大小によらず格付性能の改善が認められ、銀行ごとに大きな特徴相違はみられません。取引シェアが低い口座情報では、当該企業の経済活動の一部しか活写できない制約がありますが、この場合は、"ネガティブ・チェック"としてのアーリー・ウォーニング機能として、むしろ決済メイン化口座より有効な情報が製錬できることを確認しました。『口座取引明細履歴情報』を製錬することにより、信用リスク管理において、"常時モニタリング"できる有効普遍な情報生成、それも当該金融機関のみが保有するデータにて"差別性ある情報"を生成できることの有望性に関して確認できたのです。

この検証により、動態モデル構造の高度化・細分化を行えば、補完能力のパワーアップが期待されることから、総合的な動態信用リスクモデルの開発に着手し生成されたのが、『口座入出金動向による動態信用リスク管理』です。融資顧客の日々の『口座取引明細履歴情報』から、①流動性預金残高の季節性および経年波調に関する動態情報、②事業性入出金の増減波調、③振込・被振込銘柄の順位変動情報、④預貸比率の変動情報等を数理製錬のうえ、実測し、それらの"動態実測値"に対し、「動態把握モデル」(信用リスクアラートモデル等)、「動態検証モデル」(決算書検証ロジック等)、「動態予測モデル」(売上高予測モデル等) を総合複層的にあてがい、信用リスクの変調をいち早く見出すものです。

　これにより、決算端境期におけるアーリー・ウォーニングや期中業績好転先のリストアップを随時能動的に行うことができ、次回格付までの予備審査も実行できるようになりました。そして、何より"元ネタ"が自行・自機関の取引情報ですから、突出した"差別性ある独自情報"が組成されることになります。

　図表7-4②の表は、縦軸である「内部格付 (1～6格が正常先、7～9が要注意先)」を、横軸の (口座動態信用リスクモデル) による「動態信用ランク (10段階でランク9に向けて高リスク)」にてマトリックス表示したものです。

　「動態信用ランク」によるデフォルト発生は、右に行くにつれて高まる序列整合を示し、この動態情報を内部格付にマトリックス適用することにより、同一の内部格付先がさらに"立体序列化"されるようになります。

　「動態信用ランク情報」の加味により、"実線枠"が示すように、〔同一内部格付先〕のなかから、足元業績悪化先を早期に発見でき、いち早い改善指導へと結びつけ、"デフォルトさせないことが最良最高の信用リスク管理"の理想を実現できるようになります。一方、"点線枠"に該当する企業は、過小資本等によりバランスシートが脆弱で、現行の格付モデルではどうしても低格付や要注意先に属する結果となりますが、口座の動態情報を"製錬"

することにより、事業性キャッシュフローの足元回復やその売上安定性に関する客観評価が、それも随時実行でき、期中格上げ先のリストアップや低格付先に対する"反転融資"の可能性を、営業および融資セクションの"共同感知"にて実行できるようになります。

『口座動向による動態信用リスク管理』は、現在の格付制度の【定点観測性】【評価タイムラグ】【非差別性情報】という弱点を克服するのに、大変有効なイノベーションなのです。また、"動態トリガー値"を設定することで、常時自動の"数理パトロール"が実行でき、重要な閾値を超えたなら、"自己査定トリガー"として機能連結するよう、現行の内部格付制度を動態強化することができるのです。もちろん、この"トリガー"はネガティブ・チェックのみならず、ポジティブ・チェックにも適用できます。期中格上げや取引方針の反転に活用していきます。そして、このような不断の信用モニタリング態勢は、次回本格付のための予備審査情報となるばかりか、顧客に対する、具体的で随時の"見立て"を、営業・審査現場にて形成していくのです。

b 「商流ネットワーク動向による動態信用リスク管理」

『商流ネットワーク動向による動態信用リスク管理』とは、顧客が属し形成している商流ネットワークの状況を動態にてモニタリングすることにより、現行の「内部格付制度」の弱点を補完するものです。

現代社会は、多面多角に"分業連結"しており、またその連結脈動の変化も激しいものです。円安・円高による波及影響、取引先生産拠点の海外移転影響等、取り巻く商環境の変化が、顧客経営に最もインパクトがあることはいうまでもありません。また、主要取引先の倒産や経営不振は当該企業の経営を直下型地震のように大きく揺さぶり、高度な分業社会においては、売上げ先のみならず、仕入れ先の経営動向も重大な影響を与えます。

そのような兆候を【商流動態】から銀行・地域金融機関担当者が"能動感知"し、"雨が降る前に天候の話を前もってする"コンサルティング能力の

樹立に資するのが、この"商流ネットワーク動向による動態信用リスク管理"です（図表7-5参照）。商流ネットワーク情報は顧客にとって値千金の情報であるばかりか、金融機関にとっても前々でのコンサルティングにより"デフォルトさせない"という能動行動が可能となり、それがまさに最良最高の信用リスク管理となります。

　商流ネットワークの"雲行き"は、【一次取引先】の経営不振が最もすぐそばであり、影響が大きく出ます。一次取引先のデフォルトや格付大幅低下を"トリガー情報"とし、リスクアラートを動態警鐘することが、第一の"商流ネットワーク信用リスク管理"です。もちろん単純な〔信用悪化〕だけではなく、〔反社取引〕〔拠点移転〕等をトリガー・フラッグとすることも有用です。

　また商流ネットワーク情報は、単なる【一次取引先】という単線情報に限りません。【重要一次先にとっての重要取引先】という"二次先"、そしてその先の"三次先""四次先"……まで動態感知していきます。なぜならば資金の決済移動は不断につながっているからです。遠くの天候を感知し、数日先の天候を予想し、"雨が降る前に、前もって天候の話をする"、銀行・地域金融機関にとって理想の『イノベーションシップ・バンキング』が"商流ネットワーク動向による動態信用リスク管理"なのです。

　もちろん、商流ネットワークは"負の連鎖"のみならず、"プラス連鎖"に対しても同様に活写します。円安によって息を吹き返し活況を呈している企業、スマートフォン関連産業の勃興潮流やオリンピックや復興事業に巧みに商流連結し急成長を遂げている企業等、企業の入出金増勢の裏側にある"エビデンス"を商流ネットワークの胎動から確認でき、期中途上での格上げや新規取引の推進におおいに活用が期待されます。

　多くの金融機関においては、"予兆管理"に対する具体的な手法や基準が存在していないのが実情でしょう。

・属人的な能力に頼っており、組織的な予兆管理が実施できていない
・予兆管理が実施しえないので、安定性を過度に重視した慎重な審査となる

図表7-5 『商流ネットワーク動向による動態信用リスク管理』

"商流ネットワーク動向による動態信用リスク管理" とは、顧客が属し形成している商流ネットワークの状況を動態にてモニタリングすることにより、現行の「内部格付制度」の弱点を補完するもの

| 「動態ネットワークデータ生成モデル」
・(取引関係性判定ロジック)
・(循環取引判定ロジック)
・(高連鎖取引判定ロジック等) | × | 「動態把握モデル」
・(信用連鎖モデル)
・(商流評価モデル)
・(急成長先連関モデル)
・(新規開拓候補モデル等) | = | ・対象企業の属する【商流環境】の常時評価
・対象企業の取引先との関係の常時評価
・社員取引動向の常時把握 |

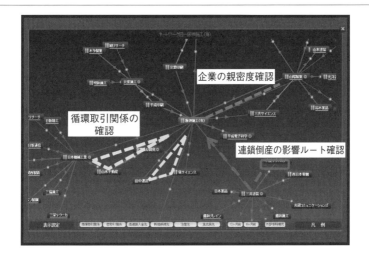

- 商流ネットワーク情報は単なる一次取引先に限らない。〔重要一次先にとっての重要取引先〕という "二次先"、その先の "三次先" "四次先" ……まで動態感知していく。
- 遠くの天候を感知し、数日先の天候を予想し、"雨が降る前に、前もって天候の話をする"、銀行・地域金融機関にとって、理想の『イノベーションシップ・バンキング』を実現。
- いかなる商流を形成しているかの "型" の理解が重要となる。きわめて商流関係が強い "密取引型"、数社で相互取引をしている "循環取引型" 等、商流体系を理解する構造モデル化が重要。
- 一次取引先のデフォルトや格付低下を "トリガー情報" とし、動態警鐘する。また単純な〔信用悪化〕だけではなく、〔反社取引〕、〔拠点移転〕をトリガー・フラッグとすることも有効。
- 商流ネットワークは "負の連鎖" のみならず "プラス連鎖" に対しても同様に活写する。

・そして、その拠り所が企業のバランスシート評価中心の信用格付となる
・予兆管理の組織機能が十分でないので、顧客の"いま"を理解しえない
・結果、融資先の業績悪化を早期につかむことができず、初期段階での注意喚起・コンサルティング機能が発揮できない

といった具合です。早い段階での相互理解があれば、回復できうる企業は多く存在するはずです。

"すでに行内に存在する情報"を製錬し、【動態モニタリング】することで、多忙な営業現場に追加負担をかけることなく、常時効率的に、"顧客のいま（商取引状況）""顧客を取り巻く環境のいま（商流）"を能動感知する——いわば、"古くてでも新しい法人営業、古くてでも新しい信用リスク管理"が動態信用リスク管理なのです。昭和の銀行・地域金融機関が行っていた営業・審査スタイルを、業務の抜本IT化により生成された『口座取引明細履歴情報』を逆手にとり、革新的な方法にて、"再興"するのが【動態モニタリング】なのです。

RDBでは、「動態ネットワークデータ生成モデル」（取引関係性判定ロジック、循環取引判定ロジック、高連鎖取引判定ロジック等）を適用し、商流ネットワークの基礎情報を構築のうえ、「動態把握モデル」（信用連鎖モデル、商流評価モデル等）にて、当該企業の周辺商流にアラート事象（正負ともに）はないか、ある場合にはどの程度の経営インパクトがあるか、また当該企業の属する"商流の勢い"がどうかを指数化し、信用リスク管理や営業現場に動態情報として還元しています。

商流を理解するためには、資金連関先の特定はもちろん基本情報です。上位売上先からの入金動態や上位仕入先への出金状態、また給与振込みの口数動態やボリューム動向も重要な商流形成の構造物です。次にそれら資金連結が、いかなる商流を形成しているかの"型"の理解が重要となります。きわめて商流関係が強い"密取引型"、あるいは数社で相互取引をしている"循環取引型"、あるいは一次先の重要取引先も当該社にとって重要取引先であ

る"高連鎖型"等、無数の"星々"の関連体系を理解する構造モデル化が重要となります。そして、【ネットワークの実測値】×【商流類型】を基礎として、日本経済、地域経済の【動態経済連関構造】[32]を掌握していきます。

　日本経済、地域経済の腰骨となっている"コア企業"や"ハブ企業"、また大動脈となっている"コア商流"を探索し、認定していきます。現下の地域経済はいま具体的にいかなる課題を抱えているか、どの業態・どの地域・どの規模の企業体において資金血流が強まってきているか／弱まっているか等を常時モニタリングすることができるようになります。

　従来は、全体的な経済成長を背景に、業績の悪くない企業を中心に訪問、増加運転資金や新規設備投資ニーズを発見する作業で貸金増強を実現してきました。しかし2000年代に入り、度重なる全体的な景気後退により、前向きな資金需要の発見が困難な状態に陥ったばかりか、取扱商品の多様化、人員の合理化により、現場営業の活動は質・量ともに構造的なボトルネックを呈しています。

　そこに導入された「自己資本比率規制」と「自己査定制度」により、企業評価の基準が"財務格付一本主義"となり、結果、他行・他機関ときわめて似通った同質の信用格付モデルでの企業評価となり、さらに営業タイミングも決算書受領期に集中、貸し込める先への過度な金利ダンピング競争という隘路を自らが形成し、そしてその袋小路にはまっているのが現状と考えます。

　もはや一様一方向に拡大する構造ではない日本経済。円安円高により活動の強弱が分かれる経済構造。スマートフォン、自動車、ゲーム産業、そして復興建設業等、確かな成長が見込まれる先もまだら模様にて存在し胎動する

---

[32] RDBでは、「動態経済連関構造」を数理理解するため、"経済気象指数""経済連関構造表"のモデル開発を行い、そのうえに前掲の"口座動向による動態信用リスク管理"から"業績動向指数""資金繰動向指数"を展開、〔商流〕×〔構成経済主体〕にて立体解析の手法を採用しています。

経済。そのような経済構造の変化においては、従来のマーケティング方法は限界を迎えており、その延長線上では、日本の産業界、地域経済のための有効な資金循環を生起しえないと考えます（図表7－6参照）。

【動態モニタリング】という『イノベーションシップ・バンキング』により、雨が降る前に前もって、取引先企業の"いま"の状況を口座決済の動向から"仮説理解"し、"経営予報"を組成し情報提供する。さらに"経済気象予報"、すなわち企業が属する"商流"のいまと将来トレンドを情報提供する。企業にとって必要な資金づけを、"荒天の前に考え方を提供し"、"合理的で落ち着いた企業経営"を「社会構造」として樹立させる。またこれから"晴天"になる企業、あるいはエネルギーを秘めている新興企業を企業連関、商流ネットワークの観点から随時あぶり出す――。

図表7－6　過去の延長線では、これからの将来を描けない

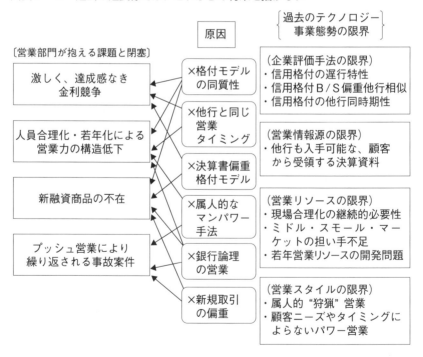

重要なのは、このような行動は、自行・自機関だからこそ利用できる、それも随時自動更新される"黄金情報"の『口座取引明細履歴情報』により実現されるものであり、すでに完全なる電子化状態にて存在している、ということなのです。

c 【信用動態モニタリング】によるイノベーションシップ・バンキング

　アベノミクスにより、上昇気流に乗ろうとする日本経済。ここで乗らなければ、次回は20年後になるかもしれません。銀行・地域金融機関は、日本経済を、地域経済を、上昇気流に乗せる担い手として、【動態モニタリング】によりイノベーションを興し、従来にない画期的な行動から、再生日本のための信用循環を"想像"し、"創造"する——そのような金融界を心より希望します。

　一般的に、企業が成長あるいは回復していく際には、まず「取引先が変わる」「人件費が増加する」「海外展開が始まる」「広告宣伝費が増加する」などの兆候がみられます。その後、事業性入出金に変化がみられ、預金残高、P/L、B/Sの順に好影響が伝播していきます。決算書分析では、その"最終兆候"の観察しかできないのです。【動態モニタリング】とは、〔取引の変化〕〔陣容の変化〕〔商売の変化〕〔入出金の変化〕に対する恒常モニタリングを通し、能動かつタイムリーに"顧客のいま（経営）"と"顧客を取り巻く環境のいま（商流）"に関しての"仮説"を科学組成するものです。

　重要なのは、その"仮説確認"は、コンピュータではできず、お客様との対話を通し、現場の人間にしかできないことです。現場の営業・審査に"動態的な気づき"を与える【収益⇔リスク運営】なのです。コンピュータ数理が、口座動態の裏に潜む可能性を"仮説スクリプト"として自動組成し、【動態ニュース】として営業・融資現場に常時発信する。いつでも顧客経営の直近業況に関して、自行・自機関の『口座取引明細履歴情報』という限定付きですが、「経済活動の結果」という裏付けのある客観情報に基づく"仮説"を形成できる。「最近仕入れが増えている」「最近従業員が増えている」

などの事実から"業況に関する仮説"をもって取引先企業にアプローチすることは、暗中模索の状態で臨む訪問と比較して、格段に中身の濃い、顧客のウォンツに近づくコミュニケーションとなります。

そして、実直にスピーディにその"仮説"を検証していく——【動態モニタリング】の実践は、「予兆管理の未実施」「静態格付というボトルネックを抱えたままの融資判断」「マクロビジョンなき受動融資」という課題を解消してくれるのです。

"マクロビジョン融資"とは、資金を必要とする経済主体の申出からの受動的融資態勢から、自行の全取引先の口座決済動向を１つの"経済圏"としてとらえ、"マクロ経済の視点を加味し能動的に作用する"融資スタイルへとイノベーションを興す融資パラダイムです。金融庁（2014年）の金融モニタリング基本方針においても、次のように示されています。

「地域金融機関は、地域の経済・産業の現状及び課題を適切に認識・分析するとともに、こうした分析結果を活用し、様々なライフステージにある企業の事業の内容や成長可能性などを適切に評価（「事業性評価」）した上で、それを踏まえた解決策を検討・提案し、必要な支援等を行っていくこと」

「特に、目利き能力の発揮による企業の事業性評価を重視した融資や、コンサルティング機能の発揮による持続可能な企業（特に地域の経済・産業を牽引する企業）の経営改善・生産性向上・体質強化の支援等の取組みの一層強化」

「こうした取組みは、……地域金融機関にとっても、単なる金利競争ではない、付加価値の高いサービス提供による競争を可能とし、自らの安定的な収益の確保……につながる」

「こうした取組みは、取引先企業において問題が顕在化することを待たずに前広かつ適切に行っていくことが重要」

これらはまさにマクロビジョンでの動態分析であるものと考察します。

信用動態モニタリングによる『果実』として、以下があげられます。
① 〔早期是正コンサル〕の基盤形成とその実行

　雨が降りそうなときに、前もって、"経済気象予報"、すなわち当該経済主体（法人・個人・地公体等）が属す、あるいは形成する"商流"のいまの動向と将来トレンドを情報提供する。当然ながら当該経済主体そのものを対象とした"経営予報"も情報提示する[33]。当該経済主体に必要な資金づけを、"荒天の前に考え方を提供し"、"合理的で落ち着いた顧客経営"を実現できるよう実行していく。いまある取引先企業を一社たりとも倒産させない理想精神を銀行・地域金融機関経営に科学実装する。

② 〔商流ネットワーク〕の構造理解と"マクロビジョン融資"

　自行・自機関の決済口座基盤の上で形成されている"商流ネットワーク"を科学的に構造理解する。地元経済がいかに都市圏・アジア圏・世界経済と経済連関しているか、またその変容を随時把握するとともに長期趨勢トレンドを探知、それらに対する"マクロビジョン"を形成する。顧客の立場に立った、そして顧客を単一主体とせず、地元経済を支え連結している共同体として理解し、地元経済をいかに活性化させ、安定成長させるかのマクロビジョンをもった融資戦略を能動的に打ち立てる。

　地元経済の商流ネットワークの重要な腰骨となっている"コア企業""コア商流"の認知とその状況把握、そしてそれを強化育成する方策を能動的に企画していく。"コア企業"の"経済連関指数"をモニタリングし、その活動状況がもたらす地域経済への波及効果をふまえたうえでの手厚い経営協力を具体策をもって行う。

---

[33] この"経済気象予報"の組成において重要なのは、一社・一者の経済主体の経営評価、たとえば法人であれば、その内部格付を基礎基盤とし、その遅行性欠点を補強するよう動態モニタリング・データを科学化して、将来の経営予報を行う個社ミクロ基盤のうえに成り立っていることにあります。したがって、【動態モニタリング】の重要要件は、現行の内部格付制度と一貫性があり、その基盤の上に新たな科学技術が形成されることにあり、さもなくば、うっかりすると資金循環を中心に"単なるフロー着目"で終わりかねず、それでは新しい社会科学の基盤とはなりえません。

他地域と比較して、地元経済の構造上の特徴を理解し、将来の地元経済像を透徹、より発展かつ安定的な地域社会を生起するための科学思考を開始する。また、地元経済に明るい未来と希望をもたらす新興企業・新興産業の自立的活動をタイムリーに能動感知し、その成長促進策をたえず企画し実行する。

③　国・地方自治体との協業を働きかける"社会起業家"

　資金貸付だけでは、商流ネットワークの強化と発展策に限界がある。【動態モニタリング】による地元経済への深い理解に基づき、国・地方自治体との協業を能動的に行い、ピンポイント財政出動、政策効果の可視

図表7-7　【動態モニタリング】による"社会起業家"としての国・地方自治体との協業

- 現下の日本経済・地域経済において、いま、具体的にいかなる課題を抱えているか、どの業態、どの地域の企業体において資金血流が弱まっているか、どの年齢層、どの職種の所得水準が厳しくなっているのか等、時系列に常時モニタリングが可能となる。
- 円安・円高の影響を、海外振込・被振込情報と商流ネットワーク分析により、業態・規模・地域等のさまざまな切り口で掌握可能なうえ、今後の波及影響のシミュレーションも可能となる。
- よりよい健全な社会を実現するため、セーフティーネットを必要とする「社会的弱者」を合理的かつタイムリーに、"さまざまな切り口や基準"にて仮説推察できるようになり、彼らのための金融サービスを適時的確に実施できるようになる。
- 経済連関シミュレーションによる、景気動向の"実"試算が可能となり、最も効果的なマクロビジョンでの融資戦略の策定が具体的に可能となる。

経済気象指数
- 「業績動向指数」とは、対象経済主体の足元の業績動向を、入出金状況等から指数化したもの。
- 「資金繰動向指数」とは、対象経済主体の預金や借入残高等の波状動態と閾値から、資金繰りの状況を数理的に読み解き、指数化したもの。

経済連関構造表
「経済連関構造表」とは、経済連関の視点から資金移動の状態を「パネル商流」として構造理解し、どの"起点"から、どのくらいの"時間推移"で連関波及するかを観測するための実測データを組成するもの。

化・効率化等に資する、現経済の動態情報（"商流ネットワーク構造"・"経済気象情報"）を公的部門に伝達し、官民一体となって地元経済を再生させる（図表7－7参照）。

(3)【動態モニタリング】による「預金者行動動態モニタリング」

本書ではこれまで、この15年間で＋200兆円も増大した"待機資金"である流動性預金の動向が、個別銀行・地域金融機関の経営において、重大な影響を将来及ぼすことについて繰り返し述べてきました。その増大のうち、なんと＋112兆円が個人流動性の金額階層300万円以上（残高155兆円）であり、1,000万円以上でも＋62兆円の増加（残高80兆円）となっています。一般法人の流動性預金も3億円以上の金額階層で＋47兆円の増加（残高76兆円）に及んでいます。

これからの「新局面」において、この流動性預金が"流動化する"のは避けられず、その規模も優に100兆円を超えることは必至と見立てます。現在のように、預入れしても、1年定期が0.025％、普通預金が0.020％とわずか0.005％しか変わらない経済性、そしてそもそも絶対水準がほぼ【ゼロ金利】という環境において、流動性預金は"巨大マグマだまり"としてエネルギーを秘め沈黙しています。定期預金の金利が0.5％になる辺りから、預金者の選別行動が開始され、それらは【流動性⇒定期性預金】というマントル対流を生起させるばかりか、【他行・他機関への預金シフト】も生じるものとなるでしょう。

これは"最もむずかしいリスク管理"といえます。

というのも、"100兆円を優に超えるマグマだまり""初めての預金者選別行動"であるからです。過去に経験のないことを、これからの「新局面」にて初めて経験していくのです。それも、ITリテラシーに関し高度な成熟段階に入ったマグマだまりの、ストック・ベースでの選別活動なのです。

第7章 "イノベーションシップ・バンキング"

もはや、"過去データ"はまったく意味をなしません。

"どの金利水準"から選別の号砲が聞かれ、その地響きは金利胎動のどの局面まで続くのか、その"選別スピード"はどれほどのものか、他行・他機関への資金流出がどのくらいの規模で生じるか等、それは過去データから類推できるものではないのです。この"最もむずかしいリスク管理"の有効な手立ては、やはり【動態モニタリング】です。

過去データが参考にならないのなら、"いま起きていることを即時にそれも多角的な視点でモニタリングする"、それしか方法がないのです。従来の単なる〔預金科目残高の増減〕だけでは、有効な手立てとはなりえません。勘定科目ごとの増減はわかっても、それがいかなる｜預金者選別行動｜の結果であるのかの"因数分解"ができないからです。

流動性預金は、どの定期性商品へと資金移動したか、またそのうち他行・他機関への資金流出はどうであるか等、そのような"因数分解"ができない限り、"具体的な打ち手"に関する経営企画は実行しえないのです。他行・他機関との競争において、具体的にいくらまでの「金利優遇」を行う必要があるのか、その「金利優遇」の結果、企図したとおり資金流出の歯止め、あるいは資金奪取において成功を収めたか、についての検証可能な打ち手の立案が、単なる〔預金科目の残高増減〕という静態モニタリングでは実現しえません。【プライシング⇒ボリューム】という戦略樹立のためには、残高増減のみの静態情報ではなんら打ち手を創案できないのです。この"最もむずかしいリスク管理"に対し、有効に対処するためには、【動態モニタリング】という『イノベーション』が間違いなく必要なのです。

『預金者行動動態モニタリング』の基礎技術は、同一名義人の各口座に対し"横断的に取引情報を集合化"のうえ、"時間履歴処理"を施し、商品選択の視点から資金移動を【動態名寄せ】するものです。

"入金取引と出金取引を時間発生順に論理マッチング"させる｜論理移動名寄せ｜と、"資金の移動事由が明らかな取引に対する"｜物理移動名寄せ｜

を、取引種類に応じて有機的に組み上げ、名寄せ対象がなく「その他」への流出入となった取引については一定期間内にて探索のうえ |再名寄せ処理| を行い、当座・普通預金のような決済口座は顧客意思とは関係なく資金経由のため入出金記帳がされることから、さらに |統合消込名寄せ処理| を行う複層処理を行い、『預金者行動分析のための動態データベース』を構築します。

これにより、〔商品間選択〕や〔定期解約⇒外部流出／再預入れ〕〔選好預入期間〕等の"預金者行動"の【動態モニタリング】が実現できるのです（図表7－8参照）。

従来の、単なる〔預金科目の残高増減〕という"静態モニタリング"では、預金者がいかなる有機行動により、その結果に至ったのかがまったくわからず、具体的なプライシング戦略の立案において、"何をしたらよいか"に関する有用で"事後検証可能"なモニタリング・データとはなりえないのです。いわば"氷山の一角"しか観察できず、預金者の轟々たる選別行動の本体や本質を理解しえないのです。

図表7－9は、"動態資金移動名寄せ"による『預金者行動動態モニタリング』の事例です。当座・普通預金等の流動性残高の減少▲4,765億円が、まず当該勘定への |資金流入＋6,064億円| と他勘定への |資金流出▲10,829億円| とに【因数分解】されます。さらに、"どの勘定"から"どの勘定"へと資金移動したか、の詳細動向を分析することが可能となります。事例では、流動性預金勘定から、|自行内の大口定期へ2,500億円、スーパー定期300へ500億円、スーパー定期へ300億円、投信へ200億円、外貨預金へ300億円| の預替えが生じていることが把握されます。

さらに【他行】の"同名義人口座"に |▲1,450億円| の資金流出が発生していることが確認され、これが競合他行の定期預金や投信キャンペーン（当該金融機関との店頭掲示レート金利差等）から生じているものか、あるいは"総合的なブランディング・パワー差"によるものか、の考察を可能とする『動態モニタリング・データ』として機能します。

図表7－8 "預金者行動分析"のための【動態資金移動名寄せ】

- 〔流動性預金〕〔定期性預金〕〔投資信託〕等の各勘定を"縦切り"にて残高観察するだけでは、〔新局面〕における"預り資産の大流動化"に対して、タイムリーな状況把握と有効な打ち手を創出できない。
- 各口座に対して横断的に取引履歴情報を集合化し、それらに対して"時間履歴処理"を施し、商品選択の視点から資金移動を【動態名寄せ】することが重要となる。
- これにより、商品間選択や定期投信解約→外部流出／再預入れ、選好預入期間等の"預金者行動"の【動態モニタリング】が実現できる。

論理移動名寄せ
入金取引と出金取引を 取引の種類をふまえ、
時間発生順に 有機的に組み上げる
論理マッチング

⇕

物理移動名寄せ
資金の移動事由が明らかで
ある取引に対し、論理名寄せを
行うことなく移動内容を確定

---

① 同一預金者の預り資産の取引明細を時間履歴にて集合化

顧客：A	商品：投資信託	取引内容：購入	取引金額：¥300,000	日付9/1 09:50
顧客：A	商品：普通預金	取引内容：出金	取引金額：¥500,000	日付9/1 10:00
顧客：A	商品：定期預金	取引内容：入金	取引金額：¥500,000	日付9/1 10:10

② 取引を【時間推移情報】加味し、入金と出金とに仕分ける

(入金)
商品：投資信託
取引金額：¥300,000
日付9/1 09:50

商品：定期預金
取引金額：¥500,000
日付9/1 10:10

(出金)
商品：普通預金
取引金額：¥500,000
日付9/1 10:00

その他（現金）
取引金額：¥500,000
日付9/1 23:59
←入出金の
過不足金額を
"その他"
として作成

③【時間推移】の連関処理（"マッチング"）を行う を基礎情報とし、預金者の商品選択（資金移動）

名寄せ (A)　投資信託⇒普通預金 ¥300,000
名寄せ (B)　定期預金⇒普通預金 ¥200,000
名寄せ (C)　定期預金⇒その他　 ¥300,000

---

① 特別処理をさせる取引を分類

顧客：A	商品：普通預金	取引内容：給与振込み	取引金額：¥300,000	日付9/1 02:50
顧客：A	商品：普通預金	取引内容：他行振込み	取引金額：¥500,000	日付9/1 10:00
顧客：A	商品：普通預金	取引内容：年金受取り	取引金額：¥500,000	日付9/1 10:10

② 連関事由により名寄せを直接生成

名寄せ①その他（給与振込み）⇒普通預金 ¥300,000
名寄せ②普通預金⇒その他（他行振込み）¥500,000
名寄せ③その他（年金受取り）⇒普通預金 ¥500,000

- 名寄せ対象がなく「その他」との流出入となった取引について、一定期間内にて探索のうえ、再名寄せを行う。当座・普通預金のような決済口座は、顧客の選択意思とは関係なく、資金経由のため入出金記帳がされることが一般的なことから、さらに統合消込名寄せを行う（"統合消込名寄せ処理"）。

図表7-9 "動態資金移動名寄せ"による『預金者行動動態モニタリング』

("氷山の一角"である残高増減) (単位：億円)

	2014年	2015年	増減
当座・普通等	14,532	9,767	▲ 4,765
大口定期	8,796	10,134	＋ 1,338
スーパー定期300	5,498	3,845	▲ 1,653
スーパー定期	3,759	2,333	▲ 1,426
投資信託	5,997	9,918	＋ 3,951
外貨預金	1,798	2,100	＋ 302
その他預り資産	740	757	＋ 17
合計	41,120	38,884	▲ 2,236

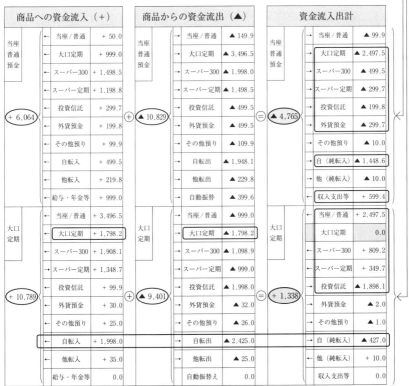

(単位：億円)

さらに、当該金融機関の流動性預金が給与振込みや年金受給口座に指定されていることにより、各種自動引落し等の資金決済後で ¦＋600億円¦ の残高増加になっていることが確認され、口座の"メイン化"による預金残高の"自然増加力"も分析できます。この自然増加力を、いかに定期性預金等の資産形成商品にて"ロックイン"することができているかを【動態モニタリング】することができるのです。

　一方、大口定期は＋1,338億円の残高増加となっていますが、それを"動態資金移動名寄せ"による『預金者行動動態モニタリング』により因数分解すると、まずは"大口定期内"での預替えにより ¦±1,800億円¦ が生じていることが確認されます。これは中途解約により利回りアップを図ったものであるなど、行動と期間選好の変化に対する詳細分析を可能とします。
　また、大口定期は金利上昇に伴う魅力向上から、¦流動性預金の2,500億円、スーパー定期300の800億円、スーパー定期の350億円¦ が組み合わさり、＋3,650億円の増加となった一方で、自行内の投信販売へと ¦▲1,900億円¦ 流出していることが確認されます。
　金利上昇による預金者の預替え行動を、流動性から定期性預金、そして小口定期から大口定期へのランクアップにより、どれほど"ロックイン"できているか、また株式投信等の新たなリスクオンの傾向度合いに関しても【動態モニタリング】できるのです。

　なお、大口定期から▲400億円の純転出が生じており、さらに内訳をみると、他行の"同名義人口座"から＋2,000億円の資金流入がある半面、▲2,400億円の資金流出が発生しており、競合他行・他機関との激しい預金争奪戦の状況とその"勝ち負け"も動態確認できるようになります。つまり、
　① 「預金者の商品選択の動向」
　② 「預金者の金融機関選択の動向」
　③ 「預金者の預金増勢の動向」

に関し、"常時"、そしてさまざまな顧客属性の"切り口"にて、【動態モニタリング】することができるようになり、"金の卵"である流動性預金を、"いかにして資産形成商品への預替えへとロックインするか"の、事後検証可能な"打ち手"の立案を可能とする画期的なイノベーションシップ・バンキングが実現できるのです。

第 2 節

【動態プライシング】
－「信用プライム（スタンダード）レート」－

　【収益⇔リスク運営】の要諦は、やはり『プライシング』です。
　いくら残高を増強しても、金利完全自由化のもとでは、〔預金金利＜貸出金利〕という関係式はもはや保障されません。また、プライシングは銀行業特有のさまざまなリスクを消化するためにも大変重要です。第3章で考察を深めたとおり、銀行・地域金融機関はいまだ信用リスクに対する"免疫化法"を確立していません。むしろ、真逆に"信用原価"なきままの貸出競争に没入しています。
　現在の【ゼロ信用リスク】の状態が将来に関する安全性への慢心を生み、またさらなる【ゼロ金利】による金利の低下土壌が、行き過ぎた引下げ競争をいっそう後押しする状況にあります。貸出基準金利である短プラは、金利リスクの免疫化としては有効ですが、信用リスクに対する免疫化機能は搭載されていません。
　本項の提言は、現行の短プラ基準金利を、信用リスクを消化するようにイノベーションすることです。このイノベーションは、これまで不良債権処理の艱難辛苦を経験した現在の銀行・地域金融機関の経営者だからこそできることであると考えます。

　平均的な環境で発生する貸倒損失を安定的に消化するよう〔EL〕＝「信用コスト」の概念を貸出プライシングにビルトインさせること、そして、その「信用コスト」の消化のために駆動するのが「信用TP」であることを述べてきました。「信用コスト」は、貸出業務を行ううえでの必要コストであり、"信用原価"に相当するものです。

しかし、いかに「信用TP」を内部管理会計に組み込んでも、具体的な貸出金利の組成において、「信用コスト」を消化するように顧客交渉がなされなければ、まさに"絵に描いた餅"です。もちろん、貸出プライシングは供給側の一方通行で決定されるものではありません。完全自由化のもとでは、厳しい競争過程において需給決定されるのが当たり前です。ただ問題なのは、供給者側が「信用コスト」を原価認識していない、という異常状態にあることです。もちろん貸出金利組成において、「貸出ガイドライン金利」という原価表が、各金融機関にて存在しているのは事実です。しかし、ほとんどの金融機関において"形骸化"しているものと総観します。

その理由の第一として、"原価表といえる精度"ではないこと、本部から営業現場へ、そして営業現場から借入企業に対し、"責任ある説明"ができないことが第一の理由です。この精度改善の方法と適切な運営に関しては、第3章にて詳述しました。

「貸出ガイドライン金利」形骸化の第二の理由は、その適用において、借入企業ひいては社会との"コンセンサス"を得られる"中軸"が存在しないことです。すなわち、「信用コスト」消化のための"貸出基準金利"が存在しないことです。コンセンサスを得た"基準金利"がないなかでのガイドラインは、単なる行内参照金利以上の"パワー"をもてないのです。

そこで、短プラをイノベーションし、「信用コスト」を原価として組み込み、それを社会プライシングとして認定されるよう貸出基準金利に関して革新を行うべきと考えます。『信用プライム』とは、「信用コスト」を消化するよう、【PD】と【LGD】の"実測値"をもってして、プライムレートを変動させるものです。したがって、市場金利が変動しなくとも、【PD】と【LGD】が変動すれば、それにあわせてプライム金利は変動するものとなります。

そもそも、現行短プラの"最優遇"という概念自体あいまいなものです。

現行短プラ制度が樹立された1980年代後半では、現在のような「債務者格付制度」は形成されておらず、当時から"最優遇"が意味する概念はあいまいなものであったといえます。これに対し、現在樹立されている「債務者格付制度」においては、信用格付の〔最上位格〕を【最優遇先】として客観定義することが可能です。そこで、【最優遇先】を〔最上位格〕と定義し、その先への貸出基準金利を『信用プライムレート』とし、現行の短プラを進化させるのが、本項の貸出における"動態プライシング"の骨子です。現在の短プラを客観的な信用リスク計量とリンクさせる、きわめて穏当で顧客説明力のあるイノベーションです[34]。

　『信用プライムレート』とは、「債務者格付制度」における"最上位格先"に対し"無担保・無保証"で、期間１年の貸出を実施する際に適用すべき基準金利と定義します。したがって、｛〔最上位格先〕の【PD】×〔最下位格〕の【LGD】｝にて"信用原価"を算定し、それに現在の短プラ算定に用いられている〔調達金利〕や〔経費率〕〔目標利鞘〕と組み上げ形成するものです。このように定義すると、「信用プライム」は、現行短プラと同様に市場金利の動きに応じ変動するほか、〔最上位格〕の実績デフォルト率と債権回収率から算出される「信用コスト」の動向によっても変動することになります（図表７−10参照）。

　「信用プライム」を〔最上位格〕向けと定義すれば、各金融機関のプライム水準において差異が生じることになります。なぜなら、メガバンク、地方銀行、地域金融機関において、それぞれの最上位格に属する企業のプロファイルは当然違い、その信用コストも当然ながら異なるものとなるからです。ところが、現行の短プラ水準は、多少の差異がありますが、各金融機関においてほぼ同水準となっています。

---

[34] 本節の【信用プライム】と【信用スタンダードレート】の詳細議論と設計方法に関しては、大久保豊・尾藤剛［著］『プライムレート革命—脱「貸し渋り」の金融システム—』（金融財政事情研究会、2009年４月）をご参照ください。

図表7-10 【信用プライムレート】の創設

| 「信用コスト」を考慮した新たな貸出金利運営が社会制度として必要 | ・【信用プライムレート】とは、「債務者格付制度」において〝最上位格先〟に対し〝無担保・無保証〟で、期間１年の貸出を実施する際に適用すべき基準金利。
・｛〝最上位格先〟の【PD】×〝最下位格〟の【LGD】｝にて〝信用原価〟を算定し、それに現在の短プラ算定に用いられている〔調達利金〕や〔経費率〕〔目標利鞘〕を組み上げ形成。
・【信用プライムレート】は、現行短プラと同様に市場金利・調達金利の動きに応じて変動するほか、最上位格の実績デフォルト率と債権回収率から算出される「信用コスト」の動向によっても変動する。 |

　銀行・地域金融機関経営者にとっては、自機関のプライムレートが高いことは競争上得策ではないと考え、従来の〝曖昧模糊〟とした最優遇定義を維持し、メガバンク等の大手行の水準に追随しているのもこの問題の背景を形成しています。

　プライムレートの水準が低いほうが、本当に顧客にとってよいことなのでしょうか？　プライムレートが高い金融機関は、ほかに比べて第一格の信用コストが高いことを意味します。それはそのようなリスクプロファイルの企業を高く評価し、間接金融を営んでいる〝証左〟でもあります。大手行の第一格は、一部上場の日本の基幹企業がずらりと並ぶはずです。いくら地元・地域経済の腰骨を支えるプライム企業であったとしても、大手行における第一格とは異なるのは客観的な事実です。

むしろ、自社の実力にかんがみ、プライムレートの差異情報をもとに銀行選別を行うことができる——要するに、どの銀行が親身になり、また実際に借入れができるかがプライムレートの水準によって透けてみえるのです。低いプライムレートを提示する銀行が偉かったり、素晴らしかったりすることは決してありません。プライムレートの水準差異は、客観計量によって組成される〔信用原価〕が反映された事実であることから、きちんとした顧客説明が可能であり、客観誠実なプライシング・ルールとして社会のコンセンサスが得られるものであると考えます。

　図表7−11は、RDBの「PDモデル」と「LGDモデル」を用いて、『信用プライム』を算出したものです[35]。またグラフは、算出した『信用プライム』と現行短プラの動きを過去時系列で比較したものです。
　2000年代の一時点において、一致傾向を示した時期も存在しました。しかし、それは金利やデフォルト率が大きく動かなかったことによる一致にすぎず、07〜08年の金利上昇局面では、短プラが引き上げられた時期ですが、その時点のデフォルト率は低位安定していたため、『信用プライム』と比較し、短プラには大きな"超過利潤"が恒常的に存在していました。一方、09〜10年の金利低下局面で短プラは引き下げられましたが、急速なデフォルト率の上昇により、短プラは大幅な"逆鞘状態"となり、銀行・地域金融機関においては、巨額の赤字決算を余儀なくされました。現行短プラでは信用リスクを消化しえないのです。

　さて、「信用コスト」の消化は、『信用プライム』が樹立されてもうまくいくとは限りません。「信用コスト」の"動態"が投射される『信用プライム』が樹立されても、実際の個別貸出金利の組成において、それが歯車として噛み合わなければ意味をなさないのです。そのためには、「債務者格付制度」

---

[35] 詳細データは、RDBのホームページよりデータを含めダウンロードできます。http://www.riskdatabank.co.jp/rdb/top/をご参照ください。

図表 7 −11　RDBモデルによる【信用プライム】の算出結果

```
【信用プライム】
 ＝ 調達金利＋（経費＋利鞘）＋（最上位格のPD×無担保・無保証先のLGD）
 ＝ 0.06% ＋1.3% ＋( 0.08% ×54.5% )
 ＝ 1.40%（2014年5月時点）
```

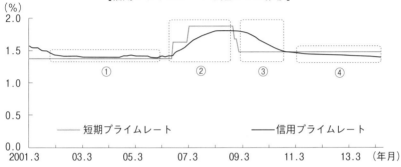

【信用プライムレートと短プラの推移】

① 現行の短プラと、「信用コスト」を勘案した【RDB信用プライム】が安定的な一致傾向を示した時期も存在した。しかし、それは金利やデフォルト率が大きく動かなかったことによる方向一致にすぎない。
② 金利上昇にあわせ短プラが引き上げられた時期だが、実際には「信用コスト」が低位安定していたため、【信用プライム】に比較して、現行の短プラには超過利潤が恒常的に存在していた。
③ 金利低下にあわせ短プラが引き下げられたが、急速な信用コストの悪化に伴い、【信用プライム】の低下は緩やかであり、「逆鞘」の状態が続いた（巨額の赤字決算）。
④ 「信用コスト」の低下傾向が定まり、再び短プラが【信用プライム】を上回るものとなった。

における各格付に対して、"最優遇先"との【信用コスト差】を加算し組み上げるプライシング・メカニズムが必要となります。

このメカニズムは真新しいものではなく、現行の『貸出ガイドライン金利』がそれに当たります。それを強化適用すればよいのです。具体的には、①「債務者格付制度」における〔最上位格〕と〔各格付〕間の信用コスト差（「信用スプレッド」）、②「案件格付（LGD格付）制度」における〔最下位格

付〕と〔各案件格付〕間の信用コスト差(「LGDスプレッド」)のマトリックスにより、『貸出ガイドライン金利』を組成すればよいのです(図表7-12参照)。

各マトリックスのボックスには、"信用原価情報"、すなわち【PD】×【LGD】の"事実"が詰まっています。このように発展組成される『貸出ガイドライン金利』を、各格付別のデフォルト動向にかんがみ、適時適切に"更改"する運営スキームを確立していくのです。さもなくば、いくら『信用プライム』が新たに樹立されても、貸出ポートフォリオ全体においての「信用コスト」の消化機能として歯車が噛み合わないものとなってしまうのです。

さて、『信用プライム』&『発展強化の貸出ガイドライン金利』によって、「信用コスト」のリスク消化機能はいよいよ十分に担保されるものとなるのでしょうか？ 実は十分に機能するとは限らないのです。そこには、2つの要注意点があります。

第一の注意点は、『信用プライム』が社会的なコンセンサスを得てその地位を確立しても、わずかな企業しか"最優遇先"とはならないので、いかにして各格付に属する企業全層に「貸出ガイドライン金利」の体系とその更改を理解させるか、ということです。『信用プライム』に関しては、現行短プ

図表7-12 【信用プライム】と噛み合う"貸出ガイドライン金利"の組成

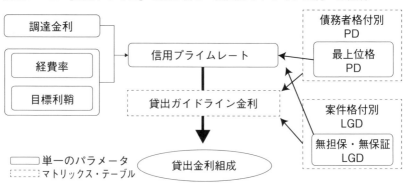

ラの地位を発展させる道筋で社会合意が形成できると考えます。一方、「貸出ガイドライン金利」においては、そうはいきません。"基準金利(マトリックス)"としてのデファクト化を地道に図る必要があるのです。

第二の注意点は、『信用プライム』の"低位硬直性"です。〔最上位格〕の「信用コスト」は、他の格付レイヤーの動きとは大きく相違するのです。図表7-13は、RDB信用ランク別の実績デフォルト率の推移を示したものです。信用力の低い債務者層のデフォルト率は景気変動によって大きく変動しています。一方、信用力の高い債務者層はあまり影響を受けないことが確認されます。特に〔最上位格〕のデフォルト率は、数々の経済危機の局面においてもきわめて低位安定的に推移しています。

したがって、〔最上位格〕の「信用コスト」を"貸出基準金利"とすることは、貸出ポートフォリオ全体へのリスク消化機能としては十分ではないことが理解されます。対象の少ない先、それも"信用原価"の変動が微弱な先を"基準"としても、有効なリスクプライシングの"テコ"とはならないのです。

そこで、"基準先"を〔最上位格〕ではなく、【中位格】とすることを推奨します。『信用スタンダードレート』です(図表7-14参照)。

図表7-13 RDB信用ランク別の実績デフォルト率推移

格付別の実績デフォルト率は時間経過とともに変動するほか、格付間の水準差異(スプレッド)も変化している。

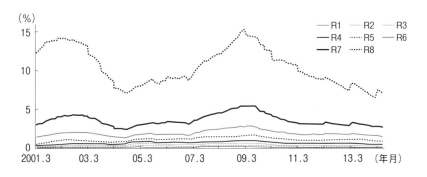

図表7-14 望まれる『信用スタンダードレート』

信用プライムレート
信用力最上位（R1）向けの無担保無保証貸出を基準とした貸出レート

→

R1（最上位格）向け無担保・無保証貸出の信用コスト
（PD）0.12% ×（LGD）54.50% =（EL）0.07%

案件格付	債務者格付							
	R1	R2	R3	R4	R5	R6	R7	R8
L0		+0.05%	+0.13%	+0.29%	+0.58%	+0.99%	+1.86%	+5.94%
L1	−0.00%	+0.05%	+0.12%	+0.27%	+0.54%	+0.93%	+1.75%	+5.57%
L2	−0.02%	+0.02%	+0.08%	+0.19%	+0.40%	+0.70%	+1.32%	+4.25%
L3	−0.03%	+0.01%	+0.03%	+0.10%	+0.24%	+0.44%	+0.86%	+2.82%
L4	−0.04%	−0.02%	+0.01%	+0.08%	+0.19%	+0.36%	+0.70%	+2.32%
L5	−0.05%	−0.03%	−0.01%	+0.04%	+0.12%	+0.24%	+0.49%	+1.67%

信用プライムレート1.48%
（調達金利0.11%、経費率＋目標利鞘1.3%の場合）
信用スタンダードレート1.76%

↓

信用スタンダードレート
信用力中位先（R4）向けの無担保無保証貸出を基準とした貸出レート

→

R4（中位格）向け無担保・無保証貸出の信用コスト
（PD）0.65% ×（LGD）54.50% =（EL）0.35%

案件格付	債務者格付							
	R1	R2	R3	R4	R5	R6	R7	R8
L0	−0.29%	−0.23%	−0.16%		+0.29%	+0.70%	+1.58%	+5.65%
L1	−0.29%	−0.24%	−0.17%	−0.02%	+0.25%	+0.64%	+1.46%	+5.28%
L2	−0.31%	−0.27%	−0.21%	−0.10%	+0.11%	+0.41%	+1.03%	+3.96%
L3	−0.32%	−0.30%	−0.26%	−0.18%	−0.05%	+0.15%	+0.57%	+2.53%
L4	−0.33%	−0.31%	−0.28%	−0.21%	−0.10%	+0.07%	+0.41%	+2.03%
L5	−0.34%	−0.32%	−0.30%	−0.25%	−0.17%	−0.05%	+0.20%	+1.38%

　『信用スタンダードレート』は、自行・自機関の貸出ポートフォリオのなかで"中位的な標準格付先"を基準対象とするものです。『信用プライム』と比較して、貸出ポートフォリオの中軸にリスク消化の"テコ"が入るものとなります。参照格付が【中位格】となるだけで、仕組みは『信用プライム』と同じです。

　さて、「信用コスト」をプライシングにてリスク消化するためには、借入企業の納得と社会とのコンセンサスの醸成が最重要要件となります。いくら技術革新を完成させても、それが整っていなければこのイノベーションは達成できません。そのためには、「信用格付」「案件格付」の評価を、借り手と共有する必要があります。属している「格付」を了解し、それにより『信用プライム』あるいは『信用スタンダードレート』対比の上乗せ幅、優遇幅が決定されること、そしてその信用スプレッドは定期的に見直されるものであ

ることを、借入先企業との間でコンセンサスを醸成することが必要です。

　そのためには、金融機関が「債務者格付制度」にて決定した企業評価の内容に関し誠実に開示し、取引先企業の理解を得る。単なる「格付結果」の通知ではなく、どの財務指標が弱いか、またどう企業経営を改善したら「格付」が"UP"するか、融資先の経営をよくするよう"企業カルテ"のような資料を添付し、信用評価に関する前向きなコンセンサスを形成する──。このことは、企業にとってみれば、客観的な経営目標を得ることとなり、"自律的な経営改善"につながります。金融機関にとっては、企業の内発的な向上心からの信用リスクの縮減を期待できるうえ、"リスクに見合ったリターン"が成り立つプライシング・メカニズムを得ることになります。内部格付による企業評価を、きちんと顧客に伝える『賢者の意思』が必要なのです。

　そして、このイノベーションの実行時期はまさに"いま"なのです。
　このような新制度は、まずはお客様の利益となる時期から始めることが肝要です。前述のとおり、現行短プラは、超低位の実績デフォルト率を勘案すれば、"超過利潤"の状態にあります。『信用プライム』を導入する際は、現行の短プラ水準を引き下げて、社会アナウンスして導入すべきと考えます。また『信用スタンダードレート』を導入するのであれば、【中位格】が現行短プラと同程度の水準であれば、これからこの水準がプライムではなく、スタンダードな貸出金利であるとアナウンスして導入を開始します。その際、『貸出ガイドライン金利』もあわせて整備して、貸出ポートフォリオ全体に適用していくのです。
　そしてこのイノベーションを企画するにあたり、本書で述べてきた『スプレッドバンキング』の実践により、全明細単位、全個社単位で新基準レート適用による収益構造インパクトを事前試算することができるようになります。さまざまな基準レート値を現行の内部格付の全先に適用した際の収益影響と今後の「信用リスク」の消化シミュレーションを事前に行うことができ

るのです。このイノベーション企画は、現行の全貸出における"信用原価"と"貸出金利"の適正関係をあらためて経営掌握することにもつながります。

　信用コストをふまえた『信用プライム』『信用スタンダードレート』は、各行・各金融機関の"一様でない信用リスクのとり方"を表明することも意味します。それぞれの金融機関のメッセージ情報が比較可能なかたちで社会

図表7－15　「信用プライム（スタンダード）レート」の社会効用

金利変動の安定化
「信用コスト」は、金利上昇局面（景気拡大期）では低下し、金利下降局面（景気後退期）では逆に上昇することから、貸出金利水準の変動は景気循環に対して、従来よりも安定的に推移する。

資金循環の円滑化
「信用コスト」に見合った金利収入が得られることで、金融機関に貸出のインセンティブが生じ、信用力が相対的に劣る企業にも、借入機会が実現する。

金融システム安定化
「信用コスト」に見合った収益をベースとした貸出業務運営により、引当余力が強化され、金融システム全体の安定化に寄与する。

金利水準の可視化
中堅中小企業が直に接する借入金利の水準が可視化されることで、その借入環境が一目瞭然となる。企業側は自らの信用力の相対的な位置を把握できる一方、政策当局においては民間企業の信用状況をより正確に把握できる。

利子補給制度の発展
貸出金利における「信用コスト」相当分がどの程度になるかを定量的に捕捉でき、不況期の企業資金繰りにおけるセーフティネットの1つとして、従来の直接保証にかわり、信用コスト分を負担する「利子補給」の政策導入が容易となる。

に発信され、信用リスクテイクの"方針差異"を基点とした銀行間の競争が始まるのです。これは現在の"単線的な金利引上げ競争"との決別を意味します。

　企業経営に対して、経営のプロとして格付をもとにアドバイスし、格付がUPするようにコンサルティングを行い、上がれば金利を下げる――。そのような銀行・地域金融機関を顧客は望んでいるはずです。顧客にとってみれば、さまざまな金融機関の"与信ポリシー"に触れることができ、これは"金利は安いが、だれも貸してくれない世界"から、"金利はある程度高いかもしれないが、だれかは貸してくれる世界"へのパラダイムシフトを意味します。また、通常、金利とデフォルト率は"逆相関"の関係にあることから、金利上昇局面では借入金利の上昇を抑えることができ、借入金利の"平準化"も実現できます。

　銀行・地域金融機関は、横並び意識を廃し、自らの「与信哲学」に従い、自行・自機関特有の「信用リスクのとり方」を反映した与信戦略を樹立する――そこに新しくしなやかな日本を見出せる、そのような未来を希望します。「情報の非対称性」を超え、借り手に対する誠実な説明義務を果たし、社会全体の「信用コスト」が下がれば貸出金利も下げる、しかしデフォルト率が上昇すれば当然に貸出金利を上げる。「情報の非対称性」の利得を自らが放棄する"誠実な運用"が、このイノベーションの根底を支えるものです（なお、「信用プライム（スタンダード）レート」の社会効用に関しては、図表7－15に要約整理したので参照してください）。

おわりに
－「科学経営」と"社会的情熱"－

　19年前に執筆した『スプレッドバンキング』は、私にとって初めての著作ですが、その時は社会的な肩書きもなく、データ・フォアビジョン社の起業準備の真っ只中でした。AT&T GIS（現在の日本NCR、テラデータ社）の革新的な超並列コンピュータを採用することにより、何千万件にも及ぶ預貸金1本1本にトランスファー・プライシングを実行し、新しい〔収益⇔リスク管理会計〕を銀行経営に科学実装することに"社会的な情熱"を抱き、ひた走っていたことを懐かしく思い出しています。

　その後の日本経済といえば20年にも及ぶ長いデフレ状態に突入し、それと相まってゼロ金利化が進み、預貸のプライシングはさながら氷河期のように凍りついたものとなりました。「金利の完全自由化」による資金需要者と供給者の相いれない金融ニーズを競争環境下、間接金融機関として"科学消化"する場面がなくなり、銀行の管理会計はあたかも規制金利状態と同等のものに環境退化してしまいました。それに呼応し、ALMにおいても薄鞘ながら安定した長短スプレッドが抜け、継続的な金利低下も相まって、長期国債投資の自然体運営で収益を計上できる状態でもありました。

　一方、金利の心停止とは対称的に、信用リスクはまさに暴れ龍のごとく大きなうねりをもって銀行経営に襲いかかり、その過程で、日本の企業文化を表象する多くの名門銀行・名門企業が消失し、銀行界は大再編されました。
　痛みは伴いますが、社会の進展に資するはずの「金融自由化」は、いまだその果実を、銀行はもちろん、社会に対しなんらもたらしていない状況にあります。「金融自由化」の法環境はすでに整備されているのですが、長らくデフレ経済により、「金融自由化」自体も心停止してしまっているのです。

「自由化」の果実を社会にもたらす、その"社会的な情熱"が1996年にはありました。『スプレッドバンキング』は"熱い経営改革"でした。「自由化」という荒波を勇気凛凛航海する、まさに幕末・明治の心持ちでした。そのためには自由化先進国のアメリカに学び、経営を『科学革新』しようという気概に燃えていました。

　本書を〔新改訂〕するにあたり、あらためて「科学経営」に対する"社会的な情熱"をたぎるにたぎらせ、書き上げました。

　「信用リスク」に関しては未曾有の発露となりましたが、日本リスク・データ・バンク社の設営により、100年に一度と思われる大量多質のデフォルト事象の社会データベース化と科学消化の方法論を形成し、それを本書の〔新改訂〕の腰骨としました。また、現環境でいちばん必要な"社会的情熱"として【動態モニタリング】の科学方法に関しても論述しました。

　読んでいただいて、「科学経営」への"社会的情熱"を感じていただけたでしょうか。紙面から浮き出るように努力した気持ちで「おわりに」を書いています。

　国の盛衰を決定づけるものは、中世も、近代も、現在も【科学】であると私は強く思っています。幸い、銀行・地域金融機関においては、社会のために【科学】を実行できる体力と人財が存在します。"科学経営"を"想像"し、"創造"する――皆さんにとって、刺激的で、問題発見的で、実務有用なる本であることを心より願っています。

　最後に、肩書きがなく、それも初めての執筆である1996年の『スプレッドバンキング』の発刊に"社会的情熱"をもって実現いただいた㈱きんざいの恩人・立川哲哉様、そして今般の〔新改訂〕を17年越しにご提案いただき、2年間お待ちいただいたうえで出版に導いてくださった金融財政事情研究会理事・谷川治生様、そして編集作業に多大なご尽力をいただき、私の出版に6冊もご協力いただいた出版部の伊藤洋悟様に心より感謝いたします。ありがとうございました。

本書は、私が最初に出した本の〔新改訂〕ですが、その中身はこの19年間、金融財政事情研究会から出版した書籍の内容が網羅的に包含されています。

　当時、出版部長として『信用リスク・マネジメント革命』の出版にご助力いただいた河野晃史様、『銀行経営の理論と実務』における西野弘幸様、さらに『【全体最適】の銀行ALM』『プライムレート革命』における㈱きんざい前社長の冨川洋様、『ゼロからはじめる信用リスク管理』における現社長の加藤一浩様、そして11冊にも及ぶ出版にご理解とご助力をいただきました金融財政事情研究会主幹の倉田勲様、皆様に重ねて深く感謝を申し上げます。ありがとうございました。

大久保　豊

―VISION ACTION PASSION―

　「やろう」と思う強い意志は、これまで行ってきた行動の回数と、その時の決意の強さによって決まります。そして行動にかかるたびに、人間の脳は成長します。そうなった時、本当の信念が生まれるのです。せっかく決心しても、また新しい気持を抱きかけても、実を結ぶことなく立ち消えになってしまっては、その損害は機会を失った時よりはるかに大きいでしょう。その人の将来の目的の達成が遅れてしまうし、心の冷たい人になってしまうからです。口先だけなら、だれでも強そうなことが言えます。でも実際にその場で発揮できる勇気は、いつの場合でも十分ではありません。私たちは勇気が毎日少しずつ蒸発するにまかせているからです。

――ヘレン・ケラー

とにかく人間はピュウピュウ寒い風に吹きさらされたものでなければ一人立ちは出来んのだ。この意味においていま日本人全体は自らすすんでも世界の大嵐のさなかに、素ッ裸になって吹きさらされるほどの覚悟が必要である。少し風がつよいからとてちっぽけな岩角などに身をひそめるべきでない。ひそめようとしてもひそめ切れん――それならままよ大胆、両手をひろげてワット大きく飛び出して行きたい。

――松永安左エ門

　明日のことをいうやつはバカだというけど、明日の約束をしないやつに希望は湧いてこない。

――本田宗一郎

　世界は粥（かゆ）で造られてはいない。君等なまけてぐずぐずするな、堅いものは噛まねばならない。喉がつまるか消化するか、二つに一つだ。

――ゲーテ

　「お互いに」とか、「みんなでやろう」とは、言わないことにしなければいけません。「誰かが」ではなく、「自分が」であり、また「いまは駄目だけれども、いつかきっとそうなる」「徐々に」という一見誠実そうなのも、ゴマカシです。この瞬間に徹底する。「自分が、現在、すでにそうである」と言わなければならないのです。現在にないものは永久にないというのが私の哲学です。逆に言えば、将来あるものならば必ず現在にある。

――岡本太郎

　百恵は甘えたり、相談してくることはありませんでした。何でも自分で決めていましたし、余分なことは話さなかった。私も、こちらからあれこれ聞かなかった。ただ一度だけ、三浦友和さんとの交際を週刊誌などが噂し大騒ぎしていた頃、「どうなの、モモ？」と聞いたことがあります。それだけで彼女は質問の真意がすぐにわかり、「友和さんが私の100％です」と答えたのです。ニコリともせず、まじめな顔で堂々と。私は「100％」という言葉に、ひっくり返ってしまいました。普段は、そんなオーバーな表現などする子ではないからです。

――池田文雄（日本テレビ元チーフプロデューサー）

仕事が仕事をしています　仕事は毎日元気です　出来ない事のない仕事　どんな事でも仕事はします　いやな事でも進んでします　進む事しか知らない仕事　びっくりする程力出す　知らない事のない仕事　きけば何でも教へます　たのめば何でもはたします　仕事の一番すきなのは　くるしむ事がすきなのだ　苦しい事は仕事にまかせ　さあさ吾等はたのしみましょう

——河井寛次郎『仕事のうた』

　私たちはいかなるスピードで生きるのか？　マッハ1＝時速1,224キロ　地球自転速度＝マッハ1.14　地球公転速度＝マッハ80　光速＝マッハ88万

——大久保豊

"総点検"スプレッドバンキング

| 平成27年5月12日 | 第1刷発行 |
| 平成27年7月24日 | 第2刷発行 |

著 者　大久保　豊
発行者　小 田　　徹
印刷所　図書印刷株式会社

〒160-8520　東京都新宿区南元町19
発 行 所　一般社団法人 金融財政事情研究会
　　　　　編集部　TEL 03(3355)2251　FAX 03(3357)7416
販　売　株式会社きんざい
　　　　　販売受付　TEL 03(3358)2891　FAX 03(3358)0037
　　　　　URL http://www.kinzai.jp/

・本書の内容の一部あるいは全部を無断で複写・複製・転訳載すること、および磁気または光記録媒体、コンピュータネットワーク上等へ入力することは、法律で認められた場合を除き、著作者および出版社の権利の侵害となります。
・落丁・乱丁本はお取替えいたします。定価はカバーに表示してあります。

ISBN978-4-322-12660-0